REVISTA DE DIREITO MERCANTIL
industrial, econômico e financeiro

138

Publicação do
Instituto Brasileiro de Direito Comercial Comparado
e Biblioteca Tullio Ascarelli
do Departamento de Direito Comercial
da Faculdade de Direito da Universidade de São Paulo

Ano XLIV (Nova Série)
abril-junho/2005

MALHEIROS
EDITORES

REVISTA DE DIREITO MERCANTIL

industrial, econômico e financeiro

Nova Série — Ano XLIV — n. 138 — abril-junho de 2005

REVISTA DE DIREITO MERCANTIL
publicação trimestral de
MALHEIROS EDITORES LTDA.
Rua Paes de Araújo, 29, conjunto 171
CEP 04531-940
São Paulo, SP - Brasil
Tel. (011) 3078-7205
Fax: (011) 3168-5495

Assinaturas e comercialização:
CATAVENTO DISTRIBUIDORA DE LIVROS S.A.
Rua Conselheiro Ramalho, 928
CEP 01325-000
São Paulo, SP - Brasil
Tel. (011) 3289-0811
Fax: (011) 3251-3756

Diretor Responsável: Álvaro Malheiros
Diretora: Suzana Fleury Malheiros

Supervisão Gráfica: Vânia Lúcia Amato
Composição: *Scripta*

SUMÁRIO

DOUTRINA

DO *ESTADO DE FALIDO*: SUA CONFIGURAÇÃO — INOVAÇÕES DA NOVA LEI DE RECUPERAÇÃO E FALÊNCIA 7

— Paulo Salvador Frontini

ATUALIDADES

LOS NUEVOS JUZGADOS DE LO MERCANTIL EN ESPAÑA 25

— Maria Isabel Candelario Macías

A PROTEÇÃO JUDICIAL AOS INVESTIDORES NO MERCADO DE VALORES MOBILIÁRIOS 35

— Wilges Bruscato

NOTAS SOBRE AS ASSEMBLÉIAS DE CREDORES NA LEI DE RECUPERAÇÃO DE EMPRESAS 53

— Rachel Sztajn

A ASSEMBLÉIA-GERAL DE CREDORES NA NOVA LEI FALIMENTAR 71

— Erasmo Valladão A. e N. França

A NOVA LEI DE FALÊNCIAS E O INSTITUTO DA RECUPERAÇÃO EXTRAJUDICIAL ... 84

— Humberto Lucena Pereira da Fonseca e Marcos Antônio Köhler

REFLEXÕES SOBRE A VIABILIDADE ECONÔMICA DA EMPRESA NO NOVO REGIME CONCURSAL BRASILEIRO 102

— Frederico Viana Rodrigues

BREVES CONSIDERAÇÕES ACERCA DO PRINCÍPIO DA ESPECIALIDADE NO DIREITO DE MARCAS 123

— Enzo Baiocchi

A EXPORTAÇÃO DA MARCA BRASIL E O *MARKETING* INTERNACIONAL 160

— Cláudio Luiz Gonçalves de Souza

O ANTITRUSTE E AS EMPRESAS ESTATAIS 178

— Mario Engler Pinto Junior

A QUALIFICAÇÃO JURÍDICA DO IRB — BRASIL RESSEGUROS S/A E A TRIBUTAÇÃO PELA CSLL 193

— Fernando Netto Boiteux

REGIME JURÍDICO DO CONSÓRCIO. O Código Civil e a Lei de Sociedades por Ações 202

— José Alexandre Tavares Guerreiro

APONTAMENTOS SOBRE A FUNÇÃO SOCIAL DA EMPRESA E O MODERNO DIREITO PRIVADO 207
— Cássio Cavalli

AINDA SOBRE REGULAÇÃO E AGÊNCIA REGULADORA 213
— Marco Aurélio Gumieri Valério

DIREITO E ECONOMIA

A ÍNTIMA RELAÇÃO ENTRE O DIREITO E ECONOMIA 231
— Sandra Barbon Lewis

REFLEXÕES SOBRE EMPRESA E ECONOMIA: O CONTEÚDO JURÍDICO DA EMPRESA SOB UMA ANÁLISE ECONÔMICA DO DIREITO 250
— Cássio Machado Cavalli

ESPAÇO DISCENTE

ENTENDENDO O DUMPING E O DIREITO ANTIDUMPING 257
— Gustavo Fávaro Arruda

NOTA BIBLIOGRÁFICA

BANCOS CENTRAIS NO DIREITO COMPARADO. O Sistema Financeiro Nacional e o Banco Central do Brasil (e o regime vigente e as propostas de reformulação), de Haroldo Malheiros Duclerc Verçosa 278
— Marcos Paulo de Almeida Salles

JURISPRUDÊNCIA COMENTADA

EXECUÇÃO FISCAL — DÉBITOS PARA COM A SEGURIDADE SOCIAL — RESPONSABILIDADE DOS SÓCIOS 281
— Haroldo Malheiros Duclerc Verçosa

COLABORAM NESTE NÚMERO

CÁSSIO MACHADO CAVALLI

Professor de Direito Comercial dos Cursos de Graduação e Pós-Graduação do Centro Universitário Ritter dos Reis. Professor de Direito Empresarial do MBA da Faculdade de Economia da Unisinos. Mestrando em Direito Público pela PUC/RS. Advogado.

CLÁUDIO LUIZ GONÇALVES DE SOUZA

Pós-Graduado em Administração do Comércio Exterior, Metodologia do Ensino Superior, Mestre em Direito Empresarial, Professor de Relações Internacionais do Comércio e Direito Internacional Privado da Pontifícia Universidade Católica de Minas Gerais, Professor de Introdução ao Comércio Exterior e Sistemática Prática de Exportação do Centro Universitário Newton Paiva. Presidente do INACEX — Instituto Nacional do Comércio Exterior. Advogado.

ENZO BAIOCCHI

Mestre em Direito pela Faculdade de Direito da Ludwig-Maximilians-Universität München/Alemanha. Doutorando em Direito pela mesma Faculdade. Pesquisador e bolsista pelo Max-Planck-Institut für Geistiges Eigentum, Wettbewerbs- und Steuerrecht, Munique. Advogado especializado em Propriedade Intelectual no Rio de Janeiro.

ERASMO VALLADÃO A. E N. FRANÇA

Professor Doutor de Direito Comercial da Faculdade de Direito da Universidade de São Paulo — USP. Advogado em São Paulo.

FERNANDO NETTO BOITEUX

Procurador da Fazenda Nacional de Categoria Especial, é Coordenador do Contencioso Administrativo Fiscal da Procuradoria-Geral da Fazenda Nacional. Doutor em Direito Comercial pela Universidade de São Paulo — USP. Professor Titular da Fundação Armando Álvares Penteado — FAAP.

FREDERICO VIANA RODRIGUES

Mestre em Direito Comercial pela Faculdade de Direito da UFMG. Doutorando em Ciências Jurídico-Empresariais na Universidade de Coimbra. Professor Universitário e Advogado em Minas Gerais.

GUSTAVO FÁVARO ARRUDA

Graduado pela Universidade de São Paulo — USP. Advogado em São Paulo.

HAROLDO MALHEIROS DUCLERC VERÇOSA

Mestre e Doutor em Direito Comercial pela Universidade de São Paulo — USP. Professor de Direito Comercial das Faculdades de Direito da USP e da FAAP. Membro do Centro de Mediação e Arbitragem da Câmara de Comércio Brasil-Canadá. Consultor.

HUMBERTO LUCENA PEREIRA DA FONSECA

Consultor Legislativo do Senado Federal, de Direito Empresarial, Econômico e do Consumidor. Mestre em Direito Comercial pela UFMG. Mestre em Direito pela New York University. Foi Procurador do Banco Central. Advogado.

José Alexandre Tavares Guerreiro

Professor de Direito Comercial da Faculdade de Direito da Universidade de São Paulo — USP.

Marco Aurélio Gumieri Valério

Mestre em Direito pela UNESP — Universidade Estadual Paulista, *campus* de Franca/SP. Professor Assistente da FEA — Faculdade de Economia, Administração, Contabilidade e Economia de Empresas e Controladoria da Universidade de São Paulo — USP, *campus* de Ribeirão Preto/SP. Advogado.

Marcos Antônio Köhler

Consultor Legislativo do Senado Federal em matérias de Sistema Financeiro. Economista e Mestre em Economia pela UFMG. Já trabalhou no Banco Central e no Ministério do Planejamento.

Marcos Paulo de Almeida Salles

Mestre e Doutor em Direito Comercial. Professor da Faculdade de Direito da Universidade de São Paulo — USP. Advogado em São Paulo.

Maria Isabel Candelario Macías

Profesora Doctora de Derecho Mercantil, Universidad Carlos III de Madrid/España.

Mario Engler Pinto Junior

Procurador do Estado de São Paulo. Secretário Executivo do Conselho de Defesa dos Capitais do Estado de São Paulo — CODEC. Diretor Presidente da Companhia Paulista de Parcerias — CPP. Advogado.

Paulo Salvador Frontini

Professor de Direito Comercial e de Direito do Consumidor da Faculdade de Direito da Universidade de São Paulo — USP. Professor e Orientador na Pós-Graduação da Faculdade de Direito da USP e do Mestrado em Direito do Centro Universitário FIEO. Foi membro do Ministério Público de São Paulo (ex-Procurador Geral de Justiça — 1983/1987; ex-Curador Fiscal de Massas Falidas da Comarca de São Paulo — 1971/1977). Advogado em São Paulo.

Rachel Sztajn

Professora Associada da Faculdade de Direito da Universidade de São Paulo — USP.

Sandra Barbon Lewis

Doutora em Direito Tributário pela Pontifícia Universidade Católica de São Paulo — PUC/SP. Advogada.

Wilges Bruscato

Mestra em Direito Empresarial pela UNIMEP. Doutora em Direito Comercial pela PUC/SP. Professora-Adjunta da PUC/MG. Especialista em Direito do Trabalho e Processo do Trabalho pela PUC/Campinas. Advogada.

Doutrina

DO *ESTADO DE FALIDO*: SUA CONFIGURAÇÃO — INOVAÇÕES DA NOVA LEI DE RECUPERAÇÃO E FALÊNCIA

"Crise econômico-financeira" — Impontualidade — Descumprimento de qualquer obrigação no curso do processo — Rejeição do plano de recuperação pela assembléia geral de credores: perguntas em aberto, aguardando respostas fechadas

PAULO SALVADOR FRONTINI

Este pequeno estudo é dedicado a FÁBIO KONDER COMPARATO, jurista e filósofo, professor ilustre e amigo admirável.

1. O tema. 2. Sobre o "estado de falido". 3. Questões a examinar: fatores de caracterização da falência. 4. Critérios de caracterização da falência postos pela nova Lei. 5. Impontualidade: inovações. 6. O pedido de autofalência — A norma do art. 105 da Lei n. 11.101: 6.1 Crise econômico-financeira. Esboço de conceituação em face da Lei de Recuperação e Falências: 6.1.2 Autofalência: crise econômico-financeira "lato sensu". Hipóteses subentendidas na lei: crise de controle e crise gerencial; 6.2 Autofalência: a quem compete avaliar se a crise econômico-financeira é insuperável, ou não. 7. Atos e fatos indicativos de situação falimentar ("indícios" de falência) (art. 97, III, letras "a" a "f"). 8. "Não apresentação", pelo devedor que impetrou pedido de recuperação judicial, no prazo legal, do plano de recuperação judicial — Art. 53, "caput", c/c art. 73, II. 9. Caracterização da falência por descumprimento, no prazo estabelecido, de "obrigação assumida no plano de recuperação judicial" — Art. 97, "g", c/c art. 61, § 2º, e c/c art. 73, IV. 10. "Deliberação da assembléia geral de credores, rejeitando o plano de recuperação": mais uma hipótese de caracterização da falência. 11. "Inadimplemento de obrigação" não sujeita aos efeitos do pedido de recuperação judicial — Art. 73, parágrafo único. 12. Conclusões.

1. O tema

Recentes reflexões, sobre as quais escrevemos, em torno à "caracterização da falência", em face da Lei de Recuperação e Falências, levaram-nos a rememorar, naquele texto, os critérios da antiga e revogada Lei de Falências e compará-los em face da legislação ora vigente.[1] Identificamos, então, ao longo da Lei n. 11.101, um rol de

1. *A Caracterização da Falência*, texto doutrinário no prelo, a cargo do IBRADEMP — Instituto Brasileiro de Direito Empresarial.

fatores que caracterizam a falência, e que autorizam o Poder Judiciário a decretá-la.[2]

As considerações, então desenvolvidas, sugerem novas meditações. Delas resultam inúmeras dúvidas.

Ademais, despontam as primeiras obras de literatura jurídica sobre a nova legislação concursual.[3] Pontos controvertidos, ou obscuros, estão por merecer mais detido exame.

O tema da recuperação de empresas, em face de estado pré-falimentar, pioneiramente tratado entre nós, há mais de trinta anos, por Fábio Comparato,[4] agora está legislado. Parece-nos, assim, oportuno dar seqüência ao registro das dificuldades e controvérsias que a nova legislação sugere.

2. A Lei n. 11.101, de 9.2.2005, além de cuidar de novos institutos — recuperação judicial, extrajudicial, tanto do empresário como da sociedade empresária — tornou-se, também, a nova lei de falências brasileira. O Decreto-lei n. 7.661, de 21.6.1945, foi expressamente revogado pelo novel diploma (art. 200). A nova lei de recuperação de empresas entrou em vigor no dia 19.6.2005. Explica-se o cálculo da entrada em vigor. A Lei n. 11.101 traz a data de 9.2.2005. E foi publicada nessa mesma data, em edição "extra" do *DOU*. O art. 201 determinou uma *vacatio legis* de 120 dias. O primeiro dia da contagem foi 9 de fevereiro, o dia da publicação, como manda o § 1º do art. 8º da Lei Complementar n. 95, de 28.2.1998, com a redação dada pela Lei Complementar n. 107, de 26.4.2001. A contagem dia a dia, leva à data de 18.6.2005 como sendo o 120º dia após a publicação, último dia do prazo de vacância (cf. mesmo dispositivo citado). Assim, s.m.j., a Lei n. 11.101 entrou em vigor no dia 19.6.2005, um domingo.

3. Dentre outras obras, relacionamos os textos produzidos por Paulo F. C. Salles de Toledo e Carlos Abrão (coordenadores, mais cinco autores), Fábio Ulhoa Coelho, Manoel Justino Bezerra Filho, Rubens Approbato Machado (coordenador, e contendo texto de outros quinze colaboradores), Marcus Elidius Michelli de Almeida, Écio Perin Junior, Maria Bernadete Miranda, Luiz Fernando Valente de Paiva (coordenador, mais vinte e nove colaboradores), Luiz Tzirulnik e Ricardo José Negrão Nogueira, todos em forma de livro. Citados, as devidas e precisas indicações estão registradas.

4. Fábio Konder Comparato, *Aspectos Jurídicos da Macro-Empresa*, Ed. RT, 1970.

2. *Sobre o "estado de falido"*

O *estado de falido* somente abrange os agentes econômicos submetidos ao regime da Lei de Recuperação e Falências. Em sintonia com o Código Civil de 2002, a Lei n. 11.101 inclui no âmbito de seus efeitos as figuras do *empresário* e da *sociedade empresária*, cujo conceito é bem mais amplo, como bem observa Haroldo Verçosa, do que o do antigo comerciante ou da sociedade comercial, únicos destinatários da revogada Lei de Falências.[5]

O *estado de falido* pode ser considerado sob dois enfoques.

2.1 Pelo primeiro deles, achando-se o empresário ou a sociedade empresária, em pleno exercício de seus direitos, mas havendo *sintomas* de que sua situação efetiva não é de normalidade, descreve o legislador uma série de hipóteses em que a falência está caracterizada. A partir dessas hipóteses, sobrevindo a demonstração de que isso se confirma, a lei autoriza o Poder Judiciário, mediante o devido processo legal, a decretar a falência.

Diz-se, nesse contexto, que a situação de fato é de falência. A caracterização autoriza a suposição de que, em termos econômicos, a situação de falência já existe. O empresário está falido, mas inexiste a situação, oficial, de falência, que somente se oficializa mediante decisão formal do Judiciário.

2.2 Aqui desponta o segundo ângulo pelo qual se pode considerar o *estado de*

5. "Com a promulgação do Novo Código Civil o conceito de comerciante implícito no art. 4º do Código Comercial Brasileiro de 1850 (o qual se reportava à mercancia) foi substituído pela noção de empresário, mais abrangente (NCC, art. 966). A sociedade comercial cedeu seu lugar para a sociedade empresária (NCC, art. 982)." O ensinamento é de Haroldo Verçosa, "Das pessoas sujeitas e não sujeitas aos regimes de recuperação de empresas e ao da falência", in *Direito Falimentar e a Nova Lei de Falências e Recuperação de Empresas*, Ed. Quartier Latin, obra coletiva, coordenada por Luiz Fernando Valente de Paiva, p. 65.

falido. Corresponde ao que resulta da sentença judiciária que, decretando a falência, *constitui o estado de falido*.

Sob o rigor jurídico, o *estado de falido* somente se forma quando sobrevém esse evento processual: a decretação da falência pelo órgão jurisdicional.

Na real verdade, o *estado de falido* é uma nova situação jurídica que somente se constitui após a sentença de falência. Ou seja, o empresário, até então posicionado em meio a um complexo de relações jurídicas próprias de sua qualificação, torna-se, pela sentença de falência, um *empresário falido*. Ser falido constitui uma nova situação jurídica, anterior à precedente. Daí ser correto falar-se em *estado de falido*. "Estado", aí, no sentido de *status*, um complexo de relações jurídicas, de deveres, direitos, obrigações, sujeições, que se ajusta ao que, na moderna teoria do negócio jurídico, se chama justamente *situação jurídica*.[6]

2.3 Em termos jurídicos, a posição precedente, em que se caracteriza a falência, mas esta ainda não decretada, não pode ser enquadrada como sendo de *estado de falido*. Trata-se, com efeito, de um quadro *pré-falimentar*, que autoriza a instauração da ação de conhecimento chamada *pedido de falência*, em função da qual, observado o rito procedimental cabível, pode ser proferida a sentença de falência.

Esse quadro *pré-falimentar* se delineia em razão de fatores, previstos na legislação, que caracterizam a falência.

Há, em resumo, um rol de fatores (*v.g.*, circunstâncias) que, uma vez verificadas, e sem razão jurídica que autorize sua ocorrência, autorizam o Poder Judiciário a decretar a falência.

Na verdade, em face de uma, ou mais de uma, dessas circunstâncias, fica caracterizada a falência, e o estado de falido pode, então, ser constituído *de direito*, por sentença.

2.4 É interessante, nesse contexto, fazer a ponderação de que, a nosso ver, a situação de falência, ou o estado de falido, nada tem a ver, necessariamente, com a insolvabilidade.

Insolvável é quem não tem ativo patrimonial para solver o passivo.

Pertinente, nesse quadro, a observação de Comparato, destacando a diferença entre a acepção dos vocábulos "*inadimplemento*", "*insolvente*" e "*insolvável*", cujo emprego considera adequados à sistemática da legislação falimentar estabelecida pelo Decreto-lei n. 7.661/1945, em vigor ao tempo do estudo doutrinário invocado. Inadimplemento é o simples descumprimento de obrigação, no seu vencimento, sem que se indague sobre as razões disso. Insolvência é o inadimplemento qualificado pela falta de razão em direito. Insolvabilidade é o estado de inaptidão econômica para adimplir.[7]

Não se pode dizer que o falido sempre seja insolvável. É perfeitamente imaginável um quadro empresarial em que o ativo patrimonial é maior do que o passivo, mas falta *liquidez*. Sobrevém, daí, a impontualidade, desamparada de motivo juridicamente válido para ocorrer. A conseqüência será o decreto de falência, apesar de existir um ativo patrimonial superior ao passivo.

Por outro lado, sabe-se muito bem de situações em que, apesar do passivo ser superior ao ativo, o empresário logra manter em dia seus compromissos. Não se exteriorizam nem impontualidade nem outros fatores que caracterizam a falência. Assim, apesar do *déficit patrimonial*, o estado de falido não se configura, nem pode ser constituído.

É justamente o contraste entre as posições de *insolvabilidade sem caracterização* (déficit patrimonial) e de *estado de falido sem déficit patrimonial* que imprime

6. Miguel Reale, *Lições Preliminares de Direito*, 12ª ed., Saraiva, especialmente caps. XVI a XIX.

7. Fábio Konder Comparato, *Aspectos Jurídicos da Macro-Empresa*, cit., p. 125, nota de rodapé.

extraordinário vigor ao instituto da recuperação da empresa. Para essas duas situações, busca a nova lei viabilizar uma solução de soerguimento da empresa, mediante sua recuperação.

Que conclusão se tira dessas asserções?

Parece-nos cabível, diante de hipóteses como essas, afirmar que o *estado de falido* é uma situação jurídica que não se confunde, obrigatoriamente, com a insolvabilidade.

Em síntese: o *estado de falido* pode caracterizar-se e autorizar sua constituição jurídica, por sentença, independentemente de haver, ou não, uma situação real de ativo insuficiente perante o passivo. E, por outro lado, um quadro de insolvabilidade pode estar encoberto pelo fato de que as circunstâncias caracterizadoras da falência não haverem se externado.

3. Questões a examinar: fatores de caracterização da falência

Estas considerações prévias prestamse a demarcar duas situações diferentes, realçando justamente sua ocorrência na vida real. De um lado, a situação de *falido*, um *status* jurídico que antes se configura (caracterização da falência) e depois se oficializa por sentença, e de outro lado a de *insolvável*, um nítido quadro econômico, não necessariamente associado ao *estado de falido*.

Neste estudo, interessa examinar quais são os fatores, ou circunstâncias em que, em face da Lei n. 11.101, a falência se configura.

Mais precisamente, interessa-nos neste texto, apontar o que há de novo em tema de caracterização da falência.

Fica ressalvado que o *estado de falido*, após oficialmente constituído por sentença, também faz por merecer meticulosa análise e interpretação. Mas, por ora, esse segundo tema escapa ao alcance destes apontamentos.

4. Critérios de caracterização da falência postos pela nova Lei[8]

Resumidamente, na legislação agora posta, acham-se alinhados pelo menos estes critérios de caracterização da falência:

a) impontualidade no pagamento de obrigação líquida materializada em um ou mais de um título executivo extrajudicial, de valor equivalente — na data do pedido de falência — a quarenta salários mínimos, sempre após o competente protesto (art. 94, I);

b) impontualidade no pagamento de obrigação líquida constante de um ou mais de um título executivo *judicial*, nas mesmas condições da hipótese anterior (art.94, I, também);

c) *descumprimento de mandado judicial* que, em processo de execução, determina que o empresário ou sociedade empresária *pague*, *deposite* ou *nomeie à penhora* bens em garantia da execução, dentro do prazo legal (art. 94, II);

d) *crise econômico-financeira*, que, a critério do devedor (empresário ou sociedade empresária), não pode ser superada mediante recuperação judicial ou extrajudicial (art. 105). Eis aí a autofalência;

e) atos e fatos indicativos de situação falimentar (*indícios* de falência) (art. 97, III, letras "a" a "f");

f) *não apresentação*, pelo devedor que impetrou pedido de recuperação judicial, no prazo legal, do plano de recuperação judicial — art.53, *caput*, c/c art. 73, II;

g) descumprimento, no prazo estabelecido, de *obrigação assumida no plano de recuperação judicial* — art. 97, "g" c/c art. 61, § 2º, e c/c art. 73, IV;

h) *deliberação da assembléia — geral de credores, rejeitando o plano de recuperação* — quando o plano foi recusado por *quorum* que não se ajusta à ressalva do art. 58, § 1º — art. 56, § 4º, c/c art. 73, III;

8. Sobre o tema, relativamente à revogada Lei de Falências, veja-se Nelson Abrão, *Da Caracterização da Falência*, Tese Acadêmica, USP, 1970.

i) *inadimplemento de obrigação* não sujeita aos efeitos do pedido de recuperação judicial — art. 73, parágrafo único.

Como se percebe, as hipóteses acima, que especificamos nas letras "a" a "d", ocorrem antes ou independentemente da haver, em juízo, um pedido de recuperação judicial. No rol acima, das letras "f" a "i", a falência se configura quando já está impetrado em juízo o plano de recuperação da empresa. A hipótese indicada sob a letra "e", do elenco acima, tanto pode ocorrer antes de impetrado pedido de recuperação judicial, como durante a tramitação deste.

5. *Impontualidade: inovações*

Relativamente à impontualidade no pagamento de obrigação constante de ("*materializada em*", diz a lei) de título executivo, esse critério de caracterização da falência, velho conhecido dos brasileiros, remanesce presente na Lei de Recuperação e Falências. O critério surgiu com a Lei de Falências de 1890,[9] cujo anteprojeto foi elaborado pelo eminente Carlos de Carvalho em apenas 14 dias.[10]

Desde então, figurou como principal critério caracterizador do estado de falido (Lei n. 859, de 16.8.1902; Lei n. 2.024, de 17.12.1908, também referida como *Lei Carvalho de Mendonça*; Decreto n. 5.746, de 9.12.1929; Decreto-lei n. 7.661, de 21.6.1945). Consiste em considerar falido o comerciante que, sem relevante razão de direito, não paga, no vencimento, obrigação líquida. A Lei de Falências de 1945 acrescentou o requisito de que a obrigação constasse de título que legitimasse ação executiva, ou seja, título executivo extrajudicial, na terminologia sobrevinda com o CPC de 1973.

Assim, é da melhor tradição do Direito brasileiro constar, a impontualidade, como principal critério caracterizador da falência. Dela tratou Carvalho de Mendonça. Apontava-a como "o signal ostensivo, mais perfeito, mais qualificado, da impossibilidade de pagar e, conseqüentemente, do estado de fallência".[11]

A nova Lei de Recuperação e Falências, para fins de caracterização da falência, afirmou em primeiro lugar esse critério, com algumas modificações, como se vê do texto do art. 94, I,[12] conforme abaixo se comenta.

Mas, há novidades.

A primeira é o "*piso*" do valor do pedido. Os títulos, ou o título, devem ter valor cuja soma ultrapasse o *equivalente* a quarenta salários mínimos, no momento de ingresso em juízo.

A segunda inovação está no fato de que o título pode ser extrajudicial (até aqui repetindo a lei anterior) ou *judicial*. O título ou os títulos. Título executivo judicial é a sentença condenatória, da qual já conste valor líquido que supere o *equivalente*

9. O Código Comercial de 1850, na Parte III, "Das Quebras", disciplinava a matéria falencial. O estado de falido se caracterizava pela *cessação de pagamentos* (art. 797). Literalmente: "Todo o commerciante que cessa os seus pagamentos entende-se quebrado ou fallido".

10. O Decreto n. 917, de 1890, resultou de anteprojeto elaborado, em apenas 14 dias, por Carlos Augusto de Carvalho, com o auxílio de um magistrado, Macedo Soares, tudo sob encomenda do Ministro da Justiça, Campos Sales. As interessantes circunstâncias, que cercaram a elaboração do projeto, estão expostas, em seu sedutor estilo, fluente e peculiar, por Carvalho de Mendonça (*Tratado*, 6ª ed., v. VII, Freitas Bastos, 1960, 1ª Parte, pp. 69-70 e notas). Carlos Augusto de Carvalho foi jurista ilustre, que anos depois produziria notável trabalho, *Direito Civil Brazileiro Recopilado ou Nova Consolidação das Leis Civis* (Rio, Ed. Francisco Alves, 1899).

11. Carvalho de Mendonça, *Das Fallencias e dos Meios Preventivos de sua Declaração*, Rio, Ed. Gerke & Cia, 1899, I/84.

12. "Art. 94. Será decretada a falência do devedor que: I — sem relevante razão de direito, não paga, no vencimento, obrigação líquida materializada em título ou títulos executivos protestados, cuja soma ultrapasse o equivalente a 40 (quarenta) salários-mínimos na data do pedido de falência; II — (*omissis*)."

àquele piso de quarenta salários mínimos, no momento em que ajuizada a petição de falência no foro.[13]

Título judicial é, também, a sentença arbitral (CPC, art. 584, VI).

Em todos os casos, o título tem de ser protestado.[14]

Há um terceiro ponto, inédito ao menos em termos de explicitação legal: o litisconsórcio ativo de credores. Somando o valor de seus títulos de modo a alcançarem o "*piso*", podem formular, em litisconsórcio ativo, o pedido de falência (art. 94, § 1º).

6. *O pedido de autofalência — A norma do art. 105 da Lei n. 11.101*

A impontualidade verificada pelo não pagamento, sem razão jurídica relevante, de obrigação líquida, já não é mais o critério determinante do dever legal de impetrar pedido de autofalência. Convém lembrar que o diploma anterior, no art. 8º, impunha ao comerciante pedisse sua autofalência sempre que, sem relevante razão de direito, não pagasse, no vencimento, *obrigação líquida*. Não era necessário que esta constasse de título.

Ao contrário, a nova Lei de Recuperação e Falências inovou fortemente no tema.

Eis como esse novel diploma rege a autofalência: "O devedor em crise econômico-financeira" — diz o art. 105 — "que julgue não atender aos requisitos para pleitear sua recuperação judicial, deverá requerer ao juízo sua falência, expondo as razões da impossibilidade de prosseguimento da atividade empresarial (...)".

O preceito enseja fortes indagações.

6.1 Crise econômico-financeira. Esboço de conceituação em face da Lei de Recuperação e Falências

Em primeiro lugar, pergunta-se: o que vem a ser *crise econômico-financeira?*

E, ademais, cabe indagar: o que é crise econômico-financeira insuscetível de ser superada por meio do processo de recuperação de empresa?

O conceito de *crise econômico-financeira* é importante, antes de mais nada, para os fins do pedido de recuperação judicial. Consoante consta da própria Lei n. 11.101, a recuperação judicial tem por objetivo viabilizar a superação da situação de *crise econômico-financeira* (art. 47), tanto que a petição inicial do pedido de recuperação judicial será instruída com a exposição das causas concretas da situação patrimonial do devedor e das razões da *crise econômico-financeira* (art. 51, I).

Já na autofalência, esta deve ser requerida pelo devedor *em crise econômico-financeira que julgue não atender aos requisitos para pleitear sua recuperação judicial*.

13. Por que razão a Lei fala em título ou títulos executivos cuja soma ultrapasse o *equivalente*? Por que não fala a Lei em valor *superior* a quarenta salários mínimos? Teria sido mera opção vernacular? Ainda não formamos opinião definitiva a respeito. Parece-nos que isso resulta da possibilidade de pedir a falência com base em título judicial que tenha condenado o devedor ao cumprimento de obrigação outra, que não a de pagar uma soma em dinheiro (execução por quantia certa contra devedor solvente — CPC, art. 646 e ss.). Assim, será título judicial a sentença que condene o devedor a cumprir *obrigação de fazer, de não fazer, de entregar coisa certa, de entregar coisa incerta*, que tenha *equivalência* com o piso de valor monetário indicado.

14. Temos para nós que essa hipótese de pedido de falência não se confunde com a do art. 94, II. Nesta, a falência se caracteriza quando o devedor "executado, não paga, não deposita e não nomeia à penhora bens suficientes dentro do prazo legal". Neste caso, houve já início do processo de execução, na forma do CPC. O executado foi citado para *pagar*. Não pagou, não depositou o dinheiro, nem nomeou bens suficientes à penhora. Repita-se: tudo no processo de execução.

Já na hipótese do art. 94, I, relativa a título judicial, obtida a condenação — cujo montante está quantificado em *equivalência* a mais de quarenta salários mínimos, o credor, ao invés de dar início ao processo de execução, aparelha-se com a sentença judicial, protesta-a, e pede a falência.

Nesse conjunto de remissões à conjuntura qualificada pela lei como *crise econômico-financeira*, cabe perguntar no que esta consiste.

Trata-se, em princípio, de um quadro patrimonial e de liquidez assinalado por dificuldades, que somente serão superáveis mediante o processo de *recuperação judicial* ou *extrajudicial*. De fato, pela dicção do art. 47, a recuperação judicial tem por objetivo "(...) viabilizar a superação da situação de crise econômico-financeira do devedor, afim de permitir a manutenção da fonte produtora, do emprego dos trabalhadores e dos interesses dos credores (...)".

Ante esse enunciado normativo, é possível esboçar o entendimento de que, quer pela situação patrimonial ("*crise econômica*"), quer pela situação de indisponibilidade mediata ou imediata de recursos monetários ("*crise financeira*"), à vista das obrigações vencidas ou vincendas, fica patente a "*impossibilidade de prosseguimento da atividade empresarial*".

Ou seja, há crise econômico-financeira quando, à vista dos *ativos* existentes (bens do ativo permanente, imóveis, móveis, instalações, equipamentos; titularidade de marcas, patentes e outros direitos negociáveis; bens do ativo circulante — mercadorias ou serviços contratados; bens do ativo financeiro, dinheiro em tesouraria, em bancos, ou aplicações financeiras, ou linhas de crédito de liquidez imediata), não há como fazer frente aos desembolsos necessários ao funcionamento da empresa.

Há crise econômico-financeira se não houver como fazer frente ao funcionamento da empresa a curto prazo. Significa não poder adimplir, a tempo e hora, o passivo *exigível*.[15] Se não há como enfrentar esse quotidiano de curto prazo, é evidente a crise econômico-financeira.

Respondemos, assim, à pergunta: entende-se por *crise econômico-financeira* a situação efetiva (e não meramente contábil) de empresário ou sociedade empresária que, por insuficiência de ativo patrimonial, ou por indisponibilidade de liquidez monetária, não reúne condições de dar prosseguimento normal à sua atividade empresarial.[16]

Ora, se essa crise for superável, a hipótese é de se invocar o instituto da recuperação judicial, ou, eventualmente, da extrajudicial.

Se a crise for insuperável — no entendimento do devedor — a hipótese é de pedido de autofalência; e se a convicção do juízo competente for nessa mesma linha, a hipótese será de decretação de falência.

6.1.2 Autofalência: crise econômico-financeira *lato sensu*. Hipóteses subentendidas na lei: crise de controle e crise gerencial

Em sentido lato, a expressão *crise econômico-financeira* vai além da acepção patrimonial e de liquidez financeira exposta linhas acima. Abrange, sem dúvida, a possibilidade da essência da crise estar no modo como é exercido o *controle acionário* nas companhias, ou o *controle societário*, nas demais sociedades empresárias. Ou mesmo, como é exercida a função gerencial, de direção de negócios, no plano executivo da empresa.

15. Exigíveis são obrigações passíveis de serem, em seu vencimento, cobradas pelos respectivos credores. Abrange todas as obrigações com pessoas (empregados, contratados, terceirizados, etc.), com credores comerciais, com fornecedores, bancos, credores institucionais, etc. Vale lembrar que toda sociedade empresária tem também um passivo *não exigível*, formado pelo capital e reservas. É passivo porque a sociedade, em última instância, recebeu o respectivo valor de seus sócios e deverá devolvê-lo ao ensejo de sua extinção. Mas, é inexigível enquanto a sociedade exercer sua atividade normal. Somente se tornará exigível em caso de liquidação.

16. Outros desafios de cada empresa, a médio e longo prazo, sempre existentes, não nos parecem dizer respeito a uma situação de crise econômico-financeira. Mas, nessa perspectiva não imediata, não cabe falar em crise econômico-financeira, pelo menos para os efeitos da legislação de recuperação de empresas.

Não fosse assim, dentre os meios de recuperação judicial, alinhados ao longo do art. 50 — são dezesseis incisos — não estariam as hipóteses de *alteração do controle societário* e de *substituição total ou parcial dos administradores do devedor ou modificação de seus órgãos administrativos* (incisos III e IV do art. 50).

6.2 *Autofalência: a quem compete avaliar se a crise econômico-financeira é insuperável, ou não*

Em segundo lugar, a qualificação dessa crise, no caso concreto, como insuperável, resulta da aferição que o próprio devedor faz de sua empresa ("*que julgue não atender aos requisitos para pleitear sua recuperação judicial*"). Entendemos que a linguagem do dispositivo se refere à apreciação pelo devedor dos requisitos substanciais de viabilidade de um pedido de recuperação judicial, que o devedor *julga* não estar em condições de atender. Não se trata de requisitos formais, que devem instruir o pedido de recuperação, elencados no art. 51, I a IX.

Em terceiro lugar, se o pedido de autofalência não estiver devidamente instruído, "*o juiz determinará que seja emendado*" — art. 106. É claro que o preceito se refere à juntada à petição inicial de documentos que, confirmando a opinião ou convicção do devedor de que sua situação é insuperável, permita ao juízo conferir a pertinência da qualificação que o devedor deu à crise, dando por inevitável a falência.

Afastemos, pois, a interpretação de que o art. 106 se refere a meros documentos que devem instruir a petição inicial de autofalência. Se o devedor, com seu requerimento, já se considerou em estado de falido, a única pergunta a fazer diz respeito a conferir se a crise, que invoca, é efetivamente insuperável, ou não.

Em reforço à asserção de que não cabe apenas ao devedor qualificar sua crise como *insuperável*, invocamos expressivas reflexões de Fábio Ulhoa Coelho, a propósito da recuperação de empresa, sobre o *valor idiossincrático da empresa*.[17] Consiste no valor da empresa "*atribuído exclusivamente pelo seu dono*".[18] Pela mesma ordem de raciocínio, conclui-se que o subjetivismo do empresário ou de quem comanda a sociedade empresária pode estar superdimensionando a crise.

Cumpre, pois, adotar a exegese de que o devedor não é o único que deve se manifestar a respeito da inevitabilidade, ou não, da falência. Donde resulta que, processualmente, não somente é correto entender que o juízo deve ouvir os credores e os sócios ou acionistas que não assinaram o pedido, como também pode, o juízo, indeferir o pedido de autofalência. Ao fazê-lo, vai reconhecer que, sendo a crise econômico-financeira superável, o devedor não tem *interesse processual* para pedir sua autofalência. Como decorrência, o pedido de autofalência deve ser extinto sem julgamento do mérito, por falta dessa condição da ação chamada "interesse". Aplica-se, pois, ao caso, o art. 267, IV, do CPC.[19]

17. Fábio Ulhoa Coelho, *Comentários à Nova Lei de Falências e de Recuperação de Empresas*, Saraiva, 2005, pp. 118 e 119, *passim*. A idéia exposta pelo talentoso professor é correta, mas seria mais simples e aceitável falar em *valor subjetivo* da empresa. É pelo menos mais fonético do que valor *idiossincrático*.

18. Disso resulta, nas palavras do ilustre comercialista, que "nenhum empreendedor, especulador, corretor, especialista em avaliação de ativos ou qualquer outro agente econômico acha que a empresa vale quanto o dono quer" (ob. e loc. cits.).

19. Temos convicção de que o *pedido de falência* é uma ação judicial, de conhecimento, que tem essa denominação: *pedido de falência*. Mesmo quando ajuizada pelo próprio devedor, submete-se ao rigor processual — citação, contraditório, instrução, etc. Depois de decretada a falência, instaura-se um *processo de execução concursual, ou coletiva*, sendo executado o falido, respondendo, pelo passivo apurado, a *massa falida*. A massa falida outra coisa não é senão o *patrimônio do falido*, dele desafetado para fins de administração e alienação na falência. Como é pacífico na lei, na doutrina e na jurisprudência, tanto a massa falida, como o patrimônio, assim também o espólio (herança), são coisas universais, ou universalidade. Ver Código Civil vigente, arts. 90 e 91 e, mais expressivamente,

7. *Atos e fatos indicativos de situação falimentar ("indícios" de falência) (art. 97, III, letras "a" a "f")*

Pelo teor das letras "a" a "f", constantes do inciso III do art. 97 da Lei de Recuperação e Falências, será decretada a falência do devedor que "*pratica qualquer dos seguintes atos, exceto se fizer parte do plano de recuperação judicial*:

"*a) procede à liquidação precipitada de seus ativos ou lança mão de meio ruinoso ou fraudulento para realizar pagamentos*;

"*b) realiza ou, por atos inequívocos, tenta realizar, com o objetivo de retardar pagamentos ou fraudar credores, negócio simulado ou alienação de parte ou da totalidade de seu ativo a terceiro, credor ou não*;

"*c) transfere estabelecimento a terceiro, credor ou não, sem o consentimento de todos os credores e sem ficar com bens suficientes para solver seu passivo*;

"*d) simula transferência de seu principal estabelecimento com o objetivo de burlar a legislação ou a fiscalização ou para prejudicar credor*;

"*e) dá ou reforça garantia a credor por dívida contraída anteriormente, sem ficar com bens livres e desembaraçados suficientes para saldar seu passivo*;

"*f) ausenta-se sem deixar representante habilitado e com recursos suficientes para pagar os credores, abandona o estabelecimento ou tenta ocultar-se de seu domicílio, do local de sua sede ou de seu principal estabelecimento*."

O dispositivo ainda comporta uma última letra — "g" — ("*deixa de cumprir, no prazo estabelecido, obrigação assumida no plano de recuperação judicial*"), a ser examinada em separado.

Pela sistemática adotada pela vigente Lei de Recuperação e Falências, as condutas e fatos especificados no inciso III do art. 94 tanto podem caracterizar a falência *antes* de ser ajuizada, ou *antes de* deferido o processamento de recuperação judicial, como *depois* desse ajuizamento. É o que resulta expressamente de dispositivo legal, o parágrafo único do art. 73.[20]

Quando o pedido de falência se baseia em fatos dessa natureza, sem que tenha ocorrido impontualidade, conclui-se que a falência está caracterizada por indícios de insolvabilidade. Nesse sentido, a lição de doutrinadores de nomeada, como Waldemar Ferreira, Miranda Valverde e Rubens Requião, dentre outros.[21]

Parece-nos claro que, na verdade, tanto a lei atual, como o revogado Diploma de 1945, ante a gravidade das condutas descritas, que, restando comprovadas, autori-

CC/1916, art. 57 (Clóvis Bevilaqua, *Código Civil dos E. U. do Brasil, Comentado*, ed. Histórica, Ed. Rio, 1975, t. I/290-291). Do mesmo modo, o pedido de recuperação judicial tem nítido feitio processual. Parece-nos claro tratar-se da *ação de pedido de recuperação judicial*. Admitida sua natureza de ação contenciosa, é inevitável aplicar à espécie os institutos de processo civil, tais como os referentes a pressupostos processuais, condições da ação, extinção do processo sem julgamento de mérito, etc. Maiores reflexões, porém, devem ser desenvolvidas, especialmente pela relevância que assume, por vezes, a posição dos credores.

20. "Art. 73. O juiz decretará a falência durante o processo de recuperação judicial: (*omissis*). IV — por descumprimento de qualquer obrigação assumida no plano de recuperação, na forma do § 1º do art. 61 desta Lei. *Parágrafo único. O disposto neste artigo não impede a decretação da falência por inadimplemento de obrigação não sujeita à recuperação judicial (...) ou por prática de ato previsto no inciso III do 'caput' do art. 94 desta Lei*."

21. Waldemar Ferreira, *Tratado de Direito Comercial*, Saraiva, 1965, 14/75, adotando a expressão "indícios veementes de insolvência". Trajano Miranda Valverde, *Comentários à Lei de Falências*, 2ª ed., Forense, 1955, I/41. Rubens Requião, *Curso de Direito Falimentar*, 17ª ed., Saraiva, 1998, p. 83. Também, no mesmo sentido, Écio Perin Junior, *Curso de Direito Falimentar*, 2ª ed., Ed. Método, p. 82. Esses autores doutrinaram ao tempo do Decreto-lei n. 7.661/1945. Marcus Elidius Michelli de Almeida, *Nova Lei de Falências e Recuperação de Empresas Confrontada*, Ed. Quartier Latin, 2005, p. 110, já sob a nova lei.

zavam então, e continuam autorizando hoje, o decreto judicial de falência, estabeleceram nessas hipóteses uma *presunção de estado de falido*. Com efeito, se o comerciante (no regime da lei anterior) ou o empresário/sociedade empresária, pela lei atual, adotam procedimentos da índole dos descritos, conclui-se, por uma suposição, que estão dilapidando seu ativo, ou enganando credores, e disso se extrai a dedução de que esse devedor logo mais estará insolvável. O estado de falido está sendo presumido.[22]

O teor das condutas, que caracterizam a falência sem impontualidade, está descrito com clareza no texto legal. Para o âmbito deste estudo, dispensam-se outros comentários.

Nos casos em que desponta o uso de fraude, incide norma penal, quer a denominada "fraude a credores" (art. 168), quer o "favorecimento de credores" (art. 172), ou "desvio, ocultação ou apropriação de bens" (art. 173).

Mas, as condutas referidas deixam de caracterizar falência se o ato praticado fizer parte de plano de recuperação judicial. Correta, a propósito, a crítica de Manoel Justino, destacando ter havido, nessa passagem, "*lapso do legislador*".[23]

Ora, o plano de recuperação judicial não poderá conter a previsão de serem efetivados atos correspondentes aos descritos nas alíneas acima.

Concordamos, assim, com a crítica acima. A ressalva faria sentido se houvesse sido mantida, na lei atual, a hipótese, constante do Decreto-lei de 1945, que alinhava, dentre as condutas indicativas de presunção de insolvência, aquela consistente em convocar credores, propondo-lhes dilação, remissão, etc. Era o inciso III do art. 2º, da revogada Lei de Falências. Mas, a atual Lei de Recuperação e Falências aboliu essa hipótese, justamente porque, especialmente para fins de recuperação extrajudicial, é evidente que o devedor vai procurar seus credores e fazer-lhes propostas.

8. "Não apresentação", pelo devedor que impetrou pedido de recuperação judicial, no prazo legal, do plano de recuperação judicial — Art. 53, "caput", c/c art. 73, II

A modernização do direito falimentar brasileiro assentou-se numa linha fundamental, pedra de toque do novo sistema. Trata-se da idéia matriz de *preservar a empresa*. Nas palavras do ilustre deputado federal Osvaldo Beolchi, relator do projeto, destacando o espírito da Lei, "que tem o objetivo primacial voltado para a recuperação da empresa, possibilitando sua continuidade, mantendo e gerando empregos e ainda pagando os tributos devidos".[24]

O princípio da preservação da empresa acha-se, na verdade, presente em várias situações em que a sobrevivência desse organismo está em xeque. É clara sua identificação na raiz da forte construção pretoriana que deu novos contornos ao instituto da dissolução de sociedade comercial, consolidando a chamada *dissolução parcial*.[25]

22. Nesse sentido, Fábio Ulhoa Coelho, enfático: "Trata-se, também aqui, de presunção absoluta" (ob. cit., p. 258).

23. Textualmente: "(...) as situações previstas nas letras 'a' a 'g' não podem fazer parte do plano de recuperação, pois são atos ruinosos e fraudulentos (letra 'a'), com objetivo de (...) fraudar credores (letra 'b'), atos simulados e/ou para prejudicar terceiros (letras 'c' e 'e'), abandono de estabelecimento (letra 'f') ou o próprio descumprimento do plano de recuperação (letra 'g')". Conclui o ilustre magistrado: "Portanto, a expressão 'exceto se fizer parte de plano de recuperação judicial' do *caput* do inciso III não terá qualquer aplicação, e poderia ser eliminada sem prejuízo" (Manoel Justino Bezerra Filho, *Nova Lei de Recuperação e Falências*, 3ª ed., Ed. RT, p. 238).

24. Osvaldo Beolchi, *Comentários à Lei de Recuperação de Empresas e Falência*, obra coordenada por Paulo F. C. Salles de Toledo e Carlos H. Abrão, Saraiva, 2005, p. IX.

25. Em pequeno estudo sobre a jurisprudência, nesse assunto, cremos haver demonstrado que,

No vigente Código Civil, fica evidente o reconhecimento do princípio da preservação da empresa, como se lê no art. 1.085. Esse preceito permite à maioria dos sócios, representativa de mais da metade do capital social, excluir um ou mais sócios, quando entender que estes "*estão pondo em risco a continuidade da empresa, em virtude de atos de inegável gravidade*". Bastará, para tanto, que procedam "*mediante alteração do contrato social, desde que prevista neste a exclusão por justa causa*". O dispositivo refere-se, apenas, à sociedade limitada.

Por *em risco a continuidade da empresa*, como diz o texto do Código Civil, significa atentar contra a sua preservação.

O art. 1.030 do Código Civil, aplicável a todas as formas societárias, por outro lado, possibilita a exclusão judicial do sócio, sob iniciativa dos demais, em razão de "*falta grave no cumprimento de suas obrigações ou, ainda, por incapacidade superveniente*". Sócio que comete falta grave também atenta contra a sociedade, seja sociedade simples — em cujo âmbito o art. 1.130 se situa — seja sociedade empresária que, subsidiariamente, se apóia nas normas da sociedade simples e, neste caso, desponta novamente a idéia de preservação da empresa.

A lei de sociedade por ações também traz expressiva norma a respeito.[26]

Pois bem: açoitada por *crise econômico-financeira*, a "*empresa*" — melhor dizer, o empresário ou sociedade empresária — a empresa, repita-se, por seu titular, pode valer-se do novo benefício processual, a ação de recuperação judicial.

Em conformidade às normas que regem o trâmite do novel instituto jurídico, o devedor impetra em juízo, mediante petição inicial, o pedido de recuperação judicial de empresa.

Se a documentação, exigida pela lei para instruir a petição inicial, estiver em ordem, o juiz *deferirá o processamento do pedido*, como diz o art. 52.

Se, todavia, a documentação não estiver em termos, deverá o juiz determinar seja sanada. A lei nada diz a respeito, mas se, em hipótese mais grave, no pedido de autofalência, está prevista a emenda da petição inicial, para que seja complementada — art. 106 — não há razão para que seja outra a decisão, na hipótese examinada. Invoque-se, ademais, nesse sentido, o art. 284 do CPC.[27]

Ora, deferido o processamento da petição inicial da ação de recuperação judicial de empresa, a data de publicação desse despacho é o termo inicial do prazo de sessenta dias dentro do qual o devedor deverá apresentar o plano de recuperação judicial.

Isso está escrito no art. 53, que acrescenta ser o prazo *improrrogável*. Ademais, comina a pena de *convolação em falência*, caso o plano não seja apresentado.

Na verdade, a essa altura do processamento, tudo que ocorreu nos autos cor-

no afã de preservar a empresa, a jurisprudência registra importantes posições em que, mesmo contra a vontade dos sócios majoritários, pode o sócio minoritário obter a continuidade da empresa, com a exclusão dos majoritários. Ou seja, dissolução total, requerida judicialmente por sócios majoritários, mas acolhida apenas como dissolução parcial, preservando-se a empresa, a pedido de sócio minoritário. Ver Paulo Salvador Frontini, "Sociedade por quota — Morte de um dos sócios — Dissolução total requerida pela maioria social — Continuidade da empresa", *RDM* 116/171, comentário a r. acórdão do E. STJ, REsp 61.278-SP, rel. Ministro César Asfor Rocha.

26. Na Lei n. 6.404/1976 — Lei de Sociedades por ações — há a previsão de que uma das modalidades de exercício abusivo do poder de controle desponta no fato do controlador pretender "promover a liquidação de companhia próspera (...) em prejuízo dos demais acionistas, dos que trabalham na empresa ou dos investidores em valores mobiliários emitidos pela companhia" (art. 117, § 1º, b). Nítida se mostra, no caso, a preocupação em preservar companhia *próspera*, salvaguardando-a do próprio acionista controlador!

27. CPC: "Art. 284. Verificando o juiz que a petição inicial não preenche os requisitos exigidos nos arts. 282 e 283, ou que apresenta defeitos ou irregularidades capazes de dificultar o julgamento de mérito, determinará que o autor a emende, ou a complete, no prazo de 10 (dez) dias".

responde apenas ao cumprimento das determinações constantes do art. 52, I a V da Lei. Ou seja, nomeação do administrador judicial; determinação de dispensa de apresentação de certidões negativas para que o devedor prossiga na atividade empresarial; suspensão de ações e execuções contra o devedor, nos juízos em que se processam; determinação ao devedor para apresentar demonstrativos contábeis mensais; intimação do Ministério Público e comunicação às Fazendas Públicas interessadas. E, mais, deu-se, ainda, nos autos, conforme § 1º desse art. 52, a publicação no *Diário Oficial* do resumo do pedido e do despacho de processamento, da relação nominal dos credores, do valor atualizado dos créditos e sua classificação; e da advertência aos credores sobre os prazos para habilitação de créditos, ou reclamação quanto à relação apresentada.

Não se sabe, ainda, qual será a reação dos credores a propósito do pedido de recuperação, o que, como é natural, somente poderá dar-se após a apresentação do plano.

Assim, há, de fato, um raciocínio lógico a dizer que, se o devedor pede recuperação judicial para superar crise econômico-financeira, está na verdade em situação falimentar ou pré-falimentar. Revela, com seu pedido, que necessita da medida judicial para evitar a falência. Está, pois, implicitamente, admitindo, numa perspectiva de curto prazo, sua falência. Ora, se não apresenta o plano de recuperação, é coerente que a lei determine, desde logo, a convolação da ação de recuperação judicial em ação de falência. Há lógica formal nesse raciocínio. Haverá, entretanto, no caso, lógica de comportamento humano?

Cabe fazer a pergunta: será que, em meio à incerteza das relações de mercado, em meio á instabilidade da conjuntura, não seria mais razoável que o juiz determinasse, pelo menos, a intimação dos credores, cujos nomes já foram apresentados, para uma manifestação a respeito? E se estes não pedirem a falência, não seria mais sugestivo e menos oneroso que o pedido de recuperação fosse extinto sem julgamento de mérito?

A extinção, sem julgamento de mérito, do pedido de recuperação judicial, por não apresentação do plano de recuperação no prazo legal, não impedirá que qualquer credor, portador de título extrajudicial ou judicial, faça pedido autônomo de falência.

Também se põe, no contexto, a sugestão de conversão do pedido de recuperação judicial, sem plano apresentado no prazo legal, em pedido de autofalência. Será medida interessante, desde que atenta à peculiaridade de se dar oportunidade a terceiros de impugnarem o pedido de autofalência, como neste estudo sugerimos, linhas acima.

Em suma, pelas razões expostas, conclui-se que a cominação legal de ser decretada a falência, para a hipótese de não apresentação do plano, peca por ser por demais rigorosa em seu automatismo. A interpretação do preceito comentado, assim, faz por merecer os temperamentos aqui sugeridos.

9. Caracterização da falência por descumprimento, no prazo estabelecido, de "obrigação assumida no plano de recuperação judicial" — Art. 97, "g", c/c art. 61, § 2º, e c/c art. 73, IV

O componente fundamental do pedido de recuperação judicial é o *plano de recuperação*, previsto no art. 53, *caput*.

Esse preceito indica qual é seu conteúdo mínimo: a) a discriminação pormenorizada dos meios de recuperação a serem empregados, dentre os elencados no art. 50 da própria Lei de Recuperação;[28] b) as

28. Apresentando um rol exemplificativo, o art. 50 relaciona como meios de recuperação, em seus incisos I a XVI, a concessão de prazos e condições especiais de pagamento de obrigações; transformações societárias; alteração de controle societário; mudanças na administração, com substituição parcial ou total, de administradores ou administração compartilhada; aumento de capital; emissão de va-

demonstrações contábeis dos três últimos exercícios e as levantadas especialmente para instruir o pedido; c) relação nominal completa dos credores, com o valor de cada crédito atualizado e sua classificação; d) relação dos empregados, nominal e completa, apontando, em relação a cada um, os valores a que tem direito; e) certidão de arquivamento de atos societários no Registro Público de Empresas Mercantis e instrumentos societários decorrentes; f) relação dos bens particulares dos sócios controladores e dos administradores do devedor; g) extratos de contas correntes bancárias, atualizados e bem como de aplicações financeiras; h) certidões de tabelionatos de protestos da sede do devedor e das praças onde tem filiais; i) relação do contencioso processual pendente, com a estimativa de seu valor.

Fundamental é, no caso, o primeiro item exigido pela lei — art. 53, I — a "*discriminação pormenorizada dos meios de recuperação a serem empregados, conforme o art. 50 desta Lei, e seu resumo*", consoante a literalidade do dispositivo.

Na verdade, esse item fundamental do plano de recuperação completa seu antecedente lógico, que é "*a exposição das causas concretas da situação patrimonial do devedor e das razões da crise econômico-financeira*", que constitui a essência da petição inicial (cf. art. 51, I).

O plano, portanto, pressupõe como antecedente uma prévia e coerente peça demonstrativa dos motivos da crise. A petição inicial, em suma, deve explicar como, quando, por quê, a atividade empresarial enveredou no rumo de inviabilizar-se, salvo se houver a recuperação. E os meios de recuperação devem estar contidos no plano, de modo a ficar demonstrado que, mediante correta e oportuna utilização dos meios, a crise restará superada e a atividade empresarial se normalizará.

A indicação dos meios de recuperação está associada, conseqüentemente, à demonstração de que, pela utilização dos instrumentos apontados, a atividade empresarial se viabilizará (art. 53, II). Laudo econômico-financeiro e laudos de avaliação deverão integrar o plano (art. 53, III).

A lei silenciou, estranhamente, sobre o elemento mais importante do plano: a *proposta* que o devedor apresenta ao Juízo e especialmente a seus credores.

A proposta, em verdade, acaba sendo o pedido imediato do autor, o devedor que postula a recuperação judicial. É curioso observar como, ao descrever minuciosamente, os requisitos da petição inicial do pedido de recuperação, a Lei sob comento foi omissa em relação ao pedido, item fundamental de qualquer petição inicial em juízo. Essa observação poderia ser relevada, ante a expectativa de que ficasse clara a necessidade do plano conter pelo menos uma proposta, que, afinal, deverá ter aprovação dos credores.

Mas, cuidando do plano de recuperação, vê-se que a omissão persistiu. Nem por isso há que se entender que as duas omissões são compatíveis com o espírito e a finalidade da Lei de Recuperação e Falências.

A petição inicial, embora não precise especificar o pedido mediato, deve conter o pedido imediato, que á a obtenção do provimento jurisdicional consistente na *concessão da recuperação judicial* — art. 58 da Lei.[29]

A seu turno, o plano deverá conter o pedido mediato. Consistirá na especificação

lores mobiliários; trespasse ou arrendamento do estabelecimento; venda de bens do ativo; mudanças salariais e de condições de trabalho; dação em pagamento ou novação; constituição de sociedade de credores ou de sociedade de propósito específico para adjudicar-lhe ativos do devedor; equalização de encargos financeiros; usufruto de empresa.

29. Sobre as "espécies de pedido", no processo civil (*pedido imediato* — a providência jurisdicional desejada — e *pedido mediato* — o que se pretende conseguir), ver José Carlos Barbosa Moreira, *O Novo Processo Civil Brasileiro*, 22ª ed., Forense, 2002, p. 11.

do modo como o devedor pretende adimplir suas obrigações para com os credores.

Nesse sentido, o plano tem de conter uma *proposta*, como bem anota Jorge Lobo.[30]

O fato é que, em acréscimo à já difícil função de gerir a atividade empresarial, o devedor deverá assumir obrigações. Estas se projetam não apenas em face dos credores, inclusive empregados e fisco, como em face de sócios ou acionistas estranhos ao controle, colaboradores, comunidade, etc., tudo de molde a *permitir a manutenção da fonte produtora*, como quer o art. 47 da Lei.

Ora, em face do leque de obrigações que o empresário vai assumir, caso lhe seja concedida a recuperação judicial, e para reforçar a necessidade de serem todas adimplidas, a Lei traz o comando constante do art. 73, IV. Este fala que o juiz decretará a falência durante o processo de recuperação judicial por descumprimento de qualquer obrigação assumida no plano de recuperação, nos termos do § 1º do art. 61 do mesmo diploma.

Ante a remissão expressa ao citado § 1º do art. 61, convém lembrar que o *caput* desse dispositivo determina que, concedida a recuperação, o devedor permanecerá em recuperação judicial até que se cumpram todas as obrigações previstas no plano, que se vencerem até 2 (dois) anos depois da concessão da recuperação judicial.

Dúvida não há de que *todas as obrigações previstas no plano de recuperação*, que se vencerem até dois anos depois da sentença concessiva, deverão ser cumpridas. Durante esse prazo, o devedor permanecerá em estado de recuperação judicial.

O parágrafo único do art. 61 complementa o forte alcance da norma.

Convém reproduzir este texto, dizendo que, durante esse período — dois anos a contar da sentença concessiva — "*o descumprimento de qualquer obrigação prevista no plano acarretará a convolação da recuperação em falência*".

As obrigações a cargo do empresário em recuperação podem ser da mais variada natureza. Destacam-se, é fácil compreender, as de natureza contratual, especialmente as obrigações de pagamento em dinheiro, perante credores alcançados pelos efeitos da sentença de recuperação, como os credores por fornecimento, os empregados, os credores por tributos e por mútuo ou outras formas de financiamento.

Mas, tendo em vista os elevados propósitos que justificam a recuperação judicial, tal como explicitados no art. 47 (manutenção da fonte produtora e sua função social), parece inevitável concluir que obrigações assumidas no plano, referentes a aspectos tanto produtivos como sociais, desde que precisas quanto à sua exigibilidade, também estão no rol das que devem ser cumpridas, sob pena de decretação da falência. Algo, por exemplo, como atingir certa meta de produção, criar número determinado de empregos, exportar certo volume de produtos.

Dificilmente, na prática, o inadimplemento dessas obrigações não pecuniárias acarretará o decreto de falência. Não haverá interessado direto (ou seja, credor habilitado) que faça um pedido de falência nessas circunstâncias. Desde logo, pedido de falência, nessas circunstâncias, revelar-se-á antipático e ensejador de animosidades. Mas, porém, pior é que dificilmente o juízo de direito decretará a falência, se, afinal, os credores nada estão mais reclamando.

10. "Deliberação da assembléia geral de credores, rejeitando o plano de recuperação": mais uma hipótese de caracterização da falência

No prazo de sessenta dias, após publicada a decisão que defere o processamento do pedido judicial de recuperação, deve o devedor ("*Autor*", na terminologia

30. Jorge Lobo, in *Comentários à Lei de Recuperação de Empresas e Falência*, Saraiva, 2005, p. 140, nota de rodapé n. 93, comentando o art. 53, na obra coletiva coordenada por Paulo F. C. Sales de Toledo & Carlos H. Abrão.

processual) apresentar seu plano de recuperação judicial. Foi visto, em item anterior deste estudo, que, se o plano não for apresentado no prazo, o texto da lei manda que o juiz decrete sua falência (art. 53).

A hipótese ora examinada é outra: o empresário oferece o plano. Peticiona em juízo, apresentando esse complexo documento chamado *plano de recuperação*.

Por ordem judicial, será publicado edital avisando os credores a respeito, abrindo-lhes prazo para formalizarem *objeção*.

Se não houver nenhuma *objeção*, e depois de cumpridas exigências previstas na lei (p. ex., juntada de certidões negativas de débitos tributários, tal como tratado no art. 57 ou as providências previstas em incisos do art. 52), o juiz concederá a recuperação, mediante sentença, tal como determina o art. 58.

Se houver *objeção* de qualquer credor, o juiz convocará assembléia geral de credores, nos termos do art. 56. A assembléia então se reunirá *"para deliberar sobre o plano de recuperação"*.

Se a assembléia geral aprovar o plano, sem qualquer modificação, resulta, da leitura do texto legal, que a recuperação deverá ser concedida (art. 58, *in fine*).

Se a assembléia geral aprovar o plano com alterações, o devedor deverá estar de acordo com as modificações propostas. E, nesse caso, o juízo concederá a recuperação, desde que a alteração não implique diminuição apenas dos direitos dos credores ausentes ("(...) *em termos que não impliquem diminuição dos direitos exclusivamente dos credores ausentes*" — literal do texto do § 3º do art. 56).

Se a assembléia geral aprovar plano com alterações, mas o devedor com estas não concordar, a Lei de Recuperação não esclarece o que se deve fazer. Afinal, o plano não foi rejeitado. Foi alterado. Mas, o devedor não aceitou a alteração.

Acontece que o devedor não participa da assembléia geral. Assim, sua rejeição às alterações dar-se-á posteriormente.

O que fazer?

Parece-nos que a melhor solução será a convocação, pelo juízo, ou pelo administrador judicial, de nova assembléia geral. A lei possibilita ao administrador judicial requerer essa alternativa (art. 22, I, "g"). É lógico que o juiz possa determinar de ofício, a respeito.

Há, neste ponto, forte indagação: pode a assembléia geral, assim convocada, ante a recusa do devedor à alteração anterior, propor outra alteração? E se novamente o devedor a recusar, nova (e terceira) assembléia geral deverá ser convocada? Será razoável que essa sucessão de tentativas se repita, sugerindo um flanco claramente exposto a procrastinações e manobras desse teor?

Como isso não parece compatível nem com o espírito da lei, nem com a premência das circunstâncias, manifestadas em meio a um quadro de crise empresarial pré-falimentar, há que convir-se que, na segunda assembléia geral, se os credores não aprovarem a proposta do devedor, tal qual formulada, estarão impedidos de alterá-la. Restar-lhes-á rejeitá-la.

O efeito da rejeição será ensejar ao juízo a decretação da falência (art. 55, § 4º, c/c o art. 73, II).

Assim, a rejeição do plano de recuperação, pela assembléia geral de credores, configura mais uma situação em que a falência do devedor fica caracterizada.

Nem sempre, porém.

A despeito da rejeição do plano de recuperação pela assembléia geral, o juiz *poderá* conceder a recuperação judicial, desde que a recusa do plano se deu por *quorum* que se ajusta à ressalva do art. 58, § 1º — art. 56, § 4º, c/c art. 73, III,

O que a lei diz é que, se na assembléia geral que rejeitou o plano, o devedor obteve, cumulativamente, a seu favor, o voto: a) favorável de credores que representem mais da metade do valor de todos os créditos presentes à plenária, independentemente de classes; b) favorável à aprovação do plano por parte de duas classes de credores, tal como referidas no art. 45, ou de uma única classe, pelo menos, se forem apenas duas as classes votantes; c) favorável de mais de um terço dos credores (computados os votos na forma dos §§ 1º e 2º da Lei) na classe que houver rejeitado o plano, nesse caso, ante a expressa ressalva constante do § 1º do art. 58, terá o juízo a prerrogativa de, formando sua convicção, conceder a recuperação, a despeito da deliberação em contrário da assembléia geral.

Resta uma pergunta, nesse tópico: se a assembléia geral recusar o plano de recuperação, está obrigado o juiz a decretar a falência?

É certo que a assembléia geral tem poderes para aprovar o plano, para modificá-lo ou para rejeitá-lo. Isso consta do art. 35, I, "a". A assembléia geral, relembre-se, é um órgão colegiado, composto apenas por credores.

Pela letra da lei, rejeitado o plano em assembléia e não incidindo as ressalvas constantes do § 1º do art. 58, o juízo deverá decretar a falência. A redação do art. 73, I, é, a respeito, de solar clareza.

Temos, porém, séria dúvida se esse é o alcance da lei.

Está claro, na lei, que o processo de recuperação judicial, ou mesmo a recuperação extrajudicial, não tem apenas a finalidade de contemplar os credores. Tragase à colação, novamente, o art. 47 da Lei de Recuperação, que diz que o instituto tem por objetivo "*viabilizar a superação da situação de crise econômico-financeira do devedor, afim de permitir a manutenção da fonte produtora, do emprego dos trabalhadores e dos interesses dos credores, promovendo, assim, a preservação da empresa, sua função social e o estímulo à atividade econômica*".

Tudo isso sugere uma visão mais institucional, e menos contratual, da recuperação judicial de empresa.

Comentando o art. 73, I, Fábio Ulhoa Coelho expõe que a lei confere à assembléia geral "*a prerrogativa de abortar o processo de recuperação judicial*".[31]

Ponderando os fins a que se destina o processo de recuperação e os valores sociais agregados à idéia de soerguimento da empresa, insistimos na pergunta: em caso de rejeição do plano do devedor, deverá ser obrigatoriamente decretada a falência? Assim o diz o art. 73, I, em redação claríssima.

Mas, fica a dúvida, ou seja, saber se o juiz, rejeitado o plano, tem, ou não, poderes para, caso não se convença dos fundamentos adotados pela assembléia geral para rejeitar o plano: a) conceder a recuperação; ou, b) determinar a apresentação de novo plano; ou, c) simplesmente extinguir o processo sem julgamento de mérito.

Parece-nos questionável seja o juízo reduzido à atribuição de simplesmente referendar a deliberação da assembléia, e isso para, automaticamente, adotar gravíssima decisão, a de determinar a falência do empresário devedor.

Daí ser viável considerar duas alternativas, que a assembléia geral de credores pode adotar. A primeira consiste na rejeição pura e simples do plano de recuperação; a segunda, consiste na rejeição do plano, cumulada essa deliberação com pedido de falência, expresso e fundamentado, formulado pela mesma assembléia geral.

Merecem ser cogitadas essas alternativas.

Se a assembléia geral apenas rejeita o plano de recuperação e nada mais delibera, revela-se uma situação.

Outra situação, mais delicada, se apresenta se a assembléia de credores, além de rejeitar o plano, deliberar pedir ao juízo que decrete a falência.

Trata-se de distinção relevante, decorrente de atitudes diversas que o plenário dos credores pode tomar. Ante a variedade de circunstâncias que podem se apresentar, afigura-se mais prudente não concluir pelo

31. Fábio Ulhoa Coelho, ob. cit., p. 189.

dever do juiz ter de decretar a falência, ante a simples rejeição do plano.

Assim, se a assembléia geral de credores, além de rejeitar o plano, pedir expressamente a falência, declinando os fundamentos desse pedido, estará o juízo posto diante de uma pretensão resistida, que deverá julgar, decidindo fundamentadamente. Decretará, ou não, a falência.

Se a assembléia geral apenas rejeitar o plano de recuperação do devedor, sem explicitar pedido de falência, há que se pensar no argumento de que os credores não revelaram interesse processual pela proposta de recuperação judicial. Ora, o interesse é uma condição da ação. Ausente o interesse, o juiz terá amparo processual para extinguir o processo sem julgamento de mérito.

Recusamos, pois, a interpretação meramente literal de que, rejeitado o plano de recuperação pela assembléia geral de credores, deva o juiz, por dever de ofício, decretar a falência.

A recuperação judicial de empresas é um processo, como diz a lei. É uma ação contenciosa, não se afigurando constitucional o preceito legal que determina que o juiz, em plena função jurisdicional — dirimir conflito de interesse em nome do Estado — deva ficar submetido à posição de uma das partes.

Ademais, a Lei de Recuperação não proibiu a cessão de créditos entre credores. Assim, desde o deferimento do processamento da recuperação, até se chegar á data da assembléia geral, mais de dois meses, pelo menos, se passarão. No curso destes, considerando eventuais e vultosos interesses em jogo, nada assegura que a assembléia geral de credores venha a ser um cenário de lealdade e de probidade. O devedor, de um lado, e os credores, de outro, poderão articular-se e servir-se de manobras, para impor uma falência, evitando-se uma recuperação que poderia ser mais interessante sob a ótica do interesse público. Basta pensar nisto para ver-se que, na ação de recuperação judicial, o juízo de direito exerce em sua máxima plenitude suas atribuições jurisdicionais. Não está obrigado a atender, submisso e obediente, à deliberação dos credores que rejeitaram o pedido de recuperação judicial.

11. "Inadimplemento de obrigação" não sujeita aos efeitos do pedido de recuperação judicial — Art. 73, parágrafo único

De acordo com o art. 64 da Lei de Recuperação, "*durante o procedimento de recuperação judicial, o devedor ou seus administradores serão mantidos na condução da atividade empresarial, sob fiscalização do Comitê, se houver, e do administrador judicial* (...)".[32]

Isso significa que, salvo obrigação assumida no plano no sentido de substituir administradores, a empresa em recuperação restará funcionando normalmente no exercício de sua atividade econômica.

Ora, assim agindo, assumirá novas obrigações, quer com seus colaboradores, quer com fornecedores, quer com o fisco, etc.

Essas obrigações, sendo posteriores ao pedido de recuperação judicial, deverão ser adimplidas, no tempo, modo e lugar avençados.

Se o devedor, estando em estado de recuperação judicial, deixar de pagar obrigações dessa natureza, ficará sujeito a ter sua falência decretada. É o que determina, com acerto, o parágrafo único do art. 73.

O pedido de falência será autônomo, em relação à ação de recuperação judicial.

Se a recuperação vier a ser convertida em falência, essas obrigações constituirão créditos extraconcursuais (art. 67).

32. O art. 64 da Lei n. 11.101 tem clara correspondência com o art. 167 da Lei de Falências de 1945: "Durante o processo da concordata preventiva, o devedor conservará a administração dos seus bens e continuará com o seu negócio, sob fiscalização do comissário".

12. Conclusões

Diploma legal muito recente, a Lei de Recuperação e Falências revelará, ao longo de sua aplicação, se veio realmente acrescer à economia do país, e em especial ao meio empresarial, uma solução criativa e eficiente, de que o direito falimentar sempre se revelou carente.

Ao longo do tempo, sucedendo-se várias leis de falência, sempre se renovaram críticas aos diversos diplomas, como as de Joaquim Nabuco, ministro da Justiça do Império, referindo-se ao processo das quebras: "*Complicado, dispendioso e demorado, é a ruína do fallido, o prejuízo dos credores e, por conseqüência, a desmoralização do comércio!*".[33]

Esperemos seja, a Lei n. 11.101, depositária de um destino mais favorável, não se prestando de exemplo para asserções como a feita, em sala de aula, pelo saudoso Sylvio Marcondes, um dos autores da Lei de 1945. Lecionando a respeito do rápido e inevitável envelhecimento de cada lei de falências, dizia que o "*legislador não consegue fazer uma lei de falências que previna novas modalidades de fraude. O legislador falimentar nunca consegue ler o 'Tratado Geral da Fraude', pela insuperável razão de que o último capítulo está sendo escrito neste momento (...)!*".[34]

O legislador de 2005, ao mesmo tempo inovou soluções e preservou institutos, como aflora claramente de reflexões em torno ao tema da configuração do *estado de falido*.

Oxalá a prática negocial e forense, que, em outros tempos, vivenciamos intensamente,[35] sejam encaminhadas, com o passar dos tempos, de modo a ser possível identificar, na Lei n. 11.101, um diploma saudável e flexível às novas circunstâncias que a economia vai impondo a empresários, sociedades, credores, advogados, ministério público e juízes. O tempo o dirá!

São Paulo, 14 de setembro de 2005.

33. Salustiano Orlando de Araújo Costa (Conselheiro Orlando), in *Código Commercial do Brazil*, 6ª ed., Rio, Laemmert & Cia, 1896, p. 397, nota de rodapé, transcrevendo as palavras de Nabuco.

34. Sylvio Marcondes, conforme preleções em sala de aula, 1958, consolidadas em apostila do "CA XI de Agosto" e recordações pessoais de seu então aluno, autor destas linhas.

35. O autor deste estudo faz registro, por considerar oportuno, de forte vivência profissional, ao longo de sua vida, em matéria falimentar. Foi advogado, recém-formado, no escritório do admirável Cebrian Ferrer. Entre fins de 1965 e dezembro de 1968, exerceu o cargo de Promotor de Justiça de Araçatuba, perante a 2ª Vara local. Nela tramitava a concordata preventiva — falência — concordata suspensiva do Frigorífico Tião Maia, com graves efeitos econômicos e sociais sobre essa dinâmica cidade e região. De 1971 a 1977, foi titular da 5ª Curadoria Fiscal de Massas Falidas da comarca de São Paulo, oficiando, simultaneamente, perante quatro varas cíveis da Capital, em intenso e interessante convívio, quotidiano, com a matéria. Notáveis integrantes do Ministério Público do Estado integraram, ao longo do tempo, a Curadoria de Massas Falidas, dentre outros J. Netto Armando, Ruy Junqueira Freitas Camargo, Hélio Ottoni Coelho, José de Almeida Villas Boas, Aldo Almeida Prado de Magalhães, Gabriel Netuzzi Perez, Egberto Accioly Freire, José Guarino Marcos Garcia, Cláudio Ferraz de Alvarenga, Romeu Ricupero, Tilene de Almeida Moraes, José Laury Miskulin, Ronaldo Poletti, Paulo Fernando C. Salles de Toledo, João Carlos Garcia e muitos outros que também mereceriam ser lembrados.

LOS NUEVOS JUZGADOS DE LO MERCANTIL EN ESPAÑA[1]

Maria Isabel Candelario Macías

I — Notas introductorias. II — Normativa sobre los Juzgados de lo Mercantil. III — Juzgados de lo Mercantil: competencias atribuidas. IV — A modo de conclusión.

I — Notas introductorias

La Ley 22/2003,[2] de 9 de julio de lo concursal española (en adelante LCon) con entrada en vigor el 1 de septiembre de 2004, se acompaña de la Ley Orgánica para la Reforma Concursal 8/2003 (en adelante LORC), mediante esta Ley se modifica la Ley Orgánica 6/1985, de 1 de julio del Poder Judicial. La Ley concursal se fundamenta en una serie de principios. Unos clásicos: principio de universalidad, *pars condicio creditorum;* y otros, impuestos por la opción de política legislativa adoptada por el redactor de la Ley concursal: unidad legal, de disciplina y de sistema.

En efecto, la precitada Ley concursal 22/2003 establece los principios de unidad legal, de disciplina y de sistema.[3] El principio de unidad legal ordena en un único cuerpo legal toda la reglamentación sustantiva y procesal demandada por la realidad concursal, corrigiendo la situación anterior. Por su lado, el principio de unidad de dis-

1. Esta breve y descriptiva contribución forma parte de una investigación más profunda y ambiciosa intitulada *El Vínculo Transatlántico en el Derecho Concursal (aproximación y armonización del Derecho de insolvencias en Europa y América Latina)*, financiado por la Fundación Banco Bilbao-Vizcaya-Argentaria del área de Derecho Mercantil, Universidad Carlos III de Madrid, 2004/2006.

2. *BOE* n. 164, de 10 de julio de 2003.

3. Apuntan I. López-Barajas Perea y I. Gómez-Sancha Trueba, "Especialidades del concurso de las entidades financieras tras la nueva Ley Concursal", *Revista de Derecho Mercantil*, n. 254, 2004, pp. 1.545 y 1.550, "nace con una finalidad homogeneizadora y uniformadora del tratamiento de la crisis de todos los sujetos (sean persona físicas o jurídicas, comerciantes o no), plantea como primer interrogante el de si las medidas que conforman el régimen jurídico de las crisis económicas de las entidades financieras y de determinadas operaciones financieras sujetas a normas concursales especiales han sobrevivido a la Reforma concursal o, en qué medida habrán de verse afectadas por ella". Por su lado, puntualiza: J. Pulgar Ezquerra, "El contenido dilatorio y remisorio del convenio concursal y las ayudas de Estado", *Revista de Derecho Concursal y Paraconcursal*, n. 1, 2004, p. 133, "se introduce un nuevo marco institucional concursal configurado bajo el principio de unidad en un triple ámbito, legal, procedimental y subjetivo. Sobre la base de este planteamiento — por el que desde hacía ya algún tiempo se había optado en el marco del Derecho Comparado, pero absolutamente novedoso en nuestro Derecho, tradicionalmente caracterizado por la pluralidad y dispersión normativas —, se configura el denominado concurso de acreedores, al que puede quedar sometido el deudor común con independencia de su condición empresarial (unidad subjetiva), (...) cuyos aspectos sustantivos e internacionales se encuentran regulados en la Ley 22/2003, de 9 de julio (unidad legal) (...)".

ciplina, implica que, frente a la tradicional preferencia de nuestro Derecho por diferenciar diversos institutos concursales en atención del tipo de persona o entidad afectada o de la clase de insolvencia, se opta por determinar una única institución concursal, que se aplicará a todo tipo de insolvencias y afectados. Y, por último, la unidad de sistema se basa en concentrar en un único texto legal la materia concursal con independencia de que se reconozcan determinadas especialidades.

Precisamente esta *unidad* es también la *querida para el órgano jurisdiccional* encargado del conocimiento de los asuntos concursales. *Unidad reflejada en el fuero de atracción*[4] hacía sí de los múltiples aspectos que con anterioridad estaban asociados su conocimiento y tratamiento en otros órdenes jurisdiccionales, si bien esta atracción no es exclusiva de nuestro sistema sino reflejada, a su vez, en otros ordenamientos, el Derecho francés, portugués reciente y en el ámbito latinoamericano en Méjico o Uruguay. Atracción y unidad a la que se le unen dos caracteres de singular relieve: especialización-exclusividad y profesionalización. Es esta opción legislativa la asumida por el legislador concursal español con importantes implicaciones en toda la planta y demarcación judicial española, que pondremos de relieve a lo largo de este trabajo.

La *justificación del juez especializado*[5] viene dada ya desde la Exposición de Motivos de la LCon, donde se reflejan las razones por las que se ha considerado necesario proceder a la creación de una nueva categoría de Juzgados, a saber: 1) *El carácter universal del procedimiento*, que atribuye al Juez del concurso no sólo el conocimiento de cuestiones de gran dificultad técnica y que requieren una profunda preparación, sino también la asunción de materias propias de otras disciplinas jurídicas; 2) *La complejidad de la realidad social y económica* de nuestro tiempo, aconseja avanzar decididamente en el proceso de especialización. Por este motivo, se atribuyen a los Juzgados de lo mercantil otras competencias añadidas a la específica concursal, y que abarcan materias principalmente mercantiles.

La *finalidad perseguida* mediante la introducción de los nuevos Juzgados de lo Mercantil se pretende lograr a través de *una mayor calidad de las resoluciones judiciales, una mayor coherencia y unidad*[6] en la labor interpretativa de las normas que proporcione más *seguridad jurídica*, así como una mayor *celeridad en los procedimientos*. Asimismo, la creación de los nuevos juzgados permitirá descargar de trabajo a la jurisdicción civil, que ganará así en eficiencia y rapidez.

En todo caso, lo que nadie parece cuestionar es la necesidad de especialización y de un alto grado de formación técnica de los jueces, sobre todo en materia concursal. Y es que hemos de tener presente que el carácter marcadamente económico y contable que preside todo procedimiento concursal coloca al Juzgador inevitable-

4. La Competencia es exclusiva y excluyente en la gestión de la vida de la empresa concursada.

5. Jorge Carreras Llansana, "Jurisdicción exclusiva y excluyente del juez del concurso", en *Estudios sobre la Ley Concursal*, en *Libro Homenaje a Manuel Olivencia*, t. II, Madrid, Marcial Pons, 2005, p. 1.289, afirma que "ha preocupado desde antiguo al Legislador español el problema de la especialización de los Jueces que hubiesen de conocer del concurso, dado que las muy diversas materias que han de dominar siembran la duda de si cualquier Juez del orden civil, unidos tales juicios concursales a los demás que sean de su competencia, podrá desempeñar con eficacia la función que se le encomienda. Y si esto fue siempre una preocupación, mucho más ahora, cuando la reforma confía al Juez, sin la teórica ayuda de un Comisario, unas funciones y responsabilidades mucho más complejas".

6. Como acertadamente expresa M. A. Fernández-Ballesteros, "Sobre la jurisdicción y competencia del juez del concurso", *Estudios sobre la Ley Concursal*, en *Libro Homenaje a Manuel Olivencia*, t. II, Madrid, Marcial Pons, 2005, p. 1.313, dice que "la unidad y universalidad del concurso depende fundamentalmente de cómo se conceda y trate la competencia funcional al Juez de lo Mercantil que abrió el concurso".

mente en una situación de dependencia de los órganos auxiliares, llegando en muchos casos a ser éstos los que con sus informes y dictámenes van marcando la pauta del proceso. No obstante, y pese a lo referenciado se han alzado voces[7] que propugnaban que hubiese resultado más sencilla la atribución de competencia exclusiva y excluyente en materia concursal y mercantil a determinados Juzgados de Primera Instancia y Secciones Civiles de Audiencias Provinciales de capitales de provincia y ciudades importantes, cuyas plazas se cubrirían mediante la superación de pruebas de selección y cursos especializados de formación. De este modo, se lograría la tan ansiada y necesaria especialización judicial sin malograr por ello la unidad jurisdiccional en Derecho privado.

Sea como fuere — propuestas y críticas aparte —, lo cierto es que finalmente, mediante la definitiva aprobación de la Ley Concursal y de la LORC, se ha impuesto la creación de los nuevos Juzgados de lo Mercantil. La Ley Concursal entró en vigor el 1 de septiembre de 2004 y a partir de ese momento, se crearon y entraron en funcionamiento los Juzgados de lo Mercantil, asumiendo sus competencias los Juzgados de Primera Instancia, a tenor de la Disposición Transitoria Única de la LORC. Por tanto — y derivado aún de lo limitado del tiempo transcurrido —, sólo nos queda esperar para poder comprobar si se cumplen las previsiones del legislador y si mediante la creación de los Juzgados de lo mercantil realmente se da un paso adelante en cuanto a celeridad procesal, seguridad jurídica y calidad y coherencia de las resoluciones.

II — Normativa sobre los Juzgados de lo Mercantil

En el Capítulo II, Sección 1ª de la Ley 22/2003 se reglamenta la jurisdicción concursal y su competencia. El alcance y el tratamiento procesal de los artículos 8 a 12 de la LCon es muy distinto y vienen confundidas las competencias en una normación anárquica donde se mezclan las competencias internacional, objetiva, territorial y funcional. En todo caso, se dispone el establecimiento de un juez del concurso (juez de lo mercantil)[8] y así se viene a precisar algunas de las funciones que tiene atribuidas (art. 8 LCon) (por ejemplo: competencia exclusiva y excluyente[9] de "toda ejecución frente al concursado, cualquiera que sea el órgano que la hubiera ordenado;

7. Tal y como precisa Laura Sánchez en "La creación de los juzgados de lo mercantil por la nueva normativa concursal", <http://www.noticiasjuridicas.com>, octubre 2003, "pese a las múltiples ventajas que propugna la Exposición de Motivos de la LORC, no todos los sectores afectados se han mostrado conformes con la necesidad de crear juzgados especializados de lo mercantil dentro del orden jurisdiccional civil. Básicamente, se ha considerado que esta medida supondrá una vuelta atrás y una recuperación de la ya superada distinción entre fueros civiles y mercantiles, rompiendo así con la unidad jurisdiccional en materia de derecho privado. En concreto, se ha señalado que el listado de competencias no concursales que se atribuyen a los nuevos Juzgados resulta imprecisa, y no responde a criterios uniformes, de tal manera que podría dar lugar a numerosos conflictos de competencia que podrían frustrar el ansiado objetivo de lograr la celeridad del proceso".

8. Según Arroyo — en su contribución sobre el "Derecho Mercantil" al libro *La Enseñanza del Derecho en España*, Madrid, 1987 — ha advertido que los tribunales de comercio no son necesariamente contrarios al principio constitucional de unidad jurisdiccional: "la jurisprudencia general de los tribunales ordinarios no es incompatible con juzgados ordinarios especializados, como de alguna manera ya está admitido para el sector de la propiedad industrial en el artículo 125.2 de la Ley de Patentes".

9. Jorge Carreras Llansana, "Jurisdicción exclusiva y excluyente del juez del concurso", *Estudios sobre la Ley Concursal*, en *Libro Homenaje a Manuel Olivencia*, t. II, Madrid, Marcial Pons, 2005, p. 1.285, "si se quiere que la Ley Concursal tenga alguna eficacia es preciso que la jurisdicción del Juez del concurso sea exclusiva, en el sentido de que a él le incumba la forma de cualesquiera decisiones sobre la marcha del procedimiento concursal y pueda realizar toda suerte de actos de disposición sobre el patrimonio del concursado; pero con ello no basta, ya que es preciso que sea además excluyente, de

todas las acciones civiles y sociales con trascendencia patrimonial que se dirijan contra el concursado; toda medida cautelar que afecte al patrimonio del concursado excepto las que se adopten en los procesos civiles" más adelante observaremos con mayor detalle la funcionalidad del órgano jurisdiccional. Nótese que este mandato hay que conectarlo con lo disciplinado en la LORC,[10] para observar la competencia funcional de los Juzgados de lo Mercantil, que incluye más atribuciones que las conferidas por la Ley concursal. De suerte que la aplicación y éxito de la nueva Ley dependerá en gran medida del correcto y puntual funcionamiento de estos Juzgados de lo Mercantil.[11]

También se contempla la *jurisdicción internacional*[12] (*Competencia Internacio-*

modo que ningún otro órgano, administrativo o jurisdiccional, pueda proceder ejecutiva o cautelarmente sobre el patrimonio. Cualquier actividad ejecutiva realizada por órgano ajeno al Juez del concurso ha de devenir forzosa y radicalmente nula".

10. Junto a este mandato, precisamente hay que señalar, como novedad legislativa dentro de las líneas o trazos genéricos dignos del mayor elogio, la instauración por la Ley Orgánica 8/2003, de 9 de julio, para la Reforma concursal, por la que se modifica la Ley Orgánica 6/1985, de 1 de julio, del Poder Judicial, y que acompaña a la nueva Ley 22/2003, de 9 de julio (*BOE* n. 164, de 10 de julio de 2003), de los nuevos *Juzgados de lo Mercantil*. Las competencias de estos órganos figuran en un nuevo artículo añadido a la LOPJ, el articulo 86 *ter*, que dispone lo siguiente: "1. Los juzgados de lo mercantil conocerán de cuantas cuestiones se susciten en materia concursal, en los términos previstos en su Ley reguladora. En todo caso, la jurisdicción del juez del concurso será exclusiva y excluyente en las siguientes materias: 1º. Las acciones civiles con trascendencia patrimonial que se dirijan contra el patrimonio del concursado con excepción de las que se ejerciten en los procesos sobre capacidad, filiación, matrimonio y menores a las que se refiere el Título I del Libro IV de la Ley de Enjuiciamiento Civil. Con el mismo alcance conocerá de la acción a que se refiere el artículo 17.1 de la Ley concursal. 2º. Las acciones sociales que tengan por objeto la extinción, modificación o suspensión colectivas de los contratos de trabajo en los que sea empleador el concursado, así como la suspensión o extinción de contratos de alta dirección, sin perjuicio de que cuando estas medidas supongan modificar las condiciones establecidas en convenio colectivo aplicable a estos contratos se requerirá el acuerdo de los representantes de los trabajadores. En el enjuiciamiento de estas materias, y sin perjuicio de la aplicación de las normas específicas de la Ley concursal, deberán tenerse en cuenta los principios inspiradores de la ordenación normativa estatutaria y del proceso laboral. 3º. Toda ejecución frente a los bienes y derechos de contenido patrimonial del concursado, cualquiera que sea el órgano que la hubiera ordenado. 4º. Toda medida cautelar que afecte al patrimonio del concursado, excepto las que se adopten en los procesos civiles que quedan excluidos de su jurisdicción en el número 1º. 5º. Las que en el procedimiento concursal debe adoptar en relación con la asistencia jurídica gratuita. 6º. Las acciones tendentes a exigir responsabilidad civil a los administradores sociales, a los auditores o, en su caso, a los liquidadores, por los perjuicios causados al concursado durante el procedimiento. 2. Los juzgados de lo mercantil conocerán, asimismo, de cuantas cuestiones sean de la competencia del orden jurisdiccional civil, respecto de: a) Las demandas en las que se ejerciten acciones relativas a competencia desleal, propiedad industrial, propiedad intelectual y publicidad, así como todas aquellas cuestiones que dentro de este orden jurisdiccional se promuevan al amparo de la normativa reguladora de sociedades mercantiles y cooperativas. b) Las pretensiones que se promuevan al amparo de la normativa en materia de transportes, nacional o internacional. c) Aquellas pretensiones relativas a la aplicación del Derecho Marítimo. d) Las acciones relativas a condiciones generales de la contratación en los casos previstos en la legislación sobre esta materia. e) Los recursos contra las resoluciones de la Dirección General de los Registros y del Notariado en materia de recurso contra la calificación del registrador Mercantil, con arreglo a lo dispuesto en la Ley Hipotecaria para este procedimiento. f) De los procedimientos de aplicación de los artículos 81 y 82 del Tratado de la Comunidad Europea y de su derecho derivado. g) Cuantas incidencias o pretensiones se promuevan como consecuencia de la aplicación de la normativa vigente sobre arbitraje en las materias a las que se refiere este apartado" (*vid. infra* más detalladamente sobre estos nuevos órganos el apartado que se dedica a este tema).

11. Así, Valentín Cortés Domínguez, "Los Juzgados de lo Mercantil. Jurisdicción y Competencia en el proceso concursal", AA.VV., *Aspectos de la Nueva Ley Concursal — Concursos, Créditos, Administradores, Jueces*, Madrid, Editorial Reus, 2004, pp. 87 y ss.

12. *Cfr.*, Frco. J. Garcimartín Alférez, "Las normas de Derecho Internacional Privado de la Ley

nal) que atiende a lo dispuesto en el Reglamento comunitario 1.346/2000, ya que el órgano encargado será el Juez de lo Mercantil en cuya jurisdicción tenga el deudor el centro de sus intereses principales, esto es, de la capital de provincia donde el deudor tenga el centro de sus intereses principales.[13] Se permite, no obstante, cuando no coincide el centro de intereses con el domicilio del deudor que el acreedor a su elección solicite que sea el juez de lo Mercantil de la capital de la provincia en cuyo territorio radique aquél. El centro de intereses se presume será aquel del lugar del domicilio social y será ineficaz el cambio de domicilio social efectuado en los seis meses anteriores a la solicitud del concurso. En cambio, cuando el deudor sea persona física, por centro de intereses principales se entenderá el lugar donde el deudor ejerce de modo habitual y reconocible por terceros la administración de tales intereses (art. 10).

Como puede inferirse, los fueros dispuestos en el art. 10[14] son de carácter imperativo, estando obligado el Juez a examinar de oficio su competencia, sin perjuicio de la posibilidad del deudor y demás legitimados para solicitar la declaración de concurso de plantear ulteriormente declinatoria, en los términos y con los efectos establecidos en el art. 12. Además, según el art. 10, en el caso de varias solicitudes presentadas en diferentes Juzgados competentes, se atribuye en tal caso la competencia al Juzgado ante el que se hubiera presentado la primera solicitud. Por su parte, el apartado 3 del art. 10, dispone la eventualidad del inicio del concurso territorial para el caso de que, iniciado el proceso principal, el deudor tuviera un establecimiento (lugar de operaciones en el que el deudor ejerce de forma no transitoria una actividad económica con medios humanos y bienes, art. 10.3.II) en España, atribuyéndose la competencia para la tramitación de dicho concurso al Juzgado de lo Mercantil de la capital de la provincia o de la Comunidad Autónoma donde éste radique y, de existir varios, donde radique cualquier de ellos, a elección del solicitante. Sea como fuere, en los extremos de jurisdicción internacional, hemos de estar a lo que dispone el Reglamento CE 1.346/2000, referenciado.

Téngase presente, además de las normas precitadas, que el Real Decreto 1.649/2004[15] ha creado una serie de Juzgados de lo mercantil (alrededor de unos 37)[16] y ha atribuido el conocimiento de las materias — que se explicarán —, a una serie de Juzgados, tanto de primera instancia como de primera instancia e instrucción, que compatibilizarán las materias mercantiles que se susciten en su ámbito provincial con las del resgo del orden jurisdiccional civil de su partido judicial. De las 37 nuevas unidades judiciales (Juzgados de lo Mercantil): 24 están dedicados en exclusiva a resolver asuntos mercantiles (5 en Madrid, 4 en Barcelona, 2 en Valencia y uno en Cádiz, Málaga, Sevilla, Oviedo, Palma de Mallorca, Las Palmas de Gran Canaria, Santa Cruz de Tenerife, Alicante, A Coruña, Pontevedra, Murcia, San Sebastián y Bilbao).

Concursal: Algunas pautas para un correcto entendimiento", *Revista Jurídica de Cataluña*, n. 4, 2004, pp. 301 y ss.

13. Más información en A. Calvo Caravaca y J. Carrascosa González, "Procedimientos de insolvencia y Reglamento 1.346/2000: ¿Cuál es el centro de intereses principales del deudor?", AA.VV., *Cuestiones Actuales de Derecho Mercantil Internacional*, Madrid, Colex, 2005, pp. 217 a 240.

14. M. A. Fernández-Ballesteros, "Sobre la jurisdicción y competencia del juez del concurso", *Estudios sobre la Ley Concursal*, en *Libro Homenaje a Manuel Olivencia*, t. II, Madrid, Marcial Pons, 2005, p. 1.301, expresa que "todo lo que el artículo 10 de la LCon dice sobre competencia internacional o todo lo que de él se puede deducir sólo es válido en la medida en que repite lo que ordena el artículo 3 del Reglamento Comunitario 1.346/2000, sobre procedimiento de insolvencia, y carece de validez en la medida en que lo contradiga".

15. *BOE* n. 168, de 13 de julio de 2004.

16. En varios foros informativos se plantea la necesidad de llegar hasta unos 60.

En este contexto de actuación, cabe decir que el Consejo General del Poder Judicial cuando informaba sobre el texto proyectado, precisaba que debían tenerse en consideración una serie de aspectos respecto a la conformación del Juzgado Mercantil. Es decir, para lograr la armonización de la planta judicial[17] a la hora de constituirse los Juzgados de lo Mercantil, se habrá de considerar que: "la demarcación de los nuevos órganos, que previsiblemente debiera ser desigual ya que mientras ciertos ámbitos territoriales parecen exigir una circunscripción provincial, en otros habrá de acogerse sin embargo a la base autonómica o, cuando menos, pluriprovincial. La configuración de la segunda instancia. Un diseño adecuado de la planta con una entrada en funcionamiento efectivo de los nuevos juzgados sujeta a criterios de progresividad, pudiendo entre tanto y con carácter transitorio recurrirse a medidas de especialización de los juzgados civiles allí donde su número y carga de trabajo justifiquen esta medida. La organización de los sistemas de especialización de los Magistrados llamados a desempeñar los nuevos Juzgados (sean los Juzgados de lo Mercantil, o los Juzgados de lo civil, si se considera que éstos deben asumir prioritariamente la materia mercantil de mayor entidad, junto con los procesos civiles más relevantes o de mayor trascendencia económica y social), iniciándose así un proceso que difícilmente podrá ofrecer sus primeros resultados entre un período de 2 ó 3 años. Debiera asegurarse la necesaria cercanía del nuevo órgano jurisdiccional al justiciable, sin que ello implique necesariamente cercanía geográfica, sino mayor disponibilidad de su titular respecto del proceso concursal a tal fin la especialización y la disponibilidad de cuantos recursos resulten necesario contribuirían a la consecuencia de dicho propósito".

17. Véase el Real Decreto 1.649/2004, de 9 de julio, por el que se dispone la creación de una plaza de magistrado, de la sección octava de la Audiencia Provincial de Alicante, y la creación y constitución de determinados juzgados, todos ellos con competencia mercantil, correspondientes a la programación del año 2004.

III — Juzgados de lo Mercantil: competencias atribuidas

Uno de los aciertos de la nueva Ley concursal — en mi opinión —, es la destacada especialización del juez en el concurso, cuestión ésta reclamada por la doctrina y justificada por la complejidad de la materia que goza de características muy específicas tal y como adelantábamos. Como se señala en la Exposición de Motivos de la LCon, la Ley configura al juez como órgano rector del procedimiento, al que dota de facultades que aumentan el ámbito de las que le correspondían en el derecho anterior y la discrecionalidad con que podía ejercitarlas.

Derivado precisamente de la importancia que adquiere este órgano del concurso, creemos necesario su análisis pormenorizado. Con relación a la *competencia territorial*[18] encontramos que generalmente será el juez de lo mercantil del territorio en que tenga el deudor el centro de sus in-

18. Según Jorge Carreras Llansana, "Jurisdicción exclusiva y excluyente del juez del concurso", *op. cit.*, pp. 1.286 y 1.287, "la potestad de los órganos jurisdiccionales es jerárquica y territorial. El límite de la potestad está en el territorio, de modo que la competencia territorial es límite indirectamente de la potestad y no de la autoridad (...) El proceso de declaración es el jurisdiccional por excelencia, en cuanto en él se ejercita la autoridad; en cambio, el proceso de ejecución es esencialmente una manifestación de la potestad del Juez sobre personas y cosas. No es concebible, en nuestro Estado de Derecho, que la autoridad pueda ser ejercitada por un órgano no jurisdiccional en un proceso o expediente; por el contrario, la actividad ejecutiva que se canaliza por el proceso de ejecución puede ser realizada por órgano no jurisdiccionales — o por órganos jurisdiccionales de diversos órdenes —, sin que ello repugne al jurista actual". También, M. A. Fernández-Ballesteros, "Sobre la jurisdicción y competencia del juez del concurso", *op. cit.*, pp. 1.309 y ss.

tereses principales,[19] el que tendrá competencia para declarar y tramitar el concurso. Respecto a este punto la Ley prevé dos supuestos, a saber: a) La presentación de solicitudes de declaración de concurso en varios juzgados; y b) Cuando el centro de intereses principales no se encuentre en territorio español, pero el deudor tuviese en éste un establecimiento.

Frente al primer supuesto se dispone que tendrá preferencia el juzgado ante el que se presentara la primera solicitud; en el segundo, será competente el juez de lo mercantil en cuyo territorio radique el establecimiento y, en el supuesto de que existan varios, será el que elija el solicitante (*cfr.*, art. 10.3 LCon).

En interpretación del art. 12 de la LCon relativo a la declinatoria, hemos de señalar que este mandato se refiere exclusivamente a "competencia territorial" (no de otro tipo de competencia), y competencia territorial es un concepto suficientemente preciso, sobre todo tras la entrada en vigor de la Ley de Enjuiciamiento Civil, en adelante LEC, del 2000: cuestión entre jueces españoles de un mismo orden jurisdiccional dotados de competencia objetiva y en los que no debe aplicarse una norma de competencia funcional.

La declinatoria de competencia territorial del art. 12 LCon se interpone, como regla, ante el Juez de lo Mercantil que está conociendo del concurso (sea el concurso principal, sea el concurso secundario) al que el demandado considera sin competencia territorial para conocer de ese concurso, pidiéndole que deje de conocer (art. 63.1, inciso primero, LEC) y remita los autos al Juez de lo Mercantil que — quién interpone declinatoria — considera competente.

En lo atinente a la competencia funcional, cabe decir que el art. 8.1 *in fine* de la LCon y los 6 números que se contienen otorgan al juez del concurso la *competencia exclusiva y excluyente* para conocer de un buen número de materias, incidentes y cuestiones — incluso procesos pendientes — por la sola razón de que están directamente relacionadas con el concurso y pueden tener influencia sobre su resultado tal y como enunciábamos.

Piensa Fernández-Ballesteros,[20] "los números 1 a 6 del artículo 8 LCon, son normas de competencia funcional (no de competencia objetiva)[21] porque atribuyen el conocimiento de ciertos asuntos a un Juez de lo Mercantil perfectamente identificado: el que conoce del concurso (y por la sola, pero suficiente, razón de que está ya conociendo del concurso; art. 8.1 *in limine* de la LCon)".

A lo largo del articulado de la Ley se puede apreciar la activa participación que tiene el juez concursal en las distintas fases del proceso. Serán los Juzgados de lo Mercantil, los encargados de resolver las cuestiones relativas al concurso sobre las cuales posee una jurisdicción exclusiva y excluyentes en aquellas materias que se consideran de especial trascendencia — según se ha dicho — para el patrimonio del deudor, aunque sean de naturaleza social, así como las de ejecución y las cautelares, cualquiera que sea el órgano del que hubieran dimanado. El fundamento de esta especialización[22] no es otro que la concentración en un solo órgano jurisdiccional del conocimiento de todas estas materias, cuya dispersión quebranta la necesaria unidad procedimental y de decisión.

19. Ley 22/2003, artículo 10.1, define qué se entiende por "centro de intereses principales" de la forma siguiente: "el lugar donde el deudor ejerce de modo habitual y reconocible por terceros la administración de tales intereses. En caso de deudor persona jurídica, se presume que el centro de sus intereses principales se halla en el lugar del domicilio social (...)".

20. Según M. A. Fernández-Ballesteros, "Sobre la jurisdicción y competencia del juez...", *op. cit.*, pp. 1.310 y 1.311.

21. Si bien esto puede ser discutible y se considera por otros autores como competencia objetiva por razón de la materia y no así funcional.

22. Véase a Jesús Riesco Milla, "La Nueva Ley concursal: los juzgados de lo mercantil", en *Jor-*

En este marco, se dispone el establecimiento de un juez de lo Mercantil,[23] se reglamenta y contempla así la jurisdicción de un juez especializado, que será por tanto el único que tome decisiones sobre el patrimonio del deudor,[24] sobre el propio procedimiento del concurso y su solución.

Es cierto que la opción por *un juez especializado comporta una alternativa o visión de política legislativa y judicial*, consistente en la especialización[25] de determinados juzgados, dentro de las facultades de encomienda o designación de jueces atribuidas al Consejo General del Poder Judicial, lo que no deja de ser un tema "espinoso" de resolver satisfactoriamente para todas las partes implicadas.

Sea como fuere, la especialización del órgano jurisdiccional no es aleatoria sino exigida por la confianza que la Ley deposita en los órganos concursales,[26] a los que

nada sobre la Nueva Ley Concursal, Madrid, organizada por el Grupo Recoletos (conferencias y formación) y Audalia, celebrada los días 18 y 19 de abril de 2002, pp. 3 y 4: "aunque la existencia de una jurisdicción especializada de lo mercantil en España no es novedosa y el estudio de los antecedentes históricos y de las soluciones adoptadas en otros países, especialmente en Francia, resultan de enorme interés para comprender el proceso seguido por el Ministerio de Justicia hasta llegar a la propuesta actual el modelo propuesto en el Anteproyecto es de una jurisdicción ejercida por Jueces y no por comerciantes (solución histórica en nuestro país en el que hasta finales del siglo XIX, en que se promulgó el Derecho de Unificación de Fueros de 6 de diciembre de 1868, existió una jurisdicción mercantil consular ejercida por comerciantes), descartando también un sistema mixto como el de Francia, que mantiene los Tribunales Especiales de Comercio".

23. Se planteaba sobre el Anteproyecto: Jesús Riesco Milla, "La Nueva Ley concursal: los juzgados de lo mercantil", *op. cit.*, p. 4: "las razones esgrimidas en la Exposición de Motivos del Anteproyecto para la creación de una jurisdicción especializada de lo mercantil son en síntesis: la complejidad de la realidad social y económica actual; la magnitud de la legislación aplicable en la materia y la complejidad del Derecho Mercantil; la extensión de las competencias atribuidas al Juez del concurso en la nueva Ley concursal, que abarcan materias propias de otros órdenes jurisdiccionales". El autor en pp. 5 y 6, se pregunta: "¿Jurisdicción especializada o especialización de Jueces?. El diseño establecido en los Anteproyectos es el de una jurisdicción especializada en primera instancia y la especialización de determinadas Secciones Civiles de las Audiencias Provinciales en segunda instancia, sin hacer previsión alguna respecto de la Sala 1ª del Tribunal Supremo que conocerá del recurso de casación. Todos los sectores afectados por la reforma parecen coincidir en la necesaria especialización formativa de los Juzgados que tramiten los procesos concursales, discrepando abiertamente sobre la necesidad de crear una jurisdicción especializada de lo mercantil".

24. M. A. Fernández-Ballesteros, "Sobre la jurisdicción y competencia del juez del concurso", *op. cit.*, p. 1.314, "La LCon es clara en lo que atribuye: todas las acciones de contenido patrimonial que se dirijan frente al concursado, pero es imprecisa en la delimitación de lo que atribuye. De un lado, porque salvo pocas excepciones, las acciones (o mejor: las demandas) nunca se dirigen frente al patrimonio, sino frente a la persona que es demandada (art. 6 LEC); de otro, porque, si se atiende a lo que literalmente dice, no serían competencia del Juez del concurso las acciones civiles *en las que el concursado sea demandante*".

25. En cuanto a la formación de los jueces, explica Jesús Riesco Milla, "La Nueva Ley concursal: los juzgados de lo mercantil", *op. ult. cit.*, pp. 9 y 10: "en la Exposición de Motivos del Anteproyecto se afirma que el Consejo General del Poder Judicial cuidará de la selección y preparación rigurosa de los jueces que vayan a ocupar las plazas de los nuevos Juzgados, que deberán de superar pruebas tendentes a acreditar un conocimiento específico en la materia. Sin embargo, no se concreta en qué va a consistir esa especialización (...) al regular el sistema de provisión de plazas únicamente se habla de especialización de los nuevos Jueces en materia mercantil sin mencionar el resto de materias atribuidas a su competencia. La complejidad de esas hace necesario dotar a los titulares de los nuevos Juzgados de una preparación multidisciplinar y especializada, que comprenda no solamente las cuestiones relacionadas con el Derecho concursal y mercantil, sino también con el Derecho laboral y con la práctica económico-contable. De no ser así, uno de los principales objetivos de la reforma, insisto además en la función jurisdiccional, esto es, la absoluta independencia del órgano judicial en relación a los administradores judiciales, resultaría desvirtuado. Además, para que sea efectiva la especialización pretendida es necesario que en el momento en que entren en funcionamiento los nuevos Juzgados sus titulares ya estén especializados. De ahí que en el Anteproyecto se prevea que antes de tomar posesión los Jueces deberán de participar en las actividades específicas de formación que reglamentariamente se establezcan".

26. En este contexto, el Consejo Económico y Social en su informe sobre el Anteproyecto concursal,

dota de una discrecionalidad necesaria, contraria a todo automatismo en la adopción de decisiones en el concurso.

Los Juzgados de lo Mercantil conocerán de cuantas cuestiones[27] se susciten en materia concursal, en los términos previstos en su Ley reguladora *ex* artículo 86 *ter* de la Ley Orgánica del Poder Judicial, según la redacción dada por el artículo 2.7 de la Ley Orgánica para la Reforma Concursal.

La Ley para la reforma concursal 8/2003, también viene a perfilar las materias de los Juzgados de lo Mercantil vinculadas y añadidas a las atribuciones dadas a los juzgados de lo concursal. Así, la Ley orgánica 8/2003 para la reforma concursal atribuye a los Juzgados de lo Mercantil facultades (*Competencia funcional*) para conocer: "a) en materia concursal: de las acciones sociales con trascendencia patrimonial que se dirijan contra el concursado y las pretensiones que se promuevan contra el mismo sobre extinción, suspensión y modificación colectiva de los contratos de trabajo (...). De las ejecuciones y medidas cautelares...sobre responsabilidad civil del concursado derivada de delito (...) b) en otras materias: de cuantas incidencias o pretensiones se promuevan como consecuencia de la aplicación de la normativa vigente en materia de arbitraje. De las pretensiones que se promuevan al amparo de la normativa vigente en materia de transportes, nacional o internacional. De las pretensiones relativas a competencia desleal, propiedad industrial, propiedad intelectual y publicidad, así como todas aquellas cuestiones cualquiera que fuese su naturaleza que se promuevan al amparo de la normativa vigente reguladora de sociedades mercantiles y cooperativas. De las acciones relativas a condiciones generales de la contratación en los casos previstos en la legislación sobre esta materia. De las pretensiones que se promuevan al amparo de la normativa vigente en materia de Derecho Marítimo. De las acciones de impugnación de acuerdos sociales de Sociedades Anónimas, Limitadas y Cooperativas. De las acciones sobre nulidad de registro de cualesquiera de las modalidades de propiedad industrial reguladas en la Ley de Patentes".

De este modo, la especialización y el amplio abanico de funciones atribuidas al juez comporta también la necesidad de evitar la dispersión en partidos judiciales, atribuyendo la competencia para conocer del concurso a aquellos juzgados que cuenten con medios y experiencias sobre la materia objeto de discusión.

En síntesis — y sin ánimo de ser reiterativos —, uno de los aspectos centrales de la nueva Ley concursal se basa en la creación de un juez único especializado al que se atribuye el conocimiento de todas las acciones civiles y sociales con trascendencia patrimonial que se dirijan con-

en sus líneas generales expresaba en torno a la figura del juez especializado lo que sigue:

"El Consejo valora positivamente esta medida, en cuanto se configura como un instrumento esencial para superar los principales problemas presentes en la práctica de nuestro sistema concursal. Ahora bien, esta valoración positiva general no es óbice para que el Consejo identifique algunos problemas en la forma en que esta medida es desarrollada en el Anteproyecto. Así, se señalaba que una cierta contradicción entre el objetivo del Anteproyecto de concentrar en un juez único y excluyente el conocimiento de cuantas cuestiones afecten al concurso, y la exclusión que en el texto se hace de la jurisdicción contencioso-administrativo y, en particular, de las actuaciones administrativas en vía de apremio. Ello afectaría a la redacción de los artículos 7, 49 y 54, entre otros, del Anteproyecto.

"A lo anterior, hay que añadir que la atribución a este juez único de asuntos que por razón de la materia corresponderían a otros órdenes jurisdiccionales puede plantear problemas en la práctica, particularmente en lo relativo a las cuestiones laborales, cuyo conocimiento se atribuye en la actualidad a los órganos del orden jurisdiccional social."

27. *Cfr.*, Jorge Carreras Llansana, "Jurisdicción exclusiva y excluyente del juez del concurso", *op. cit.*, pp. 1.291 y ss., enuncia las siguientes funciones: cuestiones prejudiciales (art. 9); acciones civiles con trascendencia patrimonial; acciones sociales...

tra el concursado; ámbito excesivamente amplio[28] que quizá habría que clarificar para no incurrir en defectos prácticos *a posteriori*.

Recapitulando y enunciando las facultades de conocimiento otorgados a los Juzgados de lo Mercantil se ilustran en:

1. Que conocerán de cuantas cuestiones se susciten en materia concursal, en los términos previstos en la LCon. (Juzgados de lo Concursal)

2. Asimismo, conocerán de cuantas cuestiones sean de la competencia del orden jurisdiccional civil, respecto de: *a)* Acciones relativas a competencia desleal, propiedad industrial, propiedad intelectual y publicidad, así como cuestiones promovidas al amparo de la normativa reguladora de las sociedades mercantiles y cooperativas. *b)* Las pretensiones que se promuevan al amparo de la normativa de transportes, nacional e internacional. *c)* Aplicación del Derecho Marítimo. *d)* Acciones relativas a condiciones generales de la contratación en los casos previstos en la legislación sobre esta materia. *e)* Recursos contra las resoluciones de la Dirección General de los Registros y del Notariado en materia de recurso contra la calificación del Registrador Mercantil, con arreglo a lo dispuesto en la Ley Hipotecaria para este procedimiento. *f)* Procedimientos de aplicación de los artículos 81 y 82 del Tratado de la Comunidad Europea y de su derecho derivado. *g)* Incidencias o pretensiones que se promuevan como consecuencia de la aplicación de la normativa vigente sobre arbitraje en las materias citadas.

A su vez, los Juzgados de lo Mercantil de Alicante tendrán competencia, además, para conocer de todos aquellos litigios que se promuevan en materia de marca comunitaria y dibujos y modelos comunitarios. En el ejercicio de esta competencia dichos Juzgados extenderán su jurisdicción a todo el territorio nacional, y a estos solos efectos se denominarán Juzgados de Marca Comunitaria.

IV — A modo de conclusión

A la luz de lo reseñado y como conclusión reflexiva en torno a los nuevos Juzgados de lo Mercantil en España como órgano jurisdiccional especializado en lo concursal, son muchas la dudas que pueden surgir en su aplicación práctica, tantas como amplitud de funciones atribuidas, pero en cualquier caso es importante *la intención y el esfuerzo de querer — por parte del legislador — especializar y profesionalizar al órgano encargado de esta materia* pese a los obstáculos que tendrán que ser resueltos aún. Así y en lo tocante a la competencia funcional es más controvertida — como hemos reiterado — no sólo por la variedad de materias no todas ellas de carácter netamente mercantil (conocimiento de asuntos laborales), sino porque incluso las mercantiles no son comprendidas en su totalidad, por ejemplo, contratos de especial importancia como son los contratos de colaboración, bancarios, entre otros.

28. Así, Jesús Riesco Milla, "La Nueva Ley concursal: los juzgados de lo mercantil", *op. ult. cit.*, pp. 16 a 18, critica la propuesta del Ministerio de Justicia, señalando que resulta imprecisa y no responde a criterios uniformes y concluye: "la imprecisión y la falta de criterio en la delimitación de las competencias podrá motivar el planteamiento de conflictos de competencia entre las diferentes jurisdicciones implicadas, extremo que comparto (...)". Crítico respecto a las competencias, nos encontramos, entre otros, a: Joan Picó I Junoy, "Los Juzgados de lo Mercantil", *Revista Jurídica de Cataluña*, n. 4, 2004, pp. 51 y 52: "en mi opinión, el legislador no ha acertado en la delimitación de competencias a este nuevo tribunal, pues obvia — conscientemente — muchas materias de evidente contenido mercantil: los contratos bancarios, los contratos de distribución comercial (agencia, franquicia, etc.), entre otras muchas. No parece muy correcto denominar a un tribunal 'de lo mercantil' para seguidamente hurtarle competencias propias (...)".

A PROTEÇÃO JUDICIAL AOS INVESTIDORES NO MERCADO DE VALORES MOBILIÁRIOS

WILGES BRUSCATO

Introdução. 1. Mercado mobiliário e investidor. 2. Condutas lesivas ao mercado mobiliário. 3. Ação civil pública: 3.1 Objeto da ação civil pública; 3.2 Objeto da ação civil pública frente à Lei 7.913/1989. 4. Legitimidade para a ação civil pública da Lei 7.913/1989. 5. Competência na ação civil pública da Lei 7.913/1989. 6. O alcance da decisão da ação civil pública da Lei 7.913/1989. Conclusão. Referências bibliográficas.

Introdução

O mercado de valores mobiliários, além de se constituir em importante atividade econômica para seus participantes diretos, tem representado, ainda, uma espécie de sinalizador das economias nacionais.

Por isso, a proteção aos investidores no mercado mobiliário é medida que transcende o interesse direto e imediato dos investidores, agentes de mercado e empresas envolvidas na atuação em bolsa e mercado de balcão, para compor um instrumento de resguardo à economia nacional e, conseqüentemente, atender interesses sociais.

Embora o mercado mobiliário no Brasil tenha, ainda, muito a evoluir, a adoção da ação civil pública para defesa dos interesses dos investidores não é medida precipitada, e, sim, vem somar-se aos esforços que os envolvidos nas transações mobiliárias têm feito para fortalecê-lo.

O estudo do tema se mostra atual e relevante, não só do ponto de vista acadêmico, quanto prático, já que é de bastante utilidade para os implicados na atividade de investimento mobiliário, que necessitam de instrumentos efetivos de proteção, como forma de robustecer a credibilidade no mercado.

O presente trabalho visa apresentar e tecer ponderações a respeito da utilização da ação civil pública como meio de proteção aos investidores no mercado mobiliário, tendo como origens o direito comercial e processual civil, imbricando-se ambos na Lei 7.913/1989.

Para enfrentar a questão central — a ação civil pública se mostra eficiente na proteção de investidores no mercado mobiliário? — será necessário investigar algumas questões secundárias, como os conceitos de mercado de valores mobiliários e investidor, os atos ou omissões que configuram conduta lesiva aos investidores, a especificação da responsabilidade do agente causador do dano, o conceito de ação civil pública, seu objeto na defesa dos investidores, a legitimidade e competência para a propositura da ação e o alcance da decisão nela proferida.

1. Mercado mobiliário e investidor

A companhia ou sociedade anônima é o tipo societário empresarial em que o capital é dividido em ações, representadas por títulos, possuindo modo de constituição próprio, cuja responsabilidade dos sócios limita-se ao preço de emissão das ações adquiridas, tendo seu funcionamento condicionado a normas legais e estatutárias. É regulada pela Lei 6.404/1976, atualizada pelas Leis 9.457/1997 e 10.303/2001.

A sociedade anônima pode adotar a forma aberta (*open corporation, publicy-held*) ou fechada (*close corporation, private company*), devido a sua característica da livre cessibilidade de ações ou não.

Normalmente, a utilização da sociedade anônima é caracterizada por abrigar grandes empreendimentos. Outra característica das companhias (principalmente as abertas) é que, por seu modo de atuação e pela maneira como se dá o investimento de cada sócio, ela contribui para uma distribuição de sua renda, já que, em geral, seus papéis são negociados em bolsa, não importando a pessoa dos sócios (impessoalidade é outra característica das sociedades anônimas abertas — suas ações são livremente transferíveis), democratizando, assim, a participação societária.

Graças a esta característica, formou-se um mercado de ações, que está diretamente ligado aos resultados obtidos pela empresa em suas atividades, entre outros fatores. É o chamado mercado de capitais ou mobiliário. Desse modo, se a empresa obtém bons resultados na exploração de seus negócios, suas ações passam a ter maior valor de mercado e o contrário também é verdadeiro, embora este não seja o único fator que interfere na oscilação do preço das ações.

A companhia aberta é aquela que negocia, ou está estatutariamente autorizada a negociar, suas ações no mercado de capitais (bolsa de valores ou mercado de balcão), rateando, assim, seu capital com público. Para tanto, a empresa deve registrar-se na CVM (Comissão de Valores Mobiliários — Lei 6.385/1976), bem como está obrigada a efetuar o registro da emissão pública de ações. A companhia aberta tem sempre caráter institucional genuíno, vinculada à fiscalização e vigilância do Poder Público, já que atinge ou tem possibilidade de atingir uma indistinta massa da população, reclamando a preservação do interesse coletivo.

A companhia aberta se constitui por subscrição pública (sucessiva) que depende de prévio registro na CVM e somente pode ser efetuada com a intermediação de instituição financeira.

As bolsas de valores são instituições, públicas em alguns países e privadas em outros, destinadas a operar em fundos públicos, ações e obrigações de companhias e outros títulos de crédito, onde somente os corretores oficiais podem transacionar, sendo um local onde se reúnem os operadores de tais corretores ou sociedades corretoras para essas operações. Por seu histórico, ainda hoje são, frequentemente, associadas à especulação.

No Brasil, é uma associação civil sem fins lucrativos constituída por sociedades corretoras, operando no mercado secundário de capitais. Embora algumas de suas atividades sejam exercidas como funções delegadas da Administração Pública, certamente não o são as operações de compra e venda de valores mobiliários. A bolsa de valores tem poder de auto-regulação, atuando como órgão auxiliar da CVM, fiscalizando os respectivos membros e as operações nelas realizadas, estabelecendo requisitos próprios para que os valores sejam admitidos à negociação no seu recinto ou sistema, mediante prévia aprovação da CVM. Fábio Konder Comparato, a respeito do poder de regulação da bolsa menciona que "a fiscalização das operações realizadas dentro da bolsa já apresenta características de autêntico poder administrativo de polícia".[1]

A supervisão e o controle do mercado de capitais é função da CVM, autarquia fe-

1. Fábio Konder Comparato, "Natureza jurídica das Bolsas de Valores e delimitação do seu objeto", *RDM* 60/45-53, p. 45.

deral, ligada ao Ministério da Fazenda, com jurisdição em todo o território nacional, que também fiscaliza a observância das diretrizes do Conselho Monetário Nacional, do qual é membro. De acordo com a lei que a criou, a CVM exercerá suas funções, a fim de assegurar o funcionamento eficiente e regular dos mercados de bolsa e de balcão; proteger os titulares de valores mobiliários contra emissões irregulares e atos ilegais de administradores e acionistas controladores de companhias ou de administradores de carteira de valores mobiliários; evitar ou coibir modalidades de fraude ou manipulação destinadas a criar condições artificiais de demanda, oferta ou preço de valores mobiliários negociados no mercado; assegurar o acesso do público a informações sobre valores mobiliários negociados e as companhias que os tenham emitido; assegurar a observância de práticas comerciais eqüitativas no mercado de valores mobiliários; estimular a formação de poupança e sua aplicação em valores mobiliários; promover a expansão e o funcionamento eficiente e regular do mercado de ações e estimular as aplicações permanentes em ações do capital social das companhias abertas.

Para atingir tais finalidades, cabe-lhe disciplinar o registro de companhias abertas; o registro de distribuições de valores mobiliários; o credenciamento de auditores independentes e administradores de carteiras de valores mobiliários; a organização, o funcionamento e as operações das bolsas de valores; a negociação e a intermediação no mercado de valores mobiliários; a administração de carteiras e a custódia de valores mobiliários; a suspensão ou o cancelamento de registros, credenciamentos ou autorizações; a suspensão de emissão, distribuição ou negociação de determinado valor mobiliário ou decretar recesso de bolsa de valores.

A CVM tem poderes para disciplinar, normalizar e fiscalizar a atuação dos diversos integrantes do mercado, abrangendo toda matéria referente ao mercado de valores mobiliários.

O sistema de registro da CVM é um banco padronizado de informações (financeiras ou de fatos relevantes da vida da empresa) para os investidores. Para mantê-lo atualizado, todas as companhias abertas devem fornecer informações periodicamente à Comissão. Fato relevante é todo aquele que possa influir na decisão do investidor, quanto a negociar com valores emitidos pela companhia.

A lei atribui, ainda, à CVM competência para apurar, julgar e punir irregularidades eventualmente cometidas no mercado, o que pode iniciar um inquérito administrativo, com o objetivo de identificar os responsáveis por práticas ilegais. Os investigados têm direito de defesa. O colegiado do órgão tem poderes para julgar e punir os infratores. As penalidades vão desde a simples advertência até a inabilitação para o exercício de atividades no mercado, além de multas pecuniárias, cabendo recurso para o Conselho de Recursos do Sistema Financeiro Nacional.

A CVM também pode firmar com o acusado um termo de compromisso, no qual este se obriga a cessar a prática de atividades ou atos considerados ilícitos e a corrigir as irregularidades apontadas, indenizando os prejuízos, o que suspende o inquérito.

A par das funções fiscalizadora e repressora, a CVM mantém uma estrutura destinada a prestar orientação aos investidores.

Pelos poderes legais que possui, a CVM procura implantar uma política de atuação baseada na indução de comportamento, na auto-regulação e na autodisciplina, intervindo efetivamente nas atividades de mercado, apenas quando este tipo de procedimento não se mostrar eficaz.

Assim, o mercado mobiliário consiste no mercado de aplicação de recursos financeiros por investidores privados ou institucionais, especialmente de longo prazo, em ações e títulos de crédito privados, denominados valores mobiliários, sendo integrante do mercado financeiro, este, mais amplo, envolvendo, ainda, aplicação em moeda estrangeira, créditos públicos ou privados, mercadorias, imóveis etc. Mercado financeiro seria o gênero do qual o mercado mobiliário é espécie. Mercado de capitais e mercado mobiliário são comumente empregados como termos equivalentes. "O mercado de valores mobiliários, ou mercado de capitais, é, nos termos da legislação vigente, aquele constituído pelas negociações públicas com ações e debêntures de emissão de Companhias Abertas", como ensina Nelson Laks Eirizik.[2]

Subdivide-se em mercado primário (compra e venda de ações ou títulos novos, vendidos pela empresa ou instituição que os emitiu) e mercado secundário (compra e venda, por investidores, de ações ou títulos emitidos anteriormente, como nas transações típicas em bolsas de valores).

São títulos negociáveis no mercado mobiliário: ações, debêntures, bônus de subscrição, partes beneficiárias e certificados de depósito de valores mobiliários.[3]

Sugere-se, atualmente, que a CVM passe a ser estruturada como uma agência reguladora, a exemplo das agências reguladoras de energia elétrica e telecomunicações (ANEEL e ANATEL), cujos dirigentes teriam mandato fixo. Defende-se que, neste formato, a CVM ganharia mais agilidade para atuar, já que não teria mais as restrições que, como órgão público, tem para contratar e pagar bem pessoal qualificado para agilizar e reforçar o controle do mercado, entre outras coisas.[4]

Além do desempenho das empresas — em seu sentido institucional —, o mercado mobiliário é bastante peculiar e sensível a inúmeras variáveis econômicas, políticas e sociais, oscilando, positiva ou negativamente, de acordo com os reflexos de acontecimentos regionais, nacionais e internacionais. Por isso tem sido utilizado como um sinalizador da economia de um país e mesmo da economia mundial.

No Brasil, este tipo de mercado ainda não está tão consolidado como poderia ser, devido a inúmeros fatores, entre eles: o mercado de capitais não se desenvolveu por falta de leis e instituições; fechamento da economia, o que tornava limitadas as necessidades de financiamento das empresas, que eram atendidas pelos lucros retidos e créditos comerciais e oficiais; recursos governamentais subsidiados para investimentos de maior vulto (financiamento mais fácil e barato); desinteresse por parte das empresas em abrir o capital (o que significava perda de raios de manobra na gestão); obrigatoriedade da publicação de balanços (dificulta a utilização de mecanismos de informalidade na gestão das empresas abertas — caixa dois — tornando-as menos competitivas que as fechadas); estrutura familiar das empresas brasileiras, referendada pelos mecanismos de captação de recursos existentes (criou uma cultura avessa à abertura de capital); a Lei das Sociedades por Ações, ao influenciar a distribuição de valor entre o investidor, o administrador e o controlador, maximizando o deste último, era o que, junto com o crédito subsidiado, produzia empresários ricos, empresas com base de capital pequena e desinteresse dos investidores.[5]

Investidor é aquele, pessoa física ou jurídica, que converge recursos financeiros para a aplicação nestes papéis buscando lucro. O investimento no mercado mobiliá-

2. Nelson Laks Eizirik, "Regulação e auto-regulação do Mercado de Valores Mobiliários", *RDM* 48/48.

3. Sobre o conceito de valores mobiliários, v. Ary Oswaldo Mattos Filho, "O conceito de valor mobiliário", *RDM* 59/30-55.

4. Embora a natureza das agências reguladoras pareça ser autárquica.

5. "A fragilidade do mercado de capitais brasileiro não é recente. Nunca, na história do capitalismo brasileiro, o mercado de capitais cumpriu um papel proeminente, alavancando recursos para investimentos de alta intensidade de capital e longos prazos de maturação" (MB Associados, *Desafios e Oportunidades para o Mercado de Capitais Brasileiro*, p. 5).

rio confere características especiais ao investidor. Embora a intenção primária e original de quem aplica no mercado de capitais seja o investimento para a obtenção de lucro, o investidor que compra ações, adquire, também, o *status* de sócio da companhia. A rigor, para os efeitos da lei de proteção aos investidores, pouco, ou nada, importa a intenção com que o investidor adquire títulos mobiliários.

Quando a lei menciona que se destina a assegurar interesses "aos titulares de valores mobiliários e aos investidores do mercado", na verdade, não pode ter querido diferenciá-los, como se se tratassem de duas categorias distintas, já que todo investidor do mercado mobiliário é titular de valores deste tipo e vice-versa. Nos parece que a preposição "aos" empregada antes do vocábulo investidores é excessiva, sendo perfeitamente dispensável.

Conto sinalizado, um conjunto de fatores interfere de modo direto e indireto na movimentação das bolsas, tornando o investimento mais ou menos atraente, de maior ou menor risco, sendo que a competição na busca de investimentos é internacional. A conjuntura econômica e política, a legislação, o desempenho das companhias e, até, a própria postura da bolsa de valores, com suas determinações exigentes e rigorosas para a admissão de uma sociedade nos seus quadros de negociação, podem contribuir para a consolidação de um mercado.

É um mercado de risco, no qual os lucros, em geral, retornam em longo prazo.

Devido à exigência de conhecimento e experiência para a obtenção de bons resultados pelo investidor, o mercado mobiliário no Brasil não é tão popular como em outros países.[6]

Como o que se pretende com a oferta de títulos em bolsa é captar recursos da poupança popular, existem normas rígidas, tencionando a proteção, em especial, do pequeno investidor, que se constitui em acionista minoritário.

A Lei das Sociedades por Ações (Lei 6.404/1976 e sua alteração com a Lei 10.303/2001) tem previsões que tencionam protegê-lo de eventuais abusos praticados (arts. 115, 116, 117 e 158, p.ex.), procurando trazer mais segurança aos acionistas minoritários, prevendo, por exemplo, a abstenção de voto do acionista controlador em alguns casos.

Em geral, tudo o que cerca o mercado mobiliário constitui um grande mistério para a população, o que dificulta a difusão e solidificação do mercado nacional. Mesmo em programas de divulgação,[7] que pretendem cativar o pequeno investidor, a linguagem utilizada é hermética para a maioria das pessoas e os conhecimentos transmitidos não partem do básico, por talvez, considerarem que aqueles que se interessam em investir já têm noções sobre o assunto, o que é um erro.

A importância da participação do pequeno investidor na consolidação dos investimentos em valores mobiliários baseia-se no próprio princípio de criação da S/A, ou seja, a mobilização de grandes somas obtida através da pulverização de investimentos. Além disso, o pequeno investidor é, em regra, mais fiel do que o grande investidor, que tende a movimentar seu capi-

6. Capitalização Bursátil sobre o PIB pelo Mundo (%) (Países Média 1994-1996): Malásia 279,8; África do Sul 195,7; Luxemburgo 188,1; Singapura 175,2; Reino Unido 132,2; Suíça 128,7; Chile 119,3; Estados Unidos 95,9; Holanda 89,7; Filipinas 87,7; Austrália 84,9; Suécia 80,4; Tailândia 76,8; Japão 72,6; Canadá 67,8; Nova Zelândia 54,9; Finlândia 41,5; Israel 41,2; Bélgica 39,8; Índia 37,9; Espanha 36,4; França 35,5; Dinamarca 35,3; Indonésia 33,2; Zimbabwe 32,5; Noruega 32,1; México 31,7; Brasil 27,9; Alemanha 25,1; Colômbia 20,7; Portugal 19,5; Itália 19,4; Paquistão 18,4; Sri Lanka 17,8; Grécia 16,6; Turquia 15,1; Áustria 14,8; Egito 14,3; Argentina 13,8; Nigéria 9,6; Venezuela 8,7 (fonte: *World Development Indicators 1999* — Banco Mundial).

7. A exemplo de programas mantidos pelo departamento cultural da BOVESPA, <www.bovespa.com.br>.

tal com maior freqüência. O pequeno investidor aplica seu capital e o mantém aplicado, já que as quantias investidas não se prestam a maiores especulações.

Tem-se apurado que países que se preocupam em oferecer maior proteção aos acionistas minoritários apresentam mercados acionários relativamente maiores; menor grau de concentração da propriedade das empresas abertas; as empresas captam mais recursos através do mercado acionário e a avaliação de mercado das empresas, medida através da relação entre valor patrimonial e valor de mercado, é comparativamente maior.[8]

2. *Condutas lesivas ao mercado mobiliário*

O art. 1º da Lei 7.913/1989 faz enumeração das condutas das quais pode resultar dano ao investidor. É certo, porém, que o rol não faz *numerus clausus*, já que o texto legal menciona "especialmente quando decorrerem de", antes de iniciar a indicação.

Reconhece-se à norma, em relação a este ponto, dois méritos. O primeiro, justamente por não limitar a tipificação das práticas lesivas, pois, deste modo, qualquer ação ou omissão danosa estará abrangida, não sendo necessárias modificações legislativas para hipóteses não previstas de maneira expressa.

O segundo, diz respeito ao fato de ter concentrado num único diploma as condutas previstas em normas distintas (societária e mobiliária), tornando mais simples a consulta.

São condutas tipificadas[9] a operação fraudulenta, a prática não eqüitativa, a manipulação de preços ou criação de condições artificiais de procura, oferta ou preços de valores mobiliários (inciso I); a compra ou venda de valores mobiliários, por parte dos administradores e acionistas controladores de companhia aberta, utilizando-se de informação relevante, ainda não divulgada para conhecimento do mercado ou a mesma operação realizada por quem a detenha em razão de sua profissão ou função, ou por quem quer que a tenha obtido por intermédio dessas pessoas (inciso II) e a omissão de informação relevante por parte de quem estava obrigado a divulgá-la, bem como sua prestação de forma incompleta, falsa ou tendenciosa (inciso III).

A operação fraudulenta é aquela em que se utiliza artifício ou meio astucioso para induzir a erro, com o fim de obter vantagem patrimonial ilícita para os envolvidos na operação, os intermediários ou terceiros.

A prática não eqüitativa é a que resulta de modo efetivo ou potencial, direta ou indiretamente, em um tratamento para uma das partes que provoque desequilíbrio, desigualdade ou vantagem indevida, frente aos demais participantes do negócio.

As condições artificiais de demanda, oferta ou preços são criadas em decorrência de manipulação de negociações, pelas quais, participantes ou terceiros, provoquem alteração no fluxo de ordens de compra ou venda, de modo direto ou indireto. A manipulação de preços é a utilização de qualquer processo ou artifício destinado a elevar, manter ou baixar a cotação de um título, mesmo de maneira indireta, induzindo terceiros à sua compra ou venda.

A conduta expressa no inciso II do art. 1º revela a prática do *insider trading*, prática de todo abusiva, decorrente do uso de informação sigilosa ou privilegiada, capaz de influenciar na cotação de valores, de posse das quais os infratores estão em razão de sua posição pessoal em relação à companhia emissora. A utilização de tais informações, ditas relevantes, é ilegítima para a movimentação de títulos mobiliários, pois configura grave desequilíbrio en-

8. MB Associados, ob. cit., p. 10.

9. A Lei 6.385/1976 também enumera condutas lesivas.

tre os transgressores e o público investidor, colocando aqueles em franca vantagem sobre estes. Além de conferir o direito a perdas e danos, pode configurar o crime de estelionato. O art. 155 da Lei 6.404/1976 já previa a ilicitude desta conduta em relação aos administradores. A Lei 7.913/1989 a estende a qualquer pessoa que a pratique.

O descumprimento do dever de prestar informação (*disclousure*) de maneira completa, verdadeira e sem intenções ocultas também configura prática lesiva, já prevista no art. 22 da Lei 6.385/1976.

É preciso, no entanto, expor de maneira clara o prejuízo diretamente sofrido pelos investidores, já que os prejuízos indiretos não são tutelados. Se o titular do dano for a companhia, ela é a legitimada para propor ação reparatória.

Porém, como a experiência demonstra que, muitas vezes, a companhia é liquidada ou extinta, caberá diretamente aos prejudicados reclamar os danos sofridos. Nesse caso, não há mais que se falar em dano indireto, pois o prejuízo está sendo experimentado de imediato pelos titulares dos papéis.

3. Ação civil pública

A ação civil pública surgiu como diligente recurso de defesa dos direitos coletivos, entendidos estes em sentido amplo, abrangendo os interesses difusos, os coletivos e os individuais homogêneos.

De fato, com a evolução da mentalidade da sociedade moderna sobre o respeito aos direitos do cidadão, a defesa dos interesses chamados transindividuais, metaindividuais ou superindividuais em juízo, como forma de resguardar e garantir tais direitos, a ação civil pública ganha prestígio e elasticidade, principalmente após a Constituição Federal de 1988 (CF/1988).

Sua utilização vem crescendo em número e aplicação, não só na iniciativa do Ministério Público, mas de todos os co-legitimados para propô-la.

Podemos, então, simplificando, dizer que a ação civil pública é aquela que tem por fim defender direitos e interesses metaindividuais de origem comum.

Estando o Judiciário tão assoberbado de processos como está, a permissão da utilização da ação civil pública incentiva que danos sejam perseguidos em juízo, sem, no entanto, a pululação de ações individuais ou de ações nas quais o número de litisconsortes ativos seja deletério à saúde processual, assegurando um sentido social ao processo.[10] Em que pesem as polêmicas a respeito da utilização da ação civil pública, ela ocupa, hodiernamente, um lugar de destaque no ordenamento processual, dando impulso à tutela jurisdicional coletiva.

Reconhecidos os méritos deste instrumento processual, é preciso que seus resultados sejam efetivos, ou seja, que a condenação obtida através dele se traduza em segura reparação do dano e ou abstenção do réu à conduta lesiva aos direitos coletivos.

A ação civil pública tem sido utilizada segundo o que se convencionou chamar de micro-sistema de defesa de direitos coletivos, integrado pelas Leis 7.347/1985 (Lei da Ação Civil Pública — LACP) e 8.078/1990 (Código de Defesa do Consumidor — CDC), como fontes gerais e mais a legislação específica aplicável ao tipo de lesão ocasionada, como veremos abaixo.

3.1 Objeto da ação civil pública

O inciso IV do art. 1º da Lei 7.347/1985, inicialmente vetado e acrescentado pelo art. 110 do CDC, veio alargar sobremaneira o emprego deste instrumento de defesa de direitos grupais, quando diz que ela também é o remédio adequado para a defesa de "qualquer interesse difuso ou coletivo". Por isso, os interesses individuais homogêneos, que, num primeiro momento, não tinham sido abarcados pelo sistema

10. Elton Venturi, *Execução da Tutela Coletiva*, p. 29.

de defesa coletivo da ação civil pública, agora, a nosso ver, o são de modo pleno.

A ação civil pública, hoje, é aquela que se presta a defender em juízo a reparação dos danos, de caráter não singular, causados ao meio ambiente (Lei 6.938/1981), ao consumidor (CDC — Lei 8.078/1990), a bens e direitos de valor artístico, estético, histórico, turístico e paisagístico (art. 216, § 1º, CF), aos investidores no mercado de valores mobiliários (Lei 7.913/1989) e por loteamentos irregulares (Lei 6.766/1979), infração contra a ordem econômica (Lei 8.884/1994), contra patrimônio genético (Lei 8.974/1995), contra atos que configurem improbidade administrativa (Lei 8.429/1992), para defesa de interesses de pessoas portadoras de deficiência (Lei 7.853/1989), da criança e do adolescente (ECA — Lei 8.069/1990), de pessoas idosas (Lei 8.842/1994), dos indígenas (art. 232, CF), ou qualquer outro interesse difuso ou coletivo.

O objeto de uma ação é o bem sobre o qual recai o conflito de interesses, diretamente vinculado ao pedido mediato, de natureza condenatória.

Vimos de ver que o objeto da ação civil pública estará sempre baseado em um interesse coletivo, geral ou restrito.

O art. 3º da LACP diz que ela poderá ter por objeto a condenação em dinheiro ou o cumprimento de obrigação de fazer ou não fazer. Como a própria ementa da lei nos diz, sua função é reparar o dano, devolvendo o bem jurídico lesionado ao seu *statu quo ante*.

Porém, em numerosas hipóteses, não é mais possível obter a reversão desejada. Nesses casos, surge a indenização como forma de (pseudo) reparação. A doutrina é assente em admitir, como aconselha a razão e manda a lei (art. 84, § 1º, CDC), que se dê preferência à efetiva reconstituição do bem lesado (reabilitação) antes da imposição de indenização, que terá mais o papel de pena imposta ao infrator do que de satisfação à pretensão das vítimas, atendendo ao princípio da maior coincidência. Aliás, essa uma das grandes diferenças entre a tutela individualista e a coletiva.

Assim, o pedido em ação civil pública pretende, em âmbito geral, obrigar o transgressor a reverter a lesão causada em face de interesses transindividuais, sejam difusos, coletivos ou individuais homogêneos (art. 81, I, II e III, CDC) na forma de obrigação de fazer (tutela específica). Caso isso não seja possível, a reparação se converterá em indenização. Além disso, quando o condenado se negue a cumprir a ordem, sofrerá pena de multa diária, além de responsabilização pelas despesas que forem feitas para a recomposição do bem lesado (resultado prático equivalente). Nas ações civis, é comum que o objeto da ação cumule obrigações de fazer e não fazer, posto que a intenção dos prejudicados é ver reparado o dano e, ainda, que o infrator deixe de praticar a atividade causadora da lesão.

A indenização, conforme citado, surge como maneira de retribuição ou compensação pelo prejuízo causado, já que todo ato que causa um dano injusto é ilícito e obriga o seu autor à indenização dos prejuízos causados, caso não seja possível reverter a situação ao estado anterior à ação lesiva.

Percebe-se que o objeto da ação civil pública é amplo, posto que, nos moldes expostos acima, pode requerer reparação do prejuízo, patrimonial ou moral, em conseqüência de dano causado ao meio ambiente, a direitos da criança e do adolescente, do consumidor, de bens e direitos de valor artístico, estético, histórico, turístico e paisagístico, dos investidores no mercado de valores mobiliários, à ordem econômica, ao patrimônio genético, ao erário público, das pessoas portadoras de deficiência, de pessoas idosas, dos indígenas e outros de contorno difuso, coletivo ou individual homogêneo. Hugo Nigro Mazzilli[11]

11. Hugo Nigro Mazzilli, *A Defesa dos Interesses Difusos em Juízo*, 10ª ed., p. 100.

bem expressa quando afirma não haver "taxatividade para a definição de interesses difusos e coletivos".

De fato, o espaço de aplicação da ação civil pública, mesmo nos casos de defesa de interesses individuais homogêneos, será delimitado pela dimensão coletiva (art. 81, CDC) e relevância do interesse perante a sociedade civil.

A procedência da ação é reconhecida, geralmente, em sentença genérica, que fixa a responsabilidade do réu, devendo ser liquidada, coletiva ou individualmente, conforme o caso, antes da execução da decisão.

Como o que se pretende garantir em sede de ação civil coletiva é o resultado prático, há entendimentos no sentido de que, não sendo eficiente a multa por descumprimento da obrigação reconhecida e determinada em sentença, o juiz, pelos poderes contidos nos art. 461, do CPC, e 84, § 5º, do CDC, poderia ordenar a prisão do devedor, por desobediência, configurando o ilícito do art. 330 do Código Penal.

Este entendimento bem demonstra o peculiar ângulo de visão que os direitos coletivos requerem da aplicação do Direito.

Nesse sentido, Nelson Nery Júnior bem expõe: "A tendência legislativa é, portanto, a de alargar, sempre que necessário e possível (...) a defesa de direitos metaindividuais em juízo. Os doutos entendimentos em contrário estão, portanto, na contramão da evolução do direito positivo brasileiro, *concessa maxima venia*".[12]

3.2 Objeto da ação civil pública frente à Lei 7.913/1989

Inspirada no sistema das *class actions*, a ação civil pública em defesa dos investidores do mercado de capitais veio inovar com a possibilidade dos titulares de interesses desta espécie perseguirem direitos individuais oriundos da mesma origem em ação coletiva. A Lei 7.913/1989 foi a primeira a prever este tipo de processo para direitos individuais, já que, originalmente, a Lei 7.347/1985 só permitia que a ação civil pública fosse utilizada para defesa de interesses difusos e coletivos. Em 1990 o CDC (art. 110) veio ampliar a utilização da ação coletiva em matéria de direitos individuais entre nós, introduzindo, definitivamente, essa possibilidade na própria LACP, permitindo que qualquer interesse coletivo (*lato sensu*) possa ser buscado através deste tipo de ação.

Devido aos elementos colhidos das *class actions*, os efeitos da sentença proferida atingem além das pessoas dos litigantes, como veremos.

Por reconhecer que os danos causados aos investidores no mercado mobiliário ultrapassam os diretamente atingidos, ou seja, os investidores, os agentes de mercado e as empresas, atingindo o mercado de capitais de modo geral, arremessando reflexos na economia nacional e, por vezes, internacional, a sociedade, através do Poder Legislativo, vem conceber o tratamento de tais interesses como metaindividuais.

A Lei 7.913/1989 dispõe sobre a ação civil pública de responsabilidade por danos causados aos investidores no mercado de valores mobiliários, cujo objeto é evitar prejuízos ou obter ressarcimento de danos causados aos titulares de valores mobiliários e investidores do mercado.

Para tanto, os legitimados poderão requerer qualquer medida judicial, em caráter preparatório ou satisfativo, além de pedidos liminares, cautelares e antecipação de tutela.

Portanto, também nesse caso, o pedido pode cumular obrigações de fazer, não fazer e pagar. A sentença proferida será sempre genérica, para fixar a responsabilidade civil do réu. Para que cada lesado receba eventual indenização a que tenha direito, é necessário que, munido da decisão,

12. Nelson Júnior Nery, *Ação Civil Pública — Reminiscência e Reflexões após Dez Anos de Aplicação*, p. 357.

se habilite, promova a liquidação, para, ao depois, executar o demandado. Além da condenação que beneficie as vítimas do dano, a lei ainda previu uma indenização residual (art. 2º, § 2º), uma espécie de *fluid recovery*,[13] no caso de ausência de habilitações individuais, que reverterá em favor da receita da União.

A interposição da ação coletiva não impede o exercício do direito de maneira individual.

4. Legitimidade para a ação civil pública da Lei 7.913/1989

Para a defesa dos interesses transindividuais, nem sempre coincidem, na mesma pessoa, o interessado, titular do direito material, e o legitimado para agir.

O art. 5º da LACP fixa a legitimidade ativa, concorrente, para o seu exercício entre: o Ministério Público, a União, os Estados, os Municípios, as autarquias, as empresas públicas, as fundações, as sociedades de economia mista e as associações constituídas há pelo menos um ano. O art. 82, II, do CDC ainda menciona o Distrito Federal como legitimado.

De acordo com o art. 1º da lei, o Ministério Público, de ofício ou por solicitação da Comissão de Valores Mobiliários — CVM, adotará as medidas judiciais necessárias para a proteção dos investidores no mercado de valores mobiliários.

O texto legal pode levar a crer que a legitimidade ativa para propor esta ação civil pública é exclusiva do Ministério Público, como, aliás, alguns sustentam.[14] O legislador, ao mencionar expressamente o Ministério Público, evidenciou uma das funções da instituição, inserida no inciso III do art. 129 da Constituição Federal.

Todavia, o permissivo legal do art. 3º da lei, que manda aplicar de modo subsidiário a LACP, alarga, sobremaneira, o rol de legitimados para propor a ação coletiva, abrangendo todos os co-legitimados do art. 5º da Lei 7.347/1985 e do art. 82 do CDC.

Esta é a interpretação que se impõe, dado que, conforme observado, a utilização deste instrumento processual deve ser feita integrando-se as fontes legislativas que tratam da matéria (micro-sistema de proteção aos direitos metaindividuais). De modo diverso, seria restringir sua utilização, ou no dizer de Nelson Nery Júnior citado acima, estar na contramão.

Assim, em nosso entender, são legitimados, além do Ministério Público, o Banco Central e a CVM, por exemplo, como entes interessados diretamente na manutenção da segurança do mercado, além de todos os demais entes que figuram na lei, inclusive qualquer associação que se amolde aos limites legais. Trata-se de legitimação ordinária, como assente na doutrina.

O § 4º do mesmo art. 5º da LACP permite que o juiz dispense o requisito de pré-constituição da associação quando haja manifesto interesse social evidenciado pela dimensão ou característica do dano ou pela relevância do bem jurídico protegido, no caso das últimas legitimadas, desde que constituídas de modo regular (de acordo com este dispositivo legal), mas, até mesmo aquelas "sem personalidade jurídica" (segundo o art. 82, III, CDC), aspectos que comentaremos adiante.

Questão interessante se levanta com relação à representatividade da associação

13. A legitimidade da vitima ou seus sucessores não retira legitimidade ativa aos mencionados no art. 82 do CDC, se, nos termos do art. 100 do CDC, decorrido um ano a contar do trânsito da sentença condenatória, não haja habilitações em número congruente com a extensão do dano, para dar início ao procedimento liquidatório, precedente do executório. A isso se denomina liquidação residual, porque, do valor apurado à reparação fluida (*fluid recovey*) que será também destinado ao fundo do art. 13 da LACP, subtraem-se os valores das reparações individuais. Perceba-se que a legitimidade da vítima ou seus sucessores é preferencial à dos demais legitimados. Ou seja, a reparação individual tem precedência sobre a residual (como o próprio nome diz).

14. MB Associados, ob. cit., p. 19.

para a defesa dos direitos de seus associados, que deve deter, por seus estatutos, poderes para tanto, atendendo sempre a sua finalidade institucional.

Quando a associação tem como fim institucional provocar a tutela jurisdicional em favor de interesses difusos, devido ao caráter indivisível destes e à não possibilidade de identificação dos seus titulares, age aquela em legitimação ordinária. Quando defende interesses individuais homogêneos é legitimada extraordinária, substituindo os sujeitos do direito material buscado, de acordo com o art. 6º do CPC e nos termos dos arts. 81, § 1º e 82, IV, do CDC.

A substituição é benéfica, vez que, além do eventual peso que o nome da instituição pode trazer, processualmente, esta possibilidade evita tumultos por restringir ações nas quais haja exagerado número de litisconsortes, ou de ações individuais perseguindo um mesmo direito, conforme já citado, o que sempre representa economia para o Estado, além de evitar decisões conflitantes.

Todavia, para estar legitimada, tem-se entendido que a associação deve estar registrada no Cartório de Registro Civil de Pessoas Jurídicas, há pelo menos um ano e que seus estatutos prevejam este tipo de atuação. Estes requisitos formais procuram garantir a idoneidade da entidade associativa.

O requisito da pré-constituição, como se viu, poderá ser dispensado pelo juiz, tendo em vista a dimensão ou as peculiaridades do dano ou relevância do bem protegido.

O requisito da autorização estatutária poderá, a nosso ver, ser suprida com a realização de assembléia convocada para o intuito de deliberar sobre a defesa dos associados, ou parte deles, registrada a autorização em ata. E, até mesmo, pela natureza da associação, embora os estatutos não o mencionem expressamente. Assim, uma associação de investidores no mercado mobiliário estaria legitimada a defender em juízo tais direitos, embora isso não conste em seu estatuto, do mesmo modo como uma associação ambiental está legitimada a defender direitos ambientais; uma associação de moradores, a defender direitos de consecução de obra de urbanização indispensável ao bairro onde residem seus associados e uma associação de defesa de consumidores está legitimada a buscar a defesa dos interesses de seus membros. A natureza da associação, intimamente ligada a defesa de interesses de algum tipo ou de algum grupo, justifica sua atuação judicial em favor dos interesses de seus associados, no que comungamos com o pensamento de Nelson e Rosa Nery.[15]

O requisito da regular constituição, embora não o diga o texto legal, também deve ser sopesado pelo juiz, pois, muita vez, existem entidades que congregam legitimamente cidadãos, embora sem personalidade jurídica. E nossa legislação reconhece titularidade de direitos a entes despersonificados, como no caso do espólio que é representado por seu inventariante; da massa falida, pelo síndico; da herança jacente, pelo curador; da sociedade em liquidação, pelo liquidante; do condomínio de edifício de apartamentos, pelo síndico. Pensamos que, presente o interesse genuíno e a boa-fé, a ausência de personalidade jurídica não pode constituir-se em empecilho para a busca de reparação do dano. Mesmo porque, em toda ação civil pública há sempre a atuação de um órgão do Ministério Público, que vela pelo bom cumprimento da lei.

Como salienta Rodolfo de Camargo Mancuso,[16] "presentemente, registra-se tendência a reconhecer legitimação para agir aos grupos sociais *de fato, não personificados* (...), como entes dotados de 'capacidade judiciária'" (grifo no original). A idéia não é nova e nos parece bastante coerente.

15. Nelson Nery Júnior e Rosa Maria Andrade Nery, *Código de Processo Civil Comentado e Legislação Processual Civil Extravagante em Vigor*, 4ª ed., p. 98.

16. Rodolfo Camargo Mancuso, ob. cit., p. 27.

A respeito, Waldemar Ferreira,[17] discorrendo sobre a representação da massa falida em juízo, cita o art. 5º do Código de Processo Civil português, que distingue "a personalidade jurídica da personalidade judiciária, que 'consiste na suscetibilidade de ser parte', de tal modo que a personalidade judiciária pode ser atribuída a quem não tem personalidade jurídica", já que preleciona que a massa não tem personalidade jurídica e, portanto, não pode ser representada em juízo, citando Pontes de Miranda que observou a impropriedade da expressão "representação da massa em juízo"[18] em seu *Tratado*.

Além do mais, os abusos de ação serão punidos com responsabilização em perdas e danos conforme o art. 17 da LACP.

Nesse sentido, a própria Bolsa de Valores, como associação civil, estaria legitimada a propor ação civil pública baseada na Lei 7.913/1989.

A CVM deve sempre ser intimada, nos termos do art. 31 da Lei 6.385/1976, podendo intervir como assistente, se desejar, ou, simplesmente, em forma de assessoria ao magistrado, como *amica curie*.

Poderá figurar no pólo passivo todo aquele que atentar contra os interesses dos investidores, omitindo-se ou praticando as condutas expostas. Assim, estão sujeitos à responsabilização desde os administradores das companhias, os acionistas controladores e seus empregados, até os intermediadores de negócios mobiliários e terceiros.

No entanto, para que a ação tenha sucesso é preciso, além da demonstração do dano, evidenciar a culpa dos acusados, pois se trata de culpa subjetiva — exceto a do acionista controlador. Admite-se, no entanto, devido às peculiaridades que cercam as atividades de administração das companhias abertas e as de negociação de títulos, que se aplique o princípio da culpa presumida, já que, em função da ocorrência do dano, a conduta foi praticada com infração ao fundamento do dever geral de não lesar a ninguém e do cumprimento da lei. Se houve o dano, por evidente, houve descumprimento de dever legalmente imposto. A presunção da culpa, no entanto, é *juris tantum*.

5. Competência na ação civil pública da Lei 7.913/1989

Competência é a medida em que o juiz tem jurisdição, o limite da jurisdição, a extensão do poder de conhecer e julgar uma ação. No processo civil ela é determinada em razão da matéria, do domicílio do réu, da situação da coisa, da prevenção, da conexão, do valor da causa ou da condição das pessoas.

De acordo com o art. 2º da LACP, a competência para a ação civil pública é absoluta, pois se trata de competência funcional, não se aplicando o princípio da competência territorial relativa. Além disso, o art. 93 do CDC, ressalvando a competência da Justiça Federal, determina a competência do foro do local onde ocorreu o dano, o que não relativiza a competência. Porém, como se trata de determinar a competência em razão dos fatos, caso o dano extrapole o âmbito da competência territorial de determinada jurisdição, mas não chegue a atingir todo um Estado ou o território nacional (quando a competência será do foro da Capital do Estado ou do Distrito Federal), a questão será solucionada, pela prevenção.

Quando dois ou mais foros são competentes para conhecer a ação coletiva que tenha por objetivo resguardar os direitos decorrentes de dano causado em âmbito que extrapole a competência territorial de uma única circunscrição judiciária, a questão da competência é resolvida através da prevenção. Tendo em vista que, para se determinar a competência da ação civil pública,

17. Waldemar Ferreira, *Tratado de Direito Comercial*, v. 15, p. 30.

18. Francisco Cavalcanti Pontes de Miranda, *Tratado de Direito Privado*, 3ª ed., v. 29, p. 33.

utiliza-se, em conjunto, a LACP e o CDC, sendo que o CDC manda aplicar, ainda, as regras do CPC, que, para o caso, estabelece que a citação válida torna prevento o juízo (art. 219, CPC).

Se a comarca não for sede de vara da Justiça Federal, a competência fica derrogada para a Justiça comum local (art. 109, § 3º, CF). A reparação do dano será intentada no juízo cível. E será competente o juízo criminal local para apuração de infrações penais.

Ressalve-se que não é necessário que tenha tido curso qualquer procedimento administrativo preparatório da ação civil pública. O Ministério Público pode instaurar inquérito civil e firmar compromisso de ajustamento com o infrator, o que constitui título executivo extrajudicial. A CVM pode firmar termo de compromisso com o lesante, nos termos do art. 11, § 5º, da Lei 6.385/1976. O descumprimento deste termo de compromisso sujeita o infrator às penas do art. 330 do Código Penal, além do prosseguimento de inquérito administrativo. E qualquer pessoa pode invocar o juízo arbitral, se houver cláusula compromissória ou se as partes assim acordarem, cuja decisão é também título executivo.

Mas, isso não equivale a dizer que é necessário esgotar-se a via administrativa ou extrajudicial para a proposição da ação civil pública.

6. O alcance da decisão da ação civil pública da Lei 7.913/1989

Os interesses individuais homogêneos são decorrentes de origem comum, em que seus titulares são plenamente identificáveis, embora possam não estar ligados uns aos outros, mas se unem para otimizar o uso do instrumento judicial de defesa de seus interesses, fortalecendo-se.

Como já assente na lei, a decisão proferida em ação coletiva tem efeito *erga omnes* e *ultra partes*. Segundo o art. 16 da LACP e art. 103 do CDC, a sentença fará coisa julgada *erga omnes*, se procedente ou improcedente porque a ação foi considerada infundada. Porém, sendo julgada improcedente por ausência de provas, não faz coisa julgada, permitindo a repropositura da demanda, na eventualidade do surgimento de novas provas. A sentença de procedência tem efeito *ultra partes*, beneficiando mesmo as vítimas que não participaram do processo de conhecimento, mas a improcedência da ação coletiva não prejudica o direito da vítima que não compôs a relação processual originária de buscar seu direito individualmente, se desejar. Consagra-se o efeito *secundum eventum litis*. No entanto, se na ocasião da propositura da ação civil pública, já houver processo individual em andamento, seu autor deverá requerer-lhe o sobrestamento para participar do resultado favorável daquela. A continuação é por conta e risco do autor. Nada impede que as demandas corram paralelas. Porém, obtendo a ação coletiva decisão favorável e a ação individual sendo tida por improcedente, a sentença benéfica não aproveitará ao autor do processo singular. Solicitando a suspensão do processo individual, caso o coletivo obtenha decisão desfavorável, o autor poderá pedir o prosseguimento de sua ação e tentar vitória.

A sentença de improcedência na ação coletiva tem natureza declaratória, não sendo executável, já que, nos termos do art. 18 da LACP, não há condenação em sucumbência, salvo comprovada má-fé do autor.

Por expressa previsão da Lei 7.347/1985, art. 16, a sentença faz coisa julgada *erga omnes*, nos limites da competência territorial do órgão prolator. Portanto, para ter efeito em mais de um Estado, a ação deverá ser proposta no foro do Distrito Federal, e, para valer em várias comarcas de um mesmo Estado, no foro da Capital deste.

Para que a proteção aos interesses dos investidores não caia no vazio, é preciso que a decisão proferida seja realmente eficaz. Deste modo, se o condenado não a cumpre de maneira voluntária, será preciso executá-la.

Nos casos que envolvem direito individuais homogêneos, como nos abrangidos pela Lei 7.913/1989, por força do estatuído no art. 95 do CDC, a sentença será sempre genérica, para fixar a responsabilidade do infrator, cuja proporcionalidade deverá ser apurada individualmente para cada vítima.

Por suas características de especificidade, a execução da tutela coletiva é, no geral, indireta. Para tanto, o art. 84 do CDC alarga os poderes diretivos do juiz.

Do conjunto de poderes discricionários atribuídos a ele para a ação coletiva, exsurgem modos mais contundentes de se obter o resultado prático desejado. O rol de medidas contido no § 5º do art. 84 do CDC, colocadas à disposição do magistrado, é exemplificativo, podendo ele lançar mão de quaisquer outras que entender adequadas ao caso concreto.

O art. 84 do CDC dota o magistrado de meios eficazes para a obtenção do resultado, indo desde a imposição de multa por descumprimento da ordem até, como mencionamos, à prisão do executado, numa espécie de *contempt of court*.[19]

Como a sentença proferida em ação coletiva em defesa de interesses individuais homogêneos é genérica, é preciso intentar a liquidação em preparação à execução, com vistas à reparação individualizada. Será preciso que a vítima, antes de qualquer coisa, se habilite para tal.

O sistema de proteção aos direitos metaindividuais não discorreu de modo suficiente sobre a execução e os processos que lhe são preparatórios. Daí, em obediência ao art. 19 da LACP, utiliza-se o CPC no que se referir a esta matéria.

A habilitação tem o propósito de demonstrar ao juiz, desde logo, que o habilitante se insere nas condições estabelecidas na sentença, provando sua qualidade de vítima pelo ato ou omissão do réu, já apurado na fase de conhecimento.

Na habilitação não se pode inovar ou rediscutir questões já acertadas na sentença do processo coletivo. Apenas se evidencia que a pessoa é titular de um direito em relação ao réu, pelos fatos apreciados, nos termos da sentença genérica, ou seja, esclarece-se o vínculo de causalidade entre o habilitante, o fato e o ato do réu.

A partir daí, o habilitado está apto a prosseguir na liquidação, quando deverá demonstrar, a extensão do dano sofrido, com base na decisão da ação coletiva, para efeito de individualizar e determinar o valor da reparação.

Na ação coletiva se fixa o *an debeatur*; na habilitação se demonstra a titularidade do direito; na liquidação se acerta o *quantum debeatur* e na execução se efetiva o direito.

É preciso, portanto, que após a prolação da sentença, a ela se dê publicidade, seja através da publicação de editais (art. 94, CDC), seja por meios próprios da instituição que moveu a ação coletiva, como publicações especializadas ou mala-direta, por exemplo, para que o maior número possível de prejudicados venha receber seus direitos.

O CDC não fixou procedimento próprio para a habilitação. Pensamos que, respeitadas as regras da legitimidade e competência, não pode haver dificuldades. Bastará que o habilitante faça prova da decisão genérica (transitada em julgado ou não) e de sua condição de vítima para, dando início à liquidação, requerer, como pré-requisito desta, seja declarado habilitado para dar curso àquela, em preparação à execução.

A liquidação, como já se deixou entrever, tem a função de fixar o montante da obrigação reconhecida em sentença condenatória, proferida no processo de conhecimento. A sentença liquidatória tem caráter declaratório e dela cabe recurso de apelação, com efeito devolutivo. Fica claro que o procedimento se aplica apenas em caso

19. Medida de prisão do executado por desrespeito à autoridade judiciária, para compeli-lo ao cumprimento da ordem expedida, utilizada nos países da *common law*.

de título executivo judicial e nos casos em que a prestação é pecuniária, já que procura determinar o *quantum debeatur*, e naqueles em que haja necessidade de se especificar os bens que serão objeto da execução.

Também não há no sistema de proteção aos direitos metaindividuais previsão sobre o processo liquidatório, o que nos remete aos arts. 603 a 611 do CPC.

O réu será citado na pessoa de seu advogado constituído nos autos, o que abrevia e simplifica o andamento da liquidação.

A liquidação pode se dar por simples cálculos aritméticos, quando o credor deve apresentá-los através de memória discriminada e atualizada.

Além dessa modalidade de liquidação, o código de rito ainda prevê a liquidação por arbitramento e a liquidação por artigos.

A liquidação por arbitramento, como o próprio nome revela, é aquela que necessita de uma apreciação especializada para se chegar ao valor em dinheiro. Será feita uma estimativa ou avaliação por perito nomeado pelo juiz.

A liquidação por artigos terá lugar sempre que necessário determinar a extensão do dano, por isso que muito útil no caso de ação civil pública para defesa de interesses individuais homogêneos. De fato, no processo coletivo que vise a defesa desse tipo de direitos, a liquidação por artigos se mostra apropriada para delimitar a quem e como o ato danoso do réu teria provocado conseqüências lesivas e quais seriam as lesões e sua quantificação. Há que se individualizar os prejuízos causados a cada vítima, para que se possa recompor o dano, em forma de obrigação de fazer, não fazer, dar ou pagar, de acordo com a sentença condenatória.

Caberá ao liquidante demonstrar o seu prejuízo e o liame entre este e o ato ou omissão do réu. Para tanto, embora deva invocar fato novo, é-lhe vedado discutir o que já tenha ficado acertado na sentença.

Esse fato faz com que, derivadas de uma mesma decisão proferida na ação coletiva, existam liquidações de montantes diversos.

É fácil perceber que a condenação neste tipo de ação, além do caráter reparador, reveste-se, também, de uma função repressiva das condutas danosas. Tanto é assim que, passados dois anos da decisão proferida na ação coletiva, não havendo habilitações em número suficiente, haverá uma liquidação residual destinada à receita da União. Desse modo, qualquer dos legitimados poderia propor a liquidação, cujo resultado seria encaminhado ao Tesouro Nacional.

Conclusão

> "O golpe fatal ao saber convencional vem quando as idéias convencionais fracassam ao tentarem lidar com alguma contingência para a qual a obsolescência as tornou irrefutavelmente inaplicáveis. Mais cedo ou mais tarde este deve ser o destino das idéias que perderam sua relação com o mundo" (John Kenneth Galbraith).

Confrontando o interesse contido nas relações negociais de valores mobiliários, que extrapola o proveito privado dos investidores pelos reflexos que lança na economia como um todo, e o instrumento processual da ação civil pública, de imediato, se depreende que esta parece se mostrar eficiente na defesa daquele.

De fato, os interesses dos investidores no mercado de capitais necessitam de amparo forte e de resultados positivos para contribuir com a credibilidade do referido mercado e, portanto, com sua consolidação.

Com a nova mentalidade trazida pelo sistema de defesa de direitos metaindividuais, os direitos dos acionistas lesados deverão se sobrepor a eventuais apegos positivistas, para privilegiar a realidade.

Certo é que apenas esta medida não se mostra capaz de coibir abusos e revigorar o mercado mobiliário nacional. São necessárias outras medidas, talvez algumas de cunho legislativo, outras afetas à própria estratégia de mercado, como a regulação dos financiamentos subsidiados, outras, ainda, que exigirão uma mudança cultural e comportamental dos titulares de empresas mercantis, como a disposição para a abertura de capital e novos meios de gerenciamento.

Também se aponta à maior utilização da arbitragem nos conflitos surgidos neste campo como contribuição positiva para o incremento do mercado mobiliário.

No entanto, no que se refere à ação civil pública na defesa dos interesses dos titulares de valores mobiliários, não se pode mais lhe opor argumentos tacanhos como a restrição da legitimidade para agir, a enumeração das condutas tipificadas como esgotantes das tuteladas pela lei, a ausência do interesse público para a atuação do Ministério Público ou para o emprego da ação por se tratarem de interesses meramente privados.

No estágio em que o sistema de defesa de direitos coletivos se encontra, nem seria necessário haver uma lei específica para que se permitisse o uso da ação civil pública para defender os investidores, já que o art. 1º da LACP permite a defesa de qualquer interesse coletivo.

É inegável que o *remedium juris* em comento se reveste de certo peso quando aforado em juízo na defesa de quaisquer espécies de direitos coletivos.

As medidas permitidas por lei, podendo ser tomadas, inclusive, *ex officio*, para assegurar o resultado da demanda ampliam o poder geral do juiz, sujeitando os infratores a providências das mais variadas, com a intenção de tornar o direito dos lesados efetivo. Essa previsão é disposição de grande impacto, se o Judiciário utilizá-la de maneira corajosa. Porém, os exageros, sempre, são censuráveis. Não se pode deixar de lado o direito de ampla defesa e o princípio do contraditório.

O fato de a lei trazer também a indenização residual que reverterá em benefício da União, caso não haja investidores habilitados, é salutar, pois, de todo modo, compõe um sistema de repressão ao abuso.

Até mesmo a forma como se dá a execução da decisão proferida na ação coletiva demonstra a necessária preocupação com o coletivo sem se descurar do individual, pois cada vítima terá oportunidade, através da liquidação por artigos de provar o prejuízo experimentado e a dimensão do prejuízo, ajustando com perfeição a reparação a cada lesado.

Após este breve estudo, é forçoso concluir que a ação civil pública para a proteção dos interesses dos investidores no mercado mobiliário se mostra eficiente, se aplicada atendendo-se os novos princípios que instruem a tutela jurisdicional coletiva de modo geral.

Referências bibliográficas

ACQUAVIVA, Marcus Cláudio. *Vademecum Universitário de Direito*. 2ª ed. São Paulo, Jurídica Brasileira, 1999.

ASSIS, Araken de. "Execução na ação civil pública", *Revista de Processo* 82/46-52, São Paulo, Instituto Brasileiro de Direito Processual/Ed. RT, abr.-jun. 1996.

______. *Manual do Processo de Execução*. 2ª ed. São Paulo, Ed. RT, 1995.

AZEVEDO, Israel Belo de. *O Prazer da Produção Científica*. 6ª ed. Piracicaba, UNIMEP, 1992.

BRASIL. CONSTITUIÇÃO DA REPÚBLICA FEDERATIVA. *Coleção Saraiva de Legislação*. São Paulo, 1998.

BRUSCATO, Wilges. *Monografia Jurídica*. São Paulo, Juarez de Oliveira, 2001.

CARLETTI, Amilcare. *Dicionário de Latim Forense*. 7ª ed. São Paulo, Leud, 1997.

COELHO, Fábio Ulhoa. *Comentários ao Código de Proteção do Consumidor*. São Paulo, Saraiva, 1991.

______. *Curso de Direito Comercial*. v. 2. São Paulo, Saraiva, 1999.

COMPARATO, Fábio Konder. "Natureza jurídica das Bolsas de Valores e delimitação do seu objeto", *RDM* 60/45-53, São Paulo, Ed. RT, out.-dez. 1985.

DIAS, Francisco Barros. "Coisa julgada e execução no processo coletivo", *Revista de Processo* 78/50-63, São Paulo, Instituto Brasileiro de Direito Processual/Ed. RT, abr.-jun. 1995.

DIAS, José Aguiar. *Da Responsabilidade Civil*. v. 1, 7ª ed. Rio de Janeiro, Forense, 1993.

DINAMARCO, Cândido Rangel. *Execução Civil*. 7ª ed. São Paulo, Malheiros Editores, 2000.

______. *Instrumentalidade do Processo*. 7ª ed. São Paulo, Malheiros Editores, 1996.

DINIZ, Maria Helena. *Dicionário Jurídico*. 4 vs. São Paulo, Saraiva, 1998.

______. *Curso de Direito Civil Brasileiro*. v. 1, 11ª ed. São Paulo, Saraiva, 1995.

EIZIRIK, Nelson Laks. "Regulação e autoregulação do Mercado de Valores Mobiliários", *RDM* 48/48-59, São Paulo, Ed. RT, out.-dez. 1982.

FERREIRA, Luiz Eduardo Martins. "As Bolsas de Valores no Brasil", *RDM* 86/45-57, São Paulo, Ed. RT, jan.-mar. 1992.

FERREIRA, Waldemar. *Tratado de Direito Comercial*. v. 15. São Paulo, Saraiva, 1966.

FILOMENO, José Geraldo Brito. *Manual de Direitos do Consumidor*. 3ª ed. São Paulo, Atlas, 1998.

GIARETA, Gerci. "O Código de Defesa do Consumidor e a invocação da teoria da desconsideração da pessoa jurídica", *Revista da Associação dos Juízes do Rio Grande do Sul*, v. 19, n. 55, Porto Alegre, Ajuris, pp. 295-301, jul. 1992.

GRINOVER, Ada Pellegrini. "Da coisa julgada no Código de Defesa do Consumidor", *Revista da Associação dos Advogados de São Paulo* 33/5-15, São Paulo, AASP, dez. 1990.

______, *et alli*. *Código Brasileiro de Defesa do Consumidor*. 5ª ed. Rio de Janeiro, Forense Universitária, 1997.

MACHADO, Antônio Cláudio da Costa. *Código de Processo Civil Interpretado*. 3ª ed. São Paulo, Saraiva, 1997.

MANCUSO, Rodolfo Camargo. *Ação Civil Pública*. 6ª ed., rev. e atual. São Paulo, Ed. RT, 1999.

MATTOS FILHO, Ary Oswaldo. "O conceito de valor mobiliário", *RDM* 59/30-55, São Paulo, Ed. RT, jul.-set. 1985.

MAZZILLI, Hugo Nigro. *A Defesa dos Interesses Difusos em Juízo*. 10ª ed. São Paulo, Saraiva, 1998.

MB ASSOCIADOS. *Desafios e Oportunidades para o Mercado de Capitais Brasileiro*, <www.bovespa.com. br/pdf/mercado_capitais_desafios.pdf.BOVESPA (18.7.2001).

MIRRA, Álvaro Luiz Valery. "A coisa julgada nas ações para tutela de interesses difusos", *RT* 631/71-82, São Paulo, Ed. RT.

NÁUFEL, José. *Novo Dicionário Jurídico Brasileiro*. 9ª ed., rev., atual. e ampl. Rio de Janeiro, Forense, 2000.

NEGRÃO, Theotonio. *Código de Processo Civil e Legislação Processual em Vigor*. 30ª ed. São Paulo, Saraiva, 1999.

NERY JÚNIOR, Nelson. *Atualidades Sobre o Processo Civil*. 2ª ed. São Paulo, Ed. RT, 1996.

______. *Ação Civil Pública — Reminiscências e Reflexões após Dez Anos de Aplicação*. São Paulo, Ed. RT, 1995.

______, e NERY, Rosa Maria Andrade. *Código de Processo Civil Comentado e Legislação Processual Civil Extravagante em Vigor*. 4ª ed. São Paulo, Ed. RT, 1999.

NUNES, Pedro. *Dicionário de Tecnologia Jurídica*. 13ª ed., rev., ampl. e atual. Rio de Janeiro, Renovar, 1999.

PEREIRA, Caio Mário da Silva. *Instituições de Direito Civil*. v. 1, 15ª ed. Rio de Janeiro, Forense, 1994.

PIZZOL, Patrícia Miranda. *Liquidação nas Ações Coletivas*. São Paulo, Lejus, 1998.

PONTES DE MIRANDA, Francisco Cavalcanti. *Tratado de Direito Privado*. v. 29, 3ª ed. Rio de Janeiro, Borsói, 1972.

REQUIÃO, Rubens. *Curso de Direito Comercial*. 2 vs., 24ª ed. São Paulo, Saraiva, 2000.

SAAD, Eduardo Gabriel. *Comentários ao Código de Defesa do Consumidor*. 4ª ed. São Paulo, LTr, 1999.

SANTOS, Ernane Fidélis dos. *Novos Perfis do Processo Civil Brasileiro*. Belo Horizonte, Del Rey, 1996.

______. *Manual de Direito Processual Civil*. v. 1, 6ª ed. São Paulo, Saraiva, 1998.

SANTOS, Moacyr Amaral. *Primeiras Linhas de Direito Processual Civil*. v. 1, 20ª ed. São Paulo, Saraiva, 1998.

SILVA, Ovídio A. Batista da, e GOMES, Fábio Luiz. *Teoria Geral do Processo Civil*. São Paulo, Ed. RT, 1997.

SEVERINO, Antonio Joaquim. *Metodologia do Trabalho Científico*. 19ª ed. São Paulo, Cortês, 1993.

THEODORO JÚNIOR, Humberto. *Curso de Direito Processual Civil*. v. 2, 16ª ed. Rio de Janeiro, Forense, 1996.

TOLEDO, Paulo Fernando Campos Salles. "A tutela judicial do Mercado de Valores Mobiliários", *RT* 667/70-78, São Paulo, Ed. RT.

VENTURI, Elton. *Execução da Tutela Coletiva*. São Paulo, Malheiros Editores, 2000.

WALD, Arnold, e EIZIRIK, Nelson. "O regime jurídico das Bolsas de Valores e sua autonomia frente ao Estado", *RDM* 61/5-21, São Paulo, Ed. RT, jan.-mar. 1986.

WAMBIER, Luiz Rodrigues (coord.), ALMEIDA, Flávio Renato Correia de, e TALAMINI, Eduardo. *Curso Avançado de Processo Civil*. vs. 1 e 2, 3ª ed. São Paulo, Ed. RT, 2000.

NOTAS SOBRE AS ASSEMBLÉIAS DE CREDORES NA LEI DE RECUPERAÇÃO DE EMPRESAS

RACHEL SZTAJN

1. Introdução. 2. A nova lei em face do Decreto-lei 7.661/1945. 3. Assembléia-geral. 4. Classes de credores. 5. Assembléia-geral de credores. 6. Conclusão.

1. Introdução

A disciplina normativa relativa à crise das empresas, na esteira da legislação norte-americana – a qual, em boa medida, está reproduzida nas normas européias –, assenta-se sobre dois pilares: (1) de um lado, a tentativa de preservar aquelas empresas (entenda-se aquelas atividades anteriormente ditas mercantis), desde que existentes condições econômico-financeiras que viabilizem tal escopo; e (2) a proteção do crédito ou da sua circulação. Contudo, o legislador de 2005 retira do campo de incidência das normas as empresas públicas e sociedades de economia mista, instituições financeiras, seguradoras, cooperativas de crédito e consórcios. A exclusão deve-se ao fato de que a crise dessas empresas, ao menos no que diz respeito à reorganização, está sujeita a disciplina especial.

Feito a reparo, note-se o cuidado com que se trata da viabilidade econômica de empresa em crise, porque de nada serve envidar esforços para preservá-la, nem mesmo argumentos como a garantia de empregos ou ser ela estratégica, sem que fique demonstrada a possibilidade de superar a crise, porque os efeitos sobre o crédito e a aptidão para superar a crise dependem de demonstração de que a rentabilidade do negócio será resgatada e que a atividade atingirá algum nível de normalidade.

Empresa é fenômeno econômico – e, portanto, a crise também o será; ou, na melhor das hipóteses, terá impacto econômico sobre a atividade. Por isso será desejável promover a recuperação de empresas ou organizações apenas quando sejam economicamente viáveis. A determinação da viabilidade econômica da empresa deve ser demonstrada em plano ou projeto que será negociado com os credores. Essa negociação, no caso de recuperação judicial da empresa, tem como *locus* a assembléia-geral de credores. No caso da recuperação extrajudicial as negociações serão empreendidas entre devedor e uma ou mais classe de credores.

A opção de política legislativa – conferir aos credores poder para aprovar, alterar ou rejeitar o plano de recuperação empresarial apresentado pelo devedor – parece, porém, ter deixado de lado recurso a estratégias que podem alterar a distribuição de poder e produzir resultados inesperados, alguns indesejáveis. É isso o que se pretende estudar.

2. A nova lei em face do Decreto-lei 7.661/1945

O legislador de 2005 afastou-se, em larga medida, das regras adotadas em 1945, nas quais a tutela do crédito diante de situações de insolvência de comerciantes se resumia à decretação da falência. O rigor emprestado à circulação do crédito está evidente na redação do art. 1º do Decreto-lei 7.661/1945, que considerava *falido* o comerciante que deixasse de pagar, no vencimento, obrigação líquida, salvo relevante razão. Entendia-se que atrasos, além de indicarem a impossibilidade de pagar, implicavam abalo no crédito, com perda de confiança na capacidade de honrar as obrigações por aquele devedor.

É que a perda de credibilidade, confiança – do crédito, em suma –, por atrasos no pagamento de obrigações suportava presunção *juris tantum* de que estaria instalada uma situação de desequilíbrio patrimonial adverso (passivo maior que ativo), que tornava inviável a continuidade da atividade mercantil, sendo, pois, mais conveniente a decretação da falência como forma de preservar o mercado.

Outra era a solução quando se tratava de iliquidez momentânea, superável, porque o desequilíbrio era de caixa, e não patrimonial, e essa se resolvia com a concessão da concordata preventiva da falência, que dava ao devedor comerciante prazo para solver as obrigações.

Se a falência eliminava do mercado aqueles comerciantes que, por falta de talento, por serem propensos a riscos, ou qualquer outro motivo, poderiam, com suas decisões na condução dos negócios, comprometer a circulação do crédito, a concordata preventiva dava fôlego àqueles que momentaneamente se encontrassem sem recursos líquidos.

A falência poderia ser pensada – e não se cogita, aqui, de matéria penal e privação de liberdade, como pena socialmente relevante – porque, ao atingir a reputação do comerciante, culminando com seu afastamento do meio, impedindo-o de exercer o comércio, ainda quando temporariamente, serviria para incentivar diligência, prudência, no contrair obrigações. Esse fator, a reputação, mais do que ver na medida de eliminação do mercado um procedimento infamante, seria o incentivo, forte, para que comerciantes, desejosos de participar de mercados, adotassem comportamentos adequados à atividade, sem propagar o risco entre os demais. Na verdade, a falência poderia ser interpretada como mecanismo que fixa padrões ou paradigmas para tutelar a circulação do crédito em mercados nos quais o risco está presente.

Já, a concordata suspensiva – isto é, a interrupção do procedimento de liquidação do ativo para pagamento do passivo –, também prevista no quadro normativo, servia de incentivo para que, ainda durante o processo de liquidação do ativo e solução do passivo, fossem adotadas medidas saneadoras; se os credores e o magistrado se convencessem da boa-fé do comerciante, de que a falência não era a melhor solução, que não se devera a falta de diligência, a imprudência, que havia possibilidade de recuperar o negócio, seu deferimento, ainda que raro, não estava vedado.

Essas medidas atendiam a necessidades econômicas de funcionamento dos mercados em sociedades de base agrícola ou agropecuária, de baixo nível de industrialização, sendo menos adequadas em face das enormes transformações sócio-econômicas que tiveram início na década de 50 do século passado. O acelerado processo de industrialização, avanços tecnológicos e internacionalização da economia e a crescente inserção do país em novos mercados tornaram aqueles institutos defasados para compor os reclamos da sociedade.

Demais disso, a inflação, que, ao longo dos anos 60 a 90 do século passado, pela corrosão do poder de compra da moeda, estimulava, tanto na falência quanto na concordata, que se protelasse o andamento de qualquer medida judicial, porque isso gerava, para os devedores, ganhos reais, em virtude da não-correção do valor das obrigações, do passivo em geral, ao passo que os ativos, se e quando negociados, o eram ao valor de mercado. Vale dizer que o decurso do tempo reduzia ou até eliminava a relação negativa entre ativo e passivo, que poderia tornar-se positiva, com ganhos derivados da inércia do devedor.

Pior que a inflação, fator de natureza social em relação à decretação da falência de algumas grandes sociedades, considerando-se o efeitos e repercussões quer no mercado de trabalho, quer no de crédito, levou à criação, no BNDE (atualmente BNDES), de um assim denominado "hospital de empresas". Comum ouvir-se a frase "muito grande para quebrar", ou "opera em setor estratégico", para explicar o socorro do Governo, com a transferência de recursos públicos para tais sociedades, visando a atividades no pressuposto de que, futuramente, o banco recuperaria os montantes investidos.

Indiscutível que a legislação anterior requeria ajustes, um *aggiormento*, a revisão do tratamento da crise empresarial, de forma a que a falência fosse o último recurso e que os devedores não se aproveitassem do favor legal que era a concordata para ganhar tempo, transferindo mais risco aos credores.

Assim, apoiado em experiências de outros países de mesmo sistema, Direito codificado, foram buscadas soluções menos traumáticas para o caso de, constatado o desequilíbrio adverso entre ativo e passivo, não passar diretamente para o procedimento liquidatário-solutório, a falência, mas dar ao devedor a oportunidade de demonstrar que, reorganizada a atividade, terá condições econômicas de continuar. Restava estabelecer critérios para avaliar a eficiência das operações propostas, dado que o procedimento anterior gerava custo social – o que deve ser evitado quando se parte da noção de eficiência alocativa com prevalência da racionalidade na tomada de decisões.

É que, diz a teoria econômica, partindo de uma qualquer distribuição de bens na sociedade, sua circulação se faz daqueles que os apreciam menos para quem os aprecia mais, ou, de outra forma, dos usos menos eficientes para os mais eficientes. Quando há mercados a circulação dos bens se dá sem muito atrito (custos de transação); mas, diante de crises, ainda quando os mercados funcionem, os custos de transação são mais elevados, o oportunismo fica mais fácil e externalidades negativas podem aparecer.

A solução está no processo de recuperação – judicial ou extrajudicial – das empresas em crise, que, desta feita, é analisado pelos credores. Assim, a mudança do quadro normativo propõe tratamento diferenciado para as crises empresariais conforme haja possibilidade concreta de preservar algum ou alguns núcleos, ou não.

Desaparece da lei a concordata, em ambas as modalidades – a preventiva da falência, favor legal, em que se concedia prazo para que o devedor solvesse, integral ou parcialmente, as obrigações quirografárias, sempre com base no pressuposto de que se estaria frente a fato específico: a iliquidez;[1] ou a suspensiva da falência, que interrompia o processo de liquidação, no pressuposto de que seria viável a continuação do negócio.

A nova lei dá a quem tem interesse na preservação do regular funcionamento do mercado de crédito a possibilidade de analisar as condições de superação da crise e o poder para decidir quanto à viabilidade de preservar, ou não, aquelas atividades econômicas que passem por processo de crise, seja ele de iliquidez, seja de desequilíbrio patrimonial adverso.

A reconfiguração dos mecanismos de avaliação das condições econômico-financeiras das empresas permite ignorar argumentos do tipo "muito grande para quebrar", reduz o espaço para exercer pressão e obter vantagens sob o argumento de atuar

1. A concordata preventiva, antes da estabilização do poder de compra da moeda, no mais das vezes, servia para ganhar tempo, postergar a falência, ofereceu estímulos incorretos e inadequados no que diz respeito à tutela do crédito, e deveria mesmo ser abandonada.

em setor estratégico e, sobretudo, reduz manobras de oportunistas que, abusando da relativa facilidade com que eram deferidos pedidos de concordata preventiva, ganhavam sobrevida aumentando, na maioria das vezes, as perdas dos credores.

Sendo a empresa fenômeno econômico, sua preservação ou recuperação deve manter foco nas questões econômico-financeiras, nas operacionais e no fato de que deixar de fundar as decisões nesses parâmetros – o econômico em particular – para atender a alguns interesses, em geral defendidos por grupos que, capturando o legislador, tratam de obter vantagens pessoais, independentemente de quem venham a prejudicar, faz com que se perca eficiência na alocação de recursos escassos.

A defesa que fazem alguns da importância de preservar empresas em crise, porque teriam função social, não atende aos critérios de eficiência. Que função têm empresas cuja saúde econômico-financeira está comprometida, que dependem de benesses do legislador ou do Estado? Como atividade econômica que são, a função social das empresas é criar riquezas; não podendo fazê-lo, a falência, reorganização ou recuperação, assentadas sobre premissas de economicidade, são o meio mais adequado para estimular diligência de administradores e credores. A inversão de recursos públicos sem critérios de eficiência, a pretexto da função social da empresa, fere a lógica econômica.

O economista está preocupado em mensurar o "bolo", fazê-lo crescer, enquanto o operador do Direito, com fundamento na noção de justiça, eqüidade, pensa em função social, e imagina que pouco importa o tamanho do "bolo", que é mais importante dividi-lo. *Eficiência* e *eqüidade* não são mutuamente excludentes, podem e devem ser conciliadas. Supor que eqüidade se mantém sem eficiência é ignorar, na lógica própria de ordenamentos de base romano-germânico-canônica, que 100% de zero é menos que 1% de 10; que manter em operação atividades ineficientes, a título de função social, de assistencialismo inconseqüente, pode beneficiar alguns, mas desestimular muitos.

Buscar eficiência e eqüidade parece ter sido a proposta que vem solucionada mediante a experiência – aplicada com sucesso em vários países da Europa Continental, copiada do Direito Anglo-Norte-Americano – de transferir aos credores, tanto empresários, profissionais que exercem atividade econômica organizada, quanto não-empresários, o poder para decidir, reunidos em assembléias-gerais, sobre preservar, ou não, as atividades da empresa em crise. O legislador desenha forma de compartilhamento do resultado da deliberação com aqueles sobre os quais recai parcela ponderável do impacto econômico da crise, mediante a recepção de modelos negociais mais flexíveis que a decisão de decretação da falência, do sistema anterior.

Profissionais tendem a analisar as informações e propostas apresentadas por outros profissionais de óptica mais objetiva, ponderar alternativas e oferecer sugestões que aperfeiçoem o projeto, o façam mais eficiente, o que é feito nas assembléias-gerais de credores. A noção de *eficiência* é dos economistas: relação entre os benefícios totais da situação e o custo total dela decorrente; vale dizer, trata-se de como mensurar o "bolo".

Por isso que leitura e interpretação dos artigos da nova lei, para verificar se são criados incentivos que induzam devedor e credores a agir de forma a obter os melhores resultados, a evitar oportunismos e externalidades que deveriam ser internalizadas, a reduzir custos de transação, é o que se pretende fazer. Claro que as observações são mera especulação, sendo necessário aguardar as decisões judiciais para saber se não produzirão efeitos de segunda ordem que facilitem comportamentos oportunistas.

Dar aos credores poder para decidir sobre a recuperação de empresas em crise, contudo, tem como premissa que seus interesses são homogêneos e que se trata de um jogo estratégico de soma zero o que resta a ser demonstrado.

3. *Assembléia-geral*

Assembléias são reuniões de pessoas para, em conjunto, e na forma adrede prevista, discutir e deliberar sobre matéria de interesse comum. A tomada de decisões que envolva mais de duas pessoas – hipótese em que ou há consenso, ou não há decisão – pressupõe conversas, debates e, ao final, declaração de cada um dos envolvidos em determinada direção; em geral, *sim* ou *não*.

A importância da disciplina das assembléias-gerais reside no fato de que deliberações colegiadas tomadas de acordo com as normas previstas vinculam todos os membros do grupo, inclusive os ausentes e dissidentes, porque o princípio informador das assembléias-gerais, o da maioria – que excepciona a unanimidade –, tendo como limites objetivos direitos individuais, atende melhor que a unanimidade ao equacionamento de situações em que interesses diversos estão em jogo. Mesmo a abstenção – ou seja, nenhuma declaração em qualquer dos sentidos propostos à consideração dos membros do grupo –, indicativa de que poderia, talvez, haver outra alternativa ou falta de convencimento do declarante em face dos argumentos apresentados pelos defensores de uma das outras posições, serve como fundamento para que não sejam tomadas decisões aprovadas por certo número (de pessoas ou de interesses).

Regra ordinária para a aprovação de matérias de interesse comum por colegiados – e a assembléia-geral o é – requer a manifestação, em determinado sentido, de certo número de seus membros, alguma maioria, que pode ser tanto a presentes à reunião quanto a dos membros do grupo. A decisão será tomada por maioria simples quando baste a maioria dos presentes; por maioria qualificada quando se imponha a presença, para fins de deliberação – aprovação ou rejeição –, de mais da metade dos componentes do grupo.

Assembléias-gerais são mecanismos de consulta em que se reúnem as pessoas que tenham interesse comum em dada matéria – interesse que poderá ser afetado e que, conforme o resultado das declarações individuais da maioria delas em dada direção, é aceito ou rejeitado. O voto, declaração individual do membro do colégio, soma-se ao dos demais membros e forma a deliberação.

A título de exemplo, tome-se a disciplina das assembléias-gerais da Lei do Anonimato. Acionistas são convidados para se reunir a tomar decisões em relação a certas matérias de interesse de todos ou, até, de interesse de espécies ou classes de ações. No primeiro caso trata-se de assembléias-gerais; no segundo, de assembléias especiais.

A disciplina das assembléias das anônimas está disposta nos arts. 121 e ss. da Lei 6.404/1976, em que se apresentam as normas para exercício dos poderes decisórios dos acionistas. A relação de temas inclui reforma estatutária, eleição e demissão de administradores, apreciação dos resultados da ação administrativa, propostas de reorganização da sociedade, aprovação de pedido de falência e, agora, recuperação judicial ou extrajudicial (art. 122); *quorum* de instalação – ou seja, presença mínima necessária para a instalação da reunião (art. 125); *quorum* de deliberação – votos mínimos necessários para a validade e eficácia das deliberações tomadas (art. 129). Assembléias podem ser ordinárias ou extraordinárias, conforme as matérias a serem deliberadas. É ordinária a assembléia-geral realizada anualmente que tem como principal tema a avaliação dos efeitos da ação administrativa; é extraordinária a assembléia que tem como objeto a deliberação sobre matérias relativas ao negócio associativo (art. 135).

Como nem todos os interesses dos acionistas são homogêneos, requer-se, em certos casos, manifestação daqueles cujos interesses distintos poderiam ser alterados por deliberação da maioria, que é condição de eficácia daquela deliberação. É o caso previsto no art. 136, I e II, da Lei 6.404/1976, que impõe a convocação e instalação das assembléias especiais porque a decisão da maioria tem como limites objetivos direitos individuais dos acionistas que não podem ser modificados sem expressa anuência dos afetados.

Por isso a importância de matéria de conteúdo e de procedimentos de convocação e instalação das reuniões, *quorum* de instalação e de deliberação, como garantia de validade e eficácia de deliberações colegiais, que, por maioria, vinculam todos os membros do grupo, inclusive ausentes e dissidentes. Excepcionar-se o princípio da unanimidade é acompanhado de normas que prevêem formalidades e limites para evitar abusos. Não se permite que a maioria delibere e afete ou altere direitos individuais sem conhecimento e possibilidade de discussão pelos interessados atingidos.

4. Classes de credores

Tal como a Lei do Anonimato, que classifica acionistas segundo sejam titulares de ações ordinárias ou preferenciais sem direito de voto, ou debenturistas, titulares de créditos com garantia real, garantia flutuante ou subordinados no que diz respeito aos bens sobre os quais podem exercer suas pretensões ou à ordem de recebimento, também na nova Lei Falencial o legislador divide os credores em classes.

O art. 41 da Lei 11.101/2005 divide os credores em grupos para fins de participação na assembléia geral e subassembléias. Supõe-se que a divisão pretendia grupar aqueles que, em tese, têm interesse homogêneo, separar os distintos conjuntos de interesses, a par de especificar como são tomadas as decisões dentro de cada classe.

A classificação obedece ao seguinte critério: compõem a *classe I* os titulares de créditos derivados da legislação do trabalho ou decorrentes de acidentes de trabalho; a *classe II* congrega os titulares de créditos com garantia real; e a *classe III* os titulares de créditos quirografários, com privilégio especial, com privilégio geral e créditos subordinados.

Credores que integrem a *classe I* votam pelo total de seus créditos, ainda que haja restrições quanto ao prazo e limites de pagamento (art. 54). A deliberação, entretanto, não é tomada em função do valor das pretensões, mas por cabeça, como resulta da combinação do art. 41 com o § 2º do art. 45, aprovando-se ou rejeitando-se a proposta por decisão da maioria simples dos presentes.

Por que a informação de que votam pelo total dos créditos? Porque o pagamento do montante nem sempre será total, dado que a legislação iguala, nesse aspecto, os que têm direito a verbas elevadas e aqueles cujas pretensões são próximas do salário mínimo. A opção de política legislativa vai na direção da "justa" divisão do "bolo". Fica a dúvida a respeito da tutela dos credores por relação de trabalho, que, em princípio, teria natureza alimentar.

A restrição de pagar não mais que cinco salários mínimos do total em aberto referente aos três últimos meses anteriores ao pedido de recuperação parece injusta, restando saber se seria eficiente e que incentivo contém para a aprovação ou rejeição da proposta.

Um fundamento para a restrição está claro: evitar que os credores titulares de pretensões de maior valor esgotem os fundos alocados para esses pagamentos, em detrimento dos que têm a receber valores menores. Fixar os montantes dos pagamentos de forma proporcional aos créditos seria mais razoável que pagar prioritariamente o mínimo a todos e depois aos credores de valores maiores até um limite geral? O oportunismo ensejado sem a restrição é evidente: contratação de familiares, parentes, amigos, oferecendo valores elevados para, indiretamente, beneficiar-se o devedor às expensas dos demais credores.

Mesmo nesse caso a escolha de estratégias dos credores poderá ser fundada na facilidade ou dificuldade que pessoas tenham em conseguir novos postos de trabalho. Os que não tenham dificuldades em encontrar outro empregador podem faltar à reunião, mesmo porque o pedido de demissão é uma opção inafastável; aqueles que tenham mais dificuldade de encontrar outro posto de trabalho – seja por conta de especialização, seja por faixa etária ou outro fator – comparecerão, estarão mais propensos a aceitar condições que não interessam aos primeiros. Supondo que a relocação de trabalhadores qualificados seja fácil, em que medida isso prejudicará a reorganização que não conte com essa mão-de-obra específica?

Já no que diz respeito aos credores das *classes II e III* as deliberações são tomadas em função do montante dos créditos admitidos à assembléia, devendo ser aprovadas por mais da metade do valor total dos créditos presentes (portanto, maioria simples) e, cumulativamente, pela maioria dos presentes – ou seja, voto por cabeça combinado com voto proporcional. Heterodoxa combinação de interesses: de um lado, valores; de outro, pessoas. Se um credor titular de valor elevado representar parcela significativa do total de créditos presentes (60%), sua manifestação estará subordinada à aprovação dos demais credores, titulares da minoria dos créditos, mas que representam maior número de pessoas. Que estratégias serão adotadas para que as duas maiorias coincidam? Há alguma estratégia dominante, ou estar-se-á diante de uma situação em que interessa a algum ou alguns credores a demora na formulação de outra proposta?

A essa dificuldade soma-se a questão dos credores da classe II, titulares de garantia real, que podem votar nas classes II e III porque o legislador atrelou o "montante do voto" desses credores ao valor do bem oferecido em garantia. A questão é que, quando a garantia recai sobre bens cujo valor é volátil, isto é, varia no tempo – o que pode ocorrer com rapidez, ou não –, como determinar o montante do crédito que vota em cada uma das classes? Como demonstrar que o montante do crédito que participa da classe II deve ser aceito por valor "X" ou "Y" e que o saldo, se houver, será alocado na outra classe?

Avaliação, ou avaliações, resposta que o senso comum daria, é totalmente imprestável. Além da demora e do custo, é a volatilidade preço do bem-garantia o elemento que gera insegurança e que não se afasta com a avaliação. Pior será se duas avaliações chegarem a valores diferentes. O que fazer? Adotar a média simples? E os desvios por conta de informações entre avaliadores?

Não seria melhor considerar que o crédito garantido vota apenas na classe II? Dir-se-á que com isso aqueles credores que foram menos diligentes e cujas garantias não cobrem o total da dívida poderiam ser prejudicados, porque, se receberem o valor da garantia, a parte da obrigação que não for paga será considerada crédito quirografário ou poderia ser crédito subordinado. Partindo da premissa de que contratos servem para distribuir riscos entre partes, melhor fora que se determinasse que o credor titular de garantia real que aceitou o risco da volatilidade do preço votasse até o valor nominal da garantia, e nada mais. Com isso se produz incentivo para a adoção de medidas diligentes *ex ante*. Quem aceita riscos deve conviver com os efeitos que venham a derivar da sua escolha.

Não menos pior é a decisão de grupar credores titulares de privilégios – geral ou especial – com quirografários e subordinados. Credores titulares de alguma garantia ou privilégio, nos termos do Código Civil, são aqueles que podem exercer suas pretensões sobre bens determinados ou anteriormente aos demais. Quirografários são os credores sem qualquer garantia ou prioridade; subordinados são os que só recebem depois de pagos os quirografários, são os últimos da fila. Ter em mente essa ordem de prioridades serve para demonstrar que os interesses são, entre eles – credores –, bastante heterogêneos.

Convencê-los de que devem deliberar cooperativamente depende do ganho ou perda que venham a suportar. Se todos os credores aceitarem que o plano não os deixará pior que a liquidação da empresa, que os resultados projetados serão melhores, superando os da falência, a aprovação do plano favorecerá a todos – e, por isso, os votos serão majoritariamente nessa direção, favoráveis à implementação do plano.

Nada obstante, uma dada classe, por maioria, poderá recusar-se a aprová-lo, particularmente se com isso visar a obter maiores benefícios, os quais, dada a situação de crise, serão extraídos das outras. Como impedir? A lei não traz instrumentos, salvo o *cram down*, que não se aplica à recuperação judicial, para inibir comportamentos que gerem demora ou recusa na aprovação do projeto visando a forçar a apresentação de outro, mais eficiente, melhor para aquele conjunto de *players*. Essa estratégia é, para eles, eficiente e dominante.

Será que a falta de homogeneidade de interesses entre as classes de credores poderia ser tratada como forma de conflito similar ao que se discute quando da decisão de constituir uma sociedade? Nesses casos a questão tende a ficar circunscrita à divisão de poder e de benefícios, que, em larga medida, se supera pelo interesse comum, o exercício em comum de atividade econômica, a repartição dos riscos a ela inerentes.

Ver na aprovação do plano espécie de sociedade tácita entre devedor e credores, a par dos custos de oportunidade, poderia ser argumento empregado na formulação do plano de recuperação de empresas em crise; quanto mais provável a produção de lucros ou resultados positivos que, depois, seriam partilhados, mais interessante aderir ao projeto.

5. Assembléia-geral de credores

Deixa-se, temporariamente, a discussão sobre a conveniência, ou não, da divisão dos credores em classes, para tratar da assembléia-geral. A questão é investigar se a idéia de reunir credores da empresa em crise para analisarem proposta de reorganização tem como suporte a mesma concepção que preside as assembléias-gerais usualmente analisadas: interesse comum em determinada matéria que pode ser afetado por mudança de rumo em virtude de novas situações não previstas e que atingem o interesse de todos.

Sem dúvida que a decisão de interessados no desfecho de uma dada situação – a crise da empresa, devedora comum –, tomada depois de debater o plano proposto para sua recuperação, ouvir argumentos favoráveis e contrários, ponderar sobre outras eventuais alternativas que melhor atendam aos interesses do grupo, por devidamente informada, deve, de maneira mais eficiente, harmonizar os vários interesses, comuns e opostos; a eficiência dessas decisões colegiais deve suplantar, com vantagem, as tomadas por pessoas estranhas ao grupo que suportam seus efeitos, em razão da acentuada assimetria de informação – os credores tendem, ao menos alguns deles, a saber mais sobre o devedor comum que terceiros não vinculados.

Se a concepção é interessante – dar aos credores poder para se manifestarem sobre a viabilidade da continuação da atividade do devedor comum, afetado por crise econômico-financeira, tecnológica, mercadológica ou outra –, não se pode esquecer que não são homogêneos os interesses das diferentes classes de credores e, por vezes, interesses de credores agrupados em uma só classe, como se verá adiante.

Há quem critique a opção de política legislativa que dá esse poder aos credores – que não é, no Direito Brasileiro, inovadora, pois que estava prevista nos arts. 122 e 123 do Decreto-lei 7.661/1945[2] – dizendo que o instituto não se firmou, na vigên-

2. "Art. 122. Credores que representem mais de um quarto do passivo habilitado podem requerer ao juiz a convocação da assembléia que delibere em

cia daquela norma, dada a falta de interesse dos credores em compor o colegiado, causando, na prática, abandono ou esquecimento do procedimento. Porém, não se deve confundir as assembléias de credores previstas no regime anterior e as atuais. Aos céticos em relação à possível repetição do comportamento dos credores – sua ausência –, lembra-se que os artigos relacionados a tais conclaves na vigência da lei anterior eram aplicados apenas à falência, em especial à realização do ativo, em geral de pouco ou nenhum valor quando se chegava a esse estágio ou fase processual. Dessa forma, faltavam incentivos para que se reunissem para deliberar sobre a destinação de bens de pouco ou nenhum valor.

A previsão da nova lei é bastante diferente. Primeiro porque os credores devem deliberar, inicialmente, sobre o plano de preservação da empresa (leia-se "da manutenção da atividade", e de que forma isso será obtido), sua viabilidade e a razoabilidade das premissas que suportam a pretensão, e não apenas quanto à forma de realização do ativo, ainda que essa assembléia tenha sido mantida.

Claro que não há garantia de que a recuperação ou reorganização da empresa em crise venha a ser feita sem algum sacrifício dos credores, porque as obrigações não serão solvidas integralmente. Haverá perdas, até mesmo substanciais; mas, como se dá aos credores a possibilidade de avaliar e comparar a perda atual e eventual compensação futura (mesmo que não real, efetiva), se for preservada a atividade, presume-se que as decisões serão focadas em estratégias que minimizem os prejuízos, que mantenham as relações negociais e que o crédito seja preservado na medida do possível.

A preservação do direito de se manifestarem quanto às formas de liquidação ou realização do ativo também deve ser encarada de outra perspectiva. Se o lapso temporal entre a manifestação da crise e a proposta de recuperação do negócio for pequeno, menor será a perspectiva de dilapidação

termos precisos sobre o modo de realização do ativo, desde que não contrários aos disposto na presente Lei, e sem prejuízo dos atos praticados pelo síndico na forma dos artigos anteriores, sustando-se o prosseguimento da liquidação ou o decurso de prazos até a deliberação final.

"§ 1º. A convocação dos credores será feita por edital, mandado publicar pelo síndico, com antecedência de 8 (oito) dias, e do qual constarão lugar, dia e hora designados.

"§ 2º. Na assembléia, a que deve estar presente o síndico, o juiz presidirá os trabalhos, cabendo-lhe vetar as deliberações dos credores contrárias às disposições desta Lei.

"§ 3º. As deliberações serão tomadas por maioria calculada sobre a importância dos créditos dos credores presentes. No caso de empate prevalecerá a decisão do grupo que reunir maior número de credores.

"§ 4º. Nas deliberações relativas ao patrimônio social, somente tomarão parte os credores sociais; nas que se relacionarem com o patrimônio individual de cada sócio, concorrerão os respectivos credores particulares e os credores sociais.

"§ 5º. Do ocorrido na assembléia, o escrivão lavrará ata que conterá o nome dos presentes e será assinada pelo juiz. Os credores assinarão lista de presença que, com a ata, será junta aos autos da falência.

"Art. 123. Qualquer outra forma de liquidação do ativo pode ser autorizada por credores que representem dois terços dos créditos.

"§ 1º. Podem ditos credores organizar sociedade para a continuação do negócio do falido ou autorizar o síndico a ceder o ativo a terceiro.

"§ 2º. O ativo somente pode ser alienado, seja qual for a forma de liquidação aceita, por preços nunca inferiores aos da avaliação, feita nos termos do § 2º do art. 70.

"§ 3º. A deliberação dos credores pode ser tomada em assembléia, que se realizará com observância das disposições do artigo anterior, exceto a do § 3º; pode ainda ser reduzida a instrumento público ou particular, caso em que será publicado aviso para ciência dos credores que não assinaram o instrumento, os quais, no prazo de 5 (cinco) dias, podem impugnar a deliberação da maioria.

"§ 4º. A deliberação dos credores depende de homologação do juiz e da decisão cabe agravo de instrumento, aplicando-se ao caso o disposto no parágrafo único do art. 17.

"§ 5º. Se a forma de liquidação adotada for de sociedade organizada pelos credores, os dissidentes serão pagos, pela maioria, em dinheiro, na base do preço de avaliação dos bens, deduzidas as importâncias correspondentes aos encargos e dívidas da massa."

dos ativos, de perda de valor em mercados, acarretando que o montante arrecadado com a venda dos bens tenda a ser mais elevado – e, portanto, os rateios entre credores também serão menos ruim.

Das disposições relativas à competência da assembléia de credores – art. 35 da Lei 11.101/2005 –, cumpre destacar, no que diz respeito à recuperação judicial – inciso I –, as das alíneas "a", "d" e "f", que são, respectivamente: *aprovação, rejeição ou modificação do plano de recuperação judicial apresentado pelo devedor*; *pedido de desistência do devedor* e *qualquer outra matéria que possa afetar os interesses dos credores*.[3] Quanto ao inciso II, interessam as alíneas "c" e "d", respectivamente: *adoção de outras modalidades de realização dos ativos na forma do art. 145 da lei* e *qualquer outra matéria que possa afetar os interesses dos credores*.

Em todas essas alíneas o que se nota de comum é que os interesses dos credores são bem determinados: aceitar riscos, ou não; manter, ou não, relações com o devedor em crise após a superação dos problemas; analisar propostas que gerem maior ganho na venda de ativos. A deliberação sobre matéria que possa afetar os interesses dos credores, que já contemplaria as anteriores, constitui cláusula aberta, adequada a negócios de execução continuada, em que, em virtude do lapso temporal na implementação do que for decidido e dos efeitos ou resultados esperados, eventos externos podem atingir as metas e, portanto, renegociar é atividade que não pode ser excluída. Fato é que a expressão "interesse comum" serve de receptáculo para várias situações imprevistas, ou até previstas, mas sem tratamento próprio acordado.

Menos relevantes a constituição do comitê de credores, escolha e substituição dos membros, nome do gestor judicial, se afastado o devedor, por conta das atribuições desses órgãos. A competência do administrador judicial vem disposta no art. 18 e complementada pelo art. 19. A escolha do administrador judicial recairá (art. 21) sobre profissionais idôneos e especializados, se pessoas jurídicas – o que já os põe sob o crivo dos estatutos que regem as respectivas profissões, além de serem fiscalizados pelo comitê de credores e pelo juiz que presidir o feito. O comitê de credores – colegiado cuja constituição não é obrigatória –, se existir, será composto por representantes de cada classe de credores e suplentes, tendo competência fiscalizadora (art. 27).

No que concerne à recuperação judicial da empresa em crise, há que considerar como interesse comum, de todos os credores, evitar perdas de valores mais elevadas do que que haveria na hipótese de liquidação, o que decorre da não-aprovação do plano, aí incluída a hipótese de não-aceitação de sua modificação, porque nada mais resta que liquidar o ativo e ratear o montante entre eles. Outro interesse dos credores, que se prende ao primeiro, é a manutenção das relações negociais com a empresa tanto ao longo do período em que se superam os problemas gerados com a crise quanto depois.

A recuperação da empresa em crise passa por sua reorganização seja no que diz respeito ao objeto, tamanho, administração, seja no que – agora, segundo a legislação brasileira – diz respeito ao interesse dos credores, individual e coletivamente. Satisfazer esses vários interesses requer que o devedor ou algum terceiro acredite que o valor dos ativos, uma vez mantida a atividade da empresa em crise, sem liquidação, é mais elevado que quando se a encerra e se vendem os ativos.

Se o valor da reorganização superar o da liquidação, interessa a todos, devedor e credores, que aquele apresente um projeto viável de reorganização, demonstrando que,

3. As alíneas "b" – constituição do comitê de credores e sua substituição – e "e" – nome do gestor judicial, no caso de afastamento do devedor – têm, para a presente analise, importância secundária.

mediante sua aprovação, nada obstante possa ser reduzida a capacidade produtiva, a recuperação da saúde econômico-financeira, fim específico, será concretizada. Por isso, interessará aos credores aprovar o projeto apresentado pelo devedor; eventualmente algum deles terá proposta mais eficiente – a custo menor e de forma menos onerosa – para chegar a resultado equivalente, e, por isso, poderá propor projeto de reorganização do negócio diferente, ou sugerir ajustes ao projeto do devedor, o que interessa a todos. Terceiro, não-credor, também pode propor plano de reorganização que satisfaça interesses dos credores e do devedor.

Por isso que o plano de reorganização – tanto o que for apresentado pelo devedor quanto as alterações sugeridas pelos credores, ou mesmo um plano proposto por terceiro – deve satisfazer vários interesses, demonstrando a todos os envolvidos, credores e devedor, ou à maioria daqueles, que os benefícios superam os custos, que os ganhos derivados da liquidação do negócio são inferiores aos da recuperação.

Segundo Lorenzo Stanghellini, essa visão do problema não afasta certas questões ou dificuldades que passam pela eqüidade, justeza ou *fairness* de qualquer proposta. Explica que, se uma sociedade for reorganizada quando deveria ser liquidada, o ônus recai sobre os credores, que, portanto, não devem aprovar a reorganização, dado que, das opções ou cursos alternativos de ação (decisão) que podem tomar, um deles prejudica seus interesses futuros (os atuais já estão comprometidos).[4]

Estratégia dos credores, projetando os efeitos futuros da decisão atual, vai na direção de ser mais conveniente minimizar perdas que aceitar perdas cujo valor é desconhecido.As perdas atuais são conhecidas, as futuras implica assumir riscos de virem a ser aumentadas em razão da tentativa de resgate de atividade bastante comprometida.

Claro que a decisão levará em conta fatos e comportamentos, a confiabilidade que o devedor mereça, em função da observância passada, nas relações com os credores, de diligência, retidão – cumprimento da palavra dada, em suma.

A respeito da eqüidade na distribuição do ganho ou *surplus* – isto é, do valor gerado pela recuperação em relação ao derivado da liquidação –, explica o professor italiano que, ainda quando a decisão de reorganizar a atividade for a correta, porque o valor da reorganização supera o da liquidação, é preciso que fique claro como tal ganho deve ser dividido entre os que têm pretensões contra a sociedade.

Esse será, talvez, o ponto central das discussões entre credores das diferentes classes, e destes com o devedor. Se para alguns dos credores a perda decorrente da quebra da empresa em crise é quantificável e até previsível – por exemplo, a perda, ao longo de certo período, de lucros decorrente da queda na venda de produtos ou serviços até que novos clientes sejam encontrados –, para outros a perda poderá ser expressiva e de difícil mensuração.

Por exemplo, empregados especializados podem, ou não, ter facilidade em encontrar trabalho. Havendo facilidade na

4. Atente-se para explicação de Luca Enriques e Jonathan R. Macey que está no artigo "Creditors *versus* capital formation: the case against the European legal capital rules", *Cornell Law Review* 86, setembro/2001, quanto a comportamento de administradores de companhias, fluxo de caixa da sociedade e conflito de interesses entre acionistas de credores: as normas relacionadas com o capital social distribuem poderes entre credores e titulares de outras pretensões sobre os ativos da sociedade, e que muitas normas são ineficientes ou protegem apenas uma parcela dos credores, gerando custos que superam os benefícios; particularmente, que os sócios têm incentivos fortes para agir de forma oportunista às expensas dos credores, especialmente porque, perto de uma situação de crise, aprovar operações de maior risco sobre projetos mais seguros, porém com menor valor presente líquido, transfere aos credores os efeitos perversos da decisão, porque, se o resultado for positivo, aumentará o valor do patrimônio social.

recolocação, o interesse desses credores na recuperação da empresa em crise pode ser baixo ou inexistir. Inversamente, se a recolocação for complicada, interessará a manutenção dos postos de trabalho ou a preservação das relações com essas pessoas ao longo do processo de recuperação – o que garante mais tempo para ocupação em outros locais ou setores.

Fornecedores que tenham feito investimentos específicos ainda não amortizados nem sempre terão facilidade para encontrar interessados no bem produzido. Alguns setores da economia, seja por conta de regulação que cria barreiras à entrada, seja porque oligopolizados, podem, igualmente, ser fonte de problemas para a manutenção do nível de atividade de alguns credores. Logo, essa classe de credores deliberará tendo em vista o interesse na sua própria atividade e na recuperação de custos e investimentos feitos.

Como, ao reunir interesses tão díspares, pode-se pretender que haja alguma homogeneidade entre os interesses e que as deliberações serão tomadas no mesmo sentido? Não estranharia que para esses credores a divisão do *surplus* possa interessar menos que a outros que com pequeno esforço conquistem novos mercados; que, talvez, aqueles estejam mais propensos a abrir mão de alguma coisa, agora para garantir a manutenção das relações negociais, que estes.

Como harmonizar esses interesses em um jogo que deveria ser de cooperação, quando as pessoas têm interesses nem sempre confluentes? Que estratégias podem ser desenhadas para que aqueles que teriam a possibilidade de extrair maiores ganhos se disponham a compensar os que, por hipótese, se sintam prejudicados? Haveria estratégias dominantes e dominadas?

Quem pensa em reunião ou assembléia-geral para deliberar sobre algum tema, parte da premissa de que o interesse de todos é homogêneo e que, ainda quando haja visões opostas sobre a melhor alternativa, caberá à maioria escolhê-la. O critério da maioria visa a impedir o que se convencionou designar como "ditadura da minoria", que pode bloquear decisões que interessem a parcela do grupo mas que ferem interesses ou posições de alguns poucos.

Evidencia-se que na assembléia de credores, porque os interesses podem não ser idênticos, é importante que todos os credores compreendam a proposta, que tenham informações adequadas para decidir, que fique demonstrado que, sendo os resultados projetados superiores aos da pura liquidação da atividade, argumentos contrários à sua aceitação podem representar estratégia de confronto para obter maiores vantagens.

Pensando em modelos de jogos de cooperação formulados em teoria dos jogos, e sabendo que cada jogador só obterá o máximo se cooperar com os demais, as estratégias disponíveis podem ser estreitadas. Imagine-se um grupo de jogadores de futebol. Se faltar cooperação, empenho de um ou alguns, o resultado da partida tende a ser ruim para o time; daí o incentivo para que todos se empenhem, independentemente de um apenas marcar o gol da vitória.

Razoável que se considere analisar o processo deliberativo assemblear sob a ótica da teoria dos jogos – o que, segundo David M. Kreps,[5] facilita compreender e predizer o que ocorrerá diante de dado contexto econômico.

Esse o ponto central da questão das decisões tomadas em assembléias de credores. Mesmo que os vários interesses em jogo sejam distintos, não completamente homogêneos, que se possa supor que cada jogador tentará obter para si o maior *payoff*, dadas as estratégias disponíveis para os demais jogadores, resta saber que interesse tenderá a predominar: o da redução das perdas ou o da compensação futura pela

5. David M. Kreps, *Game Theory and Economic Modeling*, Oxford University Press, 2001.

continuidade das relações negociais, se a empresa for preservada.[6]

Dificuldades no formatar um jogo desse tipo dependem da credibilidade nas promessas (na viabilidade do plano), na reputação do formulador e dos fiscais de sua implementação, sobretudo quando a informação não for completa, perfeita, amplamente conhecida por todos os jogadores.

Também pode interferir na formulação de estratégias o duplo critério de aprovação das matérias – maioria dos créditos e de presentes, nos termos do *caput* do art. 45 e seu § 1º:

"Nas deliberações sobre o plano de recuperação judicial, todas as classes de credores referidas no art. 41 desta Lei deverão aprovar a proposta.

"§ 1º. Em cada uma das classes referidas nos incisos II e III do art. 41 desta Lei a proposta deverá ser aprovada por credores que representem mais da metade do valor total dos créditos presentes à assembléia e, cumulativamente, pela maioria simples dos presentes."[7]

Assim, esses credores votam proporcionalmente ao montante do seu crédito, sendo a deliberação aprovada por maioria formada pelos valores dos créditos presentes. Logo, dependendo do poder do credor (leia-se "valor do crédito em relação ao conjunto de créditos presentes na reunião") e da forma como venha a empregá-lo, pode fazer preponderar sua posição sobre os demais – o que é um tipo de estratégia. Independentemente da aprovação da deliberação baseada no valor dos créditos, deve ser ainda corroborada pela maioria dos presentes; portanto, votação por cabeça.

Vale dizer que são duas aprovações simultâneas! Uma em razão do valor do crédito – e, nesse caso, a estratégia dos credores titulares de valores elevados prevalece sobre a dos demais – e outra em que as pessoas, sem levar em conta o montante da pretensão, se manifestam. Pode não haver coincidência de maiorias? Sem dúvida. O que fazer? Esta é uma ameaça crível que os titulares de créditos de maior valor detêm contra os demais? Talvez. Em face de maior absenteísmo dos pequenos credores, sim; caso contrário estar-se-á diante de um dilema quase sem solução. De todo modo, parece ser estratégia dominante a presença dos credores em todas as assembléias para tentarem influir sobre o sentido da deliberação; e isto precisa ser cuidadosamente avaliado por eles.

O curioso nessa forma mista de computar os votos é que aos credores por relações de trabalho e infortunística se confere voto por cabeça, e as deliberações são tomadas por integrantes dessa classe apenas; as classes que, em tese, deveriam votar com foco sobre aspectos econômicos podem chegar a impasses que adiam o procedimento e prejudicam a todos. Seria esse o elemento para estimular a cooperação?

Se compete aos credores analisar, aprovar ou rejeitar o plano de recuperação apresentado pelo devedor, se devem manifestar-se sobre formas de realização do ativo, se qualquer mudança ou fato que incida sobre seus interesses depende de aprovação, não estranha supor que aqueles credores melhor informados sobre os efeitos de cada uma das matérias tenderão a apresentar argumentos favoráveis às suas posições – o que levará à sua dominância sobre os demais, suas estratégias serão mais eficazes. E, exatamente porque têm informações de melhor qualidade, ou são mais hábeis no seu manejo, podem se aproveitar disso para agir de forma oportunista; seu domínio sobre a atividade, operações econômicas, administração de negócios, por exem-

6. A dificuldade está em que decisões majoritárias permitem que um grupo de pessoas possa combinar obter vantagens em detrimento ou às custas de outras. A teoria dos jogos não tem respostas únicas, não ambíguas, para tais situações.

7. Art. 38 da Lei 11.101/2005: "O voto do credor será proporcional ao valor de seu crédito, ressalvado, nas deliberações sobre o plano de recuperação judicial, o disposto no § 2º do 45 desta Lei, que, quanto aos créditos derivados da legislação do trabalho, determina voto por cabeça".

plo, lhes permite extrair ganhos ou vantagens; outros credores os obterão mediante ameaças, provavelmente críveis, de recusar a aprovação do plano, do que resultaria a decretação da falência.[8]

Se, no que diz respeito à reorganização da empresa em crise, pode haver conflitos de interesses entre credores, no que se refere às formas de realização do ativo ficam menos evidentes. A confluência é mais acentuada; há nítida correlação entre o sucesso de medidas visando a concretizar venda(s) que produzam o máximo resultado e o montante a ser rateado entre todos, o que facilita a cooperação para aprovar modalidades de venda mais eficientes, que produzam resultados mais elevados.

Convém perguntar se esta solução seria a única estratégia de interesse de todos os credores: maximizar o produto da realização dos ativos. Há outros fatores que possam ou devam ser considerados? A resposta é *sim*, há outros elementos – como, por exemplo, o interesse dos trabalhadores em haver para si os ativos, enquanto os demais credores preferirão a liquidez da receita em moeda. O embate entre essas duas posições pode ser pensado como a busca de um jogo de cooperação e, sobretudo, dar espaço para a formulação de ameaças que, providas de credibilidade, aparecerão como forte incentivo que fará a balança pender para um ou outro lado.

O interesse comum entre credores é mais claro quando relativo às formas de realização do ativo; há nítida correlação entre o sucesso de medidas visando a concretizar venda(s) que produzam o máximo resultado e o montante a ser rateado entre todos, o que facilita a cooperação para aprovar modalidades de venda mais eficientes. Entretanto, cabe indagar se esta solução seria a única estratégia de interesse de todos os credores: maximizar o produto da realização dos ativos. Há outros fatores que possam ou devam ser considerados? A resposta é *sim*, há outros elementos – como, por exemplo, o interesse dos trabalhadores em haver para si os ativos, enquanto os demais credores preferirão a liquidez da receita em moeda. O embate entre essas duas posições pode ser pensado como a busca de um jogo de cooperação e, sobretudo, dar espaço para a formulação de ameaças que, providas de credibilidade, aparecerão como forte incentivo que fará a balança pender para um ou outro lado.

Quando se trata de reorganização ou recuperação da empresa em crise, aos trabalhadores – ou a alguns deles – interessa manter os empregos; aos demais credores, manter em funcionamento aquela atividade interessa quando os benefícios (ganhos) de médio e longo prazos compensarem as perdas imediatas. Como estabelecer um jogo de cooperação? Que estratégias pensar para harmonizar interesses diferentes? Como, nas respectivas assembléias, e no conjunto, desenhar estratégias que mais de perto induzam os credores a aprovar o projeto de reestruturação da empresa?

A vantagem de transferir aos credores decisões que envolvem a preservação, ou não, da atividade da empresa em crise depende de como lidar com essas ameaças, como equacionar as relações internas nas assembléias de credores, como inibir comportamentos voltados para a obtenção de vantagens por alguns credores em detrimento dos demais e, sobretudo, coibir pressões indevidas ou capturas de certos credores menos informados.

A preservação de atividades não pode dar espaço para oportunismos, não deve

8. Nos Estados Unidos a legislação requer que, além dos credores, haja aprovação dos acionistas relativamente ao plano de reorganização. No Brasil a matéria está – entendo – referida na legislação societária de forma indireta. É que cabe aos acionistas manifestar-se, em assembléia extraordinária, sobre a proposta de reorganização da sociedade elaborada pelos administradores. Isso resulta do disposto no art. 122, IX, "autorizar os administradores a confessar a falência e pedir concordata", que deve ser reinterpretado para "autorizar os administradores a propor plano de recuperação judicial ou confessar a falência".

servir como paliativo na transferência de riscos aos credores, sob pena de aumento do custo do crédito, que, em última análise, é o que deve orientar as deliberações. Não se perca o leitor no argumento de alguns que vêem no *interesse social* fator que influirá na decisão de preservar a empresa em crise, ainda que falte o suporte econômico-técnico-financeiro para tanto, dadas a ilogicidade e irrazoabilidade de impor a particulares riscos econômicos que não atendem a parâmetros mínimos de economicidade.

Doutrina recente sobre a recuperação de empresas em crise e a competência das assembléias de credores[9] parte da premissa de que estes, os credores, estarão vinculados aos princípios regedores da lei, que "o credor não pode perpetrar o famigerado abuso de minoria e agir para atender, exclusivamente, ao seu próprio interesse". Ora, é esse o ponto central da discussão. Ao modelar o jogo, sabe-se que para extrair cooperação é preciso demonstrar que os ganhos e perdas são eqüitativamente distribuídos entre todos os interessados; que, na hipótese de haver desequilíbrios na proposta, a compensação está prevista em algum momento e sob alguma forma. Que cooperar é melhor que não cooperar; faltando cooperação a falência será declarada, e as perdas, salvo cooperação na forma de realização do ativo, ocorrerão.

Também há que ressaltar que as deliberações são tomadas por maioria de créditos e pessoas presentes à reunião; logo, o voto dito minoritário não deve afetar o *quorum* de deliberação. A hipótese de voto minoritário alterar a direção das demais declarações prende-se ao poder de convencimento, aos argumentos oferecidos. E, se demonstrada a temeridade, a opção pelo risco de aumento das perdas, quando a deliberação for favorável à manutenção da empresa em crise, não se vê, aí, abuso algum, apenas a demonstração da inviabilidade do plano e – mais grave – da inexistência de alternativas mais eficientes.

Comum, quando a crise se avizinha, que, à falta de sócios de responsabilidade solidária, administradores tendam a aprovar operações de maior risco, porque os efeitos, se negativos, serão transferidos para os credores; estimular ou manter atividades econômicas inviáveis, dados seus efeitos de segunda ordem, que aumentam o custo social de muitos para benefício de poucos.

Não se nega a possibilidade de abusos e, sobretudo, de ameaças que tornem complexa a aprovação do plano pelos credores. E uma das formas de coibir tais alegados abusos está clara na recuperação extrajudicial; aqui se prevê a possibilidade de impor a aceitação do plano de recuperação (*cram down*) a uma dada classe de dissidentes ou a um grupo de dissidentes na classe quando suas pretensões não sejam afetadas pelo projeto. Será que essa medida serve como instrumento para coibir comportamentos oportunistas ou o *rent seeking*?

Tudo depende do montante do crédito (ou dos créditos) dos dissidentes e, sobretudo, das estratégias que venham a adotar, da credibilidade das ameaças feitas. Imagine-se, a título de exemplo, que o tal credor seja o único fornecedor – tendo em vista questão de logística – de determinado insumo ou matéria-prima. Faltando esse bem, o resultado poderá ser a paralisação da atividade, por falta de matéria-prima, ou a saída do mercado, por aumento dos custos de produção, que levaria à não-colocação do produto no mercado. Poderia o Poder Público, ou mesmo o magistrado, impor a manutenção do fornecimento? Uma dada classe de credores pode recusar aprovar o projeto visando a obter maiores benefícios que serão extraídos das outras, recorrendo tanto à demora na aprovação do plano quanto no requerer a apresentação de plano mais eficiente, melhor.

9. Jorge Lobo, in Paulo Fernando Campos Salles de Toledo e Carlos Henrique Abrão (orgs.), *Comentários à Lei de Recuperação de Empresas e Falência*, São Paulo, Saraiva, 2005, p. 85.

Convém ponderar, demais disso, que votam – aprovando, rejeitando ou modificando o plano – credores cujas pretensões sejam por ele modificadas (entenda-se "pioradas", "reduzidas", com a imposição de perdas econômico-financeiras, alongamento de prazo de pagamento ou ambos), mas que podem estar presentes à reunião, e debater o plano, credores cujos direitos não venham a ser alterados. (art. 45, § 3º). Será que estes credores poderão trazer argumentos que mudem o curso dos debates? Ainda uma vez, isso que tem ver com a divisão do excedente. Mesmo com a preservação dos seus direitos, se forem previstos ganhos para outros credores, deixar de considerar que podem se insurgir seria imprudente.

O que incomoda é que a assembléia de credores não delibera de maneira uniforme porque os credores são divididos em classes que grupam ou reúnem créditos de natureza diferente, e isso tende a aumentar a falta de homogeneidade entre os interesses.

Segundo informa Osvaldo Biolchi, Relator do projeto na Câmara dos Deputados,[10] foi sua a inserção dos arts. 41 e ss., buscando distribuir, de forma democrática, os votos, de forma a que todas as classes tenham igual poder. E, logo em seguida, informa que, "se for acentuado o absenteísmo assemblear, tanto melhor para que um grupo coeso passe a exercer o poder de controle e delibere a sorte da empresa, e uma vez mais repetimos que a grande preocupação é com a recuperação da atividade e não tão-somente do crédito, embora tenha sua conotação de importância".

Vê-se, do argumento do relator, que se pretende que grupos menores e mais ativos de credores definam a direção, o sentido do voto, na deliberação; e que se pressupõe que há claro intuito de preservar a atividade. Os dois argumentos são fracos, e dificilmente impedirão que – se alguém perceber que desmantelar o negócio, realizar o ativo e transferir bens que, separados poderão ter maior valor no mercado, gerando maior retorno do que preservar a atividade – se evite a não aprovação do plano. A mesma noção de que há um interesse maior na preservação da empresa que na sua liquidação, que aparece no "voto minoritário abusivo", na função social da empresa, emerge do argumento do relator.

Perde-se de vista o fato de que empresa é negócio econômico, que função social geradora de perdas contradiz a própria idéia que preside a modelagem dessa função. Operações econômicas devem ser analisadas sob a ótica de ganhos sociais e individuais (afinal, a Constituição da República explicita que o regime econômico do país é o capitalista), e sem apropriação privada dos resultados da atividade econômica não haveria incentivos para aceitar riscos de atuar em mercados.

Parece que o legislador de 2005, ao dividir os créditos em três classes, não tinha presente que as estratégias que cada uma delas pode escolher não as fazem homogêneas. Ao associar créditos com privilégios aos quirografários e subordinados, trata como se fossem idênticos, indiferenciados, os credores da classe III. Se credores titulares de privilégios deliberam com quirografários e subordinados, há de ser porque perderam o que os distinguia, a garantia – perda, essa, que representa ganho dos outros. Será que as estratégias desenhadas serão idênticas se houver discussão sobre a divisão do *surplus*? Mais provável que as estratégias que cada conjunto, artificialmente grupado, adotará gerem resultados imprevisíveis; embora deliberem em conjunto, há interesses específicos sobre o que o plano altera em relação a seu crédito.

A discordância a respeito do argumento é total, porque, ao dividir os credores em classes, o legislador parte do pressuposto de que haveria, entre os integrantes de cada uma delas, interesses da mesma natureza, homogêneos – o que, como se explicou atrás, pode ser falso, e em certos gru-

10. In Paulo Fernando Campos Salles de Toledo e Carlos Henrique Abrão (orgs.), *Comentários à Lei de Recuperação de Empresas e Falência*, São Paulo, Saraiva, 2005, p. XVII.

pos não há como afastar essa percepção, por isso que se destacam a classificação e grupamento dos credores segundo a natureza de seus créditos.

6. Conclusão

Retomando o argumento do professor Stanghellini, é preciso que haja divisão eqüitativa do *surplus* entre os envolvidos. Portanto, se o plano impuser perdas, elas hão de ser distribuídas entre todos os credores, não recaindo sobre qualquer das classes de forma mais acentuada. Sobretudo, é preciso cautela para que os menos favorecidos – ou seja, os últimos, que recebem mais tarde – não sofram perdas apreciáveis e que os titulares de garantias e privilégios, assim como os trabalhadores, não sejam espoliados em suas pretensões de forma não-razoável. A contribuição de cada um, credores e devedor, para o bom êxito do projeto é essencial.

A percepção, talvez não bem focada na realidade, de que há interesse comum dos credores, que seria a preservação da empresa em crise, deve ser transposta para: há interesse comum entre credores de reduzirem as perdas; há interesse comum entre credores de receberem o máximo possível; há interesse de alguns credores em preservar relações negociais com o devedor, mas este pode não ser geral.

Se o escopo da lei for a tutela do crédito, se ficar claro que empresa é negócio econômico desenvolvido em mercados, que há vários centros de interesse, entre os quais o titular da empresa, o mais evidente, é preciso que não se transformem os demais centros de interesse, de trabalhadores, credores, consumidores dos produtos e/ou serviços ofertados, Fisco, em fatores que prejudiquem a circulação do crédito. Por isso que a continuidade da empresa deve ser analisada sob a ótica econômica, e a assembléia de credores, ao avaliar a viabilidade econômica da empresa, deve ser pautada pela preservação do crédito e sua circulação.

Comportamentos oportunistas, *rent seeking*, externalidades, podem existir, e devem ser coibidos pela demonstração de que sem justa divisão de benefícios e ônus, sem confiança, o desequilíbrio gerará reações indesejáveis, com resultados ruins para todos. Relativamente a estratégias, o que se evidencia é que cada interessado tentará desenhar a estratégia que melhor atenda a seus interesses, e o fará certo de que os demais agirão de igual maneira.

Resulta, então, que, se o plano de recuperação proposto afetar de maneira similar todos os créditos, isso lhe conferirá maior probabilidade de aprovação, pois as estratégias que visam a gerar vantagens para um ou alguns credores terão menor probabilidade de ser vencedoras.

Sobre a repartição equânime do excedente resultante da implementação bem sucedida do plano, reconheça-se a dificuldade de prever, *ex ante*, quanto será oferecido a cada classe de credores; mas ao menos os critérios de repartição devem ser previstos.

Sobre a análise, que é quase uma relação custo/benefício feita pelos interessados, sobre o que valem os ativos e o que vale o *going concern*, preservar a empresa e sua atividade, admite-se que cada um deles possa chegar a valores diferentes, assim como sobre a eficácia e validade do plano apresentado. Por isso que a decisão de submetê-lo a todos os credores elide uma dificuldade que é o fato de que, no mais das vezes, o plano não afetará a todos da mesma maneira e com a mesma intensidade, de sorte que, presentes à reunião, entabuladas as negociações, a probabilidade de se chegar a algum consenso majoritário ou a alguma forma menos pior de divisão dos ônus aumenta.

Com as ressalvas e cuidados, atenção para a criação de incentivos adequados será mais fácil induzir a cooperação, nada obstante os certos e sérios conflitos de interesses que possam emergir na disputa que envolve o futuro empresarial do devedor. Se, de outro lado, os incentivos e efeitos de segunda ordem criarem externalidades que interessem a qualquer dos envolvidos que veja a oportunidade de obter vantagens, de dividir o *surplus* de forma a beneficiá-lo, estar-se-á diante de problema de difícil solução. O comportamento dos interessados – tanto o dos titulares de negócios em crise, que consideram ser o problema superável, quanto o dos credores, que aceitam em boa medida associar-se na empreitada de preservar a atividade – é vital para que os resultados pretendidos pelo legislador sejam atingidos.

Está-se frente a um jogo em que as estratégias no que diz respeito à divisão dos ganhos é elemento importante na tomada de decisão e no qual aqueles menos vulneráveis e mais informados poderão obter vantagens sem que os remanescentes tenham muitos mecanismos de defesa.

Atualidades

A ASSEMBLÉIA-GERAL DE CREDORES NA NOVA LEI FALIMENTAR[1]

Erasmo Valladão A. e N. França

1. A assembléia-geral de credores na Lei 11.101/2005. 2. Conceito: 2.1 Órgão de funcionamento facultativo – 2.2 Órgão hierarquicamente superior. 3. Função da assembléia. 4. Composição da assembléia. 5. Competência da assembléia. 6. Convocação da assembléia: 6.1 Competência para convocação – 6.2 Forma de convocação – 6.3 Edital de convocação – 6.4 Prazo para convocação. 7. Quórum de instalação em 1ª e 2ª convocações. 8. Quórum geral e quóruns especiais de deliberação. 9. Legitimação para participar da assembléia. 10. Procedimento: 10.1 Adiamento da assembléia. 11. Direito de voto: 11.1 Exclusão do direito de voto. Direito de voz – 11.2 Peso do voto – 11.3 O voto dos titulares de créditos com garantia real e de créditos derivados da legislação do trabalho. 12. Invalidade da assembléia-geral de credores: 12.1 Vícios da assembléia, vícios das deliberações e vícios do voto: 12.1.1 Vícios do voto: 12.1.1.1 Proibição de voto – 12.1.1.2 Conflito de interesses – 12.1.2 Vícios das deliberações: 12.1.2.1 A regra do § 2º do art. 39 da Lei 11.101 – 12.1.3 Vícios da assembléia – 12.2 Legitimação para agir: 12.2.1 Legitimação ativa – 12.2.2 Legitimação passiva – 12.3 Conseqüências da invalidação da assembléia e de suas deliberações – 12.4 Invalidade da assembléia e direitos de terceiros de boa-fé – 12.5 Regra especial para medidas cautelares ou de antecipação de tutela.

1. A assembléia-geral de credores na Lei 11.101/2005

A Lei 11.101, de 9.2.2005 (doravante, simplesmente Lei 11.101[2]), ao tempo em que tem por objetivo, na recuperação judicial, "viabilizar a superação da situação de crise econômico-financeira do devedor, a fim de permitir a manutenção da fonte produtora, do emprego dos trabalhadores e dos interesses dos credores, promovendo, assim, a preservação da empresa, sua função social e o estímulo à atividade econômica" (art. 47), ou mesmo, na falência, "(...) preservar e otimizar a utilização produtiva dos bens, ativos e recursos produtivos, inclusive os intangíveis, da empresa" (art. 75), restaurou, de forma aparentemente paradoxal, os poderes dos credores, cuja assembléia-geral decide, soberanamente, por exemplo, sobre a viabilidade da própria recuperação judicial do devedor[3] – o que, como se sabe,

1. O autor esclarece que a matéria deste artigo está mais longamente desenvolvida nos comentários que elaborou aos arts. 35 a 46 da nova Lei Falimentar, em obra coletiva intitulada *Comentários à Lei de Recuperação de Empresas e Falência*, coordenada por Francisco Satiro de Souza Jr. e Antônio Sérgio A. de Moraes Pitombo, publicada pela RT, 2005, pp. 187-216.

2. Os artigos de lei citados no presente artigo, salvo quando diversamente indicado, referem-se à Lei 11.101.

3. "Rejeitado o plano de recuperação pela assembléia-geral de credores" – diz o § 4º do art. 56 –,

não ocorria com a concordata, cuja concessão pelo juiz independia totalmente do assentimento dos credores.[4] A Lei 11.101, seguindo as modernas legislações falimentares dos diversos países, parece inspirada no assim chamado "princípio da autonomia dos credores", segundo o qual os credores, como principais envolvidos na insolvência da empresa devedora, devem decidir sobre as mais relevantes questões ocorrentes no processo de recuperação ou falência.[5]

2. *Conceito*

A assembléia-geral de credores, na Lei 11.101, é o órgão[6] que, na recuperação judicial e na falência, manifesta a *vontade coletiva* da comunhão de credores.[7-8]

2.1 *Órgão de funcionamento facultativo*

Tanto na recuperação judicial quanto na falência, a assembléia-geral de credores é órgão de funcionamento *facultativo*,[9] que poderá nunca chegar a ser convocado.[10]

2.2 *Órgão hierarquicamente superior*

A assembléia-geral de credores é, outrossim, um órgão hierarquicamente superior, que, em princípio, constitui dois outros órgãos: o *comitê de credores*, na recuperação judicial e na falência,[11] escolhendo e substituindo seus membros (art. 35, I, "b", e II, "b"), e o *gestor judicial*, na recuperação judicial (art. 35, I, "e", c/c o art. 64). Mas a assembléia não tem preponderância hierárquica sobre o administrador judicial, que está subordinado exclusivamente ao juiz. Exatamente por isso, aliás, foram vetadas a alínea "c" do inciso I e a alínea "a" do inciso II do art. 35, que atribuíam à assembléia de credores o poder de substituir o administrador judicial – poder que compete unicamente ao magistrado. Mas, embora sem qualquer subordinação hierárquica, o próprio juiz estará adstrito a observar o resultado da deliberação assemblear, se tomada com observância das prescrições legais.[12]

"o juiz decretará a falência do devedor". Ressalva-se, apenas, a hipótese de *cram down*, prevista no art. 58, § 1º.

4. Fato que levou Waldemar Ferreira a chamá-la de "concordata fascista", segundo nos relata Fábio Konder Comparato no seu notável e sempre atual *Aspectos Jurídicos da Macroempresa* (São Paulo, Ed. RT, 1970, p. 99).

5. Cf. Wilhelm Uhlenbruck, *Insolvenzordnung*, 12ª ed., Munique, Franz Wahlen, Munique, 2003, p. 1.248; Ulrich Ehricke, *Münchener Kommentar zur Insolvenzordnung*, Munique, C. H. Beck, 2001, pp. 1.622-1.623.

6. *Órgão* é o indivíduo, ou grupo de indivíduos, que age para o desenvolvimento de um *interesse comum ou coletivo* (cf. Carnelutti, *Sistema di Diritto Processuale Civile*, vol. I, Pádua/Itália, CEDAM, 1936, p. 12, n. 3. V., outrossim, *Teoria Generale del Diritto*, 3ª ed., Roma/Itália, Società Editrice del Foro Italiano, 1951, pp. 11-12).

7. Comunhão que deve ser entendida como *comunhão de interesses*. De fato, os credores do devedor comum, embora *concorram* entre si, podem ter interesses *comuns*, por exemplo, na constituição do comitê de credores, para, entre outras coisas, fiscalizar as atividades e examinar as contas do administrador judicial (art. 35, I, "b", e II, "b", c/c o art. 27, I), na nomeação do gestor judicial, quando o devedor for afastado da administração da empresa na recuperação judicial (art. 35, I, "e"), em modalidade mais adequada de realização do ativo (art. 35, II, "c"), etc.

8. A possibilidade da existência de órgãos também nas comunhões, e não apenas nas sociedades e associações, é admitida, em sede doutrinária, entre outros, por jurista da mais alta expressão: v. Santi Romano, *Frammenti di un Dizionario Giuridico*, Milão/Itália, Giuffrè Editore, 1947, no verbete "Organi", p. 153.

9. Hipóteses em que a assembléia-geral de credores funciona: arts. 26, c/c o art. 52, § 2º; 35; 52, § 4º; 56; 65 e § 2º; 72, *a contrario sensu*; 73, I; 99, XII; e 145.

10. Não havendo impugnação ao plano de recuperação judicial, esta será concedida independentemente da realização de assembléia-geral de credores (art. 56, *a contrario sensu*, c/c o art. 58).

11. Com exceção da hipótese prevista no § 2º do art. 26.

12. V., contudo, o já mencionado art. 58, § 1º, que autoriza o juiz a conceder a recuperação judicial mesmo em face de deliberação contrária da assembléia de credores, desde que preenchidos certos requisitos.

3. *Função da assembléia*

A assembléia-geral de credores exerce, como se disse, poder-função *deliberante* (art. 35, *caput*), mas sujeito ao que a doutrina denomina de *método assemblear*, com regular convocação etc. e observância do *contraditório* entre os participantes. A Lei 11.101, com efeito, exige a *presença* dos credores ou de seus representantes no conclave (art. 37, §§ 3º-5º), visando, assim, a propiciar regular *debate* sobre as matérias constantes da ordem-do-dia, não se admitindo, desse modo, o voto por correspondência, *e-mail*, telegrama etc.[13]

4. *Composição da assembléia*

A assembléia-geral de credores, *como regra*, compõe-se das seguintes classes de credores: (1) titulares de créditos decorrentes da legislação do trabalho ou da de acidentes do trabalho; (2) titulares de créditos com garantia real; e (3) titulares de créditos com privilégio especial, com privilégio geral, quirografários e subordinados (art. 41, I-III). Dissemos "como regra" porque, tendo em vista um cochilo do legislador, não foi alterado, concomitantemente, o art. 26, que prevê uma outra composição das classes de credores para eleição dos respectivos representantes no comitê de credores, a saber: (1) um representante da classe dos credores trabalhistas; (2) um representante da classe dos credores com direitos reais de garantia *e com privilégios especiais*; e (3) um representante da classe de credores com privilégios gerais e quirografários.

5. *Competência da assembléia*

À assembléia-geral de credores compete: (1) *na recuperação judicial*: (a) a aprovação, rejeição ou modificação do plano de recuperação judicial apresentado pelo devedor; (b) a constituição do comitê de credores, a escolha de seus membros e sua substituição; (c) a aprovação do pedido de desistência do devedor, nos termos do § 4º do art. 52; (d) a indicação do nome do gestor judicial, quando do afastamento do devedor; (e) a deliberação sobre qualquer outra matéria que possa afetar os interesses dos credores; (2) *na falência*: (a) a constituição do comitê de credores, a escolha de seus membros e sua substituição; (b) a adoção de outras modalidades de realização do ativo, na forma do art. 145; (c) a deliberação sobre qualquer outra matéria que possa afetar os interesses dos credores.

6. *Convocação da assembléia*

A imprescindibilidade de convocação para a assembléia justifica-se em face de que a deliberação tomada pela maioria, simples ou qualificada, dos credores (art. 42) vincula mesmo os ausentes, de acordo com a regra subsidiariamente aplicável do art. 1.072, § 5º, do CC – o que seria aberrante sem a convocação de todos.

6.1 Competência para convocação

A competência para convocação da assembléia é, única e exclusivamente, do juiz (art. 36, *caput*), seja *ex officio* (*v.g.*, art. 99, XII), seja a requerimento dos credores (art. 36, § 2º, c/c o art. 52, § 2º), do comitê de credores (art. 27, I, "e") ou do administrador judicial (art. 22, I, "g").[14]

6.2 Forma de convocação

A forma de convocação se dá por meio de edital publicado no órgão oficial e em jornais de grande circulação nas localidades da sede e filiais, prevalecendo, aqui, a regra especial do art. 36, *caput*, em face daquela estabelecida no art. 191, *caput*, eis

13. O § 3º do art. 37 é claríssimo: "Para participar da assembléia, cada credor deverá *assinar a lista de presença* (...)".

14. A assembléia dos credores só se constitui como *órgão* se convocada pelo magistrado (Ehricke, *Münchener Kommentar zur Insolvenzordnung*, cit., p. 1.632).

que o intento do legislador é dar a mais ampla publicidade possível da realização da assembléia para os credores. Deve sempre ser observado, todavia, o mandamento contido no parágrafo único do art. 191.[15] O aviso de convocação deve, outrossim, ser afixado de forma ostensiva na sede e filiais (art. 36, § 1º).

6.3 Edital de convocação

O edital de convocação deve conter, nos termos dos três incisos do *caput* do art. 36: (I) local,[16] data e hora do conclave em 1ª e 2ª convocações, não podendo esta ser realizada menos de cinco dias depois da 1ª;[17] (II) a ordem-do-dia, que deve especificar claramente as matérias que serão objeto de deliberação na assembléia, pois destina-se a cientificar previamente os credores do que será discutido no conclave, a fim de que possam refletir a respeito e não sejam tomados de surpresa; (III) local onde os credores poderão, se for o caso, obter cópia do plano de recuperação judicial a ser submetido à deliberação da assembléia.

6.4 Prazo para convocação

O prazo de 15 dias previsto para a convocação da assembléia-geral de credores é, a nosso ver, de direito *material*,[18] e não de direito processual, sendo contado, assim, de acordo com a regra do art. 132, *caput*, do CC, excluído o dia do começo e computado o do vencimento (que poderá ser o da própria assembléia), sempre da primeira publicação do anúncio de convocação (art. 1.152, § 3º, do CC). O início do prazo, que flui continuamente, dá-se, outrossim, mesmo em domingos e feriados (exemplificativamente, se a publicação for feita no sábado, o prazo começa a correr no domingo), eis que regra diversa vige exclusivamente para os prazos processuais, por razões peculiares aos processos judiciais (inexistência de expediente forense naqueles dias). Não há impedimento, ademais, para que a assembléia se realize também em domingos e feriados[19] – o que poderá até facilitar o comparecimento do maior número de credores.

7. Quórum de instalação em 1ª e 2ª convocações

A assembléia só se instala, em 1ª convocação, se houver mais da metade dos *créditos* de *cada uma* das classes de credores. Relembre-se que as classes de credores estão definidas no art. 41, I a III, mas, para constituição do comitê de credores, as classes previstas no art. 26, I a III, são diversas. Dessa forma, para instalação de assembléia convocada *exclusivamente* para a constituição do comitê prevalece a regra especial do art. 26. Em 2ª convocação a assembléia se instala com qualquer número de credores presentes. Não são considerados, para fins do quórum de instalação, os credores mencionados nos arts. 39, § 1º, e 43 e seu parágrafo único.

8. Quórum geral e quóruns especiais de deliberação

A regra geral relativa ao quórum de deliberação é a constante da primeira parte

15. Art. 191, parágrafo único: "As publicações ordenadas nesta Lei conterão a epígrafe 'recuperação judicial de', 'recuperação extrajudicial de' ou 'falência de'".

16. A Lei 11.101 não contém determinação expressa a respeito, mas, em princípio, parece ser mais adequado que a assembléia se realize na sede do devedor, se o estabelecimento, obviamente, não tiver sido lacrado (art. 109) e comportar o número de credores que possa comparecer.

17. Diferentemente do que ocorre em assembléias societárias, portanto, e por motivos óbvios de serem evitadas despesas com publicações, o anúncio de convocação da assembléia de credores deverá indicar, *desde logo*, as datas de 1ª e 2ª convocação.

18. Não se trata, evidentemente, de ato que deva ser praticado pela parte, no processo, mas sim de realização de conclave que deliberará sobre matéria respeitante ao interesse dos credores.

19. Cf. Wilson de Souza Campos Batalha, *Comentários à Lei das S/A*, vol. II, Rio de Janeiro, Forense, 1977, p. 598, item 4.

do art. 42: considera-se aprovada a proposta que obtiver votos favoráveis de credores que representem mais da metade do valor total dos créditos presentes à assembléia-geral.[20] De acordo com a regra geral, portanto, não se computam os créditos de acordo com cada classe, como ocorre com o quórum de *instalação* (v. art. 37, § 2º). Há, porém, as hipóteses de quórum *especial* de deliberação, constantes dos arts. 45 (votação por classe), 26, c/c o art. 44 (votação por classe), e 46, c/c o art. 145 (votação pelo valor dos créditos presentes, independentemente de classe). Não são considerados, para fins do quórum de deliberação, os credores mencionados nos arts. 39, § 1º, 43 e parágrafo único e 45, § 3º.

9. Legitimação para participar da assembléia

A assembléia-geral de credores, como o próprio nome está a dizer, é uma assembléia *de credores* – e, portanto, somente estão legitimados a dela participar, em princípio, os credores do falido ou do devedor em recuperação judicial, além do administrador judicial, que normalmente a preside (art. 37 e § 1º), e do devedor (§ 7º do art. 37). Mesmo as pessoas arroladas no art. 43 e seu parágrafo único – registre-se desde logo – somente poderão comparecer à assembléia desde que sejam, concomitantemente, *credoras* do devedor. Com efeito, seria um absurdo que a lei assegurasse a participação *em uma assembléia de credores*, por exemplo, de centenas de acionistas de uma sociedade anônima, só pelo fato de serem sócios da devedora. O disposto no art. 163, § 3º, II, confirma essa interpretação. Ali se diz: "Não serão computados *os créditos* detidos pelas pessoas relacionadas no art. 43 deste artigo" (*sic*: deveria ser "desta Lei"). Tal exegese é confirmada, outrossim, pela própria exclusão formal das pessoas mencionadas no aludido art. 43 *do direito de voto* (só credor tem voto em assembléia de credores), em razão da suspeição decorrente da proximidade das mesmas com o devedor. Podem participar da assembléia, todavia, os mandatários e representantes legais dos credores,[21] desde que entreguem ao administrador judicial, até 24 horas antes da data prevista no aviso de convocação, documento hábil que comprove seus poderes ou a indicação das folhas dos autos do processo em que o mesmo se encontre (art. 37, § 4º[22]); sindicatos (art. 37, § 5º; e desde que observado o disposto no § 6º); e advogados, que podem estar acompanhando o cliente mesmo sem mandato (art. 7º, VI, "d", do Estatuto da Advocacia – Lei 8.906/1994). Entende-se, outrossim, que o juiz pode autorizar a participação de outros *interessados*, como, por exemplo, um membro da comissão de credores que, eventualmente, não seja, ele mesmo, um credor, etc.[23]

10. Procedimento

A assembléia, como se disse, será presidida (art. 37), salvo hipótese de incompatibilidade (art. 37, § 1º[24]), pelo adminis-

20. Ou seja, constantes da lista de presença, "que será encerrada no momento da instalação" (art. 37, § 3º), com o claro fito de evitar que a todo momento seja necessário verificar o quórum deliberativo.

21. Com poderes para transigir ou renunciar, se isso for necessário (na aprovação do plano de recuperação judicial, por exemplo, a transigência será praticamente inevitável, não podendo o voto ser exercido, assim, por mandatário com poderes gerais – art. 661, § 1º, do CC – ou simplesmente *ad judicia* – art. 692 do CC, c/c os arts. 38 do CPC e 5º, § 2º, do Estatuto da Advocacia – Lei 8.906/1994).

22. A *mens legis* é perfeitamente clara: evitar que o administrador judicial, no dia do conclave, fique a conferir, antes da assinatura da lista de presença, contratos sociais, atas de assembléias, atas de conselhos de administração, estatutos de associações e fundações etc., ou as folhas do processo, para verificar se o indivíduo que ali comparece tem poderes para representar o credor.

23. Ehricke, *Münchener Kommentar zur Insolvenzordnung*, cit., p. 1.635.

24. Segundo Carvalho de Mendonça, incompatibiliza-se para presidir uma assembléia "aquele que tiver interesse pessoal, direto, na deliberação"

trador judicial, que designará um secretário, dentre os credores presentes, para auxiliá-lo em suas tarefas. O presidente dirigirá os trabalhos da assembléia, que normalmente (i) se inicia pela leitura da ordem-do-dia, (ii) prossegue com a discussão e votação de cada uma das matérias constantes da ordem do dia e (iii) se encerra com a proclamação das deliberações tomadas e a lavratura da ata.[25] Ao presidente competirá verificar a legitimação dos credores, antes que assinem a lista de presença. Para facilitar o cômputo do quórum, será conveniente que, ao lado da assinatura de cada credor, conste o valor de seu(s) crédito(s), de acordo com a respectiva classificação (atendendo-se também ao disposto no art. 41, § 2º). Como o quórum de instalação das assembléias é sempre calculado por classe de credores (v. § 2º do art. 37 c/c os arts. 41 ou 26, *caput*, I-III), parece-nos inevitável que o secretário da assembléia elabore relações de credores em separado, de acordo com a classe respectiva, para evitar confusão no momento da apuração. Pelo mesmo motivo, devem ser segregados em relação separada aqueles credores cujos créditos não são considerados para fins do cálculo do quórum de instalação ou deliberação (arts. 39, § 1º, 43 e seu parágrafo único e 45, § 3º). Encerrada a assinatura da lista e verificado o quórum de instalação (§ 2º do art. 37, c/c os arts. 41 ou 26, *caput*, I-III), o presidente declarará instalada a assembléia e dará início aos trabalhos. Em princípio, deve ser seguida a ordem das matérias constantes do anúncio de convocação, debatendo-se e votando-se cada uma delas; mas nada impede que, se uma deliberação não depender da votação prévia de outra, e se disso não resultar prejuízo aos participantes, seja a ordem invertida. Ao presidente do conclave competirá manter a ordem no recinto, tendo autoridade, inclusive, para dele expulsar quem praticar atos que "puderem ser caracterizados como crimes ou contravenções, ou atentarem contra o decoro, inclusive por motivos de embriaguez ou manifesta insanidade mental", mas não por excessos verbais ou pela apresentação de protestos veementes, eis que tais desbordamentos são naturais quando há dissídio no conclave.[26]

10.1 Adiamento da assembléia

Pode ser que haja necessidade de adiamento da assembléia se, por qualquer motivo, os trabalhos não puderem ser encerrados no mesmo dia. O problema que surge, então, é o seguinte: haveria necessidade de publicação de nova convocação, mesmo que a assembléia já delibere sobre a data da continuação?[27] A doutrina do direito societário diverge a esse respeito, mas parece-nos que, em face das características de uma assembléia-geral de credores, realizada na pendência de um processo de recuperação ou falimentar, cuja celeridade é determinada pela própria lei (parágrafo único do art. 75), tudo acrescido da circunstância de normalmente não se poder dispor de dinheiro suficiente para gastar em publicações, a solução teria que ser casuística. Imagine-se que os trabalhos da assembléia se estendam até tarde da noite. Por que razão não poderia ela deliberar sua continua-

(*Tratado de Direito Comercial Brasileiro*, 4ª ed., vol. IV, Rio de Janeiro/São Paulo, Freitas Bastos, p. 26).

25. Que conterá o nome dos presentes e as assinaturas do presidente, do devedor e de dois membros de cada uma das classes votantes, e deverá ser entregue ao juiz, juntamente com a lista de presença, no prazo de 48 horas (§ 7º do art. 37).

26. Cf. Modesto Carvalhosa, *Comentários à Lei de Sociedades Anônimas*, vol. 2, São Paulo, Saraiva, 1997, p. 616.

27. Pontes de Miranda, sob a égide da Lei de Falências anterior (Decreto-lei 7.661/1945), sustentava ser desnecessária nova convocação, argumentando com o art. 270 do CPC de 1939, que autorizava o juiz a adiar a audiência, marcando nova data "independentemente de novas intimações" (*Tratado de Direito Privado*, 3ª ed., t. 29, São Paulo, Ed. RT, 1984, § 3.431, n. 3, p. 322). Em face da Lei 11.101, todavia, essa opinião não mais prevalece, eis que não é o juiz, mas sim o administrador judicial, que agora preside a assembléia.

ção no dia imediato, economizando-se, assim, tempo e dinheiro? Até seria recomendável que, prevendo uma tal possibilidade, tratando-se de uma assembléia com numerosos credores, conste da própria convocação que, não sendo possível encerrar os trabalhos no mesmo dia, a assembléia prosseguirá no dia subseqüente ou daí a alguns dias, conforme deliberar a própria assembléia, independentemente de nova convocação.[28]

11. Direito de voto

Nos termos do art. 39, *caput*, conforme a fase em que estiver o processo, terão direito de voto, respectivamente, os credores constantes da primeira relação de credores (art. 52, § 1º, II e art. 99, parágrafo único, c/c o art. 107); da segunda relação (art. 7º, § 2º), que, se não impugnada, valerá como quadro geral de credores (art. 14); ou da última relação, que constitui a consolidação do quadro geral de credores (art. 18). Também terão direito de voto, de acordo com o mesmo dispositivo (art. 39, *caput*), os credores que estiverem habilitados, ou que tiverem créditos admitidos ou alterados por decisão judicial, por ocasião da realização da assembléia. Com efeito, permite o parágrafo único do art. 17 que, na hipótese de ter sido rejeitada sua habilitação ou impugnação pelo juiz, pleiteie o credor recorrente ao relator do recurso – que é o de agravo (cf. art. 17) – seja determinada a inscrição ou modificação do valor ou classificação do seu crédito, "para fins de exercício de voto em assembléia-geral" (parágrafo único do art. 17). Concedida antecipadamente a tutela recursal nessa hipótese, portanto, o credor poderá exercer o direito de voto no conclave. Também os credores de quantia ilíquida, desde que tenham obtido reservas (§ 1º, c/c § 3º, do art. 6º), poderão participar da assembléia, sendo seu voto computado, naturalmente, pelo valor estimado pelo juiz (§ 3º do art. 6º). Terão direito de voto, por fim, os titulares de créditos retardatários *derivados da relação de trabalho* (§§ 1º e 2º do art. 10).

11.1 Exclusão do direito de voto. Direito de voz

Na recuperação judicial, com exceção dos titulares de créditos derivados da relação de trabalho, não têm direito de voto os credores retardatários (§ 1º do art. 10). O mesmo ocorre na falência, salvo se, na data da realização da assembléia-geral, já houver sido homologado o quadro geral de credores contendo o crédito retardatário (§ 2º do art. 10). Os credores retardatários não terão direito de voto ainda que tenham obtido reserva de bens: "Terão direito a voto na assembléia-geral as pessoas (...) que tenham obtido reserva de importâncias, *observado o disposto nos §§ 1º e 2º do art. 10 desta Lei*" (art. 39, *in fine*). Também estão excluídos da votação os credores mencionados nos arts. 39, § 1º, 43 e parágrafo único e 45, § 3º. Aos credores excluídos da votação, porém, a lei concede *direito de voz* (isto é, de participar da *discussão* das matérias submetidas a deliberação).

11.2 Peso do voto

Nas deliberações sobre o plano de recuperação judicial – e somente nessa hipótese – a proposta deverá ser aprovada, na classe dos titulares de créditos derivados da legislação do trabalho ou decorrentes de acidentes de trabalho (art. 41, I), pela maioria simples dos credores presentes, ou seja, *por cabeça* (*one man, one vote*), independentemente do valor de seu crédito (§ 2º do art. 45). Nas demais deliberações, de acordo com o art. 38, o voto será *proporcional ao valor do crédito*. No tocante aos créditos em moeda estrangeira, e para fins exclusivos de votação em assembléia-geral, dispõe o parágrafo único do art. 38 que o crédito será convertido para a moeda nacio-

28. Na Lei Falimentar alemã a dispensa de convocação em caso de adiamento do conclave é expressa (§ 74, 2, da *Insolvenzordnung*).

nal pelo câmbio da véspera da data de realização da assembléia. Como se sabe, porém, a moeda estrangeira tem um valor de venda e um valor de compra. Entendemos que o câmbio deverá ser calculado – salvo diversa estipulação no contrato – pelo *valor de venda*, que é o valor, afinal, que servirá para saldar a dívida. Na falência, por sua vez, a conversão se faz pelo câmbio da data da decisão que a decretar, "para todos os efeitos desta Lei" (art. 77).

11.3 O voto dos titulares de créditos com garantia real e de créditos derivados da legislação do trabalho

Conforme se viu mais acima, a assembléia-geral dos credores, segundo a regra geral prevista no art. 41 e seus incisos, compõe-se das seguintes classes: (1) titulares de créditos decorrentes da legislação do trabalho ou da de acidentes do trabalho; (2) titulares de créditos com garantia real; e (III) titulares de créditos com privilégio especial, com privilégio geral, quirografários e subordinados. Quando há votação por classe (v. acima, quóruns de instalação e deliberação), os titulares de créditos com garantia real, todavia, votam com a classe respectiva *somente até o limite do bem gravado* (pressupõe-se que pelo valor constante da escritura de hipoteca; ou do contrato de penhor, se houver, eventualmente corrigido até a data do pedido de recuperação judicial ou falência – assim como ocorre com o valor dos créditos, cf. art. 9º, II; ou, em caso de já ter sido alienado o bem, pelo valor de venda, na forma do § 1º do art. 83; ou, em última hipótese, na falência, pelo valor da avaliação feita pelo administrador judicial, cf. art. 23, III, "g"); pelo restante do valor dos seus créditos, *votam eles com a classe dos quirografários* (§ 2º do art. 41). Já os titulares de créditos derivados da legislação do trabalho votam exclusivamente com a classe respectiva, muito embora seus créditos só sejam assim classificados até o limite de 150 salários mínimos (art. 83, I), sendo no restante classificados como quirografários (art. 83, VI, "c").

12. Invalidade da assembléia-geral de credores

Como tudo o que diz respeito à problemática questão da invalidade da assembléia e suas deliberações, a imprevidência do legislador brasileiro segue sendo exemplar. Não há uma disciplina geral das invalidades relativas à assembléia-geral de credores, cuidando a lei apenas de uma hipótese especial no § 2º do art. 39 e aludindo à "invalidação de deliberação de assembléia" no § 3º do mesmo artigo. Só. Como também não há regulação da matéria seja na parte geral, seja na infeliz parte societária do Código Civil de 2002, que deve ser aplicado subsidiariamente, as dificuldades trazidas ao intérprete são quase intransponíveis.

12.1 Vícios da assembléia, vícios das deliberações e vícios do voto

Há que distinguir, nessa matéria, três diferentes espécies de vício, com conseqüências também diversas: (1) *vícios da própria assembléia* – que pode ter sido irregularmente *convocada* ou *instalada*, hipótese em que sua invalidação trará como conseqüência, obviamente, a invalidade de *todas as deliberações* que nela forem tomadas; (2) *vícios das deliberações* – nessa hipótese, o vício de uma das deliberações não se estende às demais, que não sejam viciadas; (3) *vícios do voto* – nessa hipótese, o vício do voto só acarretará o vício de determinada deliberação se o voto foi decisivo para formação da maioria; se não, será irrelevante, só atingindo o próprio voto viciado.[29] São completamente diversos, pois, os vícios em questão.

12.1.1 Vícios do voto

O voto é *declaração de vontade*, aplicando-se-lhe normalmente a disciplina dos

29. Essa verificação é que se denomina, na doutrina, de "prova de resistência" da deliberação

negócios jurídicos, prevista no Livro III, Título I, do Código Civil. Poderá, assim, ser invalidado em virtude de nulidade (arts. 166 e 167 do CC) ou de anulabilidade (art. 171 do CC). A invalidade do voto, todavia – reitere-se –, somente acarretará a invalidade da deliberação da assembléia se for determinante para a formação da maioria.

12.1.1.1 *Proibição de voto* – As hipóteses de proibição de voto obedecem, normalmente, a dois princípios. O primeiro deles consiste na vedação do "negócio consigo mesmo" (exemplos: o credor não pode votar na deliberação sobre um negócio a ser realizado entre ele e o devedor ou a massa; sobre sua exoneração de uma dívida para com o devedor ou a massa, ou de sua responsabilidade perante o devedor ou a massa). O segundo princípio é expresso pela parêmia *nemo judex in causa propria*, pois a ninguém é dado julgar os próprios atos (exemplo: o credor não poderia votar na deliberação sobre sua destituição da condição de membro do comitê de credores).[30] O Código Civil, lei subsidiária, contém norma geral de proibição de voto no art. 1.074, § 2º ("Nenhum sócio, por si ou na condição de mandatário, pode votar matéria que lhe diga respeito diretamente") e norma especial no art. 1.078, § 2º (proibição de os administradores e conselheiros fiscais aprovarem as contas da administração). Se o voto for decisivo para a formação da maioria, a violação da proibição importará nulidade do voto proferido (art. 166, VII, do CC) e, por conseqüência, a invalidade da deliberação.

12.1.1.2 *Conflito de interesses* – Uma das hipóteses mais comuns de vício do voto é o voto proferido em conflito de interesses. Sucede que, em franco descompasso com a Lei das S/A (art. 115, § 4º), o Código Civil, subsidiariamente aplicável à Lei 11.101, não prevê a anulação das deliberações tomadas em decorrência de voto conflitante. Nos dois dispositivos em que cuida de conflito de interesses a sanção estabelecida na lei civil é apenas a da responsabilidade por perdas e danos (art. 1.010, § 3º – aplicável às deliberações de assembléia por força do disposto no art. 1.072, *caput* – e art. 1.017, parágrafo único).[31] A Lei 11.101, infelizmente, não trata da matéria. E não faltarão hipóteses em que o interesse individual de determinado credor poderá ser substancialmente conflitante com o interesse comum dos credores, o que, em bom Direito, exigiria a anulação da deliberação. Não é fácil, entretanto, conceituar o que seja o interesse comum dos credores. Segundo uma autorizada opinião doutrinária, tal interesse consistiria no interesse que tem cada credor em, ao menos a médio prazo, minimizar seus prejuízos, mediante a ampliação das disponibilidades da massa.[32] Outras manifestações doutrinárias e jurisprudenciais têm considerado contrárias ao interesse comum dos credores as deliberações: (1) que causam prejuízo desproporcional, inadequado, para uma parte dos credores; (2) que favorecem um credor em particular, ou um grupo de credores, especialmente os credores privilegiados ou com garantia real, ou ainda terceiros, em detrimento da comunhão dos credores; (3) que não são úteis a ninguém; (4) que favorecem o devedor ou um ter-

(cf. o nosso *Invalidade das Deliberações de Assembléias das S/A*, São Paulo, Malheiros Editores, 1999, p. 85, nota 45).

30. Sobre essa matéria de proibição de voto, cf. Uhlenbruck (*Insolvenzordnung*, cit., 12ª ed., pp. 1.268 e 1.272) e Ehricke (*Münchener Kommentar zur Insolvenzordnung*, cit., p. 1.679).

31. Essa também era a sanção prevista nos arts. 95 e 120, parágrafo único, da anterior Lei das S/A (Decreto-lei 2.627/1940). Sobre o tema, v. o nosso *Conflito de Interesses nas Assembléias de S/A*, São Paulo, Malheiros Editores, 1993, pp. 74-75.

32. Ehricke, *Münchener Kommentar zur Insolvenzordnung*, cit., p. 1.691 – esclarecendo que o componente temporal "a médio prazo", nessa conceituação, visa a conciliar os interesses dos credores que podem esperar até que os bens da massa sejam alienados a preço mais conveniente com os de outros que têm necessidade da mais rápida realização do ativo.

ceiro sem qualquer vantagem para a massa.[33] Como hipóteses concretas de conflito de interesses podem ser imaginadas, por exemplo, a de uma credora, indústria automobilística, que vote contrariamente à aprovação do plano de recuperação judicial por estar interessada na falência do devedor, seu concessionário, a fim de passar a concessão a outrem; ou da credora interessada na falência de seu agente ou distribuidor (art. 710 do CC), igualmente para transferir a outrem a agência ou a distribuição de seus produtos; ou ainda, da credora que tenha interesse na falência de seu devedor simplesmente por ser sua concorrente.

12.1.2 Vícios das deliberações

A deliberação de assembléia é manifestação de vontade coletiva à qual não se aplica inteiramente a disciplina das invalidades, prevista nos arts. 166 e ss. do CC. Com efeito, não se anula uma deliberação por erro ou por dolo, exemplificativamente. Anula-se *o voto* viciado. Se ele foi determinante para a formação da maioria deliberante, anula-se a deliberação não porque seja ela contaminada pelo erro ou pelo dolo, mas sim *por violação às regras cogentes dos arts. 42, 45 e 46 da Lei 11.101*, que exigem aprovação das propostas por maioria. Anulado o voto decisivo, *cai a maioria*. A disciplina da invalidade das deliberações, assim, encontra correspondência no *princípio da legalidade*: as deliberações contrárias à lei podem ser invalidadas. A sanção para as deliberações inválidas, em regra, é a da *anulabilidade*.[34] Qual o prazo para requerer a anulação das deliberações? Veja-se a imprevidência do legislador. Deve-se recorrer ao disposto no art. 179 do CC, lei subsidiariamente aplicável: "Quando a lei dispuser que determinado ato é anulável, sem estabelecer prazo para pleitear-se a anulação, será este de dois anos, a contar da data da conclusão do ato". O prazo é de *decadência* (art. 178, *caput*, c/c o art. 179, do CC). Tal prazo, de dois anos, como já tivemos oportunidade de observar com relação às deliberações societárias,[35] está em aberta dessintonia com a maioria das legislações contemporâneas, e é, por idênticas razões – a necessidade de *estabilidade* das deliberações assembleares –, absurdamente longo para requerer a anulação das deliberações das assembléias de credores. Deveria ser de 30 ou 60 dias, no máximo.

12.1.2.1 *A regra do § 2º do art. 39 da Lei 11.101* – O § 2º do art. 39 dispõe que "as deliberações da assembléia-geral não serão invalidadas em razão de posterior decisão judicial acerca da existência, quantificação ou classificação de créditos". O que se deve entender com isso é que as deliberações da assembléia-geral não serão invalidadas *pelo só fato* de ocorrer uma decisão judicial posterior acerca da existência, quantificação ou classificação de créditos. O que não quer dizer que, verificada posteriormente, por decisão judicial, a existência, por exemplo, de um crédito

33. Uhlenbruck, *Insolvenzordnung*, cit., 12ª ed., p. 1.284.

34. O que não impede possam ocorrer deliberações nulas, como a que atente contra a ordem pública ou os bons costumes, aprovando medidas que constituam fraude ao direito de credores, por exemplo (art. 166, II, do CC), ou ineficazes. Sobre as hipóteses de nulidade das deliberações das assembléias das companhias, v. nosso *Invalidade das Deliberações de Assembléias das S/A*, cit., pp. 97-111; sobre as de ineficácia, v. pp. 111-113. Esclareça-se, todavia, que, nas diversas legislações, a questão da invalidade da assembléia de credores é tratada de forma diferente. Na Lei Falimentar alemã, por exemplo, a assembléia só se invalida por vício de nulidade absoluta, não se concedendo a anulabilidade (cf. Ehricke, *Münchener Kommentar zur Insolvenzordnung*, cit., p. 1.664), mas tão-somente a revogação (*Aufhebung*), que deve ser requerida de imediato ao juiz que preside a assembléia, na hipótese de deliberação contrária ao interesse comum dos credores (§ 78, 1, da *Insolvenzordnung*).

35. Cf. nosso *Invalidade das Deliberações de Assembléias das S/A*, cit., p. 69, nota 7. Recentemente, v. o estudo que publicamos na *RDM* 134/12, sob o título "Lineamentos da reforma societária do Direito Italiano em matéria de invalidade das deliberações assembleares", especialmente p. 13, nota 3.

forjado, que tenha sido determinante para a deliberação de aprovação de uma recuperação judicial absolutamente inviável, com a nomeação de um gestor judicial conluiado com o devedor etc., não possam os interessados requerer a anulação da deliberação.

12.1.3 Vícios da assembléia

Fiquemos naqueles que acarretam a invalidade da própria assembléia: irregularidade da convocação ou instalação. A assembléia é convocada, por exemplo, com prazo inferior ao da Lei 11.101 (art. 36). Qual o vício que a afetará: nulidade ou anulabilidade? Veja-se, aí, novamente, a imprevidência e insensibilidade do legislador falimentar. O Código Civil, lei supletiva, não contém, inexplicavelmente, uma regra como a do art. 286 da Lei das S/A, que prevê, às expressas, para a hipótese de convocação ou instalação irregular, a anulabilidade. E o art. 166, V, do CC diz ser nulo o negócio jurídico quando "for preterida alguma solenidade que a lei considere essencial para a sua validade". Talvez se possa argumentar que a solenidade se deu, embora de forma irregular, e que, tal como no regime das deliberações, a violação da lei não acarreta a nulidade, mas somente a anulabilidade, como o está a demonstrar o art. 286 da Lei das S/A. Pois do contrário, sendo certo que a nulidade não convalesce (art. 169 do CC), corre-se o risco de a recuperação judicial ou a falência serem encerradas por sentença (arts. 63 e 156 da Lei 11.101) e, anos após, instaurar-se uma pendência sobre a convocação ou instalação de uma assembléia de credores...

12.2 Legitimação para agir

12.2.1 Legitimação ativa

Salvo eventual hipótese de nulidade, a legitimação para anular a assembléia ou suas deliberações compete, em princípio, ao credor que votou contrariamente, ou àquele que se absteve de votar no conclave, seja declaradamente, seja por estar ausente, ou ao credor sem direito de voto, se lhe foi sonegado o direito de participar do conclave ou da discussão que nele se travou (arts. 39, § 1º, 43 e 45, § 3º, da Lei 11.101). O Ministério Público, ocorrendo eventual hipótese de nulidade absoluta, também está legitimado a propor a ação, o mesmo se podendo dizer do administrador judicial (art. 168 do CC).

12.2.2 Legitimação passiva

A legitimada passiva para as ações relativas à invalidade da assembléia e suas deliberações na falência é a *coletividade dos credores* (massa falida subjetiva), representada pelo administrador judicial (art. 22, III, "c" e "n", da Lei 11.101). Mas e na recuperação judicial, de quem é a legitimação passiva? Eis outro grave problema deixado sem solução expressa pelo legislador. Na recuperação judicial a comunhão dos credores não tem um órgão que a represente, como na falência. Estão previstos apenas órgãos deliberativos (assembléia e comitê de credores – cf. arts. 35 e 26, respectivamente) e um órgão excepcional (o gestor judicial – cf. art. 35, I, "e", c/c o art. 65). É problemático sustentar que, por analogia, o administrador judicial representaria, também aqui, aquela coletividade; mas, a não ser assim, deverão ser citados *todos* os credores, indistintamente, para a ação de anulação (inclusive os ausentes, que poderão, mesmo assim, ter interesse na manutenção das deliberações). Ademais, no caso de anulação de deliberações que tenham aprovado o plano de recuperação ou o pedido de desistência do devedor (arts. 35, I, "a" e "d"), deverá este, obviamente, figurar como litisconsorte passivo necessário (art. 47 do CPC).

12.3 Conseqüências da invalidação da assembléia e de suas deliberações

Há que distinguir entre as deliberações de assembléia e os atos com base nela praticados. A anulação das deliberações não acarreta automaticamente a daqueles atos (e o art. 39, § 3º, comentado mais adiante, indiretamente o demonstra). Se foi praticado um ato com base na deliberação, deve-se requerer *também* a anulação do ato. Isso traz o grave problema de se saber qual o meio adequado para atacar a sentença que concedeu a recuperação judicial ou decretou a falência com base em deliberação viciada da assembléia de credores (arts. 58 e 56, § 4º, respectivamente). Parece-nos que tal sentença tem natureza homologatória da vontade coletiva dos credores,[36] podendo ser objeto de anulação como os atos jurídicos em geral, nos termos do art. 486 do CPC.

12.4 Invalidade da assembléia e direitos de terceiros de boa-fé

O § 3º do art. 39, em consonância com as mais modernas concepções a respeito dos efeitos da invalidade das deliberações assembleares perante terceiros, determina que, "no caso de posterior invalidação de deliberação da assembléia, ficam resguardados os direitos de terceiros de boa-fé, respondendo os credores que aprovarem a deliberação pelos prejuízos comprovados causados por dolo ou culpa". Assim, prevista no plano de recuperação judicial, por exemplo, a venda de maquinário de propriedade do devedor, a anulação da deliberação de aprovação do plano não acarretará a invalidação da compra daquele maquinário efetuada de boa-fé por terceiro.

12.5 Regra especial para medidas cautelares ou de antecipação de tutela

Assim dispõe o art. 40: "Não será deferido provimento liminar, de caráter cautelar ou antecipatório dos efeitos da tutela, para a suspensão ou adiamento da assembléia-geral de credores em razão de pendência de discussão acerca da existência, da quantificação ou da classificação de créditos". Esse artigo tem sido *injustamente* apodado de inconstitucional, em razão de suposta violação ao art. 5º, XXXV, da Carta Magna ("a lei não excluirá da apreciação do Poder Judiciário lesão ou ameaça a direito"). "Injustamente" porque a Lei 11.101 *assegura aos credores* – na hipótese de discussão acerca da existência, da quantificação ou da classificação de créditos – *a participação na assembléia*. Com efeito, se o juiz deixa de reconhecer um crédito, ou o quantifica abaixo do valor pretendido pelo credor, ou ordena sua classificação em outra classe, o credor poderá agravar, prevendo o parágrafo único do art. 17 que, "recebido o agravo, o relator poderá conceder efeito suspensivo à decisão que reconhece o crédito ou determinar a inscrição ou modificação do seu valor ou classificação no quadro geral de credores, *para fins de exercício de direito de voto em assembléia-geral*". Assegurada ficará, assim, a participação do credor no conclave.[37] O que a Lei

36. Os artigos mencionados dispõem, imperativamente: "Art. 58. Cumpridas as exigências desta Lei, o juiz *concederá* a recuperação judicial do devedor cujo plano (...) tenha sido aprovado pela assembléia-geral de credores na forma do art. 45 desta Lei" (o juiz, portanto, após uma verificação dos aspectos formais, fica adstrito a conceder a recuperação); art. 56, § 4º. "Rejeitado o plano de recuperação pela assembléia-geral de credores, o juiz *decretará* a falência do devedor". E, ainda, determina também imperativamente o art. 73, I: "Art. 73. O juiz *decretará* a falência durante o processo de recuperação judicial: I – *por deliberação da assembléia-geral de credores*, na forma do art. 42 desta Lei". Observe-se, por fim, que o art. 59, § 1º, classifica a decisão que conceder a recuperação como título judicial, "nos termos do art. 584, inciso III, do *caput* da Lei n. 5.869, de 11 de janeiro de 1973 – Código de Processo Civil", ou seja, como "sentença homologatória de conciliação ou transação (...)" (art. 584, III, cit.).

37. Nessa mesma linha, poderá aquele cujo crédito não foi admitido, outrossim, pleitear provimento cautelar ou antecipatório que lhe permita *impugnar o plano de recuperação* (art. 55: "Qualquer *credor* poderá manifestar ao juiz sua objeção ao plano de recuperação ...") – ato lógica e necessariamente antecedente, sem o qual não haverá nem sequer assembléia (art. 56, *caput*, c/c o art. 58, *caput*).

11.101 salutarmente proíbe é que, em razão de discussão acerca de crédito, venha a ser ordenada a *suspensão* ou o *adiamento* da assembléia – medidas que não fariam sentido algum se, por outro meio, já se possibilita que o credor participe da mesma. Assim como o credor impugnante de crédito poderá, por exemplo, em caso de rejeição da impugnação, solicitar ao tribunal que dê efeito suspensivo ao agravo da decisão que reconhecer o crédito (parágrafo único do art. 17), impedindo, assim, o voto do credor impugnado na assembléia, sem necessidade de suspender ou adiar o conclave. Não tem o artigo em questão, assim, qualquer eiva de inconstitucionalidade.

Atualidades

A NOVA LEI DE FALÊNCIAS E O INSTITUTO DA RECUPERAÇÃO EXTRAJUDICIAL

Humberto Lucena Pereira da Fonseca

e

Marcos Antônio Köhler

1. Introdução. 2. Breve descrição dos debates. 3. Princípios e fundamentos jurídicos e econômicos da nova Lei de Falências e da Recuperação Extrajudicial. 4. Considerações sobre a recuperação judicial. 5. Considerações sobre a recuperação extrajudicial. 6. Exame dos dispositivos atinentes à recuperação extrajudicial. 7. O problema da novação e da constituição de título executivo. 8. Perspectivas para a aplicação das normas sobre recuperação extrajudicial. 9. Conclusões.

1. Introdução

No dia 9 de fevereiro de 2005 foi publicada a Lei n. 11.101, que estabeleceu a nova disciplina da falência e da reorganização de empresas em dificuldades no Brasil, em substituição ao sexagenário Decreto-lei n. 7.661, de 21 de junho de 1945.

A nova Lei de Falências, em vigor a partir de 9 de junho de 2005, trouxe importantes inovações aos processos falimentares e de recuperação de empresas, tornando-os mais céleres e eficientes. A redação dos dispositivos, como descrito no parecer da Comissão de Assuntos Econômicos do Senado Federal, fundamentou-se nos seguintes princípios: preservação da empresa, separação dos conceitos de empresa e de empresário, recuperação das sociedades e empresários recuperáveis, retirada do mercado de sociedades ou empresários não recuperáveis, proteção aos trabalhadores, redução do custo do crédito no Brasil, celeridade e eficiência dos processos judiciais, segurança jurídica, participação ativa dos credores, maximização do valor dos ativos do falido, desburocratização da recuperação de microempresas e empresas de pequeno porte e rigor na punição de crimes relacionados à falência e à recuperação de empresas.

Atributo relevante dos novos mecanismos é conferir agilidade ao processo, permitindo que sejam efetuadas tempestivamente as transferências de titularidade dos ativos, parciais ou totais, que eventualmente sejam essenciais à solução dos problemas financeiros ou operacionais vividos pela empresa em dificuldade. Como resultado, a economia em geral não sofrerá perda de produto decorrente da não-utilização temporária, depreciação e obsolescência tecnológica de ativos produtivos — tangíveis ou intangíveis — disponíveis para a produção de riquezas.

Ademais, a nova Lei enfatiza o soerguimento de empresas viáveis que estejam passando por dificuldades temporárias, a fim de evitar que a situação de crise culmine com a falência. Nesse sentido, é extinta a ineficiente concordata e criado o instituto da recuperação judicial, que tem como principal característica o oferecimento aos credores de um plano de recuperação, que, na prática, envolverá negociações e concessões mútuas, além de providências e compromissos do devedor visando a persuadir os credores da viabilidade do plano. Esse plano deverá ser aprovado pela maioria dos credores em assembléia, e a decisão vinculará não só os que expressamente anuírem, mas também os que votarem contrariamente.

Tal mecanismo, além da dar aos credores poder de decisão para defesa de seus legítimos interesses, tem a virtude adicional de entregar a decisão sobre a viabilidade da empresa àqueles agentes que têm melhores condições de fazer essa avaliação. Os credores, em geral, conhecem os mercados em que atuam e têm maior capacidade de avaliar se as dificuldades vividas por empresas têm causa conjuntural ou estrutural.

A submissão da minoria à decisão da maioria é medida de inquestionável gravidade jurídica, já que implica possibilidade, com amparo na lei, de descumprimento de cláusulas contratuais válidas ou sua modificação sem a anuência da parte contrária, o que pode abalar a segurança jurídica e a estabilidade dos contratos no Brasil. Entretanto, tendo em vista que a alternativa para a empresa em crise é a falência, que a ninguém beneficia, é razoável que a lei facilite a recuperação da empresa em dificuldades, sem descuidar-se do necessário equilíbrio entre os princípios do respeito aos contratos e da preservação da empresa. Por isso, a Lei apresenta uma série de mecanismos para garantir que a recuperação judicial seja utilizada como último recurso da empresa em crise, e não como expediente para prejudicar terceiros.

No entanto, uma alteração aprovada nos momentos finais da votação do projeto no Senado Federal pode comprometer o funcionamento das normas sobre recuperação de empresas na nova Lei. O Capítulo VI da Lei trata da recuperação extrajudicial, instituto inicialmente desenhado para empresas que, embora em dificuldades, pudessem solucionar seus problemas sem submeter-se aos rigores da recuperação judicial. Na Comissão de Assuntos Econômicos (CAE), foi aprovada redação que primava pela simplicidade e pela celeridade do procedimento. Isso foi possível porque o substitutivo da CAE previa que o plano de recuperação extrajudicial somente seria aplicável aos credores que voluntária e expressamente anuíssem a ele. Dessa forma, afastava-se a necessidade do complexo sistema de controles que caracteriza a recuperação judicial, já que não haveria submissão involuntária da minoria à decisão da maioria dos credores. Tal modelo foi parcialmente mantido com o art. 162 da nova Lei.

Ocorre que a redação da CAE para o Capítulo VI foi profundamente modificada na versão aprovada no Congresso e sancionada pelo Presidente da República. Passou-se a dispor que, também na recuperação extrajudicial, a vontade da maioria dos credores poderia ser imposta à minoria discordante. Entretanto, as salvaguardas criadas para evitar abusos por parte dos devedores não foram repetidas para o novo instituto. Além de tecnicamente deficiente, a redação do mencionado Capítulo está em desarmonia com as demais normas da Lei e pode trazer conseqüências indesejáveis para sua eficiência e para o equilíbrio das relações privadas no Brasil.

Este estudo não tem por objetivo analisar a lei de forma ampla, nem apresentar suas muitas inovações benéficas ao regime falimentar e de recuperação de empresas. Concentrar-nos-emos no exame das normas relacionadas à recuperação extrajudicial, por reputarmos graves suas implicações jurídicas e econômicas. Assim, primeiramente, será feita uma análise crítica do Capítulo VI da nova Lei de Falências, procurando relacionar seus preceitos, de forma conceitual e prática, aos demais artigos da Lei e apontar suas deficiências e inconsistências internas. Concomitantemente, serão expostos e defendidos os argumentos favoráveis à não-submissão da minoria recalcitrante na recuperação extrajudicial. Finalmente, serão apresentadas perspectivas acerca das conseqüências que podem advir das fragilidades do instituto e das múltiplas possibilidades de interpretação que certamente surgirão no momento de sua aplicação aos casos concretos das empresas brasileiras.

2. *Breve descrição dos debates*

A iniciativa de se propor um procedimento extrajudicial para a recuperação de empresas, mais simples e célere, tomou corpo no âmbito do grupo de trabalho formado no Banco Central para analisar o projeto da nova Lei de Falências no ano 2000. Naquele momento, entendeu-se conveniente que, mesmo tratando-se de um processo menos formal, a minoria fosse submetida à decisão da maioria dos credores na recuperação extrajudicial, a fim de evitar que um credor, ou um pequeno número deles, usando de comportamentos oportunistas para melhorar seu poder de barganha, ameaçasse inviabilizar os planos de recuperação propostos. Tal atitude, se tornada padrão, poderia comprometer a própria eficácia do instituto. A idéia foi aceita, com modificações, pelo relator do projeto na Câmara e terminou aprovada no plenário daquela Casa Legislativa.

Mais tarde, porém, após o envio da matéria ao Senado Federal, o tema foi discutido por outro grupo, formado por profissionais do Senado Federal, do Ministério da Fazenda, da Procuradoria-Geral da Fazenda Nacional, do Ministério da Justiça, da Casa Civil e do Banco Central. Embora se pudesse argumentar a favor de um procedimento extrajudicial que submetesse a minoria para evitar problemas de coordenação e de oportunismo entre credores, concluiu-se que os embaraços jurídicos que sobreviriam, especialmente os de ordem processual, tornariam a recuperação extrajudicial um emaranhado de controvérsias judiciais que obstariam a agilidade e a segurança jurídica tão necessárias em um processo tendencialmente conflituoso, ainda que extrajudicial.

No entanto, alguns dos setores envolvidos na discussão do projeto de lei não ficaram plenamente convencidos de que a não-submissão da minoria em processos extrajudiciais fosse a solução adequada. Esses setores alegavam que a estrutura de incentivos seria tal que todos os potenciais credores dispostos a colaborar não o fariam por um problema de coordenação. Cada credor individual optaria por não cooperar, de modo a não arcar com os custos e se beneficiar de um plano de recuperação que eventualmente fosse suportado pelos demais credores. A lógica econômica desse raciocínio tem raízes no problema conhecido como "dilema do prisioneiro"[1] (Mas-Colell e Whinston, 1995), um dos mais conhecidos modelos de análise da Teoria dos Jogos.

Na ocasião, avaliamos que o dilema do prisioneiro não caracterizava bem a situação. Em primeiro lugar, haveria coordenação e troca de informações entre os diversos credores. Em segundo, diferentemente do "dilema do prisioneiro", as recompensas esperadas não seriam simétricas. Para alguns credores, a dívida a receber como proporção de seus ativos totais poderia ser muito alta, bem como a relação

1. Trata-se de uma situação hipotética em que dois indivíduos são presos em celas separadas por um crime menor, mas que, potencialmente e mediante confissão, podem ser indiciados por um crime mais grave, com pena maior. Ambos são abordados separadamente pela autoridade investigadora e recebem a seguinte informação: se um indivíduo confessar o crime mais grave e o outro não, a pena será máxima, de dez anos, para o que não confessou e mínima, de um ano, para o que confessou. Se ambos não confessarem o crime, serão indiciados pelo crime menor e ficarão presos por dois anos. Mas, se ambos confessarem, ficarão presos por cinco anos. Como resultado, a confissão será a estratégia dominante. Nessa hipótese, o somatório das penas é de dez anos, cinco para cada. Essa situação é coletiva e individualmente pior do que a situação em que ambos não confessassem: dois anos de prisão para cada um.

de sua dívida com a dívida total do credor. Para outros, essas relações poderiam ser mais baixas. Em terceiro lugar, e mais importante, os comportamentos oportunistas poderiam sofrer uma penalidade importante caso não houvesse cooperação: os demais credores poderiam abandonar a recuperação extrajudicial e levar o caso para a recuperação judicial. Dessa forma, o incentivo à não-cooperação seria muito menor que o inferido pela tentativa algo ingênua de enquadrar essa estrutura de incentivos no modelo do "dilema do prisioneiro".

Em síntese, julgávamos que o "dilema do prisioneiro" era um modelo infinitamente mais simples que a situação de uma recuperação extrajudicial. Portanto, não caberia deduzir que a recuperação extrajudicial, a exemplo do "dilema do prisioneiro", levaria necessariamente a um equilíbrio não cooperativo.

Além disso, haveria mais uma razão para que o problema de coordenação não inviabilizasse os casos mais comuns a serem observados na prática: como os efeitos de possível falência se distribuem de forma assimétrica entre os vários credores, poderia ser racional para alguns credores, em algumas situações, cooperarem com a recuperação da empresa, mesmo que outros credores assumissem e levassem adiante a posição oportunista de não abrir mão de parte do valor econômico de seus créditos.

De fato, a tentativa de aplicação do "dilema do prisioneiro" como padrão teórico suficiente para definir o modelo desejável de recuperação extrajudicial talvez seja explicada pela tendência de não levar em consideração os constrangimentos históricos e institucionais que determinam os comportamentos individuais e os padrões de decisão das organizações nos diferentes países. Propostas de mudanças institucionais não podem basear-se exclusivamente em modelos heurísticos inflexíveis, que, mediante mudança nas regras formais, teriam o poder de alterar também os hábitos e normas informais. A esse respeito, alerta Douglass North (1990): "A História tem importância. E tem importância não apenas porque nós podemos aprender com o passado, mas também porque o presente e o futuro são ligados ao passado pela continuidade das instituições sociais. As escolhas de hoje e de amanhã são determinadas pelo passado. E o passado só pode se tornar inteligível como uma estória de evolução institucional. Integrar as instituições na teoria econômica e na história econômica é um passo essencial para aperfeiçoar a Teoria Econômica e a História".

Também Williamson (1987) aborda com muita propriedade a necessária cautela quando da aplicação de modelos teóricos baseados em hipóteses simplificadoras em aplicações práticas ou na definição de políticas:

"Kenneth Arrow definiu os custos de transação como 'os custos de fazer funcionar o sistema econômico' (1969-, p. 48). Esses custos devem ser distinguidos dos custos de produção, que é a categoria de custos com a qual se preocupa a análise neoclássica. Os custos de transação são os equivalentes ao atrito nos sistemas físicos. As múltiplas conquistas da Física, baseadas na capacidade de entender os atributos de sistemas complexos por assumir a ausência de atrito certamente não precisam ser relembradas. Tal estratégia teve óbvio impacto sobre as ciências sociais. Não sem surpresa, a ausência de fricção nos sistemas físicos é citada para ilustrar o poder analítico de hipóteses irrealistas (Friedman, 1953, pp. 16-19).

"Mas enquanto os físicos são imediatamente relembrados por seus aparelhos de medição e pelo mundo ao seu redor de que o atrito é onipresente e deve ser quase sempre levado em conta, os economistas não têm um correspondente apreço pelos custos de fazer funcionar o sistema econômico. Não existem, por exemplo, referências, por mínimas que sejam, aos custos de transação, muito menos para os custos de transação como sendo os equivalentes ao atrito na Física no famoso ensaio metodológico de Milton Friedman (1953) ou em outras abordagens da economia positiva no Pós-Guerra."

Em nossa opinião, a proposta de recuperação extrajudicial com imposição da maioria sobre a minoria deixou de considerar os limites institucionais relacionados a um sistema judiciário sujeito a incertezas decorrentes de múltiplas possibilidades de recursos e outros expedientes processuais, que, em geral, podem tornar indefinidas, por longo tempo, situações jurídicas críticas. A consideração de tais limites é ainda mais importante quando se sabe que a variável-chave para o novo tratamento a ser dado à recuperação da empresa é o tempo de efetivação das decisões — judiciais ou não — tomadas no curso desses procedimentos.

Além disso, em razão do objetivo de redução do custo do crédito no Brasil — o chamado *spread* bancário —, que marca toda a Lei de Falências, não se deveria permitir a modificação de cláusulas contratuais, sem o consentimento da parte interessada, em um procedimento tão informal e submetido a frágil controle, como desenhado para a recuperação extrajudicial. Essa configuração constitui estímulo contrário ao desejado, ou seja, aumenta o risco relacionado às obrigações de empresas brasileiras, com a conseqüente majoração do custo do crédito.

Por fim, deve-se ter em mente que, quando for indispensável modificar direitos de credores contra a vontade destes, para tornar possível a recuperação da empresa, estará à disposição o processo de recuperação judicial, mais solene e submetido a maior controle. Assim se atingiria o equilíbrio entre dois valores: necessidade de recuperação das empresas e respeito aos contratos no Brasil.

3. *Princípios e fundamentos jurídicos e econômicos da nova Lei de Falências e da Recuperação Extrajudicial*

Um dos fundamentos para a defesa que fazemos da não-submissão dos credores dissidentes à decisão da maioria dos credores na recuperação extrajudicial é o fato de essa possibilidade já estar prevista para a recuperação judicial. Maior proveito decorreria da existência de duas possibilidades distintas, direcionadas a credores em situações distintas. Assim, para as empresas com saúde suficiente para negociar suas dívidas com credores estratégicos e, assim, resolver suas dificuldades, existiria a recuperação extrajudicial. Já para as empresas em situação financeira mais deteriorada, que precisassem reduzir direitos de seus credores mesmo sem o consentimento destes, seria preferível a recuperação judicial.

Quem combate esse entendimento baseia-se no argumento de que a recuperação judicial é um processo mais complexo e oneroso, que, desde seu início, macula a reputação da empresa, e, por isso, seria melhor que a recuperação se desse em ambiente extrajudicial, a fim de aumentar as chances de sucesso do plano apresentado pela empresa. Esse argumento funda-se no princípio do estímulo à recuperação das empresas, que realmente é marcante no texto da nova Lei de Falências.

No entanto, é preciso ter em conta que, previstos para a recuperação extrajudicial efeitos tão semelhantes aos da recuperação judicial, evidentemente será modificado o momento do prejuízo à imagem da empresa, que verá sua reputação maculada já no pedido de recuperação extrajudicial. Assim, um processo que poderia e deveria ser simples, juridicamente seguro e atraente para empresas viáveis, com dificuldades menores e momentâneas, pode passar a ser visto como tentativa de descumprir obrigações unilateralmente.

Além disso, a recuperação de empresas não é o único princípio que fundamenta a Lei. Um dos principais objetivos da nova Lei de Falências é ampliar o acesso ao crédito e reduzir seu custo no Brasil, ou seja, dar condições para a diminuição do *spread* bancário. Para atingir esse objetivo, é criada uma série de incentivos, entre os quais destacamos medidas que reduzem o risco de *default* das obrigações, como o fortalecimento do sistema de garantias.

Naturalmente, nem sempre é possível a perfeita satisfação de cada um dos objetivos do legislador, principalmente quando há conflito entre dois ou mais deles. Nesses casos, é necessário sopesar as possíveis conseqüências sociais e econômicas e buscar o ponto de conciliação, a configuração mais justa e que represente o máximo benefício possível à sociedade. Acreditamos que a submissão da minoria à maioria em um processo de recuperação extrajudicial menos solene privilegia o estímulo à recuperação de empresas, mas negligencia a diminuição do risco das empresas brasileiras, o que acaba por causar danos à economia, dificultando as atividades das empresas em geral, o que, em um ciclo vicioso, dificulta o processo de recuperação.

A exagerada ênfase na preservação dos interesses dos credores majoritários parece ser a correspondente ideológica da obsoleta e injustificável guarida que a Lei das Sociedades Anônimas dá aos acionistas majoritários detentores de ações ordinárias. Tememos que se consolide no Brasil a idéia de que as minorias servem para trazer capital barato, seja na forma de compra de ações ou de fornecimento de bens e serviços, mas não devem "atrapalhar" a condução dos negócios pretendida por majoritários. Lembramos que, se o único critério para a tomada de decisões for o da maioria, sem o respeito às minorias e aos atos jurídicos perfeitos, a segurança jurídica contratual é substituída pela força opressiva e ilimitada de maiorias. Não vemos como tal cenário possa ser considerado uma evolução na já tão frágil e criticável estrutura institucional microeconômica do Brasil.

Vale lembrar que a falta de proteção aos acionistas minoritários tem sido criticada por importantes fontes internacionais, como o *Institute of International Finance*.[2] Com o desenho dado à recuperação extrajudicial, essa mácula em nosso sistema jurídico terminará atingindo também os credores, se lhes for imposto um plano extrajudicial com o qual não concordem. Além de tudo, é importante ressaltar que os acionistas compram sua participação societária e, assim, optam livremente por submeter-se a assembléias e a aceitar as decisões da maioria. Os credores, ao contrário, só desejam ver cumpridas as obrigações contratuais pactuadas. Não é razoável, salvo em situações extremas, que percam parte de sua autonomia contratual para uma assembléia de pessoas que podem não estar na mesma situação nem ter os mesmos interesses.

Argumentação freqüente em defesa da submissão da minoria envolve a possibilidade de inviabilização da recuperação extrajudicial em razão da resistência caprichosa de um ou de poucos credores. Tal entendimento parte de uma equivocada generalização acerca do melhor interesse dos credores. Não se pode afirmar que, em regra, a dissidência em relação à decisão majoritária de aceitar a modificação de direitos dê-se por capricho dos dissidentes. Os credores têm situações e interesses distintos, com capacidade diferenciada de arcar com descontos ou diferimentos no pagamento do que lhes é devido. Dessa forma, o que é interessante para um grupo de credores talvez não o seja para outros, ainda que minoritários. Na recuperação judicial, a submissão da minoria faz sentido, porque a alternativa é a falência da empresa, com a qual ninguém ganha. Na extrajudicial, contudo, supõe-se que a empresa não esteja em situação tão calamitosa e, assim, não penda sobre ela risco tão iminente de bancarrota.

Outro argumento dos defensores da submissão da minoria à maioria na recuperação extrajudicial é a possibilidade de comportamento oportunista dos credores aos quais é proposto o plano de recuperação, ou seja, esses credores, se a eles não pudesse ser imposto o plano de recuperação pela decisão da maioria, prefeririam não

2. Disponível em <http://www.iif.com/press/pressrelease.quagga?id=92>, em 9.3.2005.

aderir aos termos propostos e receber seus créditos em condições mais favoráveis que outros credores. Além disso, a recusa por credores minoritários poderia desestimular a aprovação pelos credores efetivamente relevantes para a recuperação. O problema apontado seria a falta de coordenação entre os credores, que acabaria por frustrar a recuperação extrajudicial.

Em primeiro lugar, a modalidade voluntária da recuperação extrajudicial, sem submissão da minoria, criaria uma alternativa negocial célere e segura juridicamente. Nesse espaço de negociação, como geralmente ocorre no ambiente empresarial, os interesses freqüentemente são díspares e os valores em risco pela possibilidade iminente de quebra da empresa devedora têm diferentes repercussões sobre a situação financeira dos diversos credores. Para cada credor, os indicadores determinantes para a formação de sua estratégia de negociação seriam as relações entre o valor do crédito em risco sobre seu patrimônio líquido, de um lado, e o valor de seu crédito sobre o valor total das dívidas da empresa em dificuldades, de outro.

Ora, se uma sólida maioria de, por exemplo, 95% dos credores houver chegado a uma solução aceitável e viável, não há por que imaginar que seus membros deixariam de fechar um acordo para, de forma caprichosa, expor-se ao risco de uma deterioração ainda maior da situação do devedor, apenas para persuadir uma minoria oportunista detentora de 5% do valor dos créditos.

Um outro equívoco na crítica é a consideração de um cenário em que coexistem a recuperação extrajudicial e os instrumentos ineficazes hoje vigentes. A partir desse erro de perspectiva, argumenta-se que, em caso de negociação extrajudicial, a melhor opção para o credor individualmente considerado seria simplesmente esperar o acordo entre o devedor e os demais credores e, depois disso, de forma oportunista, impor condições mais vantajosas para si, na posição de credor recalcitrante. Ora, existe na estrutura de incentivos que a nova Lei instaurará a grave ameaça de que o processo seja deslocado para a esfera propriamente judicial. Como conseqüência, os credores que apostassem na defecção oportunista pagariam o preço de se submeter à maioria possivelmente em uma situação de maior deterioração das contas do devedor. Além disso, se o credor em questão tivesse em jogo uma dívida a receber que representasse algo como 20% ou 30% de seu patrimônio líquido, o profissional que o aconselhasse pensaria duas vezes para sugerir-lhe a defecção como a alternativa mais racional. Seria trocar um bom acordo por uma péssima demanda.

Dessa forma, a eficiência desse modelo, tendo em vista os objetivos de segurança e celeridade, seria significativamente maior que a do modelo extrajudicial de submissão da minoria à decisão da maioria adotado pela nova Lei, especialmente no que tange às controvérsias judiciais que certamente surgirão da modificação involuntária de cláusulas e condições contratuais.

Na verdade, a possibilidade de submissão da minoria só deveria ser admitida como último recurso para as empresas em dificuldades, o que não se coaduna com a liberdade e a informalidade que se espera de uma recuperação extrajudicial. Ademais, como já mencionado, se a submissão da minoria recalcitrante realmente for indispensável à recuperação da empresa devedora, estará à sua disposição o processo de recuperação judicial, mais formal, com repercussões mais graves e submetido a maior controle judicial, características essas que desestimulam sua utilização como mero instrumento para estrategicamente descumprir ou postergar o cumprimento de obrigações contratuais.

A pergunta que resta é a seguinte: a modificação de cláusulas contratuais sem a concordância da parte credora, quando for necessária à recuperação da empresa, deve ser submetida a um processo mais completo e controlado, ou a um processo simples, extrajudicial e sem maiores riscos ou repercussões? Embora a resposta talvez não seja intuitiva, parece-nos claro que não é social ou economicamente adequado facilitar o desrespeito a contratos.

4. Considerações sobre a recuperação judicial

A nova Lei de Falências, por ser densamente processual e por incidir sobre interesses diversos, raramente convergentes, tem como característica a concatenação e a interdependência entre os seus muitos dispositivos, que devem formar um todo orgânico e internamente consistente. Por isso, são necessários alguns breves esclarecimentos sobre o procedimento da recuperação judicial, cujos fundamentos têm repercussão sobre o raciocínio que deve guiar o exame do instituto da recuperação extrajudicial.

Visando ao soerguimento da empresa, a recuperação judicial tem como instrumento principal a submissão dos credores a novas condições contratuais, aprovadas pela maioria deles, ainda que haja uma minoria de credores que não se manifestem ou que sejam contrários à modificação de seus direitos.

No entanto, é alicerce do ordenamento jurídico o princípio segundo o qual os contratos devem ser cumpridos ou, conforme comumente enunciado em latim, *pacta sunt servanda*. O contrato, que é lei entre as partes, depende da manifestação da vontade dos contratantes, que têm liberdade e autonomia para contratar ou não contratar e para determinar as condições da avença, nos limites da lei. O contrato só se forma pela convergência das vontades das partes e só pode ser modificado ou extinto de acordo com essa vontade.

A proteção aos acordos legitimamente celebrados, além de constituir princípio geral, aplicável até mesmo na ausência de direito positivo, como no direito internacional público, é constitucionalmente estabelecida no Brasil, por meio da tutela da segurança jurídica (art. 5º, *caput*), do direito à propriedade (arts. 5º, XXII, e 170, II), da livre iniciativa (art. 170, *caput*) e do devido processo legal (art. 5º, LIV) em seu aspecto material.

É, portanto, dever do Estado assegurar o respeito aos contratos, protegendo as pessoas naturais e jurídicas quando suas contrapartes descumprirem o que foi legitimamente acordado. Se o ordenamento jurídico é excessivamente tolerante com o inadimplemento contratual, instaura-se uma situação de insegurança e instabilidade generalizada nas relações privadas no País.

A recuperação judicial, como medida extrema de sobrevivência da empresa devedora, torna relativo o *pacta sunt servanda*, permitindo a modificação de condições contratuais até mesmo contra a vontade da parte interessada, desde que haja uma maioria de credores em situação semelhante que concorde com os termos propostos pelo devedor. O fundamento dessa flexibilização é que a falta de um plano de recuperação pode acarretar a falência da empresa, o que não interessa a ninguém. Nem aos credores, que podem não receber o que lhes é devido, nem à sociedade, que pode perder uma unidade de produção de riqueza, renda e empregos. Ressalte-se, porém, que também essa flexibilidade tem base constitucional, pois realiza objetivos como a busca do desenvolvimento nacional (art. 3º, II) e do pleno emprego (art. 170, VIII), além de ser consentânea com a função social da empresa, derivada da função social da propriedade (art. 170, III).

Contudo, por tratar-se de medida de extrema gravidade jurídica, a recuperação judicial é cercada de mecanismos para garantir a lisura do procedimento e para evitar abusos por parte dos devedores. Saliente-se que, não fossem tais mecanismos, estaríamos diante de violação do princípio da proporcionalidade constitucional, segundo o qual, incidindo dois ou mais princípios constitucionais, há que se buscar o equilíbrio entre esses princípios, sem suprimir qualquer deles. Assim, na recuperação judicial:

1) É formada uma assembléia geral, em que é dado amplo direito de voz e voto aos credores, para que possam discutir entre si e chegar a uma conclusão a respeito da viabilidade e da razoabilidade do plano apresentado pelo devedor (arts. 35 e ss.).

2) Os credores são divididos em classes, em função da semelhança de interesses, devendo o plano ser aprovado por todas elas, a fim de se evitar que uma classe, economicamente fortalecida, como a dos bancos, submeta classes mais frágeis, como a dos trabalhadores, a condições excessivamente onerosas (art. 41).

3) É requerido duplo *quorum* de aprovação em cada classe: maioria dos créditos tomados por seu valor e maioria do número dos credores (art. 45, § 1º). A medida tem por objetivo evitar que um só credor, com enorme poder econômico, possa decidir sozinho o destino dos direitos de todos os demais credores de mesma classe.

4) Há um procedimento de habilitação de créditos, para assegurar a correta apuração do *quorum* de aprovação do plano de recuperação (arts. 7º e ss.).

5) Os credores têm amplo acesso às informações relativas à empresa devedora (art. 51 e seu § 1º), informações essas que são essenciais para a decisão de aprovar ou rejeitar o plano apresentado ou, ainda, propor modificações para esse plano.

6) Após a distribuição do pedido de recuperação, o devedor não pode alienar ou onerar bens ou direitos de seu ativo, salvo com autorização judicial (art. 66).

7) A rejeição do plano de recuperação judicial pelos credores em assembléia implica decretação da falência do devedor (art. 56, § 4º).

8) Somente a credores que comprovem sua regularidade fiscal pode ser concedida a recuperação judicial (art. 57).

9) Durante todo o processo, o devedor precisa apresentar contas demonstrativas mensais (art. 52, IV).

10) Até a realização da assembléia geral e, mesmo dois anos após a aprovação (período de observação judicial), é colocado um administrador judicial dentro da empresa devedora, para fiscalizar sua atividade e o cumprimento do plano de recuperação eventualmente aprovado, apresentando relatório (art. 52, I, art. 61 e *caput* do art. 64).

11) Todo o processo, mesmo após a aprovação do plano, pode ser acompanhado por um Comitê de Credores, com amplos poderes para exigir informações do devedor (art. 27, I, e art. 64, *caput* e inciso V).

12) O Ministério Público é intimado pessoalmente para manifestar-se em momentos críticos do processo, como o deferimento do processamento da recuperação judicial (art. 52, V), a alienação de bens (art. 142, § 7º) e a prestação de contas do administrador judicial (art. 154, § 3º).

13) Os administradores da empresa devedora podem ser afastados, se praticarem crimes, agirem com dolo, simulação, fraude a credores, negarem-se a fornecer informações, efetuarem gastos excessivos, despesas injustificáveis ou descapitalizarem a empresa, entre outros atos previstos no art. 64.

14) A decisão que concede a recuperação judicial é título executivo para a defesa dos direitos dos credores (art. 59, § 1º).

15) Depois de aprovado o plano, o descumprimento das obrigações nele assumidas implica falência do devedor (art. 73, IV).

16) Obtida a concessão da recuperação judicial, não pode ser proposto novo pedido no prazo de cinco anos (art. 48, II) e, se for obtida a modalidade de recuperação voltada às pequenas e microempresas, esse prazo se amplia para oito anos (art. 48, III).

Dessa forma, vê-se que, para que a Lei admita a modificação involuntária de contratos no âmbito de um plano de recuperação judicial, é criado um complexo sistema de requisitos, condições, controles e conseqüências para o devedor, a fim de que o instituto mantenha seu necessário caráter de excepcionalidade, preservando-se, assim, a proteção aos contratos no direito brasileiro e a exigência de pontualidade das empresas no cumprimento de suas obrigações, que deve ser a regra nas relações empresariais.

Aliás, vale ressaltar que corrente representativa dos economistas brasileiros aponta a fragilidade dos compromissos contratuais como o principal fator impeditivo da formação de um amplo, eficiente e barato mercado de crédito de longo prazo no Brasil. Vale a pena citar recente trabalho de Pérsio Arida e Edmar Bacha:[3]

"The critical point is that long-term credit exists only when the jurisdiction is not Brazilian. Since offshore contracts in Reais do not escape from the Brazilian jurisdiction, there is no long-term credit offshore in Reais. In fact, a contract denominated in Reais, even when agreed offshore, necessarily refers to the Brazilian jurisdiction as the issuer of the currency and is therefore 'contaminated' by the Brazilian jurisdiction. Long-term credit is therefore only available offshore and denominated in foreign currencies, since this is the only way to avoid the Brazilian jurisdiction.

"What impedes domestic long-term credit contracts denominated either in Reais or foreign currency, as well as offshore long-term contracts denominated in Reais, is the jurisdiction uncertainty.

"The refusal to extend long-term credit in the domestic jurisdiction signals the presence of an important uncertainty factor. This affects, to use Keynes's terminology, 'the stability and safety of the money contract' by which savings are made available to the government and other debtors. It is an uncertainty of a diffuse character, which permeates the decisions of the Executive, Legislative, and Judiciary, and manifests itself predominantly as an anti-saver and anti-creditor bias. The bias is not against the act of saving, but against the financial deployment of savings, the attempt to an inter-temporal transfer of resources through financial instruments that are, in last analysis, credit instruments."

5. Considerações sobre a recuperação extrajudicial

A recuperação extrajudicial nos moldes que defendemos seria um procedimento bem diferente, pois, como não ensejaria a submissão da minoria à decisão da maioria e, assim, não haveria modificação involuntária de contratos, não se repetiriam as preocupações que envolvem a recuperação judicial. Tratar-se-ia, na verdade, da institucionalização do acordo privado entre credores — hoje proibido nos termos do art. 2º, III, do Decreto-lei n. 7.661, de 1945 —, acrescido da previsão de homologação judicial, que conferiria maior segurança às partes do acordo. O procedimento poderia ser mais simples e célere, bastando ao juiz, para homologar o plano acordado, verificar se não há prejuízo a terceiros.

Entretanto, ainda que pudesse prevalecer o entendimento segundo o qual a submissão da minoria à decisão da maioria de credores é conveniente e desejável também na recuperação extrajudicial — e reconhecemos que há abalizadas opiniões nesse sentido, embora delas divirjamos —, tal característica precisaria guardar harmonia com o conjunto dos dispositivos e com os objetivos da nova Lei. Assim, para prever, na recuperação extrajudicial, o principal efeito da judicial, ou seja, a submissão da minoria, com modificação involuntária de contratos, o procedimento deveria ter sido cercado dos mesmos cuidados que nortearam a sistemática da recuperação judicial.

A submissão da minoria, na forma estabelecida pelo Capítulo VI para a recuperação extrajudicial, é uma simplificação

3. *High Interest Rates in Brazil: Conjectures on the Jurisdictional Uncertainty*, 2004.

temerária de uma matéria de grande complexidade, que influencia todo o delicado equilíbrio das relações jurídicas privadas no Brasil. A compreensão do problema é intuitiva: havendo um procedimento de recuperação extrajudicial que, sem maiores condições, controles ou conseqüências, seja capaz de atingir os mesmos efeitos do processo de recuperação judicial, este estará inexoravelmente esvaziado, e serão inócuas todas as regras cuidadosamente estruturadas para permitir a reorganização da empresa sem prejudicar excessivamente a proteção jurídica dos contratos.

Evidentemente a própria idéia de uma recuperação de natureza extrajudicial faz supor um procedimento mais simples. Contudo, esse processo simplificado não deveria importar perda de segurança, possibilidade de manipulações e fraudes ou injusto prejuízo aos credores. A simplificação procedimental teria que ser contrabalançada com requisitos e conseqüências mais rigorosos, bem como pela maior transparência e pela definição mais explícita das etapas a serem vencidas no processo, haja vista o menor controle pelo Judiciário e pelos credores.

Além disso, como exporemos adiante, há certas regras da recuperação judicial que, no aspecto prático, são incompatíveis com o modelo de recuperação extrajudicial com submissão da minoria em exame, como a constituição de título executivo em favor dos credores submetidos aos efeitos do plano.

Saliente-se que a recuperação extrajudicial, por envolver a possibilidade de submissão involuntária também de credores com garantia real, implicará diminuição da segurança do sistema de garantias reais e, conseqüentemente, reduzirá os benefícios que adviriam das modificações promovidas na legislação falimentar e no Código Tributário Nacional.

Em nome do objetivo de fortalecer a garantia real, promoveu-se substancial sacrifício aos direitos do fisco. A flexibilização dos direitos dos garantidos que a submissão da minoria acarreta é incoerente, por exemplo, com a lógica da priorização dos créditos com garantia real sobre os tributários. Os dispositivos do Capítulo VI da nova Lei de Falências prejudicarão, em grau que só o tempo poderá demonstrar, o objetivo de dar segurança e credibilidade à nossa legislação para promover a ampliação do acesso ao crédito e a redução de seu custo em nosso País.

Com base nessas premissas, passamos ao exame dos problemas identificados nos dispositivos do Capítulo VI da nova Lei de Falências.

6. Exame dos dispositivos atinentes à recuperação extrajudicial

O Capítulo VI da Lei n. 11.101, de 2005, traz duas modalidades de recuperação extrajudicial: a do art. 162, voluntária, nos moldes aqui defendidos, na qual somente os credores que expressamente aderirem ao plano de recuperação estarão submetidos a ele; e a do art. 163, que prevê a submissão da minoria no caso adesão por três quintos dos créditos de "cada espécie" abrangida pelo plano.

Muito embora preveja a submissão da minoria à decisão da maioria, a lei elimina, nessa modalidade de recuperação extrajudicial, quase todos os mecanismos que, na recuperação judicial, foram desenhados para evitar abusos pelos devedores e dar equilíbrio aos objetivos, não raro antagônicos, de promover o respeito aos contratos e de dar condições para a recuperação de empresas.

Na redação examinada: o devedor poderá definir a classe ou as classes de credores abrangidas pelo plano em função da "natureza dos créditos"; a divulgação de informações aos credores será bastante restrita, especialmente se comparada à recuperação judicial, e insuficiente para permitir objeções ao plano; não há um procedimento de habilitação de créditos; não é exigida comprovação de regularidade fiscal; não há participação de um administrador judicial; não é prevista a possibilidade de formação de Comitê de Credores; o Ministério Público fica totalmente excluído do procedimento; não há o período de observação de dois anos após a homologação do plano; não há obrigação de prestar contas por parte do devedor; não há qualquer outro tipo de fiscalização ou controle do cumprimento do plano; não há previsão de hipótese alguma de afastamento dos administradores da empresa devedora, nem mesmo em casos de má-fé ou de graves violações à lei ou ao direito; a rejeição ou o descumprimento do plano não acarretam a falência do devedor; e, além de tudo, o devedor pode reiterar, a cada dois anos, o pedido de recuperação, com nova sujeição da minoria discordante.

Há, no Capítulo VI da nova Lei, apenas três medidas que poderiam servir para contrabalançar tanta permissividade: a impossibilidade de apresentação de novo plano de recuperação extrajudicial no prazo de dois anos contados da homologação de outro ou da concessão de recuperação judicial; a tipificação de determinadas condutas como crimes; e o aumento do *quorum* de aprovação, de 50% para 60% dos credores.

A impossibilidade de apresentação de novo plano de recuperação extrajudicial no prazo de dois anos — que, ressalte-se logo, representa injustificável redução em relação à recuperação judicial, para a qual esse prazo é de cinco ou de oito anos — é medida de pouca utilidade prática, pois dois anos serão provavelmente o prazo médio de duração de um plano desse tipo. O devedor poderá apresentar um plano após o outro, tendo ou não cumprido o anterior, já que a lei não faz tal restrição, planejando e desenvolvendo toda sua atividade empresarial com base em um regime de exceção.

Quanto à tipificação de condutas como crimes, a experiência brasileira já mostrou que tal medida, por si só, não é capaz de, na atividade empresarial, desestimular determinados atos e comportamentos indesejáveis social e economicamente. Apenas como exemplo, pode-se citar o pobre grau de eficiência preventiva decorrente do tratamento penal da sonegação fiscal, das falências fraudulentas e do abuso do poder econômico.

Já o aumento do *quorum* de aprovação, além de insuficiente, tem seus efeitos mitigados pela previsão de maior número de classes, podendo o devedor escolher as que votarão. Pior que isso, a lei abre a possibilidade de o devedor, para obter a aprovação do plano, dividir os credores em grupos "de mesma natureza", conceito incerto e inadequado, que, se não ensejar fácil manipulação do *quorum* de aprovação pelo devedor, causará um imbróglio jurídico que dificilmente será resolvido a contento, mesmo com muitos anos de jurisprudência sobre o assunto. Dispensável mencionar o grau de insegurança que tudo isso trará ao ordenamento jurídico privado no Brasil.

Explicamos com um exemplo nossa preocupação em relação à manipulação do *quorum* de aprovação do plano extrajudicial: um devedor tem passivo igual a R$ 10 milhões. Negocia individualmente com seus credores e consegue assentimento do correspondente a R$ 4 milhões. Em seguida, convoca oficialmente para assinar o plano de recuperação extrajudicial somente aqueles que já concordaram com o plano, detentores de R$ 4 milhões em créditos, e pede a homologação do plano abrangendo outros credores selecionados (os mais incômodos), detentores de outros R$ 3,9 milhões. Isso poderia ser feito com o artifício de encontrar uma categorização com base na "mesma natureza" ou em alguma "condição semelhante de pagamento". Estaria, assim, assegurada a aprovação do plano, impondo-se restrições unilaterais ao direito destes credores, em função de comportamento estratégico do devedor, não proibido pela Lei.

Para que a recuperação extrajudicial funcionasse adequadamente, seria necessária a convocação de todos os credores de uma ou mais classes bem definidas, a fim de que se pudesse formar um quadro de credores consistente, a partir do qual pudesse ser apurado o consentimento da maioria. Também é razoável imaginar que haverá casos em que o devedor deixará de convocar um ou alguns credores, por esquecimento, por estratégia maliciosa para aprovação do plano ou porque nem todos os créditos serão líquidos e certos, em virtude de eventuais controvérsias acerca de sua existência ou de seu valor. Assim, seria necessário um procedimento de habilitação de créditos, que não pode ser extrajudicial, pois o devedor jamais terá a imparcialidade necessária e porque, como expressamente dispõe o art. 5º, XXXV, da Constituição, nenhuma controvérsia pode ser excluída da apreciação do Poder Judiciário. Como o Capítulo VI não disciplina de forma sistemática como será feita essa habilitação, a conseqüência será a intercalação de uma instância judicial desorganizada, de cuja conclusão dependerá a verificação do *quorum* de aprovação do plano proposto, o que poderá perdurar por muito tempo e inviabilizar o instituto.

Ressalte-se, ainda, que o art. 164, § 3º, da nova Lei restringe a possibilidade de discussão do plano de recuperação extrajudicial pelos credores dissidentes e, conseqüentemente, a amplitude da cognição do juiz para decidir sobre a homologação ou não do plano. Isso representa fragilização ainda maior dos legítimos interesses dos credores, os quais, para não serem tolhidos em suas defesas e não sofrerem abusos por parte do devedor, provavelmente vão interpor recursos ou propor ações que tornarão inviável qualquer desfecho eficiente do processo. Portanto, ainda que possa não haver controvérsias quanto à habilitação de credores, o caráter parcial da cognição do juiz na homologação do plano, previsto no art. 164, § 5º, trará mais uma vez à tona o art. 5º, XXXV, da Constituição, e os credores dissidentes poderão questionar, no mérito, a modificação de seus direitos pelo plano de recuperação extrajudicial, já que efetivamente estarão sendo prejudicados.

Ademais, é preciso ter em conta que a submissão da minoria à maioria reforça a necessidade de uma ampla divulgação de informações sobre a empresa e suas atividades. Primeiramente, porque os credores dissidentes precisam ter acesso a essas informações para fundamentar suas divergências, que poderão basear-se tanto na não-inclusão de créditos quanto na inclusão ou aumento, equivocado ou artificial, de créditos, com o fim de simular a obtenção da maioria necessária. Em segundo lugar, porque não necessariamente terá havido debate com todos os credores e não se deve tolher o direito dos minoritários de expor suas razões e buscar dissuadir os majoritários de sua decisão. A forma de divulgação dessas informações seria a publicação de editais, o fornecimento de documentos, a elaboração de relatórios e o acesso dos interessados à escrituração contábil da empresa devedora, tudo com o intuito de criar alguma simetria de informação entre os credores e dar legitimidade à decisão da maioria. Infelizmente nada disso é previsto para recuperação extrajudicial.

Em suma, a prevalecer a literalidade da redação aprovada, o devedor poderá, no procedimento de recuperação extrajudicial, manipular o *quorum* de aprovação, com possibilidades reduzidas de questionamento, já que os credores minoritários não terão acesso às informações necessárias para se opor a créditos simulados, inflados ou não incluídos na relação de credores votantes. Homologado o plano, não haverá nenhum tipo de fiscalização de seu cumprimento pelo devedor. Se o devedor descumprir obrigações assumidas no plano, não haverá nenhuma conseqüência, pois não será decretada a falência da empresa. Depois de tudo isso, em apenas dois anos, o devedor poderá apresentar novo plano de recuperação extrajudicial e pedir que seja imposto à minoria dissidente. Assim, o devedor poderá permanecer perpetuamente em recuperação extrajudicial, impondo modificações aos direitos de seus credores quando lhe aprouver. Tal situação é absurda e parece conspirar para tornar o marco institucional brasileiro ainda mais incerto e menos propício a garantir a segurança jurídica, que tanto se buscou fortalecer com a edição da nova Lei.

Além disso, há diversos problemas técnicos, inconsistências, contradições internas e falhas de técnica legislativa na redação do Capítulo VI.

O § 3º do art. 161, que prevê a impossibilidade de homologação de novo plano de recuperação extrajudicial se o devedor houver obtido recuperação judicial ou homologação de outro plano extrajudicial nos dois anos anteriores, é incompatível com o *caput* do mesmo art. 161, que remete ao art. 48, que, por sua vez, estabelece prazo de cinco ou oito anos (incisos II e III).

O § 4º do art. 161 prevê que "o pedido de homologação do plano de recuperação extrajudicial não acarretará suspensão de direitos, ações ou execuções, nem a impossibilidade de decretação de falência pelos credores não sujeitos ao plano de recuperação extrajudicial". Essa redação é, no mínimo, confusa, pois, em uma interpretação *a contrario sensu*, ficaria impossibilitada a decretação da falência com base em créditos sujeitos ao plano extrajudicial, a partir da distribuição do pedido de homologação. Ora, nem mesmo na recuperação judicial isso ocorre, pois, naquele instituto, a suspensão de ações, inclusive de pedidos de falência, prevista no art. 6º, *caput* e § 4º, da Lei, só se dá com o deferimento do processamento da recuperação, não bastando meramente a distribuição do pedido. Além disso, essa suspensão é estritamente limitada a 180 dias, período após o qual todas as ações, inclusive os pedidos de falência, voltam a ter curso normal. A redação do § 4º do art. 161 não estabelece limitação temporal, o que pode conduzir ao cenário disparatado em que, distribuído um pedido de homologação de plano extrajudicial, os pedidos de falência ficam suspensos indeterminadamente, até que seja definitivamente concluído o processo de recuperação extrajudicial. Tratar-se-ia de um despautério, mas, tendo em vista a freqüente atitude de indecisão ou de protelação do Judiciário, mesmo quando há fortes evidências de que a falência é a melhor alternativa — ainda que drástica e determinada pela lei —, não é fora de propósito a preocupação de que tal dispositivo possa servir de argumento para atravancar o processo falimentar, em benefício somente de empresas mal intencionadas que busquem eximir-se do cumprimento de suas obrigações.

No § 4º do art. 164, depois das impugnações, não só o devedor, mas também os credores interessados deveriam ter a prerrogativa de manifestar-se.

O art. 163 não é claro sobre a forma de apuração do percentual para aprovação do plano. Não se sabe se os créditos são tomados em relação ao seu valor, em número de credores ou por qualquer outro critério. Tampouco são claros os critérios de submissão dos créditos à recuperação extrajudicial: Vencidos? Também os vincendos? O § 1º do art. 163 fala apenas em "créditos constituídos até a data do pedido de homologação", sem mencionar sua maturação. O silêncio certamente implicará confusão.

O § 5º do art. 164, que estabelece as hipóteses em que o juiz não homologará o plano, deveria mencionar os mesmos dispositivos previstos no inciso II do § 3º. Como não o fez, poderá parecer que a Lei está autorizando expressamente o credor dissidente a alegar a matéria, mas, ao mesmo tempo, não permitindo que o juiz considere a alegação para rejeitar o pedido de homologação.

O § 8º do mesmo art. 164 é desnecessário, já que não há, nas demais normas, restrição à apresentação de um plano caso não seja homologado um anterior.

Há outras omissões em relação ao procedimento da recuperação extrajudicial, como, por exemplo, quanto às diligências que o juiz poderá fazer para decidir sobre as impugnações. Não há norma nesse sentido na redação do art. 164.

É preciso, neste ponto, deixar claro que, para dar celeridade ao procedimento, as regras precisam estar muito claramente estabelecidas. A lógica do Capítulo em análise é oposta a isso. Atalhos, falta de escrutínio e não-estabelecimento de mecanismos de controle em etapas críticas são sua tônica. Como se a "simplificação" do diploma legal pudesse afastar magicamente a real dificuldade de constituir uma sólida opção institucional que, de fato e organizadamente, permita a rápida solução das situações de dificuldades temporárias de empresas sólidas. Omitir dispositivos para que o texto fique enxuto, negligenciando questões processuais importantes, tem efeito contrário ao desejado: em vez de o procedimento tornar-se simples e célere, tornar-se-á controverso e atrasará a homologação do plano.

7. *O problema da novação e da constituição de título executivo*

O art. 59 da nova Lei de Falências prevê que, concedida a recuperação judicial, os créditos anteriores ficam novados, ou seja, *grosso modo*, deixam de existir os créditos anteriores e são constituídos novos créditos, nos termos do plano aprovado. Já o § 1º desse mesmo artigo prevê que a decisão judicial que concede a recuperação judicial é título executivo judicial, ou seja, descumpridas obrigações assumidas no plano, o credor pode simplesmente executar seu crédito com base na decisão concessiva (ou pedir a falência, a seu critério).

É difícil imaginar como aplicar regras semelhantes ao modelo de recuperação extrajudicial desenhado na Lei, muito embora o § 6º do art. 161 dê expressamente caráter de título executivo à sentença homologatória do plano extrajudicial. Na recuperação judicial, a novação dos créditos é viável porque o processo envolve uma fase de habilitação que conduz à formação de um quadro geral de credores. Esse quadro contém a relação dos créditos admitidos e, com base nela, é formado o novo título representativo dos créditos novados. Assim, os credores deixam de exercer seus direitos com base nos títulos anteriores e, como é prevista a possibilidade de execução da decisão concessiva, passam a poder executar o crédito inscrito no quadro geral.

Na recuperação extrajudicial que se examina, no entanto, não é possível formar um título executivo judicial para a defesa dos direitos dos credores, pois, como não há habilitação de créditos nem formação de um quadro geral, créditos sujeitos ao plano ainda podem ser discutidos judicialmente, quanto à existência, classificação ou valor, e pode até mesmo haver créditos não arrolados pelo devedor, hipótese em que sequer haverá menção a eles nos autos. Um título executivo tem que ser certo e líquido (ou ao menos liquidável nos termos do Código de Processo Civil), e essas características não estarão presentes nos créditos sujeitos à recuperação extrajudicial.

É preciso, contudo, fazer a seguinte distinção: o problema da constituição do título executivo não se coloca no caso de os efeitos do plano se aplicarem somente aos credores que expressamente anuírem, como dispõe o art. 162 da nova Lei, pois, nesse caso, o acordo assinado implicará confissão das duas partes, tanto dos credores quanto do devedor. Entretanto, se o plano submeter a minoria dissidente, estará prejudicada mais essa proteção aos direitos dos credores, que sequer terão um documento hábil à cobrança do que lhes é devido.

8. *Perspectivas para a aplicação das normas sobre recuperação extrajudicial*

Em virtude das omissões, contradições, inconsistências internas e possíveis violações constitucionais aqui descritas, estamos convencidos de que é inevitável a judicialização do procedimento da recuperação extrajudicial, o que o coloca em rota de colisão com sua própria natureza e importa alto risco de comprometimento da eficiência que dele se espera.

Com base nessa constatação, em um exercício arriscado, mas não por isso leviano ou irrefletido, apresentamos algumas perspectivas acerca da aplicação do instituto após a entrada em vigor da nova Lei de Falências.

Em um primeiro cenário, tem-se a declaração da inconstitucionalidade, em controle concentrado, do art. 163 da Lei n. 11.101, de 2005, por violação da proporcionalidade constitucional em relação aos princípios da segurança jurídica (art. 5º, *caput*), da propriedade (arts. 5º, XXII, e 170, II), da liberdade de iniciativa (art. 170, *caput*), do devido processo legal (art. 5º, LIV), do contraditório e da ampla defesa (art. 5º, LV), com possibilidade de suspensão liminar da vigência desses dispositivos. Na atual situação, tal cenário é o que implica menor dano às relações econômicas entre as empresas brasileiras e suas contrapartes, uma vez que afasta, de forma geral, as incertezas que fatalmente nascerão com a recuperação extrajudicial. Além disso, podem-se evitar confusões acerca dos atos praticados durante a vigência da lei, reputando-se inválidos tanto os próprios atos quanto seus desdobramentos no mundo jurídico. A declaração da inconstitucionalidade em controle concentrado, contudo, depende da iniciativa de algum dos titulares da ação de inconstitucionalidade a que se refere o art. 103 da Constituição e da compreensão dos Ministros do Supremo Tribunal Federal sobre a gravidade das conseqüências que advirão do novo instituto.

Outra possibilidade é o reconhecimento da inconstitucionalidade em controle difuso. A inconveniência desse cenário seria o longo tempo que entremearia o início da vigência da lei e a análise das questões constitucionais pelo Supremo Tribunal Federal. Nesse interregno, que não seria inferior a alguns anos, prevaleceria a incerteza e a insegurança jurídica. Além disso, a decisão judicial não retiraria do ordenamento o dispositivo declarado inconstitucional até que o Senado suspendesse sua execução, nos termos do art. 52, X. É bom lembrar que a corrente majoritária entende que os efeitos dessa suspensão não atingem automaticamente os atos praticados anteriormente, o que geraria um estoque de situações jurídicas controversas, que só se resolveriam com o julgamento final das respectivas ações judiciais.

É possível, ainda, que os juízes e tribunais, de forma isolada e, portanto, não uniforme, apliquem analogicamente certas normas relativas à recuperação judicial, para suprir as lacunas e contradições da Lei em relação à recuperação extrajudicial. O grande problema dessa tentativa de integração seria a difícil distinção em relação à natureza e ao alcance dos dois institutos, especialmente considerando que ambos potencialmente implicam modificação involuntária de direitos contratuais. Que norma seria aplicável e que norma seria incompatível com a recuperação extrajudicial? Estaríamos diante de uma miríade de interpretações e decisões jurisprudenciais distintas, cuja uniformização seria penosa em um sistema jurídico de inspiração romano-germânica.

A conseqüência de toda essa incerteza seria a tendência de as empresas superestimarem os riscos envolvidos com a recuperação extrajudicial. Sem conhecer com precisão as regras aplicáveis e sem a capacidade de prever com suficiente segurança os possíveis desdobramentos e o desfecho do procedimento, as empresas bem-intencionadas, que realmente enfrentem dificuldades e precisem de um plano de recuperação, tenderão a preferir a recuperação judicial, que, embora mais rigorosa, é disciplinada de forma precisa, com possibilidades bem menores de se tornar inviável por discussões judiciais sobre o sentido e o alcance de suas normas.

A mesma tendência atingirá os credores aos quais for apresentado o plano de recuperação extrajudicial com submissão da minoria. Embora os que aderirem voluntariamente ao plano extrajudicial possam ser beneficiados com a submissão da minoria dissidente, qualquer controvérsia jurídica poderá colocá-los em delicada posição de incerteza e mesmo de inação, especialmente considerando o teor do § 5º do art. 161, que impede que desistam da adesão após a distribuição da homologação. Assim, também os credores preferirão rejeitar as tentativas do devedor de obter recuperação extrajudicial com submissão da minoria discordante e exigir o seguimento do procedimento da recuperação judicial.

Nesse quadro, o instituto da recuperação extrajudicial com submissão da minoria dissidente somente terá utilidade para empresas mal-intencionadas, que objetivem tumultuar os procedimentos de cobrança e os processos falimentares, com fundamento em argumentos proporcionados por dispositivos confusos, como os arts. 161, § 4º, e 163, § 1º. Quando se tornar ampla tal percepção, o desgaste da imagem da empresa se acelerará com a distribuição da recuperação extrajudicial. Nesse quadro, mesmo a modalidade de procedimento voluntário, sem submissão da minoria dissidente, tal como desenhado no art. 162 da nova Lei de Falências, poderá ter sua eficiência prejudicada aos olhos dos credores e do mercado.

Por fim, em função da disfuncionalidade da recuperação extrajudicial e dos prejuízos à avaliação do risco relacionado às empresas brasileiras, é também razoável conjecturar que haverá uma situação-limite em que o Executivo ou o Legislativo precisarão tomar a iniciativa de promover modificações legislativas para corrigir os equívocos do instituto, caso o Judiciário já não o tenha retirado do ordenamento jurídico. Até lá, os dispositivos do Capítulo VI da nova Lei de Falências continuarão a lesar, em grau que só o tempo poderá demonstrar, a segurança e a credibilidade de nossa legislação empresarial e, conseqüentemente, prejudicar a ampliação do crédito e a redução de seu custo em nosso País.

9. Conclusões

A nova Lei de Falências disciplina duas modalidades de recuperação extrajudicial: uma voluntária, com um plano aplicável somente aos credores que expressamente aderirem (art. 162); e outra não completamente voluntária, pois envolve a possibilidade de submissão da minoria dissidente de credores (art. 163), com modificação de cláusulas contratuais sem ou contra sua vontade.

Cabem as seguintes críticas à recuperação extrajudicial com submissão da minoria dissidente, como desenhada no art. 163:

• é jurídica e economicamente inadequada à natureza do instituto, por implicar facilitação ao desrespeito a contratos;

• causa judicialização, burocratização e maior complexidade ao procedimento, reduzindo a segurança jurídica dos acordos extrajudiciais, estendendo a incerteza no tempo, o que tem graves repercussões sobre as chances efetivas de recuperação e sobre o valor do patrimônio remanescente;

• prejudica a sistemática da recuperação judicial, por estabelecer procedimento de efeitos excessivamente semelhantes, com menores repercussões e frouxo controle;

• reduz a segurança do sistema de garantias reais, o que mitiga os benefícios das alterações à Lei de Falências e ao Código Tributário Nacional, na contramão dos objetivos dessas modificações legislativas.

Como se vê, não houve suficiente apuro técnico nem foi levada em consideração a sistemática de funcionamento dos institutos da nova Lei.

A recuperação extrajudicial facilitará sobremaneira a quebra de contratos, o que acarretará grande instabilidade ao ordenamento jurídico privado e — não pode haver dúvida — prejudicará a avaliação de risco das empresas, desestimulando investimentos internos e externos, com evidente dano à economia brasileira.

São graves os problemas de constitucionalidade decorrentes de tamanha flexibilização dos direitos contratuais sem as devidas cautelas jurídicas para evitar abusos dos devedores, especialmente tendo em conta a proporcionalidade constitucional em relação aos princípios da segurança jurídica (art. 5º, *caput*), da propriedade (arts. 5º, XXII, e 170, II), da liberdade de iniciativa (art. 170, *caput*), do devido processo legal (art. 5º, LIV), do contraditório e da ampla defesa (art. 5º, LV).

Enfim, reputamos a recuperação extrajudicial com submissão da minoria dissidente um lamentável equívoco econômico e técnico-jurídico, pois implica renúncia a um modelo simples, célere e juridicamente seguro — como se deve esperar de um procedimento eminentemente extrajudicial — para adotar outro, complexo, oneroso, mais demorado e menos seguro, em evidente prejuízo aos benfazejos princípios que fundamentaram as alterações à legislação falimentar brasileira.

Atualidades

REFLEXÕES SOBRE A VIABILIDADE ECONÔMICA DA EMPRESA NO NOVO REGIME CONCURSAL BRASILEIRO

FREDERICO VIANA RODRIGUES

Introdução. 1. Evolução histórica dos institutos concursais: 1.1 Da punição do devedor à falência-liquidação; 1.2 Da falência-liquidação à recuperação de empresas; 1.3 Recuperação de empresas no direito brasileiro. 2. Viabilidade econômica da empresa: 2.1 Crise patrimonial; 2.2 Crise financeira; 2.3 Crise econômica. 3. Apuração da viabilidade econômica da empresa. 4. Crítica aos critérios "supra" e a solução adotada pela Lei 11.101/2005. 5. Conflito de interesses envolvidos na crise financeira da empresa: 5.1 Credores "vs." devedor; 5.2 Sociedade empresária "vs." sócios "vs." administrador; 5.3. Credores "vs." credores. 6. Conclusão.

Introdução

Com o advento da Lei 11.101/2005, o direito concursal positivo brasileiro finalmente absorve o princípio da *preservação da empresa*, já há muito disseminado na doutrina e na jurisprudência pátrias.

O atabalhoado e assistemático processo legislativo — que infelizmente caracteriza o Congresso Nacional — fez com que o trâmite do PL 4.376/1993, da Câmara dos Deputados, estendesse-se por mais de uma década antes de ser convertido no referido diploma legal.

Se por um lado a *morosidade* do legislador fez com que tardasse o ingresso do instituto da *recuperação da empresa* em nosso ordenamento jurídico, por outro lado permitiu, a uma, aos juízes e tribunais sensibilizarem-se, gradativamente, quanto à *importância social* da empresa, e, a duas, que a nova lei pudesse ser influenciada pela evolução de regimes análogos do direito comparado.

No que se refere ao primeiro ponto, a jurisprudência já vinha flexibilizando o rigor do Decreto-lei 7.661/1945, muitas vezes deixando de decretar falências a despeito dos requisitos legais necessários para tanto, e concedendo concordatas mesmo quando não observadas todas as formalidades da lei. O *ativismo judicial* impôs-se como resposta ao laxismo do legislador, que nos privou da possibilidade de recuperar inúmeras células produtivas economicamente viáveis.[1-2]

1. A noção de *ativismo social* tem a ver com "decições judiciais criadoras, ou geradoras, de novos direitos actuáveis pelos cidadãos junto das instância judiciais; ou, de modo ainda mais explícito, com os comportamentos judiciais que extravazem as fronteiras da tradicional doutrina da separação de poderes no âmbito dos sistemas políticos liberais-democráticos, ou seja, que de algum modo representem uma intrusão do poder judicial no terreno político" (António Goucha Soares, "A transformação do poder judicial e os seus limites", in *Revista do Ministério Público* 82/43-70, abr.-jun. 2000). V. tb., sobre o tema, Richard Posner, *The Federal Courts — Challenge and Reform*, Cambridge, Harvard University Press, 1996.

2. Ressalte-se que pesquisa realizada em 1996 demonstrou que 82,9% dos juízes, incluindo os de primeira e de segunda instância, assim como minis-

Ao mesmo tempo, países que já contavam com a recuperação da empresa há longos anos perceberam que o instituto deve ser utilizado com cautela, pois em grande parte, as empresas em crise são mesmo irrecuperáveis.

Atento a isso, o *novel* regime brasileiro permite a recuperação apenas das empresas economicamente viáveis, pois não se trata de uma decisão *de viés puramente social*. A opção entre recuperar e liquidar a empresa não haverá de se sujeitar a decisões políticas: está fora do âmbito da *voluntas judicial*. Cuida-se, antes, de uma questão econômica, que é tratada no âmbito judicial e possui reflexos sociais.

Apesar de os três sistemas — econômico, judicial e social — relacionarem-se intimamente no momento decisório, a Lei 11.101/2005, de concepção nitidamente *neoliberal*, privilegiou o critério econômico para orientar a recuperabilidade da empresa. Vejamos, portanto, em breve síntese, a evolução histórica dos institutos concursais, desde a mera punição do devedor ao saneamento da célula produtiva, para que possamos compreender a *ratio legis* do novo regime concursal brasileiro.

1. Evolução histórica dos institutos concursais

1.1 Da punição do devedor à falência-liquidação

Nas primeiras civilizações não existia execução concursal. Na Roma antiga o devedor insolvente podia ser punido corporalmente pelo credor, a quem cabia prendê-lo *in carcere privato*, torná-lo escravo ou mesmo dispor de sua vida.

tros dos tribunais superiores, acreditavam que "o Poder Judiciário não é neutro; em suas decisões o magistrado deve interpretar a lei no sentido de aproximá-la dos processos sociais substantivos e, assim, influir na mudança social" (L. W. Vianna *et all.*, *O Perfil do Magistrado Brasileiro*, Projeto Diagnóstico da Justiça, AMB/Iuperj, 1996).

Tal sistema perdurou até 428 a.C., quando a *Lex Poetelia Papiria* substituiu o empenho real do corpo pelo compromisso verbal. À execução sumária do devedor sobreveio a obrigatoriedade de prévia sentença, determinando o desapossamento de seus bens. Não obstante a essa primeira quebra do paradigma punitivo, foi somente com o advento da *Lex Julia*, em 737 d.C., que aparecem os primeiros traços do procedimento concursal: o devedor de boa-fé que abandonasse seus bens aos credores livrava-se da execução pessoal e da infâmia; seus bens eram vendidos e o preço rateado na proporção dos créditos, respeitando-se privilégios e garantias.[3]

Não havia, entretanto, um instituto jurídico sistematizado para o concurso dos credores do devedor insolvente.[4] Como tal, a falência surge somente na Idade Média. Suas regras emergem dos usos e costumes, compilados nos estatutos das cidades mercantes, notadamente no veronês, de 1228, segundo o qual, diante da insolvência do devedor, seus bens eram vendidos ao melhor ofertante. Feita a venda, pautada no prevalecente interesse público, o produto

3. Cf. J. Pinto Furtado, "Perspectivas e tendências do moderno Direito da Falência", in *Revista da Banca* 11/63-89, 1989; Nelson Abrão, *Curso de Direito Falimentar*, São Paulo, Ed. RT, 1993; Rubens Requião, *Curso de Direito Falimentar*, São Paulo, Saraiva, 1993; e Maria Celeste Morais Guimarães, *Recuperação Judicial de Empresas*, Belo Horizonte, Del Rey, 2001.

4. Segundo Manuel de Andrade, "instituto jurídico é o complexo das normas (pode às vezes tratar-se de uma só) que contém a disciplina jurídica de uma dada relação jurídica em sentido abstrato. Temos assim o instituto do pátrio poder, da tutela, da compra e venda, do casamento, da sucessão legítima, etc. É claro que por instituto jurídico tanto designamos a regulamentação de uma só relação jurídica, como a de uma série mais ou menos extensa de relações entre si ligadas por quaisquer afinidades. Os diversos institutos jurídicos articulam-se depois entre si, de harmonia com as conexões que os prendem, para formarem o sistema — primeiro, os sistemas particulares de cada disciplina jurídica, depois o sistema geral do Direito" (Manuel A. Domingues de Andrade, *Teoria Geral da Relação Jurídica*, v. 1, Coimbra, Almedina, 1997, p. 5).

era dividido *pro rata debiti* entre os credores, ressalvadas garantias e privilégios, a cujos detentores transferia-se o produto da coisa vendida.[5]

Com o fortalecimento dos estados monárquicos, o direito citadino influenciou as ordenações reais, que deram força normativa ao até então consuetudinário instituto da falência.[6] Após a revolução francesa, o instituto foi consagrado no Código Comercial napoleônico, que constituiu modelo para os regimes falimentares da maioria dos países europeus e latino-americanos, inclusive o nosso.

Foi assim que a falência evoluiu no mundo jurídico sustentada em dois pilares bem definidos. De um lado, conferir aos credores o recebimento paritário de seus créditos e, de outro, punir o devedor pela quebra culposa ou fraudulenta. Ambos alcançados pelo processo de liquidação do patrimônio do devedor, esgotando-se nisso o processo da falência. Daí porque o regime concursal era considerado sinônimo de "falência-liquidação".[7]

1.2 Da falência-liquidação à recuperação de empresas

Desde o fim do Primeiro Conflito Mundial, em decorrência da crise que assolou a indústria, desponta na economia de pós-guerra a idéia de dar continuidade à empresa ao revés de liquidá-la. Surgem as concordatas — medidas paliativas que, todavia, permanecem adstritas aos interesses do falido, que podiam não solicitá-las, e dos credores, que em certos casos podiam obstá-la.[8]

Foi, contudo, depois da Segunda Grande Guerra que a crise econômica da empresa passa a demandar uma maneira diferente de enfrentar o fenômeno da insolvência. Pautados na noção de que a empresa sólida e produtiva gera estabilidade econômica, e considerando a imperiosa manutenção dos postos de trabalho, dois novos princípios despontam, na esteira metodológica do Direito Econômico,[9] para tratamento do devedor insolvente: (i) a empresa viável, em crise, sempre que possível deve ser preservada; e (ii) é necessário separar a sorte da empresa da de seus dirigentes, punindo as faltas destes e assegurando a salvaguarda daquela.[10]

5. Cf. Umberto Santarelli, *Per la Storia del Fallimento nelle Legislazioni Italiane dell'Età Intermedia*, Pádua, 1964, p. 44.

6. Em Portugal — e conseqüentemente no Brasil —, a primeira referência ao termo *quebra* aparece timidamente nas Ordenações Manuelinas. Antes disso o instituto não era contemplado: as Ordenações Afonsinas, sob direta influência romana, limitavam-se a reger execuções individuais contra devedores relapsos, prevendo sua prisão até integral liquidação da dívida. Já nas Ordenações Filipinas, o devedor condenado por sentença transitada em julgado era executado, tendo seus bens penhorados. Caso estes não fossem encontrados, a prisão era o meio de coagi-lo ao pagamento (ou à cessão de bens aos credores). Sendo a quebra considerada fraudulenta, o devedor era condenado à pena de morte ou de degredo, conforme o valor do passivo. Na hipótese de quebra culposa, o insolvente era degredado. Foi, contudo, no Alvará pombalino de 13 de novembro de 1756, que o instituto se consolidou no direito positivo português, com a novidade de um processo concursal e, pela primeira vez, empregando os termos *falência*, *falir* e *falido* em representação de falta de crédito (cf. J. Pinto Furtado, ob. cit., p. 64; e Tiago Fantini Magalhães, "O princípio da dissociação entre a sorte da empresa e a sorte do empresário na nova ordem falimentar", in Theophilo de Azeredo Santos, *Novos Estudos de Direito Comercial em Homenagem a Celso Barbi Filho*, Rio de Janeiro, Forense, 2003, pp. 422-446).

7. Cf. Catarina Serra, "A crise da empresa, os trabalhadores e a falência", in *Revista de Direito e Estudos Sociais*, ns. 3 e 4, ano XLII, jul.-dez. 2001, pp. 419-445.

8. Comparato define como *pendular* esta fase do direito concursal: "protege-se alternativamente o insolvente, ou os seus credores, ao sabor da conjuntura econômica e da filosofia política do momento" (Fábio Konder Comparato, *Aspectos Jurídicos da Macro-Empresa*, São Paulo, Ed. RT, 1970, p. 98).

9. Cf. Fábio Konder Comparato, "O indispensável Direito Econômico", in *Ensaios e Pareceres de Direito Empresarial*, Rio de Janeiro, Forense, 1978, pp. 453 e ss.

10. Cf. Rubens Requião, "A crise do direito falimentar brasileiro — Reforma da Lei de Falên-

O acorde do regime concursal passa a ser, então, o de "falência-saneamento".

1.3 Recuperação de empresas no direito brasileiro

No direito brasileiro, a transição da "falência-liquidação" para a "falência-saneamento" opera-se após anos de tramitação parlamentar do projeto que se converteu na Lei 11.101/2005.

Pelo novo diploma concursal, o escopo da tutela da crise financeira da empresa despolariza-se do vetusto esquema *devedor-credores*, passando a abarcar uma gama bem mais abrangente de interesses na condução do processo.[11]

Aliás, o enfoque desses *interesses* não se restringe ao trâmite processual. Ao contrário do que ocorria com o Decreto-lei 7.661/1945, o aspecto procedimental da nova lei passa a ser puramente acessório.[12]

De fato, uma das maiores críticas ao *ancien régime* era justamente sua índole eminentemente processual, valorizando questões de ordem técnico-procedimental em detrimento ao fundamental nessa matéria, ou seja, ao elemento econômico.[13]

No que tange à falência, bastava a falta de um só pagamento no vencimento para dar ensejo ao pedido. Desde que o inadimplemento ocorresse sem relevante razão de direito e não houvesse elisão mediante depósito, a quebra era decretada. Ao devedor cabia aguardar a publicação do quadro geral de credores, o encerramento do inquérito judicial e a apresentação do relatório do síndico para, só então, intentar a recuperação do negócio por meio da concordata suspensiva. Quanto a esta, tal e qual acontecia com a concordata preventiva, bastava ao devedor cumprir os requisitos previstos no Decreto-lei 7.661/1945 para que o benefício lhe fosse concedido.

Em suma, os critérios para liquidação ou recuperação da empresa não resultavam

cias", in *RDM* 14 (1974), republicado na *Revista de Direito Bancário, do Mercado de Capitais e da Arbitragem* 20/199-207, abr.-jun. 2003; Nelson Abrão, *Curso de Direito Falimentar*, cit., p. 24; Maria Celeste Morais Guimarães, *Recuperação Judicial de Empresas*, cit., pp. 123 e ss.; Tiago Fantini Magalhães, "O princípio da dissociação...", cit., in Theophilo de Azeredo Santos, *Novos Estudos de Direito Comercial em Homenagem a Celso Barbi Filho*, pp. 435 e ss.; Antunes Varela, "A recuperação das empresas economicamente viáveis em situação financeira difícil", in *Revista de Legislação e de Jurisprudência* 3.794-3.801/137-356; Catarina Serra, "A crise da empresa,...", *Revista de Direito e Estudos Sociais*, ns. 3 e 4, pp. 419-445; e J. Pinto Furtado, "Perspectivas e tendências ...", cit., *Revista da Banca* 11/63-89, pp. 69 e ss.

11. V., no direito português, Menezes Cordeiro: "Na falência jogam-se interesses opostos que o Direito procura harmonizar; assim: o comerciante falido pretende retardar ou evitar a falência e, quando ela porventura se dê, atravessá-la com um mínimo de danos; os credores visam a obtenção de um máximo de valor, por forma a minorar os prejuízos que, em princípio, irão sofrer nos seus direitos de crédito; os terceiros aspiram à normal prossecução da sua actividade, sem serem afectados pelas operações falimentares que, a seu lado, venham a decorrer; a comunidade e o Estado desejariam, por fim, que a empresa em dificuldades as ultrapasse, de modo a prosseguir na sua tarefa criadora de riqueza. Registre-se ainda que os diversos credores do falido, entre os quais, normalmente, o próprio Estado, têm entre si, interesses antagónicos: dado o fenómeno do rateio, a vantagem de um é, tendencialmente, o prejuízo de outro" (António Menezes Cordeiro, *Manual de Direito Comercial*, v. 1, Coimbra, Almedina, 2003, p. 346).

12. Ainda Menezes de Cordeiro: "Um processo de falência assenta em múltiplas soluções jurídicas de tipo substantivo. Ao direito civil e comercial compete definir os direitos das partes envolvidas, os seus limites e as regras a observar quando, entre eles, se registrem conflitos. O domínio adjectivo da problemática em jogo não deve distorcer as saídas que, em cada momento histórico, os ordenamentos considerem justas. A bondade do procedimento falimentar, quanto à satisfação dos interesses em presença é, tão-só, a dos regimes substantivos implicados: tudo decorre em termo que tais regimes aflorem, sejam ponderados e dêem lugar às decisões mais oportunas. Como segundo vector relativo à falência aponta-se, pois, o que se poderá chamar de inoquidade dos procedimentos processuais: estes devem ser de tal ordem que não pertubem as soluções de fundo encontradas pelo ordenamento para as questões que se sucitem" (ob. cit., p. 347).

13. Nelson Abrão, *Curso de Direito Falimentar*, cit., p. 42.

de fundamentos jurídico-econômicos, mas unicamente do cumprimento de formalidades processuais. Como resultado, não raro liquidavam-se empresas economicamente viáveis, ao passo que outras tantas, visivelmente moribundas, vertiam aos seus sócios e administradores as benesses da concordata em preclaro desfavorecimento dos credores, dos empregados e do fisco. Diga-se até em prejuízo da economia de modo geral: é sabido que a manutenção no mercado de uma empresa deteriorada contamina as demais tal como um fruto podre no balaio.[14]

Agora, com o advento da nova lei, a falência passa a desempenhar papel muito além de mero instrumento de execução concursal. Mais que assegurar o *par conditio creditorum*, a finalidade do instituto volve-se ao *saneamento da atividade empresarial*.[15]

Sanear não importa, todavia, a extinção da empresa. Nem tampouco, sua manutenção a qualquer custo. Não se há confundir o destino da empresa com a sorte de quem a exercia, seja mau pagador, inepto e aventureiro, seja empreendedor zeloso, honesto e diligente. A questão não se coloca entre compensar a desventura do empresário probo e punir os lapsos do incompetente.

Antes disso, cuida-se de avaliar se a empresa é, ou não, economicamente viável para que se decida por sua liquidação ou recuperação.

14. Segundo Mota Pinto, "os comerciantes pagam aos seus credores com as importâncias que vão recebendo dos seus devedores; se um comerciante cessa pagamentos, os seus credores podem ver-se forçados a não cumprir perante os outros comerciantes de quem são devedores e assim pode alastrar o incumprimento como nódoa de azeite, com grave dano para a vida mercantil" (Carlos Alberto da Mota Pinto, *Teoria Geral do Direito Civil*, Coimbra, Coimbra Editora, 1999, p. 249).

15. Cf. Rubens Requião, "A crise do direito falimentar brasileiro — Reforma da Lei de Falências", in *RDM* 14 (1974), republicado na *Revista de Direito Bancário, do Mercado de Capitais e da Arbitragem* 20/200, abr.-jun. 2003.

2. Viabilidade econômica da empresa

Sob o enfoque do direito concursal, crise econômica, crise financeira e crise patrimonial são conceitos que não se confundem. Segundo Fábio Ulhoa Coelho, a crise da empresa pode ser: (i) econômica, quando os negócios sociais não se realizam suficientemente à manutenção da empresa; (ii) financeira, quando falta à sociedade empresária recursos em caixa disponíveis para o cumprimento de suas obrigações; e (iii) patrimonial, quando o ativo societário torna-se inferior ao passivo.[16]

Portanto, a viabilidade da empresa há de ser observada em suas três diferentes dimensões: *econômica*; *financeira*; e *patrimonial*.

2.1 Crise patrimonial

A superposição do passivo em relação ao ativo, a despeito de seus sérios riscos, não é impeditiva à continuidade da empresa.[17] Uma sociedade empresária que, no presente, possui ativo inferior ao seu passivo pode multiplicar essa relação a médio ou longo prazo, desde que o empreendimento encontre ambiente econômico adequado a prosperar e a empresa seja reestruturada.

Se essa sociedade possui créditos realizáveis a curto prazo e débitos a perder de vista, a disparidade ativo/passivo não lhe ocasionará problemas, desde que o volume dos negócios aumente e não sejam descuidadas reservas para liquidação das obrigações futuras. Não se haverá falar, nesse caso, em crise patrimonial.[18]

16. Cf. Fábio Ulhoa Coelho, *Curso de Direito Comercial*, v. 3, São Paulo, Saraiva, 2002, p. 216.

17. Segundo Angel José Rojo Fernández-Rio, "a insolvência não esgota a patologia da empresa moderna e, em conseqüência, não pode ser pressuposto único — ou principal — para a abertura do concurso" (VV.AA., *La Reforma del Derecho de Quiebra*, Madri, 1982, p. 157).

18. Preleciona Mota Pinto que "na esfera do comércio desempenha um papel muito importante o crédito, que permite aos comerciantes enfrentar o flu-

A situação muda de figura quando o ativo social mostrar-se insuficiente a liquidar o passivo exigível de imediato. Na hipótese de serem realizados todos seus bens e direitos, restando ainda dívidas vencidas, a sociedade será considerada insolvente.

Em geral a insolvência é a fase final da crise da empresa. Revela-se quando os problemas econômicos e/ou financeiros atingem o patrimônio social. A crise então só será debelada pela célere injeção de capital (pelos sócios ou por terceiros) ou pela remissão e/ou alongamento das dívidas.

2.2 Crise financeira

Também os problemas financeiros inspiram cuidados, mas não chegam a ser obstáculo à manutenção da empresa.

A crise financeira ocorre quando há descasamento temporal no fluxo de caixa da sociedade, assinalado por débitos vencíveis a curto prazo e créditos de realização futura. A chamada iliquidez pode, entretanto, ser superada por injeção de capital próprio ou de terceiros, bem como por intermédio do desconto de duplicatas, do *factoring* ou da securitização de créditos, dentre outros negócios jurídicos que recorram à engenharia financeira.[19]

Contudo, pelo regime que ora fica para trás, se a liquidez não fosse imediatamente restabelecida, a cessação de pagamentos apenas seria evitada pela concordata preventiva. Não preenchidos, *in casu*, os requisitos para a obtenção do favor legal, a falência era decretada independentemente de a empresa ser economicamente viável.

De fato, o elemento determinante para a decretação da falência era a *cessação de pagamentos*. Esse paradigma, entretanto, foi superado pela Lei 11.101/2005.

2.3 Crise econômica

Se nem os aspectos financeiros, nem os patrimoniais da crise são impedientes à conservação dos negócios, seu elemento econômico, todavia, pode ser fatal à viabilidade do empreendimento.

Normalmente a crise econômica é a *causa* dos problemas financeiros e patrimoniais da empresa. Ainda que a sociedade possua ativo superior ao seu passivo e tenha o fluxo de caixa equilibrado, caso as perspectivas de rentabilidade da atividade sejam negativas, a empresa — a persistir com a mesma estratégia de negócio — inevitavelmente sucumbirá.

A despeito de eventuais injeções de capital, remanejamento das dívidas e acuradas soluções de engenharia financeira, se a atividade empresarial não for rentável, em que pesem esforços para manter a empresa, sua continuidade estará fadada ao insucesso. Em tais casos somente mudanças estruturais da atividade poderão vencer a crise.

Daí as críticas ao Decreto-lei 7.661/1945, que atacava os aspectos financeiros e patrimoniais da crise da empresa, mas desprezava sua dimensão econômica. Tanto a falência como a concordata não levavam em conta a viabilidade do negócio. O novo regime, sem se descurar das dimensões financeira e patrimonial da crise da empresa, conferiu maior ênfase à sua *viabilidade econômica*.

Ou seja, para a implementação da recuperação, mister se faz apurar — além do diagnóstico da crise e da proposta para sua superação — a efetiva *viabilidade econômica* do plano de reabilitação da empresa.

Enquanto o objeto da recuperação é a superação da crise, sua finalidade vai mais adiante, visando antes ao restabelecimento

xo de entrada e saída das mercadorias e as várias fases da vida mercantil; se um comerciante vai cumprindo as suas obrigações, por obter sucessivamente crédito, embora tenha, em certo período, um activo inferior ao passivo, não há razão para o declarar falido" (Carlos Alberto da Mota Pinto, ob. cit., p. 248).

19. V. Frederico Viana Rodrigues, "A securitização de créditos como meio de recuperação de empresas", in *Repertório IOB de Jurisprudência* 10/2004, v. III, pp. 302-306.

do equilíbrio econômico da empresa: a atividade deve se mostrar rentável, o negócio bem-estruturado e o ambiente mercadológico competitivo para seus bens e serviços. De nada vale atacar os efeitos de uma crise financeira ou patrimonial se, ao final, não for viável o restabelecimento do equilíbrio econômico da empresa.

Em linhas gerais, a recuperação da empresa passa por três pontos fundamentais:

(i) *Identificação (diagnóstico) da crise*:
a) aspecto patrimonial;
b) aspecto financeiro;
c) aspecto econômico.
(ii) *Proposta para superação da crise*:
a) medidas para atacar seus efeitos;
b) medidas para atacar sua causa.
(iii) *Restabelecimento do equilíbrio da empresa*:
a) atividade lucrativa;
b) negócio estruturado;
c) ambiente mercadológico competitivo.

Tome-se, por exemplo, uma sociedade industrial que esteja diante de uma crise financeira e patrimonial decorrente do estoque excessivo de matéria-prima. Esse equívoco, a uma, retirou-lhe liquidez ao empatar grande parte do capital de giro em bens que não podem ser imediatamente realizados e, a duas, comprometeu a relação ativo/passivo, pois, não havendo a produção esperada — e, conseqüentemente inexistindo transformação da matéria-prima em mercadoria —, seu passivo aumentou sem o correspondente acréscimo do ativo.

Identificado o problema, uma solução seria combater seus efeitos mediante alongamento das obrigações vencidas e vincendas (art. 50, I, Lei 11.101/2005) e atacar sua causa imediata, aumentando-se o capital social com aporte de recursos dos sócios (art. 50, VI) para que se possa aumentar a produção, com jornada de trabalho e salários estabelecidos em condições especiais por acordo coletivo (art. 50, VIII), visando dar vazão à matéria-prima excedente (art. 50, XI).

Essa solução poderá ser — ou não — economicamente viável. Se o custo da produção e da distribuição mostrar-se inferior ao da venda do produto, sua industrialização será rentável e, conseqüentemente, exeqüível o plano de recuperação. Mas se o preço de venda não alcançar valor suficiente à manutenção da produção, seja porque a demanda dos consumidores substituiu tal produto por outro mais sofisticado, seja porque o mercado oferece produtos semelhantes a preços inferiores, não obstante os esforços empreendidos na recuperação, esta será *economicamente inviável*.

Em tal situação, o plano de recuperação trataria os efeitos e a causa imediata da crise, mas descuidaria de sua causa econômica, que é a mais importante. Não sendo possível dirimir o *aspecto econômico* da crise, melhor seria mesmo a liquidação da empresa.

Sendo, no entanto, exeqüível sanear a crise econômica, o plano de recuperação deve prever meios para a reestruturação do negócio. No caso *sub examine*, poderia fazê-lo, p. ex., mediante alteração da linha de produção, voltando-a à industrialização de outras mercadorias mais competitivas, ou pela alteração da atividade social. Um plano de tal monta importaria enormes investimentos e, por suposto, maior comprometimento de todos os interessados na reestruturação da empresa.[20]

E, quanto mais complexo o plano de recuperação, mais delicado será — *para o operador do direito* — a percepção da viabilidade do negócio. Isso porque a apuração da viabilidade da continuação da atividade não se limita a uma avaliação jurídica, passando primeiro pela análise econômica da empresa.

20. Segundo Catarina Serra, "o risco da empresa deve ser distribuído por todos os sujeitos com interesses na empresa (empresários, trabalhadores, investidores, instituições de crédito, consumidores e

3. Apuração da viabilidade econômica da empresa

O que é uma empresa economicamente viável? Não é nada fácil para o operador do direito responder tal pergunta. Os juristas, magistrados, promotores e advogados possuem formação jurídica e não econômica. Esta é uma *expertise* que por ora a maioria dos bacharéis em direito não dominam.[21-22-23-24]

Se no Brasil direito e economia ainda não se imiscuem como ocorre com os *scholars* estadunidenses da *Law & Economics*, nem por isso se deva dar pouca im-

agentes da economia, cidadãos contribuintes e membros da colectividade)", sendo que "a solução para a crise da empresa implica uma ponderação lúcida e equilibrada dos interesses públicos, colectivos e privados que nela confluem" (Catarina Serra, *O Novo Regime Português da Insolvência*, Coimbra, Almedina, 2004, p. 7).

21. Nos últimos trinta anos o âmbito de aplicação da economia vem se alargando para muito além de seu tradicional domínio de estudo. Na esteira desse processo expansivo, tornou-se comum a utilização de princípios e métodos da ciência econômica no estudo de problemas jurídicos. Esse movimento, denominado *Law and Economics*, inicia-se com os trabalhos de Ronald Coase (*The Problem of Social Cost*, 1960) e Guido Calabresi (*Some Thoughts on Risk Distribution and the Law of Torts*, 1961), mas podemos encontrar suas raízes nos trabalhos de Adam Smith (*An Enquiry into the Nature and Causes of the Wealth of Nations*, 1776) e Jeremy Bentham (*Of Laws in General*, 1782; *An Introduction to the Principle of Morals and Legistation*, 1789).

22. A *Law and Economics* tem uma dimensão positiva (no sentido de analisar, explicar e prever) e outra normativa (no sentido de direcionar, prescrever e determinar). A análise econômica positiva busca explicar os efeitos das normas jurídicas nos distintos mercados e teorizar as causas econômicas de sua adoção pelo Estado. Já a análise econômica normativa procura estabelecer regras economicamente eficientes visando recomendar sua assimilação como normas jurídicas. Não obstante todos os sectários da *Law and Economics* analisarem o direito a partir da economia, diferentes abordagens metodológicas e programas de pesquisa vem sendo utilizados, dando ensejo a distintas Escolas. Desde seu surgimento, os operadores da *Law and Economics* dividiram-se entre a Escola de Chicago e a Escola de Yale, conforme respectivas abordagens *positiva* ou *normativa* da análise econômica do direito (cf. Francesco Parisi, *Positive, Normative and Functional Schools in Law and Economics*, disponível em <http://ssrn.com/abstract_id= 548403>, acesso em 18.3.2005).

23. Segundo Richard Posner, *caput scholae* da Universidade de Chicago, a análise econômica aplica-se a qualquer área do direito e pode ser realizada por juristas, economistas ou juristas-economistas. Acrescenta que é nos ramos do direito regulados pelo mercado — como, p. ex., Direito da Concorrência, Direito Bancário e Direito Falimentar — que a análise econômica tem alcançado maiores progressos. Enfatiza, entretanto, que a análise econômica também se aplica aos demais ramos do direito, como, p. ex., Direito das Obrigações, Direito Penal, Direito Constitucional e até mesmo ao Direito de Família. Considerando o direito a partir da reflexão de um *mercado jurídico*, como se seu exercício se fundasse em trocas precificadas por normas jurídicas, Posner afirma que o direito jurisprudencial resulta de esforços, ainda que inconscientes, para obter conseqüências eficientes na maximização racional das mais cotidianas satisfações humanas. Posner — que é Juiz Federal de Segunda Instância nos EUA — defende que a *eficiência* deve ser o critério orientador das decisões judiciais, já que considerações sobre "justiça", tendo em vista suas controvérsias acadêmicas e políticas, podem macular o processo judicial de inaceitáveis ambiguidades (cf. Richard Posner, *Economic Analysis of Law*, Boston, Little Brown, 1986).

24. Ao contrário da *Chicago Trend*, a Escola de Yale — geralmente denominada *Normative School* — defende a necessidade de intervenção legal para corrigir falhas de mercado. Preocupações distributivas são centrais no pensamento dos *scholars* de Yale. Sua filosofia tende mais para a intervenção estatal do que a da Escola de Chicago. Tendo por *caput scholae* Guido Calabresi, a *Escola Normativa* vem atraíndo estudiosos que, muitas vezes adotando a metodologia da *Chicago Trend* (eficiência), utilizamna na identificação de falhas no atual sistema, para, então, desenvolver proposições normativas para superá-las. Impregnados com ideais de justiça distributiva, os *scholars* de Yale entendem, contudo, que a eficiência não deve ser a finalidade do sistema jurídico. Calabresi entende que, apesar de o homem agir racionalmente, essa racionalidade (*weak form of racionality*) às vezes sofre desvios que demandam uma ação corretiva do Estado. A uma porque nem sempre as pessoas têm informação suficiente para tomar decisões racionais. A duas porque, ainda que bem informadas, as pessoas partem de uma otimista predisposição de que coisas más somente acontecem com os outros. A três porque não são capazes de analisar com acuidade a proporção do nível de cuidado que devem tomar em função do aumento do risco a que são submetidas. E, por fim, as pessoas geralmente tomam decisões que lhes geram benefícios a curto-prazo sem avaliar os custos que lhe acarretarão a longo prazo. Segundo Hylton, Calabresi

portância à análise econômica da viabilidade da empresa.

Como visto, o fundamento da decisão que opta entre declarar a falência da sociedade titular de empresa em crise ou deflagrar o procedimento de recuperação desta reside exatamente na dimensão econômica do negócio. E, partindo-se da premissa de que (na sua grande maioria) os juízes não têm formação técnica para avaliar os aspectos econômicos da crise, a solução do problema exige a adoção de um critério que oriente o magistrado em suas decisões. Em tese, tal critério poderia ser: (i) formal; (ii) técnico-científico; (iii) empírico; ou (iv) mercadológico.

O critério formal seria decididamente a pior baliza a orientar o magistrado. Adotar tal solução equivaleria retroceder ao antigo regime, que exigia o cumprimento de requisitos de ordem formal para autorizar a concordata. Nesta esteira, a nova lei poderia ter previsto cálculos financeiros e contábeis através dos quais apurar-se-ia a *viabilidade econômica* da empresa. Bem fez o legislador em não haver assim obrado.

Outro critério que poderia haver inspirado o legislador seria o técnico-científico. Ou seja, uma perícia elaborada por *expert* em ciência econômica poderia atestar com acuidade técnico-científica a *viabilidade econômica* da empresa. Esta foi, aliás, a orientação de Nelson Abrão em seu *Curso de Direito Falimentar*: "O procedimento [de recuperação] é aplicável às empresas viáveis, e não às irremediavelmente perdidas, situações essas avaliáveis mediante *a indispensável perícia judicial*".[25]

Já o regime concursal francês adotou o chamado *período de observação*, no decorrer do qual se faz um balanço econômico e social da empresa, para se extrair elementos concludentes acerca da real possibilidade de sua recuperação. Esse critério, a que nos permitimos chamar de *empírico*, assemelha-se muito ao técnico-científico, pautando-se, entretanto, no método indutivo. Enquanto o outro parte de concepções genericamente formuladas pela economia para apuração, em concreto, da viabilidade da empresa, o *critério empírico* analisa o dia-a-dia da empresa, levando-se em conta sua evolução no decorrer do tempo (6 a 20 meses na França), para só então se chegar à conclusão sobre sua viabilidade econômica.[26]

Mutatis mutandis, do ponto de vista do mercado,[27] o critério de viabilidade da empresa funda-se na *maximização de seu valor econômico*.[28] Para tanto, necessário perquirir se a recuperação resultará maior ou menor benefício do que a liquidação resultaria. E, em se tratando de questão mercadológica, nada mais coerente do que esperar do próprio mercado a resposta. *Mas como o mercado manifestar-se-ia*?

abriu espaço para a disseminação nas escolas de direito de uma disciplina de *Law and Economics* normativa e positivista, baseada na frágil racionalidade econômica. Para o referido autor, essa combinação de uma análise econômica normativa com o positivismo legal haverá de ser a abordagem dominante na *Law and Economics* hodierna (cf. Keith Hylton, *Calabresi and the Intellectual History of Law & Economics*, disponível em <http://ssrn.com/abstract_id=547082>, acesso em 18.3.2005).

25. Nelson Abrão, *Curso de Direito Falimentar*, cit., p. 32.

26. V. Yves Guyon, *Droit des Affaires — Enterprises en Difficultés, Redressement Judiciare, Faillite*, Paris, Económica, 2003, pp. 199 e ss.; Jérôme Combier e Régis Blazy, *Les Défaillances d'Enterprises*, Paris, PUF, 1998, p. 59.

27. Na lição de Eros Roberto Grau, "o mercado — além de lugar e *princípio de organização social* — é instituição jurídica [= institucionalizado e conformado pelo direito posto pelo Estado]. Sua consistência é função da *segurança* e *certeza jurídicas* que essa institucionalização instala, permitindo a previsibilidade de comportamentos e o cálculo econômico" (Eros Roberto Grau, "Mercado, Estado e Constituição", in *Boletim de Ciências Econômicas* 47/112, 2004).

28. Segundo Paula Vaz Freire, "O comportamento racional é aquele que maximiza as vantagens ou valores esperados, subsumíveis a uma função numérica de utilidade. Num ambiente concorrencial as decisões racionais dos indivíduos têm como conseqüência o equilíbrio geral: um vasto número de consumidores e de produtores actuam egoisticamente para assegurarem o seu bem-estar e, ao fazê-lo, con-

Uma idéia seria atribuir aos credores — que são as extremidades do mercado em contato com a empresa — a estimativa dos resultados da recuperação. Consoante a recente legislação portuguesa sobre insolvência e recuperação de empresa, a estimativa dos credores perfaz a melhor avaliação da viabilidade econômica do negócio.[29]

Outro critério em que o mercado poderia participar ativamente da decisão, mas não se restringindo ao poder decisório dos credores, passaria pelos princípios da Governança Corporativa. Uma solução seria a transformação dos créditos em títulos negociáveis no mercado. Esses títulos poderiam ser corporativos (as dívidas seriam transformadas em capital social) ou obrigacionais (os títulos representariam os débitos da sociedade) e sua emissão dar-se-ia mediante oferta pública. Os subscritores tomariam o controle da empresa e assumiriam a reestruturação do negócio. Se, contudo, da oferta pública não aparecessem interessados em assumir o negócio, restaria demonstrada — *pelo próprio mercado* — a inviabilidade econômica da empresa.[30]

4. Crítica aos critérios "supra" e a solução adotada pela Lei 11.101/2005

Se a legislação francesa ainda adota uma fase de avaliação empírica da situação econômica da importância social da empresa, por outro lado, admitindo que essa fase é demasiadamente longa e pouco eficiente (na maioria dos casos a empresa acaba liquidada), o código de insolvência português atribui aos credores a decisão, como se só deles fossem os interesses pela recuperação. De fato, o novo regime português exacerba a vontade dos credores, quase que como numa reação a duas décadas em que o *interesse social* propagava a equivocada idéia de que a recuperação deveria se so-

tribuem para o bem comum. A Economia neo-clássica desenvolveu-se tendo, como modelo de análise, indivíduos, perfeitamente racionais, que maximizam os seus benefícios de acordo com o sistema de instituições envolventes, pressupondo-se como enquadramento desses comportamentos a existência de direitos de propriedade claramente definidos, e de uma economia monetária perfeitamente competitiva, onde os preços funcionam como indicadores da decisão econômica" (Paula Vaz Freire, "O comportamento económico e o imperialismo da economia", in *Revista da Faculdade de Direito de Lisboa*, v. 43, n. 1, pp. 417-428).

29. Neste sentido, a exposição de motivos do Decreto-lei 53/2004, que alterou a legislação portuguesa sobre insolvência e recuperação de empresas: "Sendo a garantia comum dos créditos o património do devedor, é aos credores que cumpre decidir quanto à melhor efectivação dessa garantia, e é por essa via que, seguramente, melhor se satisfaz o interesse público da preservação do bom funcionamento do mercado. Quando na massa insolvente esteja compreendida uma empresa que não gerou os rendimentos necessários ao cumprimento das suas obrigações, a melhor satisfação dos credores pode passar tanto pelo encerramento da empresa, como pela sua manutenção em actividade. Mas é sempre da estimativa dos credores que deve depender, em última análise, a decisão de recuperar a empresa, e em que termos, nomeadamente quanto à sua manutenção na titularidade do devedor insolvente ou na de outrem. E, repise-se, essa estimativa será sempre a melhor forma de realização do interesse público de regulação do mercado, mantendo em funcionamento as empresas viáveis e expurgando dele as que o não sejam (ainda que, nesta última hipótese, a inviabilidade possa resultar apenas do facto de os credores não verem interesse na continuação). Entende-se que a situação não corresponde necessariamente a uma falha do mercado e que os mecanismos próprios deste conduzem a melhores resultados do que intervenções autoritárias. Ao direito da insolvência compete a tarefa de regular juridicamente a eliminação ou a reorganização financeira de uma empresa segundo uma lógica de mercado, devolvendo o papel central aos credores, convertidos, por força da insolvência, em proprietários económicos da empresa".

30. V. Fábio Ulhoa Coelho, *Curso de Direito Comercial*, cit., pp. 221 e ss.; Oliver Hart, *Different Approaches to Bankruptcy*, Havard Institute of Economic Research, Discussion Paper n. 1.903, disponível em <http://papers.ssrn.com/paper.taf?abstract_id=241066>, acesso em 10.2.2005; Edgardo E. Zablotsky, "La Ley de Quiebras — A la puerta de una solución de mercado", in VV.AA., *La Reforma del Poder Judicial en la Argentina*, FIEL, 1996; e John Armour, *The Law and Economics of Corporate Insolvency: a Review*, ESRC Centre for Business Research, Universit of Cambridge, Working Paper n. 197, mar. 2001.

brepor à falência. Era, pois, à custa dos credores que se prolongava a existência de empresas agonizantes, enquanto se assistia à dissipação dos ativos em prol de um alentado interesse social que raramente se efetivava.[31]

Quanto ao critério técnico-científico, se de um lado poderia aferir *em tese* a viabilidade econômica da empresa, por outro, a teoria afastar-se-ia da prática sempre que inexistissem interessados na continuidade da empresa. E tal interesse não se coloca apenas no âmbito da *voluntas*, mas também, e principalmente, na disposição de fazer sacrifícios — investimentos e concessões — em prol da preservação da empresa. Portanto, a perícia não deve ser um elemento isolado para orientar a decisão pela escolha do procedimento concursal. De nada vale uma empresa teoricamente viável se não há interessados na sua viabilidade.[32] Daí a importância da participação do mercado no momento decisório. É nesse sentido — e não apenas na defesa de seus próprios interesses — que os credores podem auxiliar o processo decisório.[33]

No que toca ao *mercado de capitais*, se hoje, no Brasil, o mercado secundário de ações não prosperou como nos EUA, o que se diria de um eventual mercado de "empresas em crise" ou de "créditos em recuperação"? Sendo certo que uma solução baseada nos princípios da Governança Corporativa seria, sem dúvidas, um excelente critério de avaliação da viabilidade econômica da empresa, também é verdade que, no atual momento, os investidores brasileiros (incluindo as instituições financeiras) não responderiam às expectativas de um direito concursal mercadológico. Propostas com *sofisticadas soluções de mercado* não devem ser desprezadas a médio ou longo prazo, mas o certo é que, em tempo presente, os credores revelam-se os representantes do mercado com maior proximidade dos negócios da empresa em crise, sendo, portanto — quiçá não os melhores — mas certamente os mais adequados medidores da viabilidade da empresa.

É assim que a Lei 11.101/2005 adota interessante critério para aferir a viabilida-

31. Ainda na exposição de motivos do Decreto-lei 53/2004, que alterou a legislação portuguesa sobre insolvência e recuperação de empresas: "Fugindo da errónea ideia afirmada na actual lei, quanto à suposta prevalência da via da recuperação da empresa, o modelo adoptado pelo novo Código explicita, assim, desde o seu início, que é sempre a vontade dos credores a que comanda todo o processo. A opção que a lei lhes dá é a de se acolherem ao abrigo do regime supletivamente disposto no Código — o qual não poderia deixar de ser o do imediato ressarcimento dos credores mediante a liquidação do património do insolvente ou de se afastarem dele, provendo por sua iniciativa a um diferente tratamento do pagamento dos seus créditos. Aos credores compete decidir se o pagamento se obterá por meio de liquidação integral do património do devedor, nos termos do regime disposto no Código ou nos de que constem de um plano de insolvência que venham a aprovar, ou através da manutenção em actividade e reestruturação da empresa, na titularidade do devedor ou de terceiros, nos moldes também constantes de um plano. Há que advertir, todavia, que nem a não aprovação de um plano de insolvência significa necessariamente a extinção da empresa, por isso que, iniciando-se a liquidação, deve o administrador da insolvência, antes de mais, diligenciar preferencialmente pela sua alienação como um todo, nem a aprovação de um plano de insolvência implica a manutenção da empresa, pois que ele pode tão-somente regular, em termos diversos dos legais, a liquidação do património do devedor. Não valerá, portanto, afirmar que no novo Código é dada primazia à liquidação do património do insolvente. A primazia que efectivamente existe, não é demais reiterá-lo, é a da vontade dos credores, enquanto titulares do principal interesse que o direito concursal visa acautelar: o pagamento dos respectivos créditos, em condições de igualdade quanto ao prejuízo decorrente de o património do devedor não ser, à partida e na generalidade dos casos, suficiente para satisfazer os seus direitos de forma integral".

32. V. Fábio Ulhoa Coelho, *O Futuro do Direito Falimentar: o Mercado "versus" o Poder Judiciário*, in <http://www.ulhoa-coelho.adv.br/html/acad/pdf/Futuro_do_Direito_Falimentar.pdf>, acesso em 18.8.2005.

33. Saliente-se que, na linha do raciocínio de Adam Smith, os credores *não pretendem promover o interesse público*, nem sabem até que ponto o estão a fazer. Só estão a pensar no seu *próprio ganho*, e neste, como em muitos outros casos, estão a ser guiados por uma mão invisível a *atingir um fim que não fazia parte de suas intenções* (*Ensaio sobre a Natureza e Causas da Riqueza das Nações*, v. 1).

de da empresa. Partindo do pressuposto de que a recuperação judicial tem como escopo a tutela *da fonte produtora, do emprego dos trabalhadores e dos interesses dos credores*, visando à *preservação da empresa, sua função social e estímulo à atividade econômica*, a nova lei concursal brasileira lança mão do auxílio dos credores na decisão acerca do destino da empresa — não na qualidade de únicos interessados — mas antes como termômetro do mercado quanto à viabilidade econômica da empresa.

Vejamos como se opera a participação dos credores:

(i) o devedor dirige ao juiz pedido de recuperação da empresa;

(ii) deferido o processamento da recuperação judicial, o devedor tem o prazo improrrogável de sessenta dias para apresentar ao juízo um plano de recuperação contendo: a) discriminação pormenorizada dos meios de recuperação a serem empregados; b) demonstração da *viabilidade econômica* do plano de recuperação; e c) laudo da situação econômica, financeira e patrimonial do devedor, subscrito por profissional legalmente habilitado ou funcionário de empresa especializada;

(i) o juiz então ordena a publicação de edital contendo aviso aos credores sobre o recebimento do plano de recuperação e fixando o prazo para a manifestação de eventuais objeções;

(ii) qualquer credor pode manifestar ao juízo objeção ao plano de recuperação judicial (se não houver objeções o juiz concederá a recuperação judicial);

(iii) havendo objeção por parte de algum credor, o juiz convoca assembléia geral de credores para deliberar sobre o plano de recuperação;

(iv) na assembléia geral o plano de recuperação judicial pode: a) sofrer alterações; b) ser aprovado, caso em que o juiz concede a recuperação judicial; c) ser rejeitado, caso em que o juiz decreta a falência do devedor.

Salientemos, por oportuno, três notas acerca do critério adotado pela Lei 11.101/2005:

A primeira reside no fato de a lei brasileira não haver adotado o critério *empírico*. Com efeito, o período de observação, na grande maioria das vezes, só faz aumentar os custos sociais da crise da empresa. Dentre estes, destacam-se os chamados custos de oportunidade,[34] despendidos durante o processo de recuperação.

Tome-se, por exemplo, o tempo consumido por advogados, por consultores e pela estrutura judiciária, bem como as despesas suportadas pelos credores visando ao recebimento de seus créditos. Na hipótese, freqüentemente observada, de a recuperação não resultar, tais custos esvaem-se em vão, quando o melhor seria destinar-lhes alocação mais eficiente em outros projetos. Jurídicos, sociais ou simplesmente econômicos.

Há ainda os custos indiretos, associados à deteriorização do valor da empresa no decorrer da recuperação, seja pela perda de sua credibilidade perante o mercado, seja pela sua ineficiente administração durante o processo.

Assim, visando minimizar os *custos da transação*,[35] o legislador pátrio optou pelo curto e improrrogável interregno entre o processamento do pedido e a apresentação do plano de recuperação, desprezando a observação empírica do negócio.

A segunda nota está em que, a despeito de o procedimento legal não haver previsto a realização de perícia judicial, nem por isso a participação de *experts* na avaliação da viabilidade econômica da empresa foi afastada.

34. O custo de oportunidade é avaliado em função das perdas decorrentes da alocação de recursos financeiros em determinado projeto em detrimento de outro, onde poderiam ser melhor empregados (cf. Luiz Carlos Pereira de Carvalho, "Teoria da firma: a produção e a firma", in VV.AA., *Manual de Economia*, São Paulo, Saraiva, 2004, p. 184).

35. Pelo teorema de Coase, se os direitos de propriedade estiverem bem definidos e não existi-

Primeiro porque cabe ao devedor demonstrá-la no plano de recuperação, o que, por óbvio, demanda conhecimentos *técnico-científicos*. A lei não exige do devedor a contratação de profissional legalmente habilitado para desenvolvimento do estudo de viabilidade econômica, ao contrário do que faz quanto ao laudo financeiro-econômico-patrimonial. Mas, se o auxílio de consultores não é obrigatório, sua ajuda mostra-se essencial à elaboração de um adequado estudo de viabilidade.

Ora, como visto, o deferimento judicial da recuperação não decorre de simples cumprimento de requisitos formais. Antes depende da aprovação dos credores. Portanto, o estudo de viabilidade econômica deve convencê-los de que a recuperação é a melhor solução para reaverem seus créditos. E, pelo comportamento racional que deles se espera, o plano só será aprovado se puderem extrair, de dados objetivos, a exeqüibilidade da proposta que se lhes apresenta. É assim que um plano de recuperação instruído com um laudo de viabilidade firmado por profissional conceituado terá melhores chances de ser aprovado do que outro, fundado apenas em promessas do devedor.

rem custos de transação, então o equilíbrio de mercado será eficiente. Por direitos de propriedade bem definidos, tem-se uma situação na qual todos os bens e recursos econômicos são titulados por alguém, restando-lhe claras as limitações para seu gozo, bem como definidos os procedimentos para remoção dessas limitações. Por outro lado, "ausência de custos de transação" cuida-se da inexistência de custos para se negociar a "*transferência de direitos*" entre as partes, como também para monitorar o cumprimento de tais transferências. A idéia básica por detrás do teorema de Coase está em que a delimitação completa dos direitos de propriedade é um instrumento que serve para resolver virtualmente todos os problemas de externalidades reais. Estas podem ser consideradas, em rigor, como situações onde exista uma indefinição entre os benefícios gerados pelo direito e os custos que acarreta, como, de igual forma, a relação entre uma obrigação assumida e a compensação por suportá-la (cf. Germán Coloma, *Apuntes para el Análisis Económico del Derecho Privado Argentino*, Universidad del CEMA).

Nada obsta, ainda, que, na dúvida, a assembléia geral de credores delibere a contratação de perito para avaliar o estudo de viabilidade econômica apresentado pelo devedor. Suspendem-se, então, os trabalhos deliberativos até que os credores obtenham dados *técnico-científicos* suficientes a proferirem sua decisão.

A terceira e última nota fica por conta da limitada discricionariedade do juiz no processo decisório.[36] A regra geral é que a decisão judicial deve acompanhar a orientação da assembléia geral de credores, salvo duas exceções:

(i) quanto às microempresas e às empresas de pequeno porte — tal e qual ocorria no regime das concordatas — a recuperação será concedida, independentemente de avaliação dos credores, sempre que o devedor cumprir os requisitos formais previstos na Lei 11.101/2005; e

(ii) quanto à rejeição do plano pela assembléia de credores, o art. 58, § 1º, *permite* ao juiz conceder a recuperação desde que, neste mesmo conclave:

a) o plano tenha obtido o voto favorável de credores, presentes na assembléia, que representem mais da metade do valor de todos os créditos; e *cumulativamente*;

b) o plano tenha sido rejeitado por apenas uma das classes de credores, tendo recebido, nessa classe, o voto favorável de mais de um terço dos credores.

De tal forma, a Lei 11.101/2005 parece atribuir aos credores, de modo *quase-soberano*, a decisão sobre a preservação da empresa, cujo escopo envolve a tutela da fonte produtora, dos postos de trabalho e dos seus respectivos créditos.

Essa ampla tutela, prevista no art. 47, envolve (i) interesses da sociedade empre-

36. Ao contrário do que ocorre no Direito francês, onde existe um acentuado intervencionismo do Judiciário, que decide sobre a sorte da empresa e as modalidades de recuperação (cf. Yves Guyon, *Droit des Affaires...*, cit., p. 209; Orth, "Le Rôle du Judge", in "Le redressement judiciare de l'entreprise", *Rev. Jurisp. Com.*, n. especial, fev. 1987, p. 91).

sária; (ii) interesses dos sócios; (iii) interesses do administrador; (iv) interesses das diversas classes de credores; (v) interesses dos trabalhadores, na qualidade de credores trabalhistas e na qualidade de empregados; e (vi) interesses socioeconômicos, regionais, nacionais e internacionais.

Em face da diversidade e do conflito desses interesses, a avaliação da viabilidade da empresa acaba se sujeitando a distorções que podem emergir conforme o comportamento adotado pelos representantes dos núcleos de interesses em causa.

5. Conflito de interesses envolvidos na crise financeira da empresa

Sendo certo que a solução da crise da empresa deverá pender entre sua recuperação e a falência do devedor, uma de duas soluções *economicamente eficientes* emergirá: (i) a empresa em crise e economicamente inviável deve ser extinta pela falência do devedor; (ii) a empresa em crise, mas economicamente viável, deve ser objeto de recuperação.

Mas se sob a ótica da eficiência econômica, uma das hipóteses *supra* deveria prevalecer, na realidade nem sempre isso ocorrerá. Determinadas situações poderão eventualmente desvirtuar o espírito da Lei 11.101/2005, impingindo às empresas em crise soluções ineficientes: (i) empresas em crise, mas economicamente viáveis, podem vir a ser liquidadas; (ii) empresas em crise e economicamente inviáveis podem vir a ser objeto de recuperação.

O risco de ditas situações ocorrerem está diretamente relacionado ao grau de conflito existente entre os interesses envolvidos na crise da empresa. De fato, a diferença entre os objetivos de distintas partes envolvidas na crise do devedor provoca conflitos susceptíveis de engendrar comportamentos *sub-ótimos*.[37]

37. Cf. Jérôme Combier e Régis Blazy, *Les Défaillances d'Enterprises*, cit., pp. 86 e ss.

5.1 Credores "vs." devedor

Enquanto o que verdadeiramente importa aos credores com o procedimento de recuperação é a maximização de seus ganhos (ainda que pela minimização de perdas), a tendência do devedor será sempre buscar a continuidade da empresa.[38]

A racionalidade dos credores parte da ponderação da moeda de liquidação[39] no presente (L_1) e no futuro (L_2). Quando há perspectivas de que a moeda de liquidação futura seja superior do que seria no presente ($L_1 < L_2$), os credores maximizarão seus ganhos por meio da continuidade do negócio. Neste caso, a decisão racional deles será pela recuperação da empresa. Se, ao contrário, a moeda de liquidação presente for superior à perspectiva de ganhos futuros ($L_1 > L_2$), os credores preferirão a falência do devedor.[40]

A lógica econômica não obsta, entretanto, que os credores possam decidir pela falência ainda que a moeda de liquidação seja inferior no presente do que seria numa eventual recuperação. Isso porque, na generalidade dos casos, os núcleos de interesse dos credores não são homogêneos. Existem várias classes de credores, cada qual com diferentes perspectivas de rece-

38. V. Edgardo E. Zablotsky, "La Ley de Quiebras...", cit., in VV.AA., *La Reforma del Poder Judicial en la Argentina*.

39. Permitimo-nos denominar "*moeda de liquidação*" o resultado da divisão do ativo pelo passivo do devedor. Se, p. ex., o ativo equivale a oitocentos mil reais e o passivo a um milhão de reais, a moeda de liquidação será 0,8.

40. Três notas devem ser ressaltadas: (i) quando falamos em moeda de liquidação futura (L_2) temos em conta que, caso a recuperação da empresa dê certo e o ativo supere o passivo, seu valor máximo será igual a 1 (hum inteiro); (ii) a estimativa de L_2 é realizada com base nas perspectivas econômicas da empresa, que podem ou não se efetivar; e (iii) vencida a crise do devedor, não haverá liquidação patrimonial (apuração de ativo para pagamento de passivo), mas simples pagamento (se preferir, liquidação) dos débitos por seus valores nominais, acrescidos — ou não — de correção e juros, deduzidos — ou não — de eventuais descontos.

bimento de seus respectivos créditos, o que fará com que eles se comportem de modo diverso na assembléia, podendo resultar decisões divergentes daquela que seria *racionalmente* esperada (vide item 5.3 *infra*).

Além disso, quando a moeda de liquidação é muito baixo ($L_1 \cong 0$), sendo irrelevante o que a maioria dos credores receberia na falência, eles podem decidir pela recuperação quase como numa aposta, uma aventura em busca de uma moeda de liquidação positiva ($L_2 \geq 0$). Se a recuperação prosperar, eles ganham; se der errado, não perdem nada. Considerando L_1 próximo de *nada*, qualquer resultado em que L_2 for maior que zero, será considerado *maximização de ganho* para os credores. Contudo, para se chegar a isso, necessário será investir no procedimento de recuperação. Cabendo o investimento aos credores, sua decisão será racional, avaliando adequadamente a *viabilidade econômica* da empresa. Mas, se o investimento couber a outrem, será indiferente aos credores a *viabilidade econômica* do projeto, já que não são eles que suportarão a perda de uma recuperação ineficiente.

Denomina-se risco moral (*moral hazard*) o incentivo que um agente econômico (no caso, os credores) tem em deflagrar uma situação arriscada, de que possa retirar proveito econômico sem incorrer em probabilidade de perdas, tendo-se em conta que os custos inerentes à sua decisão serão suportados por outra pessoa que não ele.[41] Não obstante ser perfeitamente exeqüível a hipótese acima aventada, o mais comum é o devedor — e não os credores — incorra em risco moral.[42]

Isso porque, numa situação em que seus ativos já são inferiores ao passivo (ou seja, seu patrimônio já é negativo), o devedor não terá maiores perdas — em termos reais — ao *tentar* reerguer seu negócio. Se a recuperação der certo e o ativo sobreporse ao passivo, seu patrimônio passará a ser positivo: *ganha o devedor*. Mas, caso contrário, se a diferença entre o passivo e o ativo aumentar, sua situação tenderá a continuar indiferente. Possuir patrimônio mais ou menos negativo não lhe ocasionará maiores vantagens ou desvantagens no processo de falência.[43]

Em tal situação, quem suportará a perda de uma recuperação *ineficiente* serão os credores, que passarão a deter uma moeda de liquidação inferior à que tinham no início do processo ($L_1 > L_2$).

É assim que, na generalidade dos casos, os credores são conduzidos a suportar os ônus da tentativa do devedor em continuar com o negócio. Sendo deles o risco, o coerente é que eles mesmos decidam sobre a viabilidade econômica da empresa.

5.2 Sociedade empresária "vs." sócios "vs." administrador

Ao se contrapor os interesses dos credores aos do devedor, mister se faz ressaltar que neste pólo — quando se trata de sociedade empresária — concentram-se pelo menos três núcleos de interesses distintos, nem sempre convergentes: (i) inte-

41. V. Claire Hill, *Securitization: a Low-cost Sweetener for Lemons*, Tese de Doutorado, Columbia University, 1996, nota 159.

42. Cf. Jay Lawrence Westbrook, "The control of wealth in bankruptcy", in *Law and Economics Working Paper* n. 23, The University of Texas School of Law, mar. 2004, p. 839.

43. Em especial, considerando que ao final do processo de falência as obrigações do devedor poderão se extinguir. Não devemos nos olvidar, no entanto, de que o art. 158 prevê a extinção das obrigações mediante pagamento de 50% dos créditos quirografários. Sendo assim, o devedor não poderá se descurar de manter — sempre que possível — a moeda de liquidação dos créditos quirografários em termos superiores a 0,5. Outro ponto que deve ser observado pelo falido é que durante o prazo de cinco anos (se não houver sido condenado por crime falimentar) ou de dez anos (se houver condenação) contados do encerramento da falência ele continuará responsável por todos os débitos, até que seja declarada a extinção de suas obrigações. Portanto, a *irresponsabilidade patrimonial* do devedor nem sempre se opera de modo absoluto.

resses da sociedade; (ii) interesses dos sócios; e (iii) interesses do administrador.

A questão se apresenta na doutrina dividida entre institucionalistas e contratualistas. Para os primeiros, o interesse da sociedade transcende os interesses dos sócios (teorias da "empresa em si" e da "sociedade em si"), enquanto para os contratualistas, o interesse da sociedade é o interesse comum dos sócios, manifestado *uti socci*, isto é, em prol da consecução do objeto social.[44]

Podemos, no entanto, afirmar — *de forma bem reducionista, para o bem da argumentação que se seguirá* — que, no que toca à avaliação da continuidade da empresa, tanto sob o enfoque *contratualista* como sob o *institucionalista*, três diferentes posicionamentos racionais se apresentam:[45] a) o administrador visará à manutenção de sua fonte de renda; b) a sociedade visará à realização do objeto social; e c) os sócios, individualmente, visarão à maximização de seus ganhos.

A solução eficiente para todos esses núcleos de interesses resultaria na recuperação da empresa economicamente viável porque (i) a consecução do objeto social manter-se-ia exeqüível; (ii) o administrador manteria sua fonte de renda; e (iii) o sócios maximizariam sua participação no patrimônio e nos lucros da sociedade.

Ocorre que, a alguns sócios, ainda que a empresa seja viável, pode lhes parecer melhor a liquidação. No caso de sócios-empreendedores,[46] podem querer encerrar os negócios para, p. ex., mudar de ramo, assumindo, em contrapartida, a perda do investimento. No caso de sócios-capitalistas, podem preferir realizar logo o prejuízo a investir mais recursos na sociedade para tentar vencer a crise. Em situações tais, inobstante ser *em tese* economicamente viável a recuperação da empresa, os sócios — por razões de foro íntimo — optam pela falência, fazendo prevalecer, portanto, seus interesses individuais sobre o da sociedade.

Se a decisão não for unânime, poderão os acionistas minoritários, no caso das sociedades anônimas, pleitear a anulação da deliberação argüindo, nos termos do art. 115, § 4º, da Lei 6.404/1976, o caráter abusivo dos votos vencedores.[47]

Solução semelhante poderá ocorrer nas sociedades limitadas cujo contrato social preveja sua regência supletiva pelas normas da sociedade anônima (art. 1.053, parágrafo único, do CC). Se, no entanto, a sociedade limitada reger-se supletivamente pelas normas da sociedade simples, a decisão não será anulável, restando apenas aos prejudicados buscar dos sócios que

44. Debruçamo-nos, *ainda ontem*, sobre o tema em Frederico Viana Rodrigues, "O tratamento do voto conflitante nas propostas de mudança da lei das sociedades anônimas", in Theophilo de Azeredo Santos (org.), *Novos Estudos de Direito Comercial em Homenagem a Celso Barbi Filho*, cit., pp. 71-85.

45. A decisão de cada um deles subordinar-se-á ao princípio da racionalidade. Sua escolha decorrerá da ponderação de custos e benefícios para que opte pela alternativa que lhe apresente maiores vantagens (cf. Paula Vaz Freire, "O comportamento económico e o imperialismo da economia", in *Revista da Faculdade de Direito de Lisboa*, cit., pp. 417-428).

46. A sociedade é constituída pela conjugação de esforços e capital para a realização de um empreendimento comum. Os sócios podem participar com ambos os contributos ou apenas com capital (na antiga sociedade de capital e indústria, e agora na sociedade simples, o sócio pode contribuir apenas com esforços). Caso o sócio contribua somente com capital, chamá-lo-emos sócio-capitalista; se contribui com esforços e capital, designá-lo-emos sócio-empreendedor.

47. Lei 6.404/1976: "Art. 115. O acionista deve exercer o direito de voto no interesse da companhia; considerar-se-á abusivo o voto exercido com o fim de causar dano à companhia ou a outros acionistas, ou de obter, para si ou para outrem, vantagem a que não faz jus e de que resulte, ou possa resultar, prejuízo para a companhia ou para outros acionistas. (...). § 4º. A deliberação tomada em decorrência do voto de acionista que tem interesse conflitante com o da companhia é anulável; o acionista responderá pelos danos causados e será obrigado a transferir para a companhia as vantagens que tiver auferido".

decidiram pela falência ressarcimento por perdas e danos (art. 1.010, § 3º, do CC).

Indaga-se, contudo, se *noutra situação*, em que todos os sócios optarem pela falência,[48] poderá o administrador não-sócio, reconhecendo a viabilidade da empresa, agir em detrimento do interesse dos sócios, mas no interesse da sociedade, e pleitear a recuperação.

A resposta remete-nos ao antigo debate entre institucionalistas e contratualistas. Admitindo-se, na esteira dos primeiros, a existência de interesses da sociedade independentemente dos interesses dos sócios, o administrador teria legitimidade para agir em favor da sociedade e, em manifesta contrariedade à vontade dos sócios, pleitear a recuperação da empresa.

Em tal situação, no caso das sociedades anônimas, o administrador cumpriria a prescrição do art. 154 da Lei 6.404/1976, *realizando os fins e o interesse da companhia e satisfazendo as exigências do bem público e da função social da empresa*.[49]

Na lição de Osmar Brina, "como se percebe, com o caráter nitidamente institucional desenhado para a sociedade anônima pela Lei 6.404/1976, o poder circula no seio da companhia. Já não mais faz qualquer sentido falar na soberania da assembléia geral, noção meramente formal".[50]

Mas, se por um lado a Lei das S/A exige que o administrador norteie-se pelo interesse da companhia, ainda que para tanto se desvie da orientação dos acionistas que o elegeram (art. 154, § 1º), lado outro confere competência privativa à assembléia geral para autorizar o administrador a confessar falência e requerer a recuperação (art. 122, IX). Mesmo em caso de urgência, o administrador não pode fazê-lo sem a aquiescência do acionista controlador.

Noutros termos, não recebendo dos sócios autorização para requerer a recuperação judicial, falta ao administrador legitimidade para intentar a preservação da empresa, ainda que no preclaro interesse da companhia.

Nada impede, entretanto, que o administrador, *representando os interesses da companhia*, pleiteie a anulação da deliberação assemblear contrária à recuperação e requeira autorização judicial substitutiva da decisão dos acionistas para que possa levar a cabo um plano de saneamento da empresa.[51-52-53]

Esse mesmo raciocínio não se aplica às sociedades limitadas quando o contrato social não prevê regimento supletivo pelas normas das S/A. Nessas sociedades, de cunho nitidamente pessoal, sua natureza contratual sói afastar o caráter institucional que legitimaria a insurreição do administrador. De fato, na gestão nas sociedades limita-

48. Ou se a maioria assim decidir e os minoritários mostrarem-se indiferentes à liquidação da sociedade.

49. Lei 6.404/1976: "Art. 154. O administrador deve exercer as atribuições que a lei e o estatuto lhe conferem para lograr os fins e no interesse da companhia, satisfeitas as exigências do bem público e da função social da empresa. (...). § 1º. O administrador eleito por grupo ou classe de acionistas tem, para com a companhia, os mesmos deveres que os demais, não podendo, ainda que para defesa do interesse dos que o elegeram, faltar a esses deveres".

50. Cf. Osmar Brina Corrêa-Lima, "Interesses e valores transcedentais na empresa moderna", in *Atualidades Jurídicas* 3/253.

51. Aliás, o § 1º, alínea *b*, do art. 117, da Lei 6.404/1976 considera "exercício abusivo de poder do controlador" a decisão no sentido de promover a liquidação de companhia próspera.

52. Código de Processo Civil: "Art. 641. Condenado o devedor a emitir declaração de vontade, a sentença, uma vez transitada em julgado, produzirá todos os efeitos da declaração não emitida".

53. Adotamos, para tal conclusão, interpretação claramente institucionalista do espírito da Lei 6.404/1976. Sabemos, todavia, não ser esta questão pacífica na doutrina pátria. Os próprios autores do Anteprojeto que deu origem à Lei das S/A afirmam que "o interesse da companhia não é um interesse superior, estranho e acima da vontade comum dos sócios, ou um 'interesse da empresa em si', a ser descoberto pelo juiz, e capaz de anular a deliberação social, mesmo unânime" (Lamy Filho e Bulhões Pedreira, *A Lei das S/A*, Rio de Janeiro, Renovar, 1996, p. 238).

das de pessoas, o administrador atua como mandatário dos sócios (CC, art. 1.011, § 2º).[54-55] E, na qualidade de mandatário, não pode agir em desacordo com a vontade da maioria (CC, art. 1.013, § 2º),[56] nos exatos termos manifestados na assembléia ou na reunião realizada conforme art. 1.071, inciso VIII, do Código Civil.

É assim que uma empresa economicamente viável, a despeito do interesse da sociedade e do administrador pela sua recuperação, pode vir a cessar pela instauração direta do procedimento falimentar por vontade dos sócios.

E, como a nova lei de falência não prevê hipótese de os credores requererem a recuperação judicial, estes deverão — configurada a viabilidade econômica do negócio — aguardar o momento processual oportuno para, nos termos do art. 145, aprovar em assembléia um plano de realização do ativo que passe pela reabilitação da empresa. Se, em tese, pouca diferença poderá ocorrer entre o requerimento da recuperação judicial e a realização do ativo na forma do art. 145, na prática os custos de oportunidade a que anteriormente nos referimos (item 4 *supra*) poderão tornar proibitivo o saneamento da empresa.[57]

Sendo, por um lado, factível, mas pouco provável, a ocorrência de situações em que os sócios optem pela não recuperação de empresa viável, lado outro serão comuns os casos em que eles insistirão na continuidade de negócios economicamente inexeqüíveis.

Tanto mais ocorrerá quando a administração social for exercida pelo sócio controlador. De fato, o fenômeno do *risco moral* manifesta-se com maior intensidade quando o controle e a administração da sociedade confundem-se, intensificando o interesse pela manutenção da empresa a qualquer custo (desde que não recaia sobre ele, é claro).

Daí o porquê da Lei 11.101/2005 determinar ao titular de empresa economicamente inviável o requerimento compulsório de sua falência (art. 105). Peca, no entanto, por não prescrever sanção para o não requerimento a tempo e modo da autofalência, pois a falta de punição à omissão do devedor induzi-lo-á a tentar retardar ou evitar a quebra.

A ausência de sanção ao descumprimento do comando legal concernente à autofalência é suprida, em parte, pela Lei 6.404/1976 e pelo CC/2002, ao ditarem as responsabilidades dos sócios e do administrador.

No que toca ao administrador, este tem o dever de dar ciência aos sócios, reunidos em assembléia ou reunião, da situação crítica que a sociedade está a enfrentar. Cabe-lhe avaliar a viabilidade da empresa e, conforme o caso, sugerir-lhes (em situação emergencial ao menos ao controlador) o requerimento da falência ou da recuperação judicial.[58]

54. Código Civil, art. 1.011, § 2º: "Aplicam-se à atividade dos administradores, no que couber, as disposições concernentes ao mandato".

55. V. a crítica de Modesto Carvalhosa ao referido dispositivo: "Deve-se ter em vista que o Código Civil de 2002 adota uma concepção organicista para a administração das sociedades limitadas (...). Exatamente por ter adotado para todas as sociedades limitadas essa estrutura orgânica, não se compreende que tenha o Código Civil de 2002 determinado a aplicação aos administradores das regras concernentes ao mandato" (Modesto Carvalhosa, *Comentários ao Código Civil*, v. 13, São Paulo, Saraiva, 2003, p. 107).

56. Código Civil, art. 1.013, § 2º: "Responde por perdas e danos perante a sociedade o administrador que realizar operações, sabendo ou devendo saber que estava agindo em desacordo com a maioria".

57. Tal hipótese, apesar de factível, é muito pouco provável de ocorrer. A tendência dos sócios será quase sempre pela recuperação da empresa. De qualquer forma não poderíamos deixar de problematizá-la exatamente para criticarmos a omissão do legislador no que tange à iniciativa de recuperação da empresa independente da vontade dos sócios. Afinal, se pela teoria da empresa não se há confundir sócio, sociedade e empresa, a destilação de seus interesses mostra-se indispensável à consecução do espírito da nova lei.

58. Cf. art. 133 c/c art. 122, parágrafo único, da Lei 6.404/1976 e art. 1.020 c/c art. 1.072, § 4º, do Código Civil.

A omissão ou alteração de informações para disfarçar ou minimizar a situação econômico-financeira da sociedade, visando retardar a falência ou induzir pedido de recuperação de empresa inviável, fará com que o administrador chame para si a responsabilidade pelos prejuízos causados.[59]

Agindo, no entanto, em conformidade com seu dever de informar, o administrador exime-se de qualquer responsabilidade.[60] Já os sócios que, uma vez informados da situação crítica da empresa, omitirem-se no dever de determinar ao administrador o requerimento da auto-falência, serão responsáveis pelos danos causados à sociedade e aos prejudicados pelo alongamento da situação crítica da empresa.[61]

Não há, lado outro, instrumentos legais impeditivos ao requerimento de recuperação de empresa inviável. Sendo assim, cabe aos credores, reunidos em assembléia, identificar a inexeqüibilidade do plano e desaprová-lo, de modo a que o juiz possa decretar a falência da sociedade irrecuperável.

Os credores possuem, portanto, o *munus* de identificar a viabilidade econômica da empresa. Ocorre, entretanto, que como seus interesses não são homogêneos, a decisão da assembléia pode se afastar da *ratio legis*, sempre que os interesses — *individualmente considerados* — de alguns credores prevalecerem sobre o interesse coletivo.

5.3 Credores "vs." credores

Os credores podem ser divididos em diferentes grupos de interesses, em razão da qualidade de seus créditos:

(i) Levando-se em conta sua posição privilegiada no quadro geral de credores, a tendência dos titulares de garantia real será quase sempre pela liquidação. De fato, caso esteja certo de que receberá no momento presente — por via do processo de falência — a integralidade de seu crédito, dificilmente o credor com garantia real sujeitar-se-á a um plano de recuperação de empresa, salvo se, da proposta do devedor, vislumbrar segurança e, o que é mais importante, ganhos superiores ao que poderia auferir na falência;

(ii) Também será esta a posição dos titulares de créditos trabalhistas e por acidente de trabalho cujo contrato de labor encontre-se extinto. Não sendo mais empregados da sociedade em crise econômica, o vínculo desta para com eles restringe-se à relação creditícia. E, contando com posição superlativa na hierarquia dos créditos, a chance de serem integralmente pagos na falência afastará o interesse de tais credores pela recuperação;

(iii) De outro viés, os titulares de créditos trabalhistas cujo contrato ainda se encontra em vigor penderão pela recuperação da empresa, pois não querem perder sua fonte de renda. Mais relevante, para eles, que a relação creditícia será a manutenção de seus respectivos contratos de trabalho;

(iv) Os titulares de créditos quirografários e subordinados tenderão pela recuperação, pois na falência dificilmente receberão seus créditos, tendo em vista que o ativo da sociedade em crise quase sempre se esvai no pagamento de créditos com garantias e privilégios;

(v) Os credores com privilégios geral e especial, dependendo da avaliação da moeda de liquidação, poderão se inclinar pela recuperação ou pela falência, decidindo pelo procedimento que lhes for, *in casu*, mais vantajoso.

A conclusão lógica, de tudo o que acima se disse, é que, se da composição da assembléia de credores resultar a prevalên-

59. Cf. art. 158 da Lei 6.404/1976 e art. 1.016 do Código Civil.

60. Cf. art. 134, § 3º, da Lei 6.404/1976 e art. 1.078, § 3º, do Código Civil.

61. Cf. art. 117 da Lei 6.404/1976 e 1.080 do Código Civil.

cia de credores que, por interesses próprios, propendam pela liquidação imediata de seus créditos, ainda que a empresa seja economicamente viável, a falência sobrepor-se-á à recuperação.

Por outro lado, se da composição da assembléia de credores resultar a prevalência de credores que, por interesses próprios, queiram apostar na reabilitação da empresa, trocando uma posição desfavorável do presente (moeda de liquidação baixa ou perda do emprego) por um situação incerta no futuro, a recuperação sobrepor-se-á à falência.

São situações que, embora economicamente ineficientes, afiguram-se juridicamente lícitas quando analisadas sobre o ponto de vista de ponderação de interesses individuais. Os interesses de alguns sobrepor-se-ão aos de outros, gerando ganho — ou menor perda — para uns em detrimento da coletividade.

Mas a questão não deve ser analisada apenas sob este prisma. A decisão entre falência e recuperação não envolve somente mediação de interesses privados, mas também — e, sobretudo, conforme expressamente ressalta o texto da lei — interesses sociais que se impõem aos individuais. Com a paralisação da célula produtiva, famílias são privadas de renda; o Estado deixa de tributar; fornecedores perdem negócios; enfim, são enormes os reflexos socioeconômicos da quebra.

Visto o problema sob a ótica *neoliberal* que inspirou a nova lei, a delegação aos credores do poder decisório acerca do destino da empresa é uma solução de mercado e, como tal, deve ser entendida. Nesta esteira, ao decidirem sobre a recuperação, os credores *realizariam o interesse público* guiados pela *mão invisível* de Adam Smith.

Tal afirmação assenta-se, consoante paradigma largamente imiscuído na contemporânea ordem econômica, numa situação teórica ideal, caso se tratasse de um "*mercado de direitos e obrigações*!!!" *perfeito*.

Contudo, da mesma forma em que há distorções no *mercado de bens e serviços*, também no "*mercado de direitos e obrigações*", que tem lugar na assembléia de credores, pode haver falhas, caracterizadas pelo *monopólio* ou *oligopólio* de interesses.

Falhas estas que cabe ao Estado suprir, *intervindo* através: (i) da *adequada tutela* (classificação, ponderação e hierarquização) dos créditos, de modo a minimizar as diferenças de interesses entre os credores;[62] (ii) do *limitado poder discricionário do juiz* (que deve ser pequeno a ponto de afastar o *ativismo judicial*, porém eficaz a ponto de evitar que *assimetrias informacionais* maculem o processo deliberativo dos credores); (iii) e, principalmente, *mediante estruturação de um sistema institucional* que permita a negociação entre credores e devedor.

Com efeito, a conjunção de instrumentos *negociais* e *concursais* afigura-se a melhor forma de coadunar os interesses de todos os envolvidos na crise da empresa.

Quanto à racionalidade que deve orientar o processo de negociação, ressalte-se, com a máxima importância, a *teoria dos jogos*. Cuida-se do *estudo das decisões em situação interativa*, desenvolvido pelo matemático John von Neumann e pelo economista Oskar Morgentern a partir da teoria das probabilidades de Pascal e Fermat e do modelo de duopólio de Cournot.[63] Ampliada por John Nash,[64] a *teoria dos jogos* vem sendo imensamente utilizada na economia,

62. Tome-se, p. ex., a limitação da supremacia hierárquica dos créditos decorrentes da legislação do trabalho a 150 (cento e cinqüenta) salários mínimos (art. 83, I, da Lei 11.101/2005).

63. V. Amaury Patrick Gremaud e Márcio Bobik Braga, "Teoria dos jogos: uma introdução", in VV.AA., *Manual de Economia*, São Paulo, Saraiva, 2004, p. 244.

64. Cf. John Forbes Nash Jr., *Non-Cooperative Games*, Tese de Doutoramento, Universidade de Princeton (1950).

nas ciências políticas e sociais, como também para resolver problemas de estratégias militar e empresarial, podendo — ou mesmo sendo imperioso — seu uso na determinação da *viabilidade econômica da empresa.*

Em situações de interação social, tal como num jogo, é essencial escolher uma estratégia, tendo-se em conta que o resultado dessa interação influenciará as estratégias escolhidas por cada um dos outros participantes. A melhor decisão de um deles dependerá das decisões tomadas pelos outros, num contexto de interdependência de ganhos, sendo que os resultados finais variam conforme as diversas combinações de atuação possíveis. De acordo com o equilíbrio cooperativo, ou *Equilíbrio de Nash*, as partes não devem tentar resolver o problema da maximização de seus interesses por via de uma decisão individual. Deve-se tentar resolver, simultaneamente, o problema da otimização das decisões de todos os intervenientes, atendendo a que os constrangimentos que sobre eles impendem consistem exatamente nas escolhas dos outros.[65]

É assim que a maximização dos interesses de todos os envolvidos na crise da empresa deve ser analisada num contexto de decisão interativa: cuida-se de um processo deliberativo em que a racionalidade coletiva se sobrepõe à individual.

As preferências individuais dão lugar à preferência estratégica, não por uma questão *social* ou *beneficente*, mas porque a ação puramente egoísta acarretará resultados piores a todos. É assim que a colaboração, buscando uma solução negociada, afigura-se o melhor *instrumento para recuperação da empresa.*

6. Conclusão

Não se enganem os mais incautos quanto ao verdadeiro espírito da Lei 11.101/2005. Não traz o novo diploma favores ou benesses para os empresários, nem tampouco benefícios sociais às custas dos credores.

O regime atual privilegia a *eficiência.* Orientado pelo paradigma *funcionalista* da ordem neoliberal, possibilitará o saneamento de empresas economicamente viáveis, o que, por via indireta, realizará o interesse público ao manter a célula produtiva.

Não caberá, entretanto, ao juiz o *convencimento* acerca da viabilidade da empresa, mas nem por isso o *munus* jurisdicional desaparece. Além da indispensável administração do processo, caberá ao Judiciário zelar pela manutenção do equilíbrio institucional necessário ao momento decisório (*notadamente negocial*) acerca da recuperação ou liquidação da empresa.

Emerge nesse ambiente uma outra dimensão da magistratura. Substituindo o juiz-decisor, aparece um *juiz-supervisor*, a quem cabe prioritariamente afastar eventuais óbices ao regular funcionamento do "*mercado de direitos e obrigações*".[66]

65. Cf. Paula Vaz Freire, "O comportamento económico e o imperialismo da economia", in *Revista da Faculdade de Direito de Lisboa*, cit., pp. 417-428.

66. V. neste sentido, Fábio Ulhoa Coelho, *O Futuro do Direito Falimentar: o Mercado "versus" o Poder Judiciário*, in <http://www.ulhoa-coelho.adv.br/html/acad/pdf/Futuro_do_Direito_Falimentar.pdf>, acesso em 18.8.2005.

Atualidades

BREVES CONSIDERAÇÕES ACERCA DO PRINCÍPIO DA ESPECIALIDADE NO DIREITO DE MARCAS

ENZO BAIOCCHI*

1. Introdução. 2. Conceito e noções iniciais. 3. Marcas defensivas e uso obrigatório da marca. 4. A questão sobre o direito absoluto e o uso exclusivo da marca. 5. A regra da especialidade e a suposta função de qualidade atribuível à marca. 6. Os interesses de ordem pública. 7. Relação com o nome empresarial. 8. A noção de afinidade entre produtos e serviços. 9. A inter-relação entre as classes. 10. A função distintiva e o risco de confusão entre marcas. 11. A novidade relativa. 12. Colidência entre marcas e anterioridade impeditiva. 13. Exceção ao princípio da especialidade: a marca de alto renome. 14. A questão do alargamento da proteção à marca notoriamente conhecida. 15. Considerações finais.

1. Introdução

Como em todo ramo do Direito, não poderia faltar ao direito de marcas a existência de princípios basilares que regem a matéria. Mas, dentre eles, um se destaca em particular. Ao longo de décadas, tanto a doutrina como a jurisprudência de vários países, incluindo o Brasil, foram unânimes em reconhecer o *princípio da especialidade* como a regra fundamental em todo o sistema de registro e proteção da marca registrada. Com o passar dos anos, porém, o sistema do direito de marcas teve não só de se adequar às novas realidades sócio-econômicas ditadas, em grande parte, pelos efeitos da globalização da economia e de um mercado dito de livre concorrência, mas como também atender a imperativos de Direito Internacional, a fim de incorporar, por exemplo, as novas regras de "proteção mínima" estabelecidas pelo Acordo TRIPs, no âmbito da Organização Mundial do Comércio. Nesse novo contexto, especulou-se a perda de importância deste princípio, principalmente em face da proteção especial à marca de alto renome em todos os ramos de atividade e da questão do alargamento da proteção à marca notoriamente conhecida. Todas estas questões serão aqui analisadas.

Tendo em vista as constantes transformações a que se viu sujeito o princípio da especialidade das marcas, justifica-se a atualidade do tema, que tem na abordagem crítica o objetivo de buscar entender o sentido e a importância de tal princípio não isoladamente, mas como parte do sistema de direito de marcas em que está inserido. Sempre que possível, buscou-se fazer uma abordagem comparativa do Direito, trazendo à luz dispositivos de leis estrangeiras, bem como opiniões pontuais de autores

* Fica aqui registrado meu agradecimento ao Instituto Max-Planck pelo apoio e incentivo à pesquisa, sem o quê não seria possível a realização do presente trabalho.

nacionais e estrangeiros sobre a matéria, haja vista se tratar de regra universal no direito de marcas, sendo comum a vários ordenamentos jurídicos. Ao final, após se enunciar as conseqüências decorrentes da interpretação e aplicação de tal princípio, conclui-se que ele continua sendo de vital importância no âmbito da proteção à marca registrada, embora deva ser interpretado levando-se em consideração o novo contexto histórico-jurídico em que está inserido.

2. *Conceito e noções iniciais*

Em linhas gerais, o princípio da especialidade pode ser definido como a regra basilar que limita o direito de propriedade industrial do titular de uma marca registrada, e seu uso exclusivo, a certo produto ou serviço, na classe e no ramo de mercado correspondentes à sua atividade em todo o território nacional. Assim, um sinal, para ser registrado como marca, deve ser *especial*, e a especialidade se verifica nos produtos ou serviços para os quais o registro foi concedido ou para produtos ou serviços semelhantes ou afins.

Da aplicação deste princípio substancial no direito de marcas decorre que a proteção conferida à marca abrange não apenas os produtos ou serviços identificados no certificado de registro, mas como também os produtos ou serviços que guardam entre si certa afinidade. Assim sendo, é livre a apropriação do mesmo sinal por terceiros para assinalar produtos ou serviços completamente distintos, sem a oposição do titular da marca original.[1] Em outras palavras, significa dizer que a proibição de reprodução ou imitação de marca alheia registrada não é absoluta, pois é certo que, de acordo com o princípio da especialidade, sendo diferentes os produtos ou serviços a que a marca se destina, é lícito o registro.[2] Nesse sentido, o objetivo da regra é evitar a apropriação e o uso de sinal como marca que se refira a produto ou serviço idêntico, semelhante ou afim já assinalado por marca registrada alheia, passível de produzir um risco de erro ou confusão de uma com outra no mercado.[3] Aliás, como bem observou Ferrer Correia, "a marca deixaria de desempenhar sua finalidade distintiva para se transformar em elemento de confusão".[4] Assim, a marca deve ser cons-

1. Cf. Sousa e Silva, "O princípio da especialidade das marcas. A regra e a excepção: as marcas de grande prestígio", *Revista da Ordem dos Advogados* (Lisboa), 1998, p. 380. Assim também, dentre outros: Adriano Vanzetti e Vincenzo Di Cataldo, *Manuale di Diritto Industriale*, 4ª ed., § 7, p. 126; e Américo da Silva Carvalho, *Direito de Marcas*, p. 26. Nesse sentido: "*Ementa:* Propriedade industrial – Marcas – Produtos distintos – O art. 59 do Código da Propriedade Industrial assegura ao titular de marca registrada o direito ao seu uso, e a existência de produtos distintos (um, produto alimentício; o outro, utilidade doméstica) com a mesma marca não impede o seu emprego – Recurso conhecido e provido" (STJ, 3ª T., REsp 2.690-SP, processo 1990/0003199-0, rel. Min. Cláudio Santos, j. 13.8.1990, *DJU* 10.9.1990, p. 9.125).

2. Cf. João da Gama Cerqueira, *Tratado da Propriedade Industrial*, 2ª ed., vol. 2, n. 560, p. 906.

3. De acordo com o inciso XIX do art. 124 da Lei 9.279, de 14.5.1996 (LPI): "Não são registráveis como marca: (...) XIX – reprodução ou imitação, no todo ou em parte, ainda que com acréscimo, de marca alheia registrada, para distinguir ou certificar produto ou serviço idêntico, semelhante ou afim, suscetível de causar confusão ou associação com marca alheia".

Destinatário da norma legal é terceira pessoa que requer o registro de um sinal confundível com marca registrada alheia. A *ratio essendi* da norma é evitar a confusão para o consumidor (ou o público em geral) ou a associação entre marcas (frise-se, *de terceiros*). Sendo assim, seu alcance é mais amplo, e deve incluir também produtos e serviços semelhantes ou afins, toda vez que houver risco de confusão ou associação. Quanto à sua natureza, as marcas podem ser de produto, de serviço, de certificação ou coletivas (art. 123 da LPI). Seja qual for a natureza da marca, seu registro será sempre para assinalar certo produto ou serviço, sendo a base para a verificação da reprodução ou imitação (nesse sentido, dentre outros, José de Oliveira Ascensão, *Direito Comercial*, vol. II – "Direito Industrial", p. 149). Em razão disso é que se pode dizer que a regra do inciso XIX do art. 124 da LPI consagra o princípio da especialidade (v. item 10).

4. António Ferrer Correia, *Lições de Direito Comercial*, vol. I, pp. 327 e s.

tituída de tal maneira que não se confunda com outra anteriormente registrada pelo concorrente; ou seja, a proibição de que trata o inciso XIX do art. 124 da Lei 9.279, de 14.5.1996, refere-se a marcas de terceiros.[5] Além disso, vale lembrar que ao titular de uma marca é lícito requerer inúmeros registros para o mesmo sinal (pluralidade de marcas), modificados ou não, incluídos ou não no registro de novas marcas, desde que estejam compreendidos por sua atividade empresarial.[6]

A limitação imposta pela regra da especialidade à propriedade industrial sobre a marca tem também por objetivo evitar o exclusivismo de seu uso de modo ilimitado. E isso se traduz em efeitos práticos, à medida que evita que outros interessados se apropriem de um sinal que seja *res nullius* e tenham a obrigatoriedade de se informar não só das marcas anteriormente registradas para o ramo empresarial que estes exercem, mas também de todas as demais marcas registradas para todo e qualquer ramo de empresa. Do contrário – como bem lembrou Bento de Faria[7] –, seria permitir o monopólio para fins de registro de uma infinidade de sinais distintivos, o que viria a embaraçar, sem necessidade, a livre escolha dos concorrentes.

Do princípio da especialidade decorre que o conteúdo do direito à marca registrada não se traduz na proteção de um sinal

5. Nesse sentido: "*Ementa:* Industrial – Marca – Registro – Uso de designativo semelhante. *É vedado pelo direito marcário o uso malicioso, por terceiro, de designativo semelhante à marca registrada, suscetível de confundir a clientela*" (STJ, 3ª T., REsp 32.023-GO, processo 1993/0002996-7, rel. Min. Dias Trindade, j. 9.3.1993, *DJU* 5.4.1993, p. 5.839 – grifou-se).

6. Cf. Gama Cerqueira, *Tratado da Propriedade Industrial*, cit., 2ª ed., vol. 2, n. 496, p. 791. Neste ponto, cabe observar que é vedada a dualidade de marcas de mesma natureza para assinalar o mesmo produto ou serviço, ainda que de um único titular, quando não se revestirem de suficiente forma distintiva (LPI, art. 124, XX). Nesse sentido, ainda na vigência do revogado Código da Propriedade Industrial: "*Ementa:* Comercial e processual civil – Recurso especial – Fundamentação insuficiente – Ação de nulidade de registro de marca – Repetição de depósito antes de caducado o prazo original – Ausência de vedação legal – Possibilidade – Procedimento fraudulento não configurado em face do ulterior reconhecimento pelo INPI do uso da marca requerida – Duplicidade de registro não verificada – Lei n. 5.772/1971, arts. 65, item 19, e 94 – Súmula n. 7/STJ. I – A ausência de fundamentação no recurso especial sobre a alegada contrariedade ao art. 160 do CC impede o exame da controvérsia sob tal prisma. II – *Não se configura dualidade de marca se a mesma podia ser registrada tanto na modalidade relativa ao nome como na figura em que grafado esse nome, em espécie de desenho artístico*. III – Inexistindo vedação legal a que a própria titular da marca efetue novo pedido de registro antes de caducado o primeiro, não se pode, apenas por tal circunstância, dar por fraudado o preceito do art. 94 do CPI, notadamente em face de haver sido constatado pelo INPI o uso concreto da marca, subseqüentemente, a afastar a presunção de má-fé da recorrida, no caso concreto dos autos – IV – 'A pretensão de simples reexame de prova não enseja recurso especial' (Súmula n. 7/STJ). V – Recurso especial não conhecido" (STJ, 4ª T., REsp 59.362, processo 199500027917/RJ, rel. Min. Aldir Passarinho Jr., *DJU* 1.7.2002, p. 342 – grifou-se).

A regra do inciso XX do art. 124 da LPI não é nova, e sua redação dispensa maiores interpretações. Mas vale ressaltar que se trata de um aprimoramento de regra similar já encontrada na legislação anterior (art. 65, item 19, da Lei 5.772, de 21.12.1971 – CPI), principalmente no que diz respeito à viabilidade de cumulação de registros para marcas ditas gerais e específicas de um só titular para assinalar o mesmo produto ou serviço. Entende-se por marca *geral* aquela que é usada amplamente para assinalar todos (ou quase todos) os produtos e/ou serviços de um mesmo titular, identificando-se, muitas vezes, com o próprio nome empresarial do mesmo, exercendo, assim, sua função de indicação de proveniência de forma direta. A marca conhecida como *especial*, por sua vez, destina-se a distinguir determinado produto ou serviço em particular, e com ele acaba se identificando (cf. Gama Cerqueira, *Tratado da Propriedade Industrial*, cit., 2ª ed., vol. 2, n. 499, p. 793; v. também Dannemann e outros, *Comentários à Lei da Propriedade Industrial e Correlatos*, p. 251). A regra citada acima tem, pois, o sentido de permitir tanto o registro de uma marca geral quanto o de uma especial – e a cumulação destes – para assinalar o mesmo produto ou serviço de um único titular; como, por exemplo, o caso da marca geral "Nestlé", que, cumulada com a marca especial "São Luiz", assinala os tão conhecidos biscoitos "São Luiz Nestlé".

7. Antônio Bento de Faria, *Das Marcas de Fabrica e de Commercio e do Nome Commercial*, p. 120. Tal situação de fato existe, e assume uma dimesão prática no caso das *marcas defensivas*, como se verá no item 3, a seguir.

distintivo abstratamente considerado, e que se estenda irrestritamente a todo e qualquer tipo de exploração econômica, mas sim de um sinal em correlação com determinados produtos ou serviços concretos.[8] Sendo assim – como conclui Franceschelli[9] –, é justamente com relação ao caráter do conteúdo ou eficácia da marca que se refere a especialidade, o que faz com que a marca possa distinguir não qualquer objeto, mas somente uma classe ou gênero deste; não toda manifestação da atividade de uma empresa, mas precisamente os produtos que fabrica, distribui ou comercializa ou os serviços que oferece ou que presta. Nesse contexto inserem-se não apenas as pessoas físicas ou jurídicas que exerçam atividade econômica organizada para a produção ou a circulação de bens ou de serviços, mas como também as associações civis.[10] Assim, segundo lições de Kur,[11] tanto o ato de registro quanto a regra fundamental de proteção à marca dentro dos limites da similaridade servem para manter a certeza jurídica e são, por isso, os fundamentos da proteção à marca registrada.

Como visto, o princípio da especialidade é uma das regras básicas no direito de marcas – comum, inclusive, a outros ordenamentos jurídicos. De modo semelhante, estabelece, por exemplo, o direito de marcas francês, no art. L 713-1 do *Code de la Propriété Intellectuelle*, que o registro de marca confere ao seu titular um direito de propriedade para os produtos e serviços que a mesma designar. Nas palavras de Mathély,[12] esta é a regra clássica da especialidade. Trata-se de uma regra substancial, pois ela decorre, direta e necessariamente, da natureza e função da marca. É, ainda, regra que delimita o âmbito de proteção à marca registrada. No direito de marcas alemão, por sua vez, embora a expressão "princípio da especialidade" não seja usual, a matéria é estudada sob o prisma dos impedimentos relativos à proteção (registro) da marca (*relative Schutzhindernisse*), o que acontece quando já existe pedido de registro ou registro de marca anterior (*Kollisionsfall*), nos termos do § 9 da *Markengesetz*, de 25.10.1994.[13]

3. *Marcas defensivas e uso obrigatório da marca*

O caso de pluralidade de marcas de um mesmo titular, como visto mais acima,

8. Cf. Sousa e Silva, "O princípio da especialidade das marcas. A regra e a excepção: as marcas de grande prestígio", cit., *Revista da Ordem dos Advogados* (Lisboa), 1998, pp. 392-396.

9. Remo Franceschelli, *Sui Marchi di Impresa*, 4ª ed., p. 309.

10. "*Ementa:* Marca – Proteção jurídica – Objetivo – Serviços – Associação civil – Sigla – Vias de invalidação – Recurso provido. I – No estágio atual da evolução social, a proteção da marca não se limita apenas a assegurar direitos e interesses meramente individuais, mas a própria comunidade, por proteger o grande público, o consumidor, o tomador de serviços, o usuário, o povo em geral, que melhores elementos terá na aferição da origem do produto e do serviço prestado. II – A proteção legal à marca (Lei n. 5.772/1971, art. 59), que busca reprimir a concorrência desleal, evitar a possibilidade de confusão ou dúvida, o locupletamento com o esforço e o labor alheios, não se restringe às sociedades mercantis, alcançando também associações civis. III – Não veda a lei que a marca seja registrada através de sigla com letras do alfabeto (*v.g.*, 'SPC') que possa distingui-la de congêneres. IV – Uma vez registrada a marca, a sua invalidade somente se dá nos termos da lei, através de revisão administrativa ou procedimento judicial" (STJ, 4ª T., REsp 3.230, processo 199000047935/DF, rel. Min. Sálvio de Figueiredo Teixeira, *DJU* 1.10.1990, p. 10.450).

11. Annette Kur, "Well-known marks, highly renowned marks and marks having a (high) reputation – What's it all about?", IIC 23-2/218.

12. Paul Mathély, *Le Nouveau Droit Français des Marques*, p. 171.

13. Esta norma legal prevê três situações em que o registro poderá ser anulado (*Löschungstatbestände*): (1) quando houver *identidade* entre as marcas e os produtos ou serviços por ela assinalados (*Identität*); (2) risco de confusão por semelhança entre as marcas e os produtos ou serviços por ela assinalados (*Verwechslungsgefahr*); (3) aproveitamento ilícito ou prejuízo a uma marca famosa (*unlautere Ausnutzung oder Beeinträchtigung einer "bekannten" Marke)*. As disposições de direito material em caso de violação dos direitos do titular estão previstas no § 14 da *Markengesetz* (para maiores detalhes, v., dentre outros, Karl-Heinz Fezer, *Markenrecht*, pp. 590 e ss.).

distingue-se, todavia, da hipótese de *marcas defensivas (de defesa)* ou *de reserva*. Aqui, trata-se de registros preventivos feitos pelo titular da marca por inúmeros motivos e que não se destinam, pelo menos a curto prazo, ao uso efetivo. Nesses casos podemos encontrar, por exemplo, o caso de registro preventivo, seja como "defesa" para evitar uma eventual confusão com sinais de terceiros, ou como simples "reserva" do titular para uso posterior, no caso de registro preventivo em países estrangeiros para garantir futuras exportações de produtos assinalados pela marca, evitando indesejáveis registros anteriores por parte do concorrente, ou, até mesmo, para evitar o uso do mesmo sinal por uma infinidade de titulares. Casos há, ainda, e aqui não parece configurar a hipótese em questão, em que a demora se justifica por razões alheias à vontade do titular, e os produtos farmacêuticos são um bom exemplo disso, pois dependem da autorização de um órgão da Administração Pública para serem finalmente comercializados. Se for este o caso, a demora ou a interrupção do uso da marca se justifica por razões legítimas e não há que se falar em caducidade, pois é certo que nem toda falta de uso da marca pode ser considerada como registro abusivo.[14]

Contudo, no caso das marcas defensivas ou de reserva – como destacou Gama Cerqueira[15] –, além de criar verdadeiras "marcas de obstrução", sobrecarregam inútil e injustificadamente os arquivos das repartições encarregadas do registro de marcas e prejudicam, ainda, os interesses dos demais empresários, na medida em que restringem sobremaneira o campo de escolha de novas marcas. Pois é certo que – como bem observado por Vanzetti e Di Cataldo[16] –, se, por um lado, a possibilidade de combinação das letras do alfabeto para a criação de marcas que possuem elemento nominativo (ou até mesmo os sinais gráficos para as marcas figurativas ou mistas) seja quase infinita, isto vale apenas teoricamente, pois de fato são poucas as combinações que realmente se prestam a servir como sinal distintivo. Assim, tem-se como resultado que uma única marca anteriormente registrada projeta sua *ombra distrutiva della novità* sobre um sem-número de marcas sucessivas que possam ser com ela confundíveis (v. inciso XIX do art. 124 da LPI).

Por outro lado, embora a má-fé e o abuso de direito possam parecer evidentes no caso das marcas defensivas ou de reserva, não há como se impedir isso num primeiro momento, até porque no ato de depósito não se pode saber (nem se poderia exigir) que a marca será, ou não, efetivamente usada. Como visto, a dificuldade de controle e inibição de abusos no registro de marcas não é só de técnica legislativa, mas sobretudo de ordem prática. Deste fato resulta que não existe na legislação em vigor norma proibitiva específica para o caso de registro de marcas defensivas ou de reserva.[17] Diante da dificuldade de se criar

14. "*Ementa:* Comercial – Propriedade industrial – Marca – Caducidade – Inocorrência. *O não-uso da marca registrada no Brasil por empresa estrangeira, ocasionado por motivo de força maior, e assim alheio à sua vontade, impede aplicação da pena de caducidade pelo Instituto Nacional da Propriedade Industrial* – Recurso conhecido, mas improvido" (TRF-2ª R., 1ª T. (apelação cível), processo 9202087121/RJ, rel. Juiz Ricardo Regueira, *DJU* 25.5.1999 – grifou-se).

15. Gama Cerqueira, *Tratado da Propriedade Industrial*, cit., 2ª ed., vol. 2, n. 502, pp. 794 e s., e n. 656, p. 1.052.

16. Vanzetti e Di Cataldo, *Manuale di Diritto Industriale*, cit., 4ª ed., § 26, pp. 153 e s.

17. O caso escapa do âmbito de aplicação da norma proibitiva constante no inciso XX do art. 124 da LPI; assim também o era na vigência da Lei n. 5.772, de 21.12.1971 (cf. Gama Cerqueira, *Tratado da Propriedade Industrial*, cit., 2ª ed., vol. 2, n. 502, p. 794, nota 49). Como visto mais acima (v. nota de rodapé 6, supra) – e o texto da lei é claro nesse sentido –, o que se proíbe, tão-somente, é a *dualidade* (isto é, duplicação) de marcas de um único titular para o *mesmo produto ou serviço*. No caso das *marcas defensivas* ou *de reserva* o que está em jogo é o registro em série, e inescrupuloso, de uma infinidade de sinais (idênticos, semelhantes ou não aos já existentes e em uso) para classes de produtos ou serviços do interesse do titular, estabelecendo, como

um mecanismo que coibisse tal abuso, a solução encontrada foi estabelecer um limite, isto é, estipular um prazo razoável (eqüitativo) para que o titular coloque sua marca em uso, sob pena de extinção do registro, salvo se justificável o desuso (nesse sentido: CUP, art. 5, C.1,[18] e TRIPs art. 19).[19] Assim foi que, visando a contornar a dificuldade existente e regular da melhor forma o problema em questão sem, por outro lado, violar o direito à livre iniciativa de qualquer empresário na liberdade de registro de suas marcas, buscou-se coibir um eventual abuso baseando-se a proibição no *princípio da obrigatoriedade do uso da marca registrada*.[20]

bem definiu Bento de Faria (*Das Marcas de Fabrica e de Commercio e do Nome Commercial*, cit., p. 120), um monopólio de sinais distintivos, que vem a embaraçar e prejudicar, injustificadamente, a livre escolha dos concorrentes. "Caducidade" significa perda do direito sobre a marca por falta de uso (LPI, art. 143, incisos I e II, primeira parte) ou por uso irregular (LPI, art. 143, II, segunda parte). A hipótese de, se não existisse a norma proibitiva do inciso XX do art. 124 da LPI, o titular poder então depositar a mesma marca inúmeras vezes, para os mesmos produtos ou serviços, e com isso evitar a caducidade por falta de uso, é contra os princípios jurídicos (não há como se conceber registros sucessivos e idênticos para uma mesma propriedade). É uma questão de segurança jurídica. E, na pior das hipóteses, mesmo depois da concessão dos registros, se o titular não usasse de fato as marcas, decretar-se-ia a extinção dos registros por falta de uso um atrás do outro, com base no art. 143 da LPI. Os arts. 124, XX, e 143 da LPI perseguem, portanto, objetivos distintos (em sentido contrário, v. Denis Borges Barbosa, *Uma Introdução à Propriedade Intelectual*, 2ª ed., p. 830).

18. A norma remonta à Revisão de Haia de 1925, que introduziu este parágrafo. O objetivo é latente: evitar que os órgãos encarregados do registro fiquem sobrecarregados com marcas que não são usadas e que, com isso, excluem o registro posterior de marcas idênticas ou semelhantes que poderiam ter utilização imediata (cf. G. H. C. Bodenhausen, *Guía para la Aplicación del Convenio de Paris para la Protección de la Propiedad Industrial – Revisado en Estocolmo en 1967*, p. 82, letra "b").

19. No campo do Direito Comparado podemos encontrar uma alternativa interessante com base num mecanismo que possibilita "esvaziar" o registro de marcas que não estão em uso, por meio de uma "declaração de intenção de uso". Essa foi a solução adotada no art. 256º/3 do CPI português de 2003 (Decreto-lei 36/2003, de 5 de março), que prevê o seguinte: "As marcas para as quais essa declaração não foi apresentada não são oponíveis a terceiros, sendo declarada a caducidade do respectivo registo pelo Instituto Nacional da Propriedade Industrial, a requerimento de qualquer interessado, ou quando se verifique prejuízo de direitos de terceiros no momento da concessão de outros registos". A solução é interessante, pois permite que a caducidade possa ser declarada *ex officio* pelo próprio INPI toda vez que se verificar que um registro inativo impossibilita a concessão de outros; e, assim, podendo minimizar os efeitos da "sombra destrutiva da novidade" sobre posteriores pedidos de registro, a que se referiram Vanzetti e Di Cataldo (*Manuale di Diritto Industriale*, cit., 4ª ed., p. 154). A adoção deste sistema prático e eficaz possibilitou ao INPI português efetuar uma significativa redução no seu registro de marcas em desuso. A aplicação do mecanismo exposto no art. 256º do CPI português é, porém, complexa, e recebeu alguns reparos da doutrina, principalmente com relação à redação dos seus incisos e sua relação com os arts. 269º e 270º do CPI português, que tratam da caducidade e do seu procedimento (v. Américo da Silva Carvalho, *Direito de Marcas*, cit., pp. 157-159).

20. Cf. Gama Cerqueira, *Tratado da Propriedade Industrial*, cit., 2ª ed., vol. 2, n. 656, p. 1.052. A questão foi objeto de estudos por ocasião das conferências da União Internacional para a Proteção da Propriedade Industrial reunidas em Haia (1925) e em Londres (1934) (cf. Gama Cerqueira, *Tratado da Propriedade Industrial*, cit., 2ª ed., vol. 2, n. 502, p. 795). No Brasil a questão foi inicialmente tratada no art. 115 do Decreto 16.264/1923 e depois por leis sucessivas, variando, de uma para outra, o prazo de tolerância para o uso efetivo da marca (dois anos, três anos, chegando a cinco anos com a Lei 9.279, de 14.5.1996, art. 143). Nesse sentido: "*Ementa:* Administrativo – Caducidade de registro de marca. (...) – Impossibilidade de importação – Inexistência de impedimento ao uso da marca – Ausência de comprovação de utilização – Aplicação do princípio da obrigatoriedade do uso. I – A impossibilidade transitória de importação de determinados produtos não impede o uso da marca, posto que esta não foi deferida para produtos importados. II – Inexistindo nos autos elementos que atestem a efetiva utilização da marca em debate, bem como a ocorrência de justo impedimento para tanto, não há como ser anulado o procedimento que culminou com a declaração de caducidade do registro, tendo em vista a imperiosa aplicação do *princípio da obrigatoriedade do uso*, consagrado em nossa legislação marcária" (TRF-2ª R., 6ª T., Ap. cível 21.369, processo 9102054973/RJ, rel. Juiz Sérgio Schwaitzer, *DJU* 9.10.2002, p. 244 – grifou-se).

A aplicação deste princípio baseia-se na própria natureza e função que a marca registrada desempenha num mercado de livre concorrência, o que justifica a razão da sua existência. Existe, portanto, um interesse público maior no sentido de que toda marca levada a registro seja efetivamente usada.[21] Ora, a partir do momento que o sinal não é usado (isto é, o uso não foi iniciado desde a concessão do registro), ou deixou de ser usado, ou é usado de forma diversa da que consta no certificado de registro, alterando seu caráter distintivo original, desaparece também o sentido da sua proteção.[22] Há na norma legal um dever implícito de uso da marca; sendo assim, o não-uso caracteriza uma infração a esse dever, cuja sanção é a extinção do seu registro por meio da declaração de caducidade.[23] A norma exclui apenas o caso em que a falta de uso se dá por "razões legítimas", constituindo força maior que justifica o desuso da marca – o que pode acontecer com a proibição de fabricação, comercialização ou até importação de determinado produto[24] (§ 1º do art. 142 da LPI).

O desuso da marca nada mais é que seu abandono, o que justifica a perda de direito (o mesmo acontece com a propriedade, de acordo com o art. 1.275, III, do CC de 2002). Nesse caso, são dois os efeitos decorrentes da declaração da caducidade: (1) a perda do direito de uso exclusivo

21. Nesse sentido: "*Ementa:* Administrativo – Propriedade industrial – INPI – Caducidade. I – *A caducidade é um instituto impulsionado pelo interesse público, pelo quê não tem sentido a sua decretação quando a marca vem sendo regularmente usada pelo seu titular, no interesse do seu comércio e da sua clientela.* II – As provas exibidas pela apelada demonstram não ter havido desuso, configurador do abandono da marca registrada, que é o que dá ensejo à decretação da caducidade. III – Recurso improvido" (TRF-2ª R., 2ª T. (apelação cível), processo 9102005344/RJ, rel. Juiz Carreira Alvim, *DJU* 17.8.1995 – grifou-se).

22. Nesse sentido, de forma unânime: Affonso Celso, *Marcas Industriaes e Nome Commercial*, p. 93, nota 5; Bento de Faria, *Das Marcas de Fabrica e de Commercio e do Nome Commercial*, cit., p. 261; Pontes de Miranda, *Tratado de Direito Privado*, 4ª ed., t. XVII – "Parte Especial", § 2025, p. 126; Gama Cerqueira, *Tratado da Propriedade Industrial*, cit., 2ª ed., vol. 2, n. 656, pp. 1.051 e s.

De acordo com o art. 143 da LPI: "Caducará o registro, a requerimento de qualquer pessoa com legítimo interesse, se, decorridos 5 (cinco) anos da sua concessão, na data do requerimento: I – o uso da marca não tiver sido iniciado no Brasil; ou II – o uso da marca tiver sido interrompido por mais de 5 (cinco) anos consecutivos, ou se, no mesmo prazo, a marca tiver sido usada com modificação que implique alteração de seu caráter distintivo original, tal como constante do certificado de registro".

23. Nesse sentido: "*Ementa:* Administrativo – Propriedade industrial – Caducidade – Registro de marca. I – Nos termos do art. 94 do CPI, *a caducidade constitui autêntica sanção, imposta ao titular da marca registrada, que com a sua inércia impede que outros dela se utilizem, dado o seu grande valor no círculo industrial e comercial.* II – O contrato de licença de uso de marca, relativamente às partes, produz efeitos ainda que não averbado, pois a averbação se impõe no interesse público, para resguardo de eventuais direitos de terceiros, não podendo ser considerado tal quem, sem título legítimo, pretenda titular-se a esse uso, contra o interesse daquele que obteve o respectivo registro. III – Não pode o INPI permitir, a pretexto de estar cumprindo a lei, que um pedido de caducidade, formulado por quem pretenda tornar-se proprietário da marca, sobreponha-se aos legítimos direitos do seu titular atual, com registro devidamente formalizado, e da subsidiária que, por contrato, mesmo não averbado, vem cumprindo os objetivos preconizados pela legislação marcária. IV – Em sede jurisprudencial, tem-se decidido que a marca explorada por empresa pertencente ao mesmo grupo econômico torna desnecessário o contrato de exploração previsto no art. 90 da Lei n. 5.772/1971, sendo o seu uso comprovado pelas faturas comerciais (cf. Ap. cível n. 90.02.14764-3-RJ, TRF-2ª R., 1ª T., v.u., *DJ* 3.7.1990, p. 14.616). V – Embargos infringentes improvidos" (TRF-2ª R., Plenário (embargos infringentes em apelação cível), processo 9102005379/RJ, rel. Juiz Carreira Alvim, *DJU* 21.6,1994, p. 32.677 – grifou-se).

24. Nesse sentido: "*Ementa:* Direito comercial e administrativo – Propriedade industrial – Marca de propriedade de empresa estrangeira devidamente registrada no Brasil – Caducidade por falta de uso da marca – Art. 94 e parágrafo único do CPI – Não caracterização – Força maior. I – *Em sendo reconhecido motivo de força maior, impediente do uso de marca, decorrente da proibição de importação de artigos pela CACEX, não se há que falar em caducidade.* II – Remessa necessária a que se nega provimento" (TRF-2ª R., 3ª T., REO 202.571, processo 9902249833/RJ, rel. Juiz Frederico Gueiros, *DJU* 13.11.2001 – grifou-se).

da marca, que se consuma com a extinção do registro; (2) e isto significa, em termos práticos, que o mesmo sinal (ou variações deste) se torna livre para ser apropriado e levado novamente a registro, seja pelo próprio titular anterior ou por terceiros (entenda-se: sem oposição por parte do titular anterior). Isso significa dizer que o sinal se torna *res nullius*, podendo ser novamente apropriado, após a declaração da caducidade.[25] Dizer que o sinal reverte ao "domínio comum" ou ao "domínio público", podendo ser então usado e registrado por outrem, é incorreto sob o ponto de vista jurídico.[26] Tal fato mereceu o pronto reparo de Pontes de Miranda, pois é certo que a coisa considerada de domínio comum ou de domínio público é *res communis omnium*, isto é, "pertence a todos, de modo que o estabelecimento da exclusividade ofenderia os direitos de todos menos um; a *res nullius* não pertence a ninguém, razão por que pode a coisa ser ocupada".[27] É bem verdade que, como se não bastasse a ocorrência freqüente de termos plurissêmicos, o uso inadequado – e mesmo errado – de terminologias jurídicas dá margem a constantes interpretações distorcidas e equivocadas no campo do direito de marcas.[28]

De acordo com a legislação atual, não existe mais declaração *ex officio* da caducidade do registro de marca. A autoridade administrativa responsável pelo registro deve ser provocada por qualquer pessoa com legítimo interesse. Como conseqüência resulta que, não havendo requerimento algum nesse sentido e, ainda, se o titular (ou licenciado) iniciar ou reiniciar o uso da marca, desaparece o motivo para se declarar a caducidade, ainda que o uso se efetive após o prazo de cinco anos exigido na lei (o sentido é: não há declaração de caducidade retroativa).[29] Na observação lapidar de Pontes de Miranda, "o uso apaga o passado".[30] Diferente do caso em que o uso se dê após o requerimento da declaração de caducidade, o que seria manifestamente intempestivo, e não surtiria efeito algum.

25. Nesse sentido: "*Ementa:* Administrativo – Cancelamento de registro de marca. I – Cancelado o registro da marca 'TOP', com base no art. 65, inciso 17, do CPI. II – Colidência apontada com a marca nominativa 'TOPA', registrada anteriormente na mesma classe 25, relativa a roupas e acessórios do vestuário. III – A não-utilização da marca 'TOPA' não torna registrável a marca 'TOP', o que só ocorreria após a declaração de caducidade daquela. IV – Recurso improvido" (TRF-2ª R., 1ª T., (apelação cível), processo 9002117574/RJ, rela. Juíza Tânia Heine, *DJU* 28.12.1990).

26. Tais termos podem ser encontrados repetidas vezes em inúmeros autores, dentre eles Affonso Celso (*Marcas Industriaes e Nome Commercial*, cit., n. 94, p. 92), José Xavier Carvalho de Mendonça (*Tratado de Direito Comercial Brasileiro*, 5ª ed., vol. V, Livro III, Parte I, n. 265, p. 265, e n. 343, p. 333) e Gama Cerqueira (*Tratado da Propriedade Industrial*, cit., 2ª ed., vol. 2, n. 655, p. 1.051, n. 656, p. 1.052, e n. 665, p. 1.064).

27. Pontes de Miranda, *Tratado de Direito Privado*, cit., 4ª ed., t. XVII – "Parte Especial", § 2.025, p. 128.

28. Semelhante distorção pode ser verificada, por exemplo, na seguinte passagem: "A respeito, ainda, das marcas declaradas caducas, deve-se observar que, se o seu registro tiver sido concedido com infração da lei ou se contrariar disposição da lei em vigor na ocasião em que a caducidade tiver sido declarada, o novo registro da marca deve ser denegado. Assim também, tratando-se de sinal de uso vulgar, *a marca reverte ao domínio comum, não podendo ser novamente apropriada*" (cf. Gama Cerqueira, *Tratado da Propriedade Industrial*, cit., 2ª ed., vol. 2, n. 665, nota 28, p. 1.065 – grifou-se). As afirmações estão corretíssimas, mas a conclusão contradiz o sentido da expressão "domínio comum" empregada pelo próprio autor durante toda a obra; nessa passagem pode-se verificar como a imprecisão no uso dos termos provoca problemas de interpretação e contradições de raciocínio, dificultando a compreensão da matéria.

29. Assim já se havia decidido, com base na lei anterior (CPI/1971): "*Ementa:* Administrativo – Marca industrial – Prova de uso – Não-ocorrência de caducidade. Comprovando a empresa que usou a marca registrada no INPI, através de exportação de produtos por ela identificados, embora já decorridos mais de dois anos do depósito, não pode ter cancelado o registro em razão de posterior requerimento de terceiro interessado, a título de caducidade" (TRF-2ª R., 1ª T., (apelação cível), processo 9102006111/RJ, rela. Juíza Tânia Heine, *DJU* 9.1.1992).

30. Pontes de Miranda, *Tratado de Direito Privado*, cit., 4ª ed., t. XVII – "Parte Especial", § 2.025, p. 127.

4. A questão sobre o direito absoluto e o uso exclusivo da marca

Atendendo mais a interesse de ordem pública do que de ordem privada, o direito de propriedade do titular da marca registrada, cuja validade é *erga omnes*, é limitado a determinada espécie de produto ou serviço para os quais a marca foi registrada.[31] Não seria razoável de se admitir que o registro de uma marca dê ao seu titular direito exclusivo e ilimitado ao uso do sinal para qualquer espécie de produto ou serviço. Assim, de acordo com lições de Nogueira e Fisher Jr.,[32] o direito de propriedade sobre a marca não tem um caráter absoluto, posto que fica restrito à sua aplicação, sendo tal direito exclusivo somente em relação aos produtos e serviços de uma mesma espécie. Nesse mesmo sentido, segundo Affonso Celso, a limitação imposta por lei ao exercício do direito à marca explica-se, ademais, pelo fato de que todos os direitos naturais do homem são limitados em seu exercício, no interesse da comunidade, e que sem a regra da especialidade se tornaria "injustificável e odioso o exclusivismo do uso".[33] Ascarelli,[34] porém, considera que o direito absoluto sobre a marca se explica pelo direito exclusivo de utilização reconhecido por via absoluta ao titular da marca no âmbito do uso, isto é, uma exclusividade para contradistinguir com a marca os produtos (ou serviços) a que ela se refere e utilizá-la para fins de publicidade. Mas o mesmo autor reconhece, mais adiante, dois limites a esse direito absoluto: um primeiro concernente à identificação do sinal a que se refere; e um segundo que diz respeito ao âmbito de proteção da função distintiva (e se fala, sobre este último propósito, do princípio da especialidade na proteção da marca).

Via de regra, direitos não são prescritos de maneira absoluta; e, sendo assim, o exercício do direito da propriedade industrial advindo do registro da marca fica também limitado pelas condições impostas pelo princípio da especialidade. Trata-se de uma *condizione di esclusività* que, segundo Ricolfi,[35] uma vez satisfeita, através de regras jurídicas que permitem ao titular impedir o uso do sinal para identificar produtos ou serviços idênticos ou afins, impede, desta maneira, a apropriação do prestígio de sua marca, incentivando, ainda, seu titular a oferecer bens não só de qualidade melhor, mas também constantes no tempo.

Assim, o direito sobre a marca registrada consiste na faculdade de seu uso exclusivo assegurada ao titular (= condição de exclusividade), que se traduz, em outras palavras, na faculdade de zelar pela sua integridade material ou reputação e de impedir seu uso indevido por terceiros (= poder de exclusão).[36] O uso exclusivo decorre do registro validamente expedido pelo INPI. O mesmo se dá com o nome empresarial com o registro na Junta Comercial; e isto significa dizer que, tanto para a marca quanto para o nome empresarial, sem o registro

31. Nesse sentido: "*Ementa:* Comercial e processual civil – Marca – Registro – Carência da ação. I – *A marca regularmente registrada no INPI, sem que contra a mesma se tenham levantado impugnações, confere a seu titular a propriedade e uso, eis que tem validade **erga omnes***. Assim, enquanto persistir o seu registro, tem-se como carente de ação a ajuizada contra o seu legitimo detentor. II – Recurso não conhecido" (STJ, 3ª T., REsp 9.415, processo 199100055085/SP, rel. Min. Waldemar Zveiter; *DJU* 1.7.1991, p. 9.193 – grifou-se).

32. J. L. de Almeida Nogueira, e Guilherme Fisher Jr., *Tratado Theorico e Pratico de Marcas Industriaes e Nome Commercial*, t. I, p. 70.

33. Affonso Celso, *Marcas Industriaes e Nome Commercial*, cit., p. 29, nota 1, e pp. 42 e s.

34. Tullio Ascarelli, *Teoria della Concorrenza e dei Beni Immateriali – Istituzioni di Diritto Industriale*, 3ª ed., pp. 477 e s. No sentido de que o direito à marca pertence à categoria dos direitos absolutos (isto é, reais – do tipo da propriedade), ainda que em conexão com os produtos ou serviços por ela assinalados, v. António Ferrer Correia, *Lições de Direito Comercial*, cit., vol. I, n. 90, pp. 358 e ss.

35. Marco Ricolfi, *I Segni Distintivi – Diritto Interno e Comunitario*, p. 23.

36. Nesse sentido, v. Giuseppe Sena, *Il Nuovo Diritto dei Marchi – Marchio Nazionale e Marchio Comunitario*, pp. 155 e s.

não há que se pensar em direito exclusivo. Este direito exclusivo de uso constitui um dos poderes nucleares do conteúdo do direito à marca, que, segundo António Côrte-Real Cruz,[37] pode ser definido como um conjunto de poderes que o ordenamento jurídico reconhece ao titular desse direito, como assim também o é a faculdade de cessão do registro ou licenciamento do uso. Desta forma, argumenta Serens que, "imaginando o direito sobre o sinal como um *círculo de poder* (*permissão*), verificamos, pois, que à sua volta se forma um outro círculo, de maior perímetro, que circunscreve o *âmbito de proibição*".[38] O *âmbito de proibição* (ou *círculo de proibição*, a que se refere o autor) abrange o uso e/ou registro por terceiro de marca igual ou confundível com outra já registrada para assinalar os mesmos produtos ou serviços (ou afins). Fora deste círculo/âmbito de proibição estaria, portanto, o uso ou o registro por terceiro de marca igual ou confundível com outra já registrada para assinalar produtos ou serviços diferentes, isto é, *sem qualquer afinidade merceológica*. A partir desse momento cessa a razão da tutela da marca, que só se afirma se e na medida em que existir o perigo de confusão (confundibilidade) entre os sinais (e, essencialmente, confusão sobre a origem dos produtos ou serviços, isto é, fonte produtiva).[39] Ascensão[40] ensina que o direito à marca pertence à categoria dos "direitos de exclusivo" (conotação mais ampla que a de direito de monopólio), juntamente com os demais direitos industriais e o direito de autor. De acordo com essa "categorização" do direito industrial, o direito de exclusivo sobre a marca se traduz no direito subjetivo do titular de proibir ou de fazer cessar seu uso desautorizado (exploração econômica) por terceiros e tal proibição atingiria a todos, exceto seu próprio titular.

Vale ressaltar, ainda, que o direito de uso exclusivo ou a condição de exclusividade sobre a marca ficam limitados não só pelo registro (produtos ou serviços idênticos, semelhantes ou afins), mas pelo território também (princípio da territorialidade). Neste ponto, bem observou António Côrte-Real Cruz ao afirmar que "o exclusivo da marca está territorialmente limitado e que esse é um outro condicionalismo delimitador do *ius prohibendi*",[41] que se traduz no poder de exclusão do titular da marca. Além disso, quando se têm em consideração os limites materiais do exclusivo, é preciso identificar qual o tipo de utilização da marca por terceiros que violaria o direito de uso exclusivo do titular da marca. Nesse contexto encontram-se não apenas as atividades de caráter econômico (isto é, utilização e/ou exploração econômica da marca) que não tenham sido autorizadas pelo titular, mas também toda e qualquer atividade que seja prejudicial ao caráter distintivo da marca. Assim, não é considerado uso indevido ou violação da marca quando sua utilização for para fins privados (sem conotação comercial ou exploração não-econômica), ou quando seu uso não represente ato de concorrência com o titular da marca, de acordo com o art. 132 da LPI.[42]

37. António Côrte-Leal Cruz, "O conteúdo e extensão do direito à marca: a marca de grande prestígio", in Faculdade de Direito de Lisboa e Associação Portuguesa de Direito Intelectual (orgs.), *Direito Industrial*, vol. I, p. 88.

38. M. Nogueira Serens, "A 'vulgarização' da marca na Directiva 89/104/CEE, de 21 de dezembro de 1988 (*id est*, no nosso Direito futuro)", Coimbra, Separata do *Boletim da Faculdade de Direito de Coimbra* (1984) – "Estudos em Homenagem ao Prof. Dr. António de Arruda Ferrer Correia" –, 1995, p. 7 (grifado no original).

39. Idem, pp. 7-9.

40. Ascensão, *Direito Comercial*, cit., vol. II, pp. 404-409.

41. António Côrte-Leal Cruz, "O conteúdo e extensão do direito à marca: a marca de grande prestígio", cit., in Faculdade de Direito de Lisboa e Associação Portuguesa de Direito Intelectual (orgs.), *Direito Industrial*, vol. I, p. 93. Como exceções ao princípio da territorialidade podemos citar a regra da prioridade unionista prevista no art. 4º da CUP (incorporada no art. 127 da LPI) e o estatuto da marca notoriamente conhecida, regulado no art. 6-*bis* da CUP (e também no art. 126 da LPI).

42. LPI, art. 132: "O titular da marca não poderá: I – impedir que comerciantes ou distribuidores

Além dos casos previstos expressamente na LPI, parece razoável o entendimento de que a menção da marca em testes comparativos com outros produtos ou serviços a título de mera informação, orientação e defesa do consumidor (propaganda comparativa), desde que atendendo a certos princípios e limites, também não infringe o direito do titular.[43] Particular atenção merecem, no entanto, os casos de reprodução da marca em dicionários, enciclopédias, manuais técnicos e outras obras de consulta similares, quando essa reprodução der a impressão errônea de que a marca constitui o nome ou designação genérica dos produtos ou serviços por ela assinalados. Nesses casos, o titular pode exigir que na edição seguinte da obra conste menção expressa de que o sinal constitui uma marca registrada. Trata-se, aqui, da proteção da marca contra atos lesivos a seu caráter distintivo, principalmente visando a impedir um risco de "vulgarização" ou "banalização" da mesma.[44] Problema idêntico surge também com a utilização de forma genérica da marca nos meios de mídia em geral. O problema é claro: quanto mais amplo for o uso genérico da marca, menores serão sua força distintiva (ou capacidade de individualização) e sua aptidão como sinal identificador de um produtor específico, prejudicando sua função de identificação de origem. Ao final deste processo pode ocorrer a total perda da capacidade distintiva da marca, e sua transformação em sinal genérico.[45]

De acordo com a nossa legislação, ao titular da marca ou ao depositante é assegurado o direito de:

utilizem sinais distintivos que lhes são próprios, juntamente com a marca do produto, na sua promoção e comercialização; II – impedir que fabricantes de acessórios utilizem a marca para indicar a destinação do produto, desde que obedecidas as práticas leais de concorrência; III – impedir a livre circulação de produto colocado no mercado interno, por si ou por outrem com seu consentimento, ressalvado o disposto nos §§ 3º e 4º do art. 68; e IV – impedir a citação da marca em discurso, obra científica ou literária ou qualquer outra publicação, desde que sem conotação comercial e sem prejuízo para seu caráter distintivo".

43. De acordo com o art. 32 do Código Brasileiro de Auto-Regulamentação Publicitária: "Tendo em vista as modernas tendências mundiais – e atendidas as normas pertinentes do Código da Propriedade Industrial –, a publicidade comparativa será aceita, contanto que respeite os seguintes princípios e limites: (a) seu objetivo maior seja o esclarecimento, se não mesmo a defesa do consumidor; (b) tenha por princípio básico a objetividade na comparação, posto que dados subjetivos, de fundo psicológico ou emocional, não constituem uma base válida de comparação perante o consumidor; (c) a comparação alegada ou realizada seja passível de comprovação; (d) em se tratando de bens de consumo, a comparação seja feita com modelos fabricados no mesmo ano, sendo condenável o confronto entre produtos de épocas diferentes, a menos que se trate de referência para demonstrar evolução, o que, nesse caso, deve ser caracterizado; (e) não se estabeleça confusão entre produtos e marcas concorrentes; (f) não se caracterize concorrência desleal, denegrimento à imagem do produto ou à marca de outra empresa; (g) não se utilize injustificadamente a imagem corporativa ou o prestígio de terceiros; (h) quando se fizer uma comparação entre produtos cujo preço não é de igual nível, tal circunstância deve ser claramente indicada pelo anúncio".

44. Cf. António Côrte-Leal Cruz, "O conteúdo e extensão do direito à marca: a marca de grande prestígio", cit., in Faculdade de Direito de Lisboa e Associação Portuguesa de Direito Intelectual (orgs.), *Direito Industrial*, vol. I, pp. 94 e ss. O autor cita ainda o art. 10 do Regulamento de Marca Comunitária (Regulamento do Conselho, n. 40/94, de 20.12.1993), que trata especificamente desta hipótese no âmbito da Comunidade Européia; em casos extremos de "vulgarização" da marca, poderá ocorrer a extinção do registro por caducidade (Regulamento, art. 50, n. 1/b). No Brasil: "*Ementa:* Propriedade industrial – Marca registrada 'Banknote' – Denominação genérica de produto – Desnecessidade de anulação do registro. I – *A marca registrada junto ao INPI de cunho genérico, estreitamente ligada ao produto, torna possível o uso por empresas do mesmo ramo de atividades, desde que no sentido comum e em conjunto com outros elementos identificadores, não havendo que se falar em exclusividade e anulação de registro por via própria.* II – Recurso especial da ré conhecido e provido" (STJ, 3ª T., REsp 128.136-RJ, processo 1997/0026610-9, rel. Min. Waldemar Zveiter, j. 17.8.2000, *DJU* 9.10.2000, p. 141 – grifou-se).

45. Cf. Felix Hauck e Sebastian Fischoeder, "Gattungsmäßige Benutzung von Kennzeichen in den Medien – Rechte des Kennzeicheninhabers", *GRUR* 3/185 e s.

(1) Uso exclusivo da marca registrada em todo o território nacional, durante seu prazo de vigência de 10 anos, contados da data da concessão do registro, prorrogável por períodos iguais e sucessivos (*caput* dos arts. 129 e 133 da LPI).

(2) Do uso exclusivo decorrem, necessariamente, os direitos de: (a) ceder seu registro ou pedido de registro (inciso I do art. 130 da LPI); (b) licenciar seu uso (inciso II do art. 130 da LPI); (c) zelar pela sua integridade material ou reputação (inciso III do art. 130 da LPI), valendo-se, para tanto, do direito de ingressar com as ações cíveis e criminais cabíveis, na forma dos Códigos de Processo Civil e Penal em vigor; (d) uso da marca em papéis, impressos, propaganda e documentos relativos à atividade do titular (art. 131 da LPI).

(3) Apresentar oposição ao pedido de registro de marca de terceiros que seja: (a) reprodução ou imitação de marca coletiva ou de certificação do titular (inciso XII do art. 124 da LPI); (b) reprodução ou imitação, no todo ou em parte, ainda que com acréscimo, da marca do titular, para distinguir ou certificar produto ou serviço idêntico, semelhante ou afim, suscetível de causar confusão ou associação com a marca anterior do titular (inciso XIX do art. 124 da LPI); (c) reprodução ou imitação, no todo ou em parte, de marca que o requerente evidentemente não poderia desconhecer em razão de sua atividade, cujo titular seja sediado ou domiciliado em território nacional ou em país com o qual o Brasil mantenha acordo ou que assegure reciprocidade de tratamento, se a marca se destinar a distinguir produto ou serviço idêntico, semelhante ou afim, suscetível de causar confusão ou associação com aquela marca alheia (inciso XXIII do art. 124 da LPI).

(4) Requerer, administrativamente, a anulação do registro dessa marca, com base nos dispositivos acima mencionados (legítimo interesse), no prazo de 180 dias, contados da data da expedição do certificado de registro (art. 169 da LPI).

(5) Requerer, judicialmente, a anulação do registro dessa marca, com base nos dispositivos acima mencionados (legítimo interesse), no prazo prescricional de cinco anos, contados da data da sua concessão (arts. 173 e ss. da LPI).

(6) Reivindicar, alternativamente, através de ação judicial, a adjudicação do registro, nos termos previstos no art. 6º-*septies* (1) da CUP (art. 166 da LPI – a regra vale tanto para o nacional como para o titular da marca registrada em país signatário da Convenção).

(7) Proceder criminalmente, por meio de queixa crime, contra o usuário não autorizado da marca, inclusive requerendo diligências preliminares de busca e apreensão e posterior destruição de marca falsificada nos volumes ou produtos que a contiverem (arts. 189 e ss. da LPI).

(8) Ingressar, independentemente da ação criminal, com as ações cíveis que considerar cabíveis na forma do Código de Processo Civil brasileiro, inclusive requerendo indenização por danos materiais e morais decorrentes da violação de seu direito sobre a marca registrada (arts. 207 e ss. da LPI).

5. A regra da especialidade e a suposta função de qualidade atribuível à marca

A doutrina costuma atribuir à marca registrada, direta ou indiretamente, diversas funções, mas dentre elas destacam-se: (1) *função distintiva*, de individualização de produtos ou serviços de outros iguais, semelhantes ou afins; (2) *função de indicação de proveniência* (*origem*) dos produtos ou serviços; (3) *função de captação e fixação de clientela*; (4) *função publicitária*; e, por fim, (5) *função de garantia ou indicação de qualidade* do produto ou serviço. Embora se reconheça à marca uma multiplicidade de funções, de acordo com nosso direito de marcas, atualmente a única função juridicamente protegida continua sendo a *função de indicação de proveniên-*

cia decorrente da *função distintiva* da marca.[46] No entanto, nada impede que outras funções venham a ser protegidas de forma indireta pela lei, seja com base na tutela especial da marca de alto renome (como é o caso da função publicitária, atrativa ou sugestiva) ou por meio das regras gerais de repressão à concorrência desleal (que pode ser o caso da função de captação de clientela). O fato é que – como afirmam Vanzetti e Di Cataldo[47] – à tradicional função de indicação de proveniência soma-se a proteção contra qualquer forma de parasitismo (isto é, aproveitamento da fama e reputação de marca registrada alheia).[48]

Inquestionável o fato, portanto, de que a marca possui também uma função de qualidade, ainda que de forma indireta ou implícita. Esta parece ter, contudo, mais importância econômica que jurídica, e será no campo da livre concorrência que desempenhará papel fundamental.[49] Certo é que, se uma marca passa a ser conhecida pelo consumidor pela sua qualidade, será mais que natural que a procura pelo produto ou serviço assinalado por ela aumente em função da sua boa fama ou reputação (*goodwill*). Por outro lado, tampouco seria do interesse de uma empresa diminuir a qualidade de seus produtos após ter feito investimento significativo na reputação da sua marca; não sendo necessário, nem oportuno, assegurar à marca a função jurídica de garantia de um nível qualitativo constante nos produtos por ela distinguidos.[50] Sendo assim, são evidentes a vantagem econômica auferida pelo titular da marca e seu particular interesse em que isso aconteça e se mantenha. Questiona-se na doutrina se não caberia, então, uma proteção jurídica a esta função de qualidade atribuível à marca.

Entre nós, Pontes de Miranda[51] já havia defendido uma maior rigidez na regra da especialidade, pois, no seu entender, faltaria ao sistema jurídico a exigência de ser a marca estritamente correspondente a certo produto, uma vez que não se exige a vinculação da qualidade do produto ou serviço com sua respectiva marca, podendo seu titular alterar seus padrões de qualidade sem que, com isso, viole a marca. Neste ponto, porém, melhor razão assiste a Ricolfi,[52] pois não parece necessário nem oportuno exigir-se uma função jurídica de garantia do nível de qualidade dos produtos ou serviços identificados pela marca, pois é de se entender que tal resultado corresponde necessariamente ao interesse do próprio titular e que isto se opera por meio dos mecanismos de mercado. Uma imposição normativa nesse aspecto poderia desencorajar a flexibilidade da produção e a capacidade criativa da empresa. Ademais, como bem observou Olavo,[53] não se pode atribuir à marca, de um ponto de

46. No Brasil, dentre outros, v. Maurício Lopes de Oliveira, *Propriedade Industrial – O Âmbito de Proteção à Marca Registrada*, pp. 4-7.

47. Vanzetti e Di Cataldo, *Manuale di Diritto Industriale*, cit., 4ª ed., § 8, p. 129.

48. Sobre a questão do aproveitamento parasitário de marca registrada alheia, no Brasil, v., dentre outros: Luiz A. de Carvalho, "Do aproveitamento parasitário da fama de signo distintivo alheio no exame dos pedidos de registro de marcas no Brasil", *Revista da ABPI* 10/45-47; Paulo Roberto Costa Figueiredo, "A aplicação do art. 160, I, segunda parte, do Código Civil aos pedidos de registro de marcas", *Revista da ABPI* 12/106 e s.; Luiz Leonardos, "A superação do conceito de notoriedade na proteção contra as tentativas de aproveitamento de marcas alheias", *Revista da ABPI* 19/13-16; Marcelo Leite da Silva Mazzola, "As entrelinhas da indenização nos casos de parasitismo", *Revista da ABPI* 71/42-48; Denis Borges Barbosa, *Uma Introdução à Propriedade Intelectual*, cit., 2ª ed., pp. 317 ss.; v. também o Ato Normativo 123/94 do INPI.

49. Cf. António Ferrer Correia, *Lições de Direito Comercial*, cit., vol. I, p. 314. Toda a controvérsia gira em torno das marcas ditas simples, pois é certo que nos casos das marcas de certificação, por sua própria natureza, desempenham papel de garantia de qualidade (LPI, arts. 148 e ss.).

50. Cf. Marco Ricolfi e outros, *Diritto Industriale – Proprietà Intellettuale e Concorrenza*, n. 5, pp. 66-67.

51. Pontes de Miranda, *Tratado de Direito Privado*, cit., 4ª ed., t. XVII – "Parte Especial", § 2.009, n. 1, p. 8.

52. Marco Ricolfi, *I Segni Distintivi – Diritto Interno e Comunitario*, cit., pp. 25 e s.

53. Carlos Olavo, *Propriedade Industrial*, pp. 39 e s. Nesse sentido, v. também Luiz Guilherme de

vista jurídico, qualquer função de garantia. Tal função pode estar garantida, embora de forma indireta, pela função jurídica de indicação de proveniência, pois é certo que será sempre do interesse do titular zelar pela *goodwill* da sua marca, a qual estaria seriamente comprometida com a perda de qualidade. A certeza e a confiança do consumidor na qualidade de certo produto ou serviço estão protegidas pela função de indicação de origem e procedência da marca.[54] A perda ou redução da qualidade de determinado produto ou serviço tem influência sobre a marca somente no plano dos fatos, pois significa a perda da confiança do público consumidor (redução da clientela) e da própria imagem e reputação da marca (redução do seu valor intrínseco), e, em conseqüência disso, decréscimo no ativo intangível do seu titular.[55]

Trata-se, aqui, como bem definiram Vanzetti e Di Cataldo,[56] do *principio della estraneità del marchio al prodotto* (ou serviço), pois, sendo a marca, acima de tudo, um sinal distintivo, embora seja conexo ao produto ou serviço que visa a distinguir, é estranha ao mesmo produto ou serviço e às suas qualidades. Caso contrário a marca deixaria de ser um sinal distintivo para se tornar uma característica (em sentido amplo) qualitativa do próprio produto ou serviço. O princípio da independência da marca em face dos produtos ou dos serviços que assinala guarda também estreita relação com o requisito da licitude para a concessão do registro, pois a natureza do produto ou serviço não pode obstar ao registro da marca (cf. CUP, art. 7[57]).

Isso não se confunde, todavia, com os requisitos de veracidade e de caráter lícito a que as marcas devem satisfazer.[58] Esta parece ter sido a solução adotada pelo inciso X do art. 124 da LPI, que impede o registro como marca de "*sinal que induza a falsa indicação* quanto à origem, procedência, natureza, *qualidade* ou utilidade do produto ou serviço a que a marca se destina" (grifou-se). Aqui, trata-se de uma proibição geral (como fundamento de recusa ao pedido de registro) contra indicação fraudulenta (dolosa) da qualidade do produto ou serviço. Em outras palavras, o dispositivo legal citado acima nada mais é que uma decorrência do *princípio da veracidade*, segundo o qual um sinal não pode ser registrado como marca se induzir o consumidor em erro quanto a certas características essenciais do produto ou serviço.

A função da marca como indicação de origem identifica tão-somente o fabricante ou o prestador como responsáveis pelo fato do produto ou do serviço; mas a responsabilidade fica, no que couber, a cargo das

A. V. Loureiro, *A Nova Lei da Propriedade Industrial Comentada*, n. 121, p. 233.

54. Cf. Josef Drexl, *Die Wirtschaftliche Selbstbestimmung des Verbrauchers – Eine Studie zum Privat- und Wirtschaftsrecht unter Berücksichtigung gemeinschaftsrechtlicher Bezüge*, p. 603. Nesse mesmo sentido, afirma Luís M. Couto Gonçalves que "o que a marca garante é a qualidade dos produtos ou serviços por referência a uma origem não enganosa. Trata-se, sempre, de uma garantia derivada da função distintiva e de uma garantia relativa que actua, apenas, quando seja posta em causa a tutela da confiança do consumidor" (*Direito de Marcas*, 2ª ed., p. 25).

55. Essa foi, por exemplo, a orientação da Lei Uniforme em Matéria de Marcas do BENELUX, de 19.3.1962.

56. Vanzetti e Di Cataldo, *Manuale di Diritto Industriale*, cit., 4ª ed., § 10, p. 131.

57. O objetivo da norma (que até certo ponto se compara com a do art. 4-*quater* da CUP, para o caso de patentes) é garantir a proteção da propriedade industrial independentemente da questão sobre se os produtos em relação aos quais se aplicaria essa proteção podem, ou não, ser comercializados no país-membro da Convenção. A proibição de venda de determinado produto não impede o registro da respectiva marca, porque é legítimo o interesse do titular em garantir a proteção desta, enquanto aguarda ou negocia a liberalização ou aprovação da venda do produto (cf. Bodenhausen, *Guía para la Aplicación del Convenio de Paris para la Protección de la Propiedad Industrial – Revisado en Estocolmo en 1967*, cit., p. 140, "b").

58. Sobre o requisito de veracidade das marcas, v., dentre outros, Gama Cerqueira, *Tratado da Propriedade Industrial*, cit., 2ª ed., vol. 2, pp. 785-787.

disposições da Lei 8.078, de 11.9.1990 (Código de Defesa do Consumidor).

6. Os interesses de ordem pública

A proteção à marca registrada interessa não só ao seu titular, mas, principalmente, trata-se de instituto que está ligado aos interesses de ordem pública.[59] É sob essa orientação que a Constituição da República de 1988, de acordo com o princípio-garantia fundamental já consagrado no art. 5º, XXIII, e o princípio norteador da ordem econômica disposto no art. 170, III (ambos sobre a função social da propriedade), estipulou, no inciso XXIX, que a lei assegurará a proteção "(...) à propriedade das marcas, aos nomes de empresas e a outros signos distintivos, tendo em vista o interesse social e o desenvolvimento tecnológico e econômico do país".

O direito sobre a marca, bem como todo direito de propriedade industrial, não obstante sua natureza *sui generis*, sujeita-se a esses princípios da ordem constitucional, aplicáveis a toda e qualquer propriedade privada.[60] Assim, esses mesmos interesses de ordem pública são observados por ocasião da proteção da propriedade industrial de acordo com o art. 2º da LPI. Como observou Denis Borges Barbosa,[61] a cláusula constitucional finalística vincula igualmente a propriedade industrial ao seu uso social, o que representa um compromisso necessário com a utilidade (isto é, uso do direito) e com os pressupostos da veracidade, licitude, distingüibilidade (caráter distintivo) e novidade relativa da marca.

Além disso, a regra da especialidade está intimamente ligada à livre concorrência e ao princípio da defesa do consumidor, que são fundamentos da ordem econômica (CF de 1988, art. 170, IV e V, respectivamente). A vedação de registro de sinal que reproduza ou imite, no todo ou em parte, ainda que com acréscimo, marca registrada alheia, para distinguir ou certificar produto ou serviço idêntico, semelhante ou afim, tem por objetivo evitar a confusão ou associação com marca já registrada e conseqüente prejuízo ao seu titular e, indiretamente, aos consumidores, que podem ser levados a erro ou confusão quanto à origem dos bens postos no mercado.[62] Enca-

59. Nesse sentido, v. Carvalho de Mendonça, *Tratado de Direito Comercial Brasileiro*, cit., 5ª ed., vol. V, Livro III, Parte I, n. 224, p. 219.

60. Cf. Renata Pozzato Carneiro Monteiro, "A função social da propriedade na Constituição da República de 1988 e a propriedade industrial", *Revista da ABPI* 69/27.

61. Denis Borges Barbosa, *Uma Introdução à Propriedade Intelectual*, cit., 2ª ed., p. 133.

62. "*Ementa:* Administrativo – INPI – Propriedade industrial – Registro de marca – Impedimento. I – *A proteção aos direitos relativos à propriedade industrial, através da concessão de registros de marca, objetiva, além da tutela imediata ao interesse econômico das empresas (dos entes de produção ou transformação), também a salvaguarda mediata dos interesses dos consumidores, enquanto parcela de um segmento social.* II – O art. 65, item 17, do CPI só tem aplicação quando ocorre a contrafação da marca anteriormente registrada, que permita levar o consumidor a erro ou confusão (cf. Ap. cível n. 89.02.01270-0-RJ, 1ª T., v.u., *DJ* 14.11.1989, p. 14.215). III – Recurso provido, com inversão dos ônus da sucumbência" (TRF-2ª R., 2ª T., A. cível 9202078840-RJ, rel. Juiz Carreira Alvim, j. 29.3.1995, *DJU* 17.8.1995 – grifou-se).

Assim também: "*Ementa:* Propriedade industrial – Pedido de registro de marca – Ação de nulidade – Antecipação da tutela – Lei n. 9.279, de 1996. 1. *O uso da mesma marca por duas empresas concorrentes acarreta não apenas prejuízos àquela que seja legítima titular do direito de propriedade industrial, como também aos consumidores, que ficam sujeitos à natural e inevitável confusão decorrente da identidade de marca para atividades comerciais semelhantes desenvolvidas na mesma região por pessoas jurídicas distintas.* 2. É cabível, em situações dessa natureza, a outorga de tutela jurisdicional, ainda que provisoriamente, em favor daquela demandante cuja posição jurídica guardar grau mais elevado de verossimilhança. Trata-se de providência cabível genericamente no procedimento comum (CPC, art. 273) e que tem igualmente previsão específica para a proteção do direito de propriedade industrial, inclusive nas ações de nulidade de registro de marca (Lei n.9.279, de 1996, art. 173, parágrafo único). 3. No caso, é a autora quem ostenta a posição jurídica mais verossímil. A expressão 'Via Porto' integra a sua denominação social (Via Porto Veículos Ltda.). Razão pela qual, à primeira vista, rando-se a questão por outra perspectiva, limitar o direito do titular sobre a marca, e seu uso exclusivo, a certo produto ou serviço, na classe e no ramo de mercado correspondentes à sua atividade, além de ter a vantagem de conferir maior certeza jurídica, delimitando, assim, o âmbito de proteção à marca registrada, proporciona, em contrapartida, a livre circulação dos demais bens e serviços sem maiores embaraços provocados por um exclusivismo absoluto e injustificável da marca num mercado onde deve valer o princípio geral da livre concorrência.[63]

Ascarelli[64] teve razão ao afirmar que a tutela da marca não constitui nem um prêmio a um esforço de criação intelectual[65] (que pode ser de per si tutelada), nem um prêmio por investimento em publicidade; constitui um instrumento para a diferenciação concorrencial (*distinzione concorrenziale*), que tem como último fundamento a proteção dos consumidores e, por isso, seus limites, na função distintiva cumprida pela marca. Sendo assim, como ressaltou Sousa e Silva, embora a marca sirva "principalmente aos *interesses do titular*, como um instrumento de diferenciação que este utiliza no jogo da concorrência",[66] há de se destacar o reconhecimento por parte da maioria dos países da Europa de um interesse público maior fundado na proteção ao consumidor. Pontes de Miranda, por sua vez, defendia que "a proteção das marcas é mais a favor dos produtores e comerciantes que dos adquirentes ou consumidores".[67] Sobre o assunto, parece ser do entendimento majoritário na doutrina que a proteção ao consumidor não é o objetivo imediato de uma lei de marcas, mas decorre de forma reflexa (mediata) a seu favor, e isto como conseqüência da orientação exclusiva do direito de marcas no sentido da proteção da função de indicação de proveniência da marca.[68] E isso porque, uma vez garantidas a constância e a certeza da origem dos produtos e serviços – por meio da tutela da função de indicação de proveniência –, tem-se também como resultado a orientação do consumidor (um *referencial unívoco*[69]) no momento de sua escolha por um ou outro produto ou serviço.

A regra da especialidade e o uso exclusivo da marca registrada devem ser interpretados não como condição de exclusividade ampla e irrestrita para todo e qualquer tipo de atividade econômica, mas tão-somente para aquelas que envolvam um risco de confusão e potencial prejuízo direto para o titular da marca e indireto para o consumidor. Somente assim podem ficar

não pode ser registrada como marca por outra pessoa, ainda mais por empresa concorrente, conforme prevê o art. 124, V, da Lei n. 9.279, de 1996" (TRF-4ª R., 3ª T., AI 65.771, processo 200004011024082/RS, rel. Juiz Teori Albino Zavascki, *DJU* 20.6.2001, p. 1.302 – grifou-se).

63. V. considerações sobre a utilização não-econômica da marca por terceiros (item 2, parte final). Exceção à regra da especialidade encontra-se na proteção especial, em todos os ramos de atividade, da marca de alto renome (LPI, art. 125). Aqui, como veremos mais adiante, no item 13, a proteção ampla e exclusiva baseia-se na presunção de risco de confusão e prejuízo à reputação da marca.

64. Tullio Ascarelli, *Teoria della Concorrenza e dei Beni Immateriali – Istituzioni di Diritto Industriale*, cit., 3ª ed., p. 482. Em sentido mais amplo, entende Carvalho de Mendonça que, "amparando as marcas com medidas excepcionais, a lei não visa a proteger a simples combinação de emblemas ou de palavras, mas a proteger o direito, resultado do trabalho, da capacidade, da inteligência e da probidade do industrial ou do comerciante" (*Tratado de Direito Comercial Brasileiro*, cit., 5ª ed., vol. V, Livro III, Parte I, n. 224, p. 217).

65. Como Américo da Silva Carvalho categoricamente afirmou: "O direito sobre a marca não é um direito de criação, é um direito de ocupação" (*Direito de Marcas*, cit., p. 26).

66. Sousa e Silva, "O princípio da especialidade das marcas. A regra e a excepção: as marcas de grande prestígio", cit., *Revista da Ordem dos Advogados* (Lisboa), 1998, § 2.009, p. 383.

67. Pontes de Miranda, *Tratado de Direito Privado*, cit., 4ª ed., t. XVII – "Parte Especial", p. 8.

68. Cf. Frauke Henning-Bodewig e Annette Kur, *Marke und Verbraucher: Funktionen der Marke in der Marktwirtschaft*, vol. I, pp. 209 e s.

69. Nas palavras de Sousa e Silva, "O princípio da especialidade das marcas. A regra e a excepção: as marcas de grande prestígio", cit., *Revista da Ordem dos Advogados* (Lisboa), 1998, p. 385.

assegurados a harmonia e o equilíbrio entre a proteção constitucional da marca registrada e as demais garantias constitucionais.

7. *Relação com o nome empresarial*

Os efeitos decorrentes do princípio da especialidade aplicam-se também aos nomes de empresa e aos casos em que haja conflito entre estes e marcas registradas.[70] Um sinal não poderá ser usado ou levado a registro se no mesmo ramo de negócio, ou ramo de negócio afim, haja registro anterior de marca ou nome empresarial, e se desse conflito advier possibilidade de erro ou confusão.[71]

Em que pese ao fato de o sistema jurídico conferir aos nomes de empresa e títulos de estabelecimento o mesmo exclusivismo atribuído à marca registrada, cabe ressaltar que com relação às marcas a garantia é mais ampla, pois sua proteção estende-se a todo território nacional e, excepcionalmente, no caso das marcas notoriamente conhecidas (LPI, art. 126), até mesmo além desses limites. Esta última hipótese constitui exceção ao princípio da territorialidade.[72]

Embora a notoriedade de um nome empresarial não goze de proteção especial, regulada por norma específica, parece razoável o entendimento de que a existência de um alto grau de penetração num determinado ramo de mercado, fruto do reco-

70. Nesse sentido, v. Ricardo Pinho, "A aplicação do princípio da especialidade aos nomes comerciais", *Revista da ABPI* 10/34. V., também: "*Ementa:* Direito comercial – Marca e nome comercial – Colidência de marca 'ETEP' (registrada no INPI) com nome comercial (arquivamento dos atos constitutivos da sociedade na Junta Comercial) – Classe de atividade – *Princípio da especificidade* – Interpretação lógico-sistemática – Recurso provido parcialmente. I – Não há confundir-se marca e nome comercial. A primeira, cujo registro é feito junto ao INPI, destina-se a identificar produtos, mercadorias e serviços. O nome comercial, por seu turno, identifica a própria empresa, sendo bastante para legitimá-lo e protegê-lo, em âmbito nacional e internacional, o arquivamento dos atos constitutivos no Registro do Comércio. II – *Sobre eventual conflito entre uma e outro, tem incidência, por raciocínio integrativo, o princípio da especificidade, corolário do nosso direito marcário. Fundamental, assim, a determinação dos ramos de atividade das empresas litigantes. Se distintos, de molde a não importar confusão, nada obsta possam conviver concomitantemente no universo mercantil.* III – No sistema jurídico nacional, tanto a marca, pelo Código da Propriedade Industrial, quanto o nome comercial, pela Convenção de Paris, ratificada pelo Brasil por meio do Decreto n. 75.572/1975, são protegidos juridicamente, conferindo ao titular respectivo o direito de sua utilização. IV – Havendo colidência entre marca e parte do nome comercial, sendo distintas as atividades das duas empresas, a fim de garantir a proteção jurídica tanto a uma quanto a outro, determina-se ao proprietário do nome que se abstenha de utilizar isoladamente a expressão que constitui a marca registrada pelo outro, terceiro, de propriedade desse, sem prejuízo da utilização do seu nome comercial por inteiro" (STJ, 4ª T., REsp 119.998-SP, processo 1997/0011036-2, rel. Min. Sálvio de Figueiredo Teixeira, j. 9.3.1999, *DJU* 10.5.1999, p. 177 – grifou-se. Nesse mesmo sentido: 4ª T., REsp 40.190-RJ, processo 1993/0030250-7, rel. Min. Sálvio de Figueiredo Teixeira, j. 19.8.1997, *DJU* 29.9.1997, p. 48;207; 4ª T., REsp 40.598-SP, processo 1993/0031486-6, rel. Min. Sálvio de Figueiredo Teixeira, j. 19.8.1997, *DJU* 29.9,1997, p. 48;208; 4ª T., REsp 7.259/CE, processo 1991/0000397-2, rel. Min. Athos Carneiro, j. 12.8.1991, *DJU* 9.9.1991, p. 12.208; 3ª T., REsp 4.352-CE, processo 1990/0007456-8, rel. Min. Cláudio Santos, j. 20.11.1990, *DJU* 17.12.1990, p. 15.373).

71. Dentre outros, v. Loureiro, *A Nova Lei da Propriedade Industrial Comentada*, cit., n. 120, "b", pp. 231 e s.; específico sobre o tema, José Carlos Tinoco Soares, *Marcas "vs." Nome Comercial: Conflitos*, pp. 265 e ss. Nesse sentido: "*Ementa:* Marca registrada – Palavra comum – Sua utilização pela ré em nome de fantasia – Inadmissibilidade – *Registrada uma marca, não pode outra empresa industrial, comercial ou de serviços utilizá-la na composição de seu nome comercial, em havendo similitude de atividades* – Precedentes da 4ª Turma – Recurso especial conhecido e provido parcialmente" (STJ, 4ª T., REsp 210.076-RJ, processo 1999/0031445-0, rel. Min. Barros Monteiro, j. 28.9.1999, *DJU* 13.12.1999, p. 154 – grifou-se. Nesse mesmo sentido: 4ª T., REsp 212.902-SC, processo 1999/0039742-8, rel. Min. Barros Monteiro, j. 28.9.1999, *DJU* 13.12.1999, p. 154).

72. Com relação à marca notoriamente conhecida e à controvertida questão de sua proteção além do princípio da especialidade, v. item 14.

nhecimento e credibilidade do sinal junto ao consumidor, seja capaz de servir como justificativa para se impugnar um pedido de registro de marca (ou de outro nome empresarial) neste mercado relevante.[73]

8. A noção de afinidade entre produtos e serviços

Como visto antes, a regra da especialidade deve ser entendida como limitação ao âmbito de proteção à marca registrada não apenas na classe de produtos ou serviços para a qual o registro foi concedido, mas como também no ramo de mercado em que está inserido seu titular. Mister se faz avaliar, portanto, se existe afinidade entre os produtos e serviços e se isso é capaz de levar o consumidor a erro ou confusão.[74] Não há um conceito legal de *afinidade entre produtos e serviços* na LPI, e assim bem procedeu o legislador, evitando qualquer "engessamento" conceitual descabido. Tal encargo ficou por conta da doutrina e da jurisprudência. Na síntese de Lehmann,[75] produtos e serviços são semelhantes quando, por sua importância econômica e modos de utilização, por sua natureza e origem, especialmente também com relação a seus locais de produção e venda, possuem pontos de contato tão estreitos que, na compreensão do setor relevante do público (*beteiligte Verkehrskreise*), se possa concluir que os produtos da indústria ou comércio originam-se de uma mesma empresa, se forem usados sinais idênticos. Na concepção de Sousa e Silva, "só deverão ter-se por afins produtos ou serviços que apresentem entre si um grau de *semelhança* ou *proximidade* suficiente para permitir, ainda que parcialmente, uma procura conjunta, para *satisfação de idênticas necessidades dos consumidores*. Os produtos ou serviços em causa terão que se situar, pois, no mesmo *mercado relevante*, permitindo, dessa forma, ainda que tenuemente, uma relação de *concorrência* entre os agentes económicos que os ofereçam ao público".[76] Para se verificar a semelhança entre produtos e serviços podem ser aplicados dois diferentes métodos: um primeiro, objetivo, que considera como afins produtos e serviços cuja natureza, utilização e destino sejam semelhantes; e um segundo, subjetivo (ou econômico), que analisa o reflexo do produto ou serviço no mercado, assim como a conseqüência sobre o consumidor. Sendo que a combinação entre os dois métodos é mais recomendável, para se evitar interpretações distorcidas que podem levar a erros de julgamento.[77]

Vê-se, com clareza, que tanto a regra da especialidade como o direito de uso exclusivo não se limitam a uma mera listagem ou classificação. Certo é que para o registro de marcas no Brasil – como também na maioria dos países – é obrigatória a especificação detalhada dos produtos ou serviços a serem assinalados pelo sinal em questão, atendendo ao critério de classificação adotado pelo INPI. A tutela da marca recairá, portanto, sobre tais produtos ou serviços (especificados por ocasião do depósito da marca), mas sua proteção poderá se estender aos produtos ou serviços semelhantes ou afins, desde que haja a possibilidade de risco de confusão ou associação. Mas isso não quer dizer que exista um *re-*

73. Cf. João Marcelo de Lima Assafim, "La tutela del nombre comercial ante la marca en la legislación brasileña", *Juris Poiesis* (Revista dos Cursos de Direito da Universidade Estácio de Sá) 2/168.

74. V., por exemplo, no inciso XIX do art. 124 da LPI, a afinidade como critério de anterioridade ou colidência.

75. Michael Lehmann, "Die wettbewerbswidrige Ausnutzung und Beeinträchtigung des guten Rufs bekannter Marken, Namen und Herkunftsangaben. Die Rechtslage in der Bundesrepublik Deutschland", *GRUR International* 1/7.

76. Sousa e Silva, "O princípio da especialidade das marcas. A regra e a excepção: as marcas de grande prestígio", cit., *Revista da Ordem dos Advogados* (Lisboa), 1998, pp. 396 e s. (grifado no original).

77. Cf. Maurício Lopes de Oliveira, *Propriedade Industrial – O Âmbito de Proteção à Marca Registrada*, cit., pp. 51-59.

gistro por classes, uma vez que não são todos os produtos ou serviços constantes de uma determinada classe que serão protegidos, mas tão-somente aqueles especificados pelo requerente/titular; da mesma forma que tal especificação não exclui, *a priori*, outros que estejam incluídos em classes diferentes, mas que possam guardar afinidade entre si.[78] Importante no contexto da afinidade é o risco de confusão, independentemente da divisão dos produtos e serviços por ordem de classes.

O sistema de registro por meio de um critério de classificação tem mais o objetivo prático de disciplinar e organizar a enorme variedade de bens e serviços para critérios de busca e arquivamento, dentro do próprio órgão encarregado de conceder o registro, que propriamente um alcance jurídico.[79] Assim, a concessão de registro de marca pelo INPI com base numa classificação de produtos e serviços (atualmente em vigor, desde 1.1.2002, a 8ª edição da *Classificação Internacional de Produtos e Serviços – Classificação de Nice*[80]) atende muito mais a uma demanda de ordem ad-

78. Cf. Sousa e Silva, "O princípio da especialidade das marcas. A regra e a excepção: as marcas de grande prestígio", cit., *Revista da Ordem dos Advogados* (Lisboa), 1998, p. 398. Neste ponto, a título de uma abordagem comparativa do Direito, vale trazer à luz o disposto no inciso 2 do art. 245º do CPI português de 2003, *in verbis*: "Art. 245º. **Conceito de imitação ou de usurpação:** 1. A marca registada considera-se imitada ou usurpada por outra, no todo ou em parte, quando, cumulativamente: a) a marca registada tiver prioridade; b) sejam ambas destinadas a assinalar produtos ou serviços idênticos ou afins; c) tenham tal semelhança gráfica, figurativa, fonética ou outra que induza facilmente o consumidor em erro ou confusão, ou que compreenda um risco de associação com marca anteriormente registada, de forma que o consumidor não as possa distinguir senão depois de exame atento ou confronto. 2. Para os efeitos da alínea 'b' do n. 1: a) *produtos e serviços que estejam inseridos na mesma classe da Classificação de Nice podem não ser considerados afins*; b) *produtos e serviços que não estejam inseridos na mesma classe da Classificação de Nice podem ser considerados afins*. 3. Considera-se imitação ou usurpação parcial de marca o uso de certa denominação de fantasia que faça parte de marca alheia anteriormente registada" (grifou-se).

79. Cf. Mathély, *Le Nouveau Droit Français des Marques*, cit., p. 316.

80. A partir de 3.1.2000 o INPI passou a adotar a *Classificação de Nice* (instituída pelo Ato Normativo 150/1999, de 9.9.1999) em substituição à *Classificação Nacional de Produtos e Serviços* (Ato Normativo 51/1981).

A *Classificação Internacional (Nice) de Produtos e Serviços para o Registro de Marcas* foi instituída originalmente por um Acordo concluído por ocasião da Conferência Diplomática de Nice, em 15.6.1957, e revista em Estocolmo, em 1967, e em Genebra, em 1977, com posteriores alterações em 1979. Desde a entrada em vigor do Acordo, em 8.4.1961, um Comitê de Peritos, com representantes de todos os países signatários do Acordo, encarrega-se de promover constantes alterações e aprimoramentos na Classificação. A última revisão culminou com a publicação da 8ª edição da *Classificação*, em junho/2001, e entrou em vigor a partir de 1.1.2002. Os países que fazem parte do Acordo de Nice (72 países, em outubro/2003) constituem uma União Particular dentro da estrutura da União de Paris para a Proteção da Propriedade Industrial. Estes países adotaram e aplicam a *Classificação de Nice* para o registro de marcas. Cada um dos países signatários do Acordo de Nice é obrigado a aplicar a *Classificação de Nice* para o registro de marcas, quer como classificação principal, quer como classificação auxiliar, assim como incluir, nas publicações e nos documentos oficiais relativos a seus registros, os números das classes da *Classificação* a que pertençam os produtos e os serviços para os quais as marcas são registradas (ao todo, são 34 classes de produtos e 11 classes de serviços).

O emprego da *Classificação de Nice* é obrigatório não apenas para o registro nacional de marcas nos países signatários do Acordo de Nice, mas também para o registro internacional de marcas efetuado pelo *Bureau* Internacional da OMPI, em virtude do *Acordo de Madri Relativo ao Registro Internacional de Marcas* e do *Protocolo Relativo ao Acordo de Madri Referente ao Registro Internacional de Marcas* e para o registro de marcas feito pela Organização Africana da Propriedade Intelectual/OAPI, pelo Escritório de Marcas do Benelux e pelo Instituto de Harmonização do Mercado Interno (Marcas e Desenhos)/OAMI. A *Classificação de Nice* também é aplicada por vários países que não firmaram o Acordo de Nice.

Em matéria de marcas, além da *Classificação Internacional (Nice) de Produtos e Serviços*, existe também a classificação internacional dos elementos figurativos de marcas, conhecida como *Classificação de Viena*, atualmente na sua 4ª edição, em vigor desde 1.1.1998. A *Classificação* foi instituída por ministrativa que propriamente jurídica de extensão da proteção à marca. Mas sua importância é indiscutível e assume maior relevo prático a partir do momento em que com base nesses registros que se poderá determinar a anterioridade, ou não, de um sinal já registrado como marca.

Nesse sentido é que se deve tomar o princípio da especialidade de forma relativa. Isto não significa dizer que tenha perdido sua importância.[81] Com relação à flutuação do conceito de afinidade entre produtos e serviços, risco de confusão e distinção de marca forte e fraca, afirma Serens, que "esse 'manuseamento' do conceito de afinidade leva naturalmente a uma *flexibilização* do princípio da especialidade",[82] mas sem pôr em causa este princípio. Aliás, como bem ponderou Gama Cerqueira,[83] não seria sensato estabelecer nesta matéria regras absolutas, pois estamos sempre diante de questões de fato, e que as particularidades do caso concreto devem ser levadas em consideração quando se tem de decidir sobre a novidade das marcas e a possibilidade de confusão para o consumidor ou o público em geral. No contexto atual da dinâmica de mercado, o que parece haver perdido sua rigidez original foi o sistema de classificação de produtos e serviços. No âmbito de proteção à marca registrada, interpretar a sistemática de registro de forma rígida e absoluta não parece ser a melhor opção. Neste ponto, com razão Barbosa, ao afirmar que "a especialidade, como limitação da exclusividade ao mercado relevante, está mais viva do que nunca – pois é radicada na economia de mercado. O que se dilui violentamente é a eficácia da classificação".[84]

9. A inter-relação entre as classes

Com a globalização da economia, a atividade empresarial moderna está cada vez mais dinâmica, sendo marcada por uma constante diversificação e expansão do objeto social da empresa para outros ramos da indústria e do comércio. Em função disso, dinâmica deve ser encarada também a regra da especialidade.[85] O mesmo não se pode dizer de um simples método administrativo de classificação. Forçoso é reconhecer que a classificação, por si só, não é mais capaz de servir de critério de diferenciação entre produtos e serviços, e nem é esta sua

um Acordo concluído em 12.6.1973 durante a Conferência Diplomática de Viena, e entrou em vigor em 9.8.1985, com posteriores alterações em 1.10.1985. O objetivo da *Classificação de Viena* é essencialmente de ordem prática, no sentido de facilitar as buscas de anterioridades de marcas (figurativas) e evitar um trabalho considerável de reclassificação em caso de intercâmbio de documentos no âmbito internacional.

Tanto o Acordo de Nice quanto o de Viena (e suas respectivas *Classificações*) são administrados pela Organização Mundial da Propriedade Intelectual, com sede em Genebra (fontes: *www.wipo.int/classifications* e *www.inpi.gov.br*).

81. Entre nós, no sentido de uma mitigação do princípio da epecialidade, v. Dannemann e outros, *Comentários à Lei da Propriedade Industrial e Correlatos*, cit., p. 249.

82. Serens, "A 'vulgarização' da marca na Directiva 89/104/CEE, de 21 de dezembro de 1988 (*id est*, no nosso Direito futuro)", cit., Separata do *Boletim da Faculdade de Direito de Coimbra* (1984) – "Estudos em Homenagem ao Prof. Dr. António de Arruda Ferrer Correia", p. 13.

83. Gama Cerqueira, *Tratado da Propriedade Industrial*, cit., 2ª ed., vol. 2, p. 780.

84. Denis Borges Barbosa, *Uma Introdução à Propriedade Intelectual*, cit., 2ª ed., p. 837.

85. Nesse sentido: "*Ementa:* I – Administrativo – Propriedade industrial – Marca 'Tupy' – Cancelamento do registro da marca 'Tupi'. O item 17 do art. 65 do CPI é expresso ao vedar a duplicidade de marcas para distinguir produtos e mercadorias em ramos de atividades afins ou indênticas. *Admitir o registro ulterior da marca 'Tupi' seria tolher ao detentor da marca registrada a expansão da sua gama de produtos para alcançar outros materiais de construção e, ainda, induzir o consumidor ao entendimento de que as mercadorias, na espécie, seriam oriundas do mesmo fabricante, pela inafastável afinidade mercadológica dos produtos representados por marcas iguais*. II – Apelações providas. Sentença reformada para julgar improcedente a ação, invertidos os ônus da sucumbência" (TRF-2ª R., 1ª T. (apelação cível), processo 9402034293-RJ, rel. Juiz Frederico Gueiros, *DJU* 16.4.1996, p. 24.276 – grifou-se).

função, como bem advertiu Ladas.[86] É por isso que se deve levar em conta a semelhança entre os ramos de negócio das empresas no caso de risco de confusão. Há, sem dúvida, um sem-número de produtos e serviços que, em que pese a estarem catalogados em classes diferentes, guardam inquestionável afinidade de mercado, assim reconhecidos pelo próprio INPI (como, por exemplo, a estreita relação entre os produtos da classe 25, como por ex., artigos de vestuário, com os da classe 03, como perfumaria e cosméticos).[87] Há uma inter-relação entre as classes, de tal modo que não podem ser encaradas como "compartimentos estanques".[88] Ademais, o consumidor desconhece a divisão das marcas por classes; e nem seria de se exigir, pois o que interessa é se há, ou não, possibilidade de ele ser levado a erro ou confusão quanto à origem dos produtos ou da prestação dos serviços. Segundo Barbosa, "o campo da especialidade é definido pelo espaço da concorrência";[89] e, abandonando-se a concepção antiga de uma classificação rígida dos produtos em suas classes, mister se faz reconhecer que a definição do direito requer uma análise da efetiva concorrência. A apreciação da especialidade é questão de fato que fica subordinada ao critério do juiz da causa e ao exame dos peritos – e, por conseguinte, escapa à apreciação posterior dos Tribunais Superiores.[90]

Assim, verifica-se que à dinâmica do mercado corresponde também a dinâmica da regra da especialidade. Nesse novo contexto não há espaço para um conceito rígido e estático de "classificação". Importante, como visto, é a noção de afinidade entre produtos e serviços, que, atendendo a critérios para sua apreciação, delimita, por sua vez, o campo de aplicação do princípio da especialidade e o âmbito de proteção à marca.[91] Segundo Sousa e Silva, "é portan-

86. Stephen P. Ladas, *Patents, Trademarks and Related Rights*, vol. II, p. 1.084.

87. Nesse sentido: "*Ementa:* Propriedade industrial – Reprodução de marca registrada por empresa dedicada a indústria e comércio de roupas feitas por outra empresa, fabricante de calçados – Alegação de contrariedade ao art. 65, alínea 17, da Lei n. 5.772, de 21.12.1971 – *Envolve reexame de matéria de fato saber-se se o produto 'calçado' constitui ou não acessório do artigo 'vestuário'* – Incidência da Súmula n. 07/STJ – Recurso especial não conhecido" (STJ, 4ª T., REsp 39.827-SP, processo 1993/0029096-7, rel. Min. Barros Monteiro, j. 24.10.1995, *DJU* 11.12.1995, p. 43.225 – grifou-se).

88. Na expressão de Carlos Henrique de Carvalho Fróes, "Âmbito de proteção à marca", *RT* 403/34.

89. Denis Borges Barbosa, *Uma Introdução à Propriedade Intelectual*, cit., 2ª ed., p. 835.

90. Cf. Bento de Faria, *Das Marcas de Fabrica e de Commercio e do Nome Commercial*, cit., p. 90. No mesmo sentido, v. Ascarelli, *Teoria della Concorrenza e dei Beni Immateriali – Istituzioni di Diritto Industriale*, cit., 3ª ed., p. 480. Nesse sentido: "*Ementa:* Marca – INPI – Similitude – Matéria de fato. *Na dúvida sobre a possibilidade de surgir confusão ou erro do consumidor em razão da alegada similitude entre as marcas registradas e as que se quer registrar, há de prevalecer a decisão da instância ordinária, que examinou os fatos e apreciou as provas* – Recurso não conhecido" (STJ, 4ª T., REsp 288.796-RJ, processo 2000/0122010-1, rel. Min. Ruy Rosado de Aguiar, j. 15.2.2001, *DJU* 2.4.2001, p. 302 – grifou-se. Nesse mesmo sentido: 4ª T., REsp 59.912-RJ, processo 1995/0004390-4, rel. Min. Sálvio de Figueiredo Teixeira, j. 4.11.1997, *DJU* 9.12.1997, p. 64.706).

Talvez um dos grandes problemas com relação à determinação da afinidade entre produtos e serviços, e que com isso provoca flutuação e incerteza nas decisões judiciais, seja justamente a falta de produção de provas acerca do que será a opinião do consumidor médio quanto ao caso levado a juízo, levando o juiz da causa a decidir tais questões logo no despacho saneador. Mas esse parece não ser um problema somente no Brasil. Sousa e Silva observou que "é assim que, em Portugal, o critério do *consumidor médio* tem sido em regra substituído informalmente pelo critério do *juiz médio*, o que não parece ser rigorosamente a mesma coisa... já que uma licenciatura em Direito e, porventura, um ano no Centro de Estudos Judiciários não habilitarão especialmente o julgador a aferir de questões do foro económico, do *marketing*, da Sociologia ou até da Psicologia" ("O princípio da especialidade das marcas. A regra e a excepção: as marcas de grande prestígio", cit., *Revista da Ordem dos Advogados* (Lisboa), 1998, nota 45, pp. 398 e s. – grifado no original).

91. Nesse sentido, v. Carlos Olavo, *Propriedade Industrial*, cit., pp. 59 e ss.; Fróes, "Âmbito de

to clara, neste domínio, a prevalência do princípio da especialidade, restringindo a ilicitude do uso de marcas registadas ao círculo definido pelo critério da afinidade dos produtos ou serviços".[92]

10. A função distintiva e o risco de confusão entre marcas

No âmbito de proteção à marca o que mais importa é a confusão entre os sinais distintivos (pois tutela-se a função distintiva), e não a confusão entre produtos ou serviços, ou a confusão direta de atividades, como teriam sustentado alguns autores no passado.[93] E, principalmente, no que diz respeito ao princípio da especialidade, este se refere às marcas, e não aos produtos.[94] Assim, a confundibilidade refere-se aos sinais, independentemente da confusão, ou não, entre os produtos ou serviços, que, por sua vez, pode vir em consideração no campo da concorrência desleal.[95] Claro está que, por outro lado, a confusão entre produtos e serviços de titulares distintos pode ser de importância como elemento complementar na hora em que se deve avaliar a colidência entre marcas. Mas a exigência de um caráter distintivo refere-se tão-somente à marca.

Não é por outro motivo que a doutrina destaca o cunho distintivo ou forma distintiva de uma marca como fator que corresponde à sua função fundamental, evitando a confusão entre sinais que assinalam produtos ou serviços similares.[96] Neste contexto, a partir do momento que um sinal adquire capacidade distintiva, pode ser objeto de proteção legal. Assim, embora alguns sinais originariamente não sejam dotados de suficiente cunho distintivo para serem registrados como marcas, pelo seu uso corrente no mercado, conciliado com outras ações do usuário, os consumidores passam a identificá-los e associá-los espontaneamente a uma origem de produtos ou serviços, satisfazendo, na prática, a função distintiva de identificação de origem. Vê-se, aqui, um fenômeno inverso ao da vulgarização da marca. Ao invés de a marca perder sua capacidade distintiva, que, muito pelo contrário, ela não a possui, deixa de ser uma marca fraca, passando a ser suscetível de registro.[97] Levando em conside-

proteção à marca", cit., *RT* 403/35; Maurício Lopes de Oliveira, *Propriedade Industrial – O Âmbito de Proteção à Marca Registrada*, cit., p. 51.

92. Sousa e Silva, "O princípio da especialidade das marcas. A regra e a excepção: as marcas de grande prestígio", cit., *Revista da Ordem dos Advogados* (Lisboa), 1998, p. 405.

93. Cf. Carlos Olavo, *Propriedade Industrial*, cit., p. 53; v. tb. comentários, nesse sentido, de Fróes, "Âmbito de proteção à marca", cit., *RT* 403/35; Maurício Lopes de Oliveira, "O âmbito de proteção à marca registrada", *Revista da ABPI* 31/30.

94. Cf. António Ferrer Correia, *Lições de Direito Comercial*, cit., vol. I, p. 329. O autor ressalta, com razão, que o princípio da especialidade deve ser respeitado ainda quando os produtos assinalados por determinada marca possam se distinguir dos produtos congêneres *assinalados com marca idêntica ou semelhante* – o que pode acontecer com variações de dimensões, peso, forma e cor de embalagem etc. Nesse sentido, entre nós, v.: "*Ementa:* Comercial – Ação de nulidade de marca de comércio – Reprodução de marca registrada anteriormente – Concorrência desleal – Assistência do INPI – Honorários advocatícios indevidos. 1. *É nulo o registro de marca semelhante a outra anteriormente registrada. Mesmo que os produtos tenham embalagens diferentes, isto, por si só, não é suficiente para afastar a confusão causada pela semelhança do nome.* 2. Quando uma empresa, para vender seu produto, utiliza-se da boa reputação de marca de outrem, já conhecida no mercado, fica caracterizada a concorrência desleal. 3. Não merece subsistir a condenação em honorários advocatícios quando a assistência é imposta por força de lei, sem que o assistente tenha real interesse em que uma das partes seja vencedora. 4. Nega-se provimento à apelação de Cerealista Internacional Ltda., e dá-se provimento à apelação do INPI, para excluir a sua condenação em honorários advocatícios" (TRF-1ª R., 6ª T., Ap. cível 2001.01.00.018985-4-MG, rela. Juíza Maria Isabel Gallotti Rodrigues, *DJU* 13.11.2002, p. 225 – grifou-se).

95. Cf. Ascarelli, *Teoria della Concorrenza e dei Beni Immateriali – Istituzioni di Diritto Industriale*, cit., 3ª ed., p. 479.

96. Cf. Carvalho de Mendonça, *Tratado de Direito Comercial Brasileiro*, cit., 5ª ed., vol. V, Livro III, Parte I, n. 265, p. 264.

97. O conceito (e distinção) de *marca forte* e de *marca fraca* foi bem trabalhado por Serens ("A

ração essa circunstância de fato, e uma vez satisfazendo os demais requisitos de registro, poderá o sinal vir a ser registrado como marca, posteriormente. É a teoria do *secondary meaning*, de origem anglo-saxônia, consagrada no n. 1, alínea "c", do art. 6-*quinquies* da CUP, bem como no art. 15, n. 1, do TRIPs.

Parece ter sido este um dos objetivos da lei – evitar a confusão entre marcas[98] e, mais ainda, "a concorrência por confusão"[99] –, sendo, ainda, condição para sua registrabilidade, conforme o art. 122 da LPI que define serem "suscetíveis de registro como marca os sinais distintivos visualmente perceptíveis, não compreendidos nas proibições legais". Sena[100] lembra que a lei tem por fim tutelar a função distintiva da marca, evitando o risco de confusão, que é evidentemente implícito no caso de identidade entre sinais que assinalam produtos ou serviços idênticos.

Vale lembrar que o art. 16, n. 1, do TRIPs prevê expressamente que no caso em que a utilização de um sinal idêntico ou semelhante identificar bens e serviços idênticos ou afins se presumirá a possibilidade de confusão, podendo seu titular impedir o uso desautorizado por terceiro (direito de exclusivo). Neste caso o direito se configura de maneira negativa[101] (ou seja, o direito do titular de impedir o uso desautorizado nas circunstâncias apontadas acima). Segundo Cerviño e Prada,[102] o texto do TRIPs, ao configurar o conteúdo do direito, introduziu de maneira inequívoca a regra da especialidade. Seguindo esta mesma orientação, prevê a LPI, no inciso XIX do art. 124, os casos em que um sinal não será registrável como marca quando suscetível de causar confusão ou associação com marca alheia.

Fala-se em *risco de erro ou confusão* quando a semelhança entre as marcas for de tal ordem que uma possa ser tomada pela outra, induzindo a uma falsa indicação de origem dos produtos ou serviços. Para se aferir o grau de risco de erro ou confusão no exame comparativo de marcas é fundamental levar em consideração o juízo que emitiria o "consumidor médio" no ato de compra do produto ou serviço em questão, levando em consideração – como bem observado por Ascarelli[103] – a diligência e inteligência médias dos consumidores. Pois é certo que pouco risco haverá, por exemplo, se se tratar de um consumidor com alto grau de conhecimento específico (técnico, científico, cultural, profissional etc.) na área de mercado onde o conflito se verifica. Diferente, portanto, do comportamento de um consumidor comum, que, ainda que dotado de média inteligência, perspicácia e di-

'vulgarização' da marca na Directiva 89/104/CEE, de 21 de dezembro de 1988 (*id est*, no nosso Direito futuro)", cit., Separata do *Boletim da Faculdade de Direito de Coimbra* (1984) – "Estudos em Homenagem ao Prof. Dr. António de Arruda Ferrer Correia", p. 12): "Para efeitos de tutela, as *marcas fortes são as que, sendo conceptualmente fortes, também o são comercialmente*, em conseqüência do seu largo uso e/ou abundante publicidade; por outro lado, as *marcas fracas*, para esses mesmos efeitos, *são as que, sendo conceptualmente fracas, se não tornaram comercialmente fortes*, por terem sido escassamente usadas e pouco ou nada publicitadas" (grifado no original).

98. Nesse sentido, v. Bento de Faria, *Das Marcas de Fabrica e de Commercio e do Nome Commercial*, cit., pp. 88 e ss.

99. Cf. Carvalho de Mendonça, *Tratado de Direito Comercial Brasileiro*, cit., 5ª ed., vol. V, Livro III, Parte I, n. 294, p. 299.

100. Giuseppe Sena, *Il Nuovo Diritto dei Marchi – Marchio Nazionale e Marchio Comunitario*, cit., pp. 66 e s.; no mesmo sentido, v. Ascarelli, *Teoria della Concorrenza e dei Beni Immateriali – Istituzioni di Diritto Industriale*, cit., 3ª ed., p. 478.

101. Dentre outros, v. Gama Cerqueira, *Tratado da Propriedade Industrial*, cit., 2ª ed., vol. 2, p. 906.

102. Alberto Casado Cerviño e Begoña Cerro Prada, *GATT y Propiedad Industrial*, p. 95. O Brasil assinou e ratificou a Ata Final que Incorpora os Resultados da Rodada Uruguai de negociações comerciais multilaterais do GATT, com seu Anexo contendo o Acordo TRIPs, por meio do Decreto Legislativo 30, de 15.12.1994, e do Decreto 1.355, de 30.12.1994 (*DOU* 31.12.1994, Seção I, p. 21.394).

103. Ascarelli, *Teoria della Concorrenza e dei Beni Immateriali – Istituzioni di Diritto Industriale*, cit., 3ª ed., pp. 479 e s.

ligência no ato de consumo, facilmente poderá ser levado a erro ou confusão.[104]

11. A novidade relativa

Segundo Gama Cerqueira,[105] para preencher os fins a que se destinam, as marcas devem possuir, entre outros requisitos, um cunho distintivo e ser nova. Para Affonso Celso,[106] no entanto, basta que a marca seja distinta, não sendo necessário ser nova e original; importante é que não induza em erro e confusão. Pontes de Miranda[107] salienta que o cunho distintivo é função intrínseca da marca, pois ela há de distinguir, e, se não distingue, não pode ser considerada como sinal distintivo; essa distinção faz-se em relação às marcas já registradas ou em uso, e em si mesma. Do exposto, pode-se concluir que somente os sinais com suficiente cunho característico (função distintiva) podem ser suscetíveis de registro. Além disso, devem ser diferentes daqueles já registrados para assinalar os mesmos produtos e serviços; caso contrário não atenderiam à sua função básica de indicação de proveniência. Pode-se dizer, portanto, que o requisito da novidade das marcas é um correlato do princípio da especialidade.[108]

É isto que se entende por requisito da novidade aplicável ao registro de marcas, que não se confunde com a novidade exigida para as invenções, como ensina Ladas.[109] Tal requisito, porém, não deve ser interpretado de modo absoluto, uma vez que é evidente que a novidade da marca é relativa.[110] Exige-se, apenas, que a marca não tenha sido ainda registrada para identificar produtos idênticos ou semelhantes, ou seja, que sua apropriação não venha a infringir direito anterior de terceiros.[111] Seguindo o mesmo raciocínio, entende Gama Cerqueira[112] que a novidade da marca resulta de sua especialização, isto é, deve ser apreciada em relação aos produtos e serviços a que se aplica. Assim sendo, em que pese ao requisito da novidade, se se tratar de ramo de negócio diferente, não importará se uma marca for idêntica ou semelhante a outra já em uso. Assim, verifica-se que o princípio da especialidade tem por fim abrandar a regra da novidade da marca. Nesse mesmo sentido já reconheciam Nogueira e Fisher Jr.[113] a possibilidade da aplicação de uma mesma marca a produtos de espécies diferentes. Como bem lembrou Di Franco,[114] a afinidade entre marcas deve ser entendida com critérios elásticos e variá-

104. Nesse sentido, dentre outros, v. António Ferrer Correia, *Lições de Direito Comercial*, cit., vol. I, p. 330. Sobre o perfil do consumidor na escolha de um produto ou serviço, v. Luís M. Couto Gonçalves, *Direito de Marcas*, cit., 2ª ed., pp. 141 e s.

105. Gama Cerqueira, *Tratado da Propriedade Industrial*, cit., 2ª ed., vol. 2, n. 485, pp. 777 e s.

106. Affonso Celso, *Marcas Industriaes e Nome Commercial*, cit., p. 43.

107. Pontes de Miranda, *Tratado de Direito Privado*, cit., 4ª ed., t. XVII – "Parte Especial", § 2.009, p. 7.

108. Cf. Serens, "A 'vulgarização' da marca na Directiva 89/104/CEE, de 21 de dezembro de 1988 (*id est*, no nosso Direito futuro)", cit., Separata do *Boletim da Faculdade de Direito de Coimbra* (1984) – "Estudos em Homenagem ao Prof. Dr. António de Arruda Ferrer Correia", p. 6.

109. Ladas, *Patents, Trademarks and Related Rights*, cit., vol. II, p. 968. No Brasil, v., dentre outros: Carvalho de Mendonça, *Tratado de Direito Comercial Brasileiro*, cit., 5ª ed., vol. V, Livro III, Parte I, n. 266, pp. 265 e s.

110. Cf. Mathély, *Le Nouveau Droit Français des Marques*, cit., pp. 60 e s.

111. Nesse sentido: Gama Cerqueira, *Tratado da Propriedade Industrial*, cit., 2ª ed., vol. 2, p. 778; Carvalho de Mendonça, *Tratado de Direito Comercial Brasileiro*, cit., 5ª ed., vol. V, Livro III, Parte I, p. 265, n. 266. No mesmo sentido desses autores, porém preferindo o termo "especialidade" a "novidade": Bento de Faria, *Das Marcas de Fabrica e de Commercio e do Nome Commercial*, cit., p. 88; ou, ainda, "apropriabilidade" a "novidade": Denis Borges Barbosa, *Uma Introdução à Propriedade Intelectual*, cit., 2ª ed., p. 807.

112. Gama Cerqueira, *Tratado da Propriedade Industrial*, cit., 2ª ed., vol. 2, pp. 778 e s.

113. J. L. de Almeida Nogueira e Guilherme Fisher Jr., *Tratado Theorico e Pratico de Marcas Industriaes e Nome Commercial*, cit., t. I, n. 143, p. 79.

114. Luigi Di Franco, *Trattato della Proprietà Industriale*, p. 299. No Brasil, v., dentre outros, Fróes, "Âmbito de proteção à marca", cit., *RT* 403/34.

veis caso a caso, pois certo é que há casos de afinidade entre marcas diferentes para assinalar produtos ou serviços também em classes diferentes, enquanto que pode não haver conflito entre marcas, em que pese ao fato de os produtos ou serviços pertencerem a uma mesma classe.

Além disso, como conseqüência do princípio da especialidade e da novidade relativa, cabe chamar a atenção para o caso particular em que poderá uma marca ser idêntica a outra já apropriada para a mesma espécie de produto ou serviço, desde que à outra tenha sido declarado extinto seu registro nos termos do art. 142 da LPI. É o caso de apropriação de "marcas extintas".[115] Declarado extinto o registro da marca, torna-se o sinal *res nullius*, e, portanto, podendo ser novamente apropriável (iisto é, *occupatio* do sinal de ninguém, sem dono). Assim, tendo em vista o *sistema atributivo* de direito adotado pelo *caput* do art. 129 da LPI,[116] desde que atenda (novamente) aos requisitos de registrabilidade, a propriedade do sinal como marca passa para aquele que depois para si o registrou (*quod nullius est, primo occupant cedit*). Tal situação difere, todavia – como bem advertiu Pontes de Miranda[117] –, da marca que cai em domínio comum, tornando-se *res communis omnium*, não podendo ser apropriável por ninguém (= com exclusividade), como disposto no inciso VI do art. 124 da LPI.

Com a adoção do sistema atributivo, não há que se ponderar mais acerca da conveniência, ou não, da *imediata* ocupação do sinal por terceiro, argumentando-se a possibilidade de se estabelecer, por conta disso, uma possível confusão entre os consumidores, e a necessidade de haver um lapso temporal entre o abandono e o novo registro. O "abandono" da marca é confirmado com a publicação da extinção do registro, com base nos arts. 142 e 143 da LPI, permitindo a imediata ocupação do sinal, independentemente do tempo que se passou entre o abandono e a nova ocupação (ou novo registro). Dessa forma, no caso das marcas simples não há a necessidade de a marca "cair no esquecimento do público", uma vez que a lei não faz qualquer menção a esse requisito.[118] Esta é – como

115. Aqui, buscou-se sintetizar numa só expressão todas as hipóteses contempladas no art. 142 da LPI, quais sejam: (1) expiração do prazo de vigência, sem pedido de prorrogação; (2) renúncia total ou parcial; (3) caducidade por falta de uso ou uso com alteração do caráter distintivo original da marca; e, por fim, (4) não observância do disposto no art. 217. O uso das aspas justifica-se por uma razão de cautela no uso dessa expressão, pois é certo que o que se extingue é o registro, e não a marca em si.

116. A LPI adotou o *sistema atributivo*, isto é, a aquisição da propriedade industrial (e o direito de uso exclusivo) sobre a marca se dá por meio do registro validamente expedido pelo INPI. Porém, resguardou-se o chamado "direito de precedência" do usuário anterior de boa-fé (LPI, art. 129, § 1º) como justificativa para se impugnar o pedido de registro de terceiro. Não se trata, na verdade, de um (segundo) modo de aquisição de direito (que no Brasil só se dá por meio do registro), mas, tão-somente, do reconhecimento do uso anterior de boa-fé (cf. Dannemann e outros, *Comentários à Lei da Propriedade Industrial e Correlatos*, cit., p. 274). Nesse sentido: "*Ementa:* Comercial – Ação de nulidade de marca de comércio – Reprodução de nome de fantasia não registrado como marca de serviço no INPI – Inexistência de concorrência desleal. 1. Não tendo sido a expressão 'Casa Esperança' registrada como nome da empresa na Junta Comercial, nem como marca de serviço no INPI, não adquiriu a empresa apelante direito ao seu uso exclusivo. 2. *Conforme jurisprudência pacífica do STJ, a utilização da marca por tempo prolongado não implica aquisição do direito de seu uso exclusivo, o qual decorre do registro no INPI*, admitindo-se, em certos precedentes, para tal fim, o registro do nome em Junta Comercial. 3. Nega-se provimento às apelações de Ferragens Cury Ltda. e do INPI" (TRF-1ª R., 6ª T., Ap. cível 01001351949, processo 200001001351949/MG, rela. Juíza Maria Isabel Gallotti Rodrigues, *DJU* 5,4.2004, p. 79 – grifou-se).

117. Pontes de Miranda, *Tratado de Direito Privado*, cit., 4ª ed., t. XVII – "Parte Especial", § 2.011, p. 16. V. também Denis Borges Barbosa, *Uma Introdução à Propriedade Intelectual*, cit., 2ª ed., pp. 814 e ss.

118. Com uma sutil referência no sentido oposto, a favor dessa necessidade, v. Pontes de Miranda, *Tratado de Direito Privado*, cit., 4ª ed., t. XVII – "Parte Especial", § 2.025, n. 1, p. 125.

afirmou Gama Cerqueira[119] – uma das vantagens do sistema atributivo.

Agora, com relação à extinção da marca coletiva ou de certificação (incisos II e III do art. 123 da LPI), a mesma só poderá ser novamente apropriada e levada a registro em nome de terceiros se transcorridos cinco anos, contados da data em que foi publicada a extinção do registro (art. 154 da LPI). Neste caso, tendo em vista a natureza e o uso específico de tais marcas, a estipulação de um prazo legal para a apropriação futura do mesmo sinal atende a um interesse público maior de proteção ao consumidor ou ao público em geral, que poderia facilmente ser levado a erro ou confusão, associando ao novo titular as mesmas qualidades ou características inerentes à marca do titular anterior.

12. Colidência entre marcas e anterioridade impeditiva

Há *colidência* entre duas marcas toda vez que se constatar a semelhança dos sinais para distinguir os mesmos produtos ou serviços numa mesma classe e num mesmo ramo, ou ramo de mercado afim. De acordo com o inciso XIX do art.124 da LPI, um sinal poderá não ser registrável como marca se constituir "reprodução ou imitação, no todo ou em parte, ainda que com acréscimo, de *marca alheia registrada, para distinguir ou certificar produto ou serviço idêntico, semelhante ou afim*, suscetível de causar confusão ou associação com marca alheia" (grifou-se). Vê-se, aqui, um limite à regra da liberdade na composição da marca, levando-se em consideração não a marca como sinal em si mesmo, mas a existência de direitos anteriores. Esta norma legal, como visto, consagra o princípio da especialidade.

A lei não exige que haja confusão ou associação efetiva, bastando apenas que haja a possibilidade, para se negar o pedido de registro. Exclui-se, portanto, a novidade de uma marca se esta reproduzir ou imitar marca registrada alheia e, ainda, se se referir aos mesmos produtos ou serviços, ou produtos ou serviços semelhantes ou afins.

Ainda no campo da aplicação da regra da especialidade, a doutrina costuma empregar o termo "anterioridade" para designar o impedimento legal que um pedido de registro ou uma marca registrada oferece por ocasião da (nova) solicitação de pedido de registro de outra marca igual ou parecida para identificar produtos ou serviços idênticos, semelhantes ou afins. A publicidade do registro de uma marca faz-se por meio da publicação da sua concessão na *Revista da Propriedade Industrial* do INPI, conferindo efeito *erga omnes*.[120] Apesar de facultativa, aconselha-se efetuar uma busca prévia no banco de dados do INPI, a fim de se descobrir possíveis *anterioridades impeditivas*, que o requerente não poderia deixar de conhecer em razão de sua atividade, se sua marca se destinar a distinguir produto ou serviço idêntico, semelhante ou afim, suscetível de causar confusão ou associação com marca alheia, nos termos do inciso XXIII do art. 124 da LPI (irregistrabilidade de um sinal como mar-

119. Gama Cerqueira, *Tratado da Propriedade Industrial*, cit., 2ª ed., vol. 2, n. 489, p. 783.

120. Não só para os despachos de concessão de registro, mas também para os casos devidamente comprovados de limitação ou ônus que recaiam sobre um pedido de registro ou registro, deverá o INPI promover a devida anotação, tornando-a de conhecimento de todos com a devida publicação na *Revista da Propriedade Industrial*, de acordo com a Resolução do INPI 083, de 14.12.2001. Assim: "*Ementa:* Administrativo e processual civil – Marca de serviço, clichê invertido, publicação, anulação do registro. 1. O registro objetiva proteger a função da marca, a saber, distinguir produtos e serviços. *A publicidade é essencial para cientificação do que está sendo registrado; ao possibilitar impugnações, evita a existência de marcas idênticas ou com semelhanças ensejadoras de confusão por parte dos consumidores*. 2. A publicação do clichê em posição invertida impossibilitou a impugnação dos autores, configuração de eiva apta a invalidar o registro da marca de serviço. 3. Recursos improvidos" (TRF-3ª R., 2ª T., Ap. cível 91.03.002528-4, rel. Juiz Aricê Amaral, *DJU* 26.7.1995, p. 46.074 – grifou-se).

ca). A busca prévia, portanto, é o procedimento capaz não só de identificar a existência de possíveis anterioridades, mas também de apurar a novidade de um sinal.[121]

O que se procura evitar – e essa a razão de ser do princípio da especialidade – é a possibilidade de erro ou confusão causados pela coexistência no mercado de marcas iguais ou semelhantes para assinalar produtos ou serviços idênticos, semelhantes ou afins.[122]

13. Exceção ao princípio da especialidade: a marca de alto renome

Por tudo que foi visto, pode-se concluir que todo o sistema de marcas está sujeito aos efeitos do princípio da especialidade.[123] Mas há uma exceção, e esta se encontra na regra concernente à proteção especial conferida à marca de alto renome, regulada pelo art. 125 da LPI. Embora a LPI não tenha definido o conceito de *marca de alto renome*, nem tampouco estabelecido critérios para seu reconhecimento, conferiu-lhe uma proteção absoluta e objetiva.[124] Trata-se, portanto, de sinais que adquiriram, por inúmeros fatores, uma reputação excepcional no seu ramo de atividade, tornando-os instrumentos eficazes na captação de clientela – o que, conseqüentemente, tem grande repercussão no patrimônio do seu titular. A notoriedade do sinal afere-se nos meios interessados;[125] e, uma vez constatada sua notoriedade, justifica-se a proteção especial em todos os ramos de atividade.

Isso se deve ao fato de que tais marcas, por seu alto renome e reputação, são facilmente objetos de apropriação e uso indevidos por parte de terceiros, o que em hipótese alguma poderá ser justificado. Nos casos de conflito com marcas idênticas ou semelhantes, ainda que estas identifiquem produtos ou serviços diferentes, a possibilidade de confusão entre os consumidores e o público em geral e conseqüente prejuízo para o titular da marca famosa se presu-

121. A busca prévia pode ser solicitada diretamente ao INPI, seja em sua sede ou em uma de suas delegacias regionais, por meio de formulário próprio, mediante o pagamento da retribuição correspondente, ou gratuitamente, pelo próprio interessado, no *site* do INPI na Internet (*www.inpi.gov.br*).

122. Específicos sobre o tema: Gama Cerqueira, *Tratado da Propriedade Industrial*, cit., 2ª ed., vol. 2, n. 489, pp. 781 e ss.; José Carlos Tinoco Soares, *Tratado da Propriedade Industrial*, vol. I, pp. 167 e ss.

123. Nesse sentido, dentre outros: "*Ementa:* Administrativo – Propriedade industrial – Direito de marca – Pretensão de exclusividade – Arts. 59 e 65, XVII, da Lei n. 5.772/1971. I – *O direito à exclusividade de marca registrada é limitado à classe para a qual foi deferido, não abrangendo produtos não-similares, enquadrados em outras classes, excetuadas as hipóteses de marcas notórias* (cf. STJ, REsp 14.367-PR, rel. Min. Athos Gusmão Carneiro, 4ª T., *DJU* 21.9.1992, p. 15.695). II – Recurso improvido" (TRF-2ª R., 2ª T., Ap. cível 9402221522-RJ, rel. Juiz Carreira Alvim, *DJU* 15.2.1996, p. 7 – grifou-se).

124. A Resolução do INPI 110, de 27.1.2004, estabelece os procedimentos para a aplicação do art. 125 da LPI. O reconhecimento do alto renome da marca, de acordo com os termos dessa resolução, deverá ser requerido ao INPI, pela via incidental, como matéria de defesa, quando da oposição a pedido de registro de marca de terceiro ou do processo administrativo de nulidade de registro de marca de terceiro, em tramitação no INPI, nos termos e prazos previstos nos arts. 158, *caput*, e 168 da LPI, respectivamente (art. 1º da Resolução 110/2004). Constam no art. 5º, de forma exemplificativa, alguns elementos informativos que poderão dar suporte suplementar às provas que deverão comprovar a argüição do alto renome da marca. O reconhecimento incidental da proteção especial à marca de alto renome prevista no art. 125 da LPI, embora não livre de críticas e imperfeições, é uma inovação com relação ao "registro próprio" conferido para a "marca notória", nos termos do art. 67 do revogado CPI de 1971. Porém, vale lembrar que são antigas as críticas ao sistema do registro especial do CPI de 1971 e a aspiração a um reconhecimento incidental de tal proteção (nesse exato sentido, vale verificar a posição dos representantes brasileiros no relatório final da Reunião do Conselho Executivo da AIPPI reunido em Barcelona, de 30.9 a 5.10.1990, em *Annuaire de l'Association Internationale pour la Protection de la Propriété Industrielle*, p. 51).

125. Cf. Adolf Baumbach e Wolfgang Hefermehl, *Warenzeichenrecht und Internationales Wettbewerbs- und Zeichenrecht*, 12ª ed., pp. 979 e ss. Assim também segundo o art. 16, n. 2, do TRIPs, com relação ao art. 6º-*bis* da CUP sobre a *marca notoriamente conhecida*; e o art. 126 da LPI.

me. A presunção acerca do risco de confusão e do prejuízo efetivo para a reputação da marca é *ex lege*.[126] Caso contrário a eficácia da proteção especial assegurada às marcas de alto renome estaria comprometida. Seu uso indevido caracterizará a figura do enriquecimento sem causa por parte do usurpador (CC de 2002, art. 884), independentemente da prova do erro ou confusão. E é justamente pelo princípio geral de repressão ao enriquecimento sem causa que é garantida a proteção especial conferida à marca de alto renome.[127] Mas o tema exige cautela, pois uma maior proteção jurídica através do sistema da responsabilidade civil (extracontratual), além do nível já conferido pela lei de marcas, não se aplica a todos os sinais, mas tão-somente àqueles considerados famosos, isto é, de alto renome.[128] Ademais – como advertiu Lehmann[129] –, a proteção especial (alargada) dessas marcas deve ser manejada de forma relativamente restritiva, pois a marca de alto renome (*berühmte Marke*) deve ser protegida fora do campo da semelhança entre produtos ou serviços (entenda-se como exceção ao princípio da especialidade) somente contra um uso idêntico ou com alta semelhança de sinais.

Segundo lições de Schricker,[130] a razão da proteção especial explica-se também pela necessidade de se evitar o risco de um "processo de diluição" (*process of dilution*) da marca famosa, o que sói acontecer quando o consumidor passa a se deparar com marcas semelhantes à marca famosa, porém para assinalar produtos diferentes. Não há confusão quanto à origem, mas uma associação inevitável e subconsciente com a marca famosa, o que pode ocasionar uma perda gradativa do poder distintivo excepcional que lhe é característico, diminui sua força atrativa e, ainda, extingue sua condição de exclusividade em todos os ramos de atividade. Assim, o objetivo da proteção especial à marca famosa é proteger seu caráter distintivo e sua eficácia publicitária contra os riscos da diluição. A proteção da marca famosa contra tal risco é um interesse legítimo do titular. Além disso, a proteção especial fora dos limites do princípio da especialidade justifica-se também pelo ponto vista dos interesses do consumidor e do público em geral. Razão assiste a Schricker[131] ao firmar, que num sistema ideal de concorrência numa economia de mercado, o consumidor deve poder exercer livremente, na medida do possível, seu poder de escolha baseando-se em preço e qualidade, e não ser seduzido, subconscientemente, em suas preferências por meio da exploração (ilegal) da imagem de marca famosa de terceiro. No direito de darcas americano a teoria da *trademark dilution*[132] foi incorporada no *Federal Trademark Dilution Act 1995*, em vigor desde 16.1.1996. Em síntese, pode-se dizer que qualquer tentativa de

126. Cf. Luiz Leonardos, "Marcas de alto renome", *Revista da ABPI* 11/80.

127. Nesse sentido, v. dentre outros, Dannemann e outros, *Comentários à Lei da Propriedade Industrial e Correlatos*, cit., p. 257; v. nota 48, supra, sobre bibliografia no Brasil acerca do tema "aproveitamento parasitário de marca registrada alheia".

128. Cf. Gerhard Schricker, "Protection of famous trademarks against dilution in Germany", *IIC* 11/169.

129. Lehmann, "Die wettbewerbswidrige Ausnutzung und Beeinträchtigung des guten Rufs bekannter Marken, Namen und Herkunftsangaben. Die Rechtslage in der Bundesrepublik Deutschland", cit., *GRUR International* 1/10.

130. Gerhard Schricker, "Protection of famous trademarks against dilution in Germany", cit., *IIC* 11/171. No mesmo sentido de que a proteção especial da marca famosa se justifica por causa do risco de diluição (*Verwässerungsgefahr*), v. Baumbach e Hefermehl, *Warenzeichenrecht und Internationales Wettbewerbs- und Zeichenrecht*, cit., 12ª ed., pp. 983 e s.

131. Gerhard Schricker, "Protection of famous trademarks against dilution in Germany", cit., *IIC* 11/173.

132. Cf. Frank I. Schechter, "The rational basis of trademark protection", *Harward Law Review* XL/813-833 (obra inaugural sobre a teoria da diluição). Para um estudo detalhado desta matéria em Língua Portuguesa, v. Serens, "A 'vulgarização' da marca na Directiva 89/104/CEE, de 21 de dezembro de 1988 (*id est*, no nosso Direito futuro)", cit., Separata do *Boletim da Faculdade de Direito de Coimbra* (1984) – "Estudos em Homenagem ao Prof. Dr. António de Arruda Ferrer Correia", 1995.

aproximação (declarada ou velada) com marca registrada alheia será encarada como ato de concorrência desleal toda vez que resultar no aproveitamento ilícito da fama de marca registrada alheia (*Rufausbeutung*), no enfraquecimento ou diluição do sinal como marca (*Zeichenschwächung*), no erro inescusável quanto à origem da marca (*vermeidbare Herkunftstäuschung*) ou até mesmo na intenção de causar confusão entre os sinais (*Verwechslungsabsicht*).[133]

Essa categoria especial de marcas, conhecidas genericamente como famosas, célebres ou que gozam de renome ou reputação, por sua característica especial e importância econômica, escapa dos ditames do princípio da especialidade.

Quanto ao uso indiscriminado de tais termos, cabe aqui, porém, uma advertência. Embora corrente no dia-a-dia, é prudente ater-se sempre ao *nomem juris* específico a cada caso. Marca "de alto renome" é a expressão empregada entre nós, no art. 125 da LPI, e também aceita por boa parte da doutrina.[134] As expressões acima mencionadas, que sempre buscam referir-se a uma característica ou natureza especial que certas marcas possuem, tratam-se, na verdade, de "termos plurissêmicos", e seu uso impreciso muitas vezes enseja dúvidas de interpretação, sobretudo com a marca notoriamente conhecida.[135] Na revogada Lei 5.772/1971 (CPI), art. 67, o termo equivalente era "marca notória", que, além de disciplinar o instituto de modo diferente, duras críticas recebeu da doutrina, pela imprecisão.

Termos semelhantes, mas com soluções nacionais distintas, são também usados em outros ordenamentos jurídicos, como, por exemplo, *marchio registrato che goda nello Stato di rinomanza*, no Direito Italiano (*art. 1, comma 1º, lett. "c", Regio Decreto n. 929, 21.6.1942*); ou *berühmte Marke*, na longa e tradicional construção da jurisprudência do *Bundesgerichtshof* (Superior Tribunal Federal alemão), fora do campo de proteção da *Markengesetz*;[136] ou *marque de haute renommée*, no Direito Francês (*art. L 713-5 Code de la Propriété Intellectuelle, Loi n. 92-597, 1.7.1992*); ou *marca de prestígio*, no Direito Português (*art. 242º, Novo Código da Propriedade Industrial, Decreto-lei n. 36/2003, de 5 de março*); ou *signos notorios o renombrados*, no Direito Espanhol (*art. 8 Ley 17/2001, de 7 de diciembre, de marcas*); ou *famous trade mark*, no Direito Inglês. O Código Francês (*art. L 713-5*), diferentemente dos países acima citados, disciplinou conjuntamente a figura da *marque renommée* e da *marque notoirement connue*, deixando a matéria ser regulada no campo da responsabilidade civil. Esta alternativa mereceu, por conta disso, críticas da doutrina, pois a redação do texto é – segundo Mathély[137] – de uma *incroyalbe maladresse*, uma vez que, tratando os dois institutos conjuntamente, esquivou-se da polêmica que permeia a tênue diferença de hierarquia que existe entre eles. Ademais, a solução adotada pelo *Code* enseja ainda dificuldades, pois a pretensão à indenização baseada em simples presunção, sem a prova concreta do prejuízo sofrido pelo titular da marca, não se coaduna com a teoria geral da responsabilidade civil.

133. Cf. Lehmann, "Die wettbewerbswidrige Ausnutzung und Beeinträchtigung des guten Rufs bekannter Marken, Namen und Herkunftsangaben. Die Rechtslage in der Bundesrepublik Deutschland", cit., *GRUR International* 1/12 e ss.

134. Para um estudo detalhado sobre os vários termos e seus diferentes significados, v. Annette Kur, "Well-known marks, highly renowned marks and marks having a (high) reputation – What's it all about?", cit., IIC 23-2/218 e ss.

135. Cf. José Antonio B. L. Faria Correa, "O tratamento das marcas de alto renome e das marcas notoriamente conhecidas na Lei 9.279/1996", *Revista da ABPI* 28/34.

136. Sobre o desenvolvimento histórico da *berühmte Marke* no direito alemão de marcas, v. Baumbach e Hefermehl, *Warenzeichenrecht und Internationales Wettbewerbs- und Zeichenrecht*, cit., 12ª ed., pp. 979 e ss.

137. Mathély, *Le Nouveau Droit Français des Marques*, cit., pp. 227 e s.

A proteção das marcas célebres (no Brasil, chamadas "de alto renome") configura, no entender de Luís M. Couto Gonçalves, a atribuição de um "direito ultramerceológico" ao respectivo titular, que o autor depois define como sendo "um direito não limitado pelo princípio da especialidade, que confere ao seu titular o poder de negociar a marca para quaisquer produtos ou serviços e não apenas para os idênticos ou afins àqueles em relação aos quais a marca se encontra registada".[138] Trata-se, portanto, de uma proteção ampliada da marca célebre fora do quadro tradicional do princípio da especialidade.[139] Segundo Vanzetti e Galli, parece razoável considerar que o sentido da *tutela ampliata merceologicamente*[140] se explica pelo fato de que o uso por terceiros da marca famosa lhes proporcionará uma vantagem (indevida) e, paralelamente, um prejuízo para o titular da marca, o que é de se reprimir. Assim, a marca famosa, por sua característica e natureza, goza de uma *protezione despecializzata*[141] que não fica mais circunscrita ao princípio da especialidade, podendo, no caso, prescindir do risco de confusão ao público quanto à origem dos bens. Assim, entende-se que a proteção conferida à marca registrada é ampliada merceologicamente e de maneira desespecializada, por se conferir ao seu titular o direito ao uso exclusivo do sinal para todas as classes de produtos e serviços, além daquelas para as quais a marca foi originalmente registrada.

14. A questão do alargamento da proteção à marca notoriamente conhecida

Ponto controvertido na doutrina é saber se a *marca notoriamente conhecida*, regulada pelo art. 126 da LPI e pelo art. 6-*bis (I)* da CUP,[142] constitui também uma exceção ao princípio da especialidade, após a entrada em vigor do Acordo TRIPs. De regra, os dispositivos legais mencionados acima isentam a marca notoriamente conhecida do princípio da territorialidade (qual seja, que o direito de uso exclusivo sobre a marca surge com seu registro, que é válido somente no país, cujo órgão encarregado o concedeu), mas não do princípio da especialidade.[143]

No entanto, como bem observou Gonçalves,[144] essa que parecia ser uma perspectiva tradicional sofreu substancial alteração com o disposto no art. 16, n. 3, do TRIPs e, depois, com a Recomendação Comum da CUP/OMPI de 27.9.1999[145]

138. Luís M. Couto Gonçalves, *Função Distintiva da Marca*, pp. 114 e s. e nota 209. Todavia, a critério de prudência de interpretação, nunca é demais lembrar que o "direito ultramerceológico" conferido ao titular da marca de alto renome diz respeito ao âmbito de proteção da marca. Trata-se, como visto antes, de uma *extensão da proteção da marca* fora do princípio da especialidade, com o objetivo de impedir o registro e/ou o uso indevido da marca por terceiros para assinalar produtos diferentes. Mas isso não significa dizer que o próprio titular não possa requerer novo depósito da marca, quando for diversificar seu negócio para outras áreas de interesse, ampliando sua oferta de produtos ou serviços para outras classes. Muito pelo contrário, na prática, verifica-se que geralmente, quando a marca chega ao patamar da notoriedade, vindo a desfrutar do privilégio da proteção especial contida na lei, já se encontra registrada e em uso por seu titular na maior quantidade de classes possível.

139. Cf. Luís M. Couto Gonçalves, *Função Distintiva da Marca*, cit., p. 125.

140. Adriano Vanzetti e Cesare Galli, *La Nuova Legge Marchi*, pp. 37 e s.

141. Cf. Ricolfi, *I Segni Distintivi – Diritto Interno e Comunitario*, cit., p. 27.

142. Atualmente na versão da Revisão de Estocolmo, de 14.7.1967 (Decreto 635, de 21.8.1992, publicado no *DOU* 24.8.1992); sua aplicação foi reconhecida pelo INPI somente em 8.8.1994, com o Ato Normativo 123.

143. Nesse sentido, dentre outros: Luiz Leonardos, "A superação do conceito de notoriedade na proteção contra as tentativas de aproveitamento de marcas alheias", cit., *Revista da ABPI* 19/14; Lélio Denícoli Schmidt, "A Convenção de Paris e o Direito Interno: alguns aspectos", *Revista da ABPI* 27/7. Importante nessa matéria a conclusão dos trabalhos da IV Comissão Executiva da AIPPI, reunida em Barcelona, de 30.9 a 5.10.1990.

144. Luís M. Couto Gonçalves, *Direito de Marcas*, cit., 2ª ed., pp. 148 e ss.

145. Esta Recomendação foi aprovada em 27.9.1999 pela Assembléia da União de Paris para a Proteção da Propriedade Industrial e pela Assem-

sobre a proteção da marca notoriamente conhecida. De acordo com esses dispositivos, a marca notoriamente conhecida, tal como a de alto renome, gozaria de uma proteção especial em todos os ramos de atividade (= produtos não similares), passando a ser também uma exceção ao princípio da especialidade.[146]

Em síntese, pode-se dizer que o art. 16, n. 3, do TRIPs se ocupa da proteção à marca notoriamente conhecida fora do campo da similaridade (*Gleichartigkeitsbereich*).[147] Tampouco se exige como requisito para a proteção um maior grau de notoriedade (no sentido de uma reputação excepcional, grande prestígio ou alto renome) ou de qualidade que a marca já apresenta. Basta, tão-somente, que o uso da marca se faça como referência à existência de um vínculo com a marca notoriamente conhecida do titular original, bem como, por causa disso, a probabilidade de que os interesses desse titular sejam prejudicados. Leva-se em conta, para tanto, uma avaliação quantitativa do grau de conhecimento da marca entre os consumidores, isto é, no setor relevante do público. Assim, não se exige qualquer pressuposto ou qualidade especial da marca; trata-se, portanto, de um tipo de proteção com base num "risco de confusão em sentido amplo" (que compreende o risco de conexão ou confusão indireta). Cabe observar, contudo, que o art. 16, n. 3, do TRIPs compreende uma mera proibição de uso de marcas que assinalem produtos diferentes, mas não exige que tal consideração seja tomada já na fase de processamento do pedido de registro. Segundo Cerviño e Prada,[148] tal norma introduziu no Acordo TRIPs a moderna figura do "risco de confusão", por meio da qual a similitude de produtos e serviços deixa de ser um pressuposto imprescindível.

Luís M. Couto Gonçalves[149] alerta, ainda, que essa mudança na disciplina jurídica da marca notoriamente conhecida representa uma alteração substancial nos princípios informadores do direito comum de marcas dos países comunitários, uma vez que a Primeira Diretriz do Conselho que harmoniza as legislações de marcas na União Européia (Diretriz 89/104/CEE, de 21.12.1988) estabeleceu uma clara distinção entre marca notoriamente conhecida (art. 4º, n. 2, letra "d") e marca de grande prestígio (art. 4º, n. 4, letra "a", e art. 5º, n. 2), sendo que somente a esta última foi assegurada uma proteção especial, além dos limites do princípio da especialidade. Foi sob a perspectiva da Primeira Diretriz do Conselho, citada acima, que os países-membros da União Européia se orientaram.[150]

bléia-Geral da Organização Mundial da Propriedade Intelectual, com base no Documento A/34/13. O art. 2º (1) (b) da Recomendação Comum da CUP/OMPI enumera, de modo exemplificativo, um conjunto de fatores para se determinar se uma marca é notoriamente conhecida. Mais adiante, no art. 4º (1) (b) (i, ii e iii), elenca as condições necessárias para que a marca notoriamente conhecida possa ser protegida para distinguir os produtos ou serviços que não sejam semelhantes àqueles relativamente aos quais ela foi registrada.

146. Diante dessa nova realidade, há quem sustente que os princípios da especialidade e da territorialidade perderam sua importância. Nesse sentido: José Antonio B. L. Faria Correa, "O projeto de Lei da Propriedade Industrial e o TRIPs: a fraude na apropriação de marcas não pré-registradas", *Revista da ABPI* 17/35 e s.

147. Cf. Annette Kur, "TRIPs und das Markenrecht", *GRUR International* 12/994. De acordo, ainda, com sua análise, a redação final do art. 16, n. 3, do TRIPs seguiu, durante a Rodada do Uruguai para as negociações do GATT, de 1993, mais as diretrizes apresentadas na proposta da delegação japonesa que as das delegações norte-americana, dos países da União Européia ou dos países em desenvolvimento (p. 994, nota 74).

148. Cerviño e Prada, *GATT y Propiedad Industrial*, cit., p. 96.

149. O comentário do referido autor encontra-se na edição original de seu *Direito de Marcas*, Coimbra, Livraria Almedina, 2000, pp. 153 e s. Por ocasião da revisão e atualização da obra para a 2ª edição, publicada pela mesma editora em abril/2003, tal comentário foi excluído, mas sua posição sobre o tema – bem como a posição do CPI português de 2003 – ficou inalterada, isto é, não adotando o caminho do alargamento da proteção à marca notoriamente conhecida, como previsto no art. 16, n. 3, do TRIPs (*Direito de Marcas*, cit., 2ª ed., pp. 149 e ss.).

150. Exceção coube ao art. 8, n. 3, da Lei de Marcas espanhola, de 7.12.2001, que optou pela pro-

No mesmo sentido, a LPI brasileira, nos seus arts. 125 e 126, manteve tal distinção e não seguiu (ainda) o caminho do alargamento da proteção à marca notoriamente conhecida para todos os ramos de atividade, tal como proposto pelo art. 16, n. 3, do TRIPs.[151]

Embora o tema ainda não seja pacífico, já havia no Brasil quem defendesse a tese da proteção da marca notoriamente conhecida fora dos limites do princípio da especialidade toda vez que a confusão quanto à origem do produto fosse possível e com o objetivo de se aproveitar da fama alheia para "angariar maior prestígio"; nesses casos, porém, a solução proposta seria ainda com base na aplicação do art. 6-*bis* da CUP, ainda na sua versão original, antes da publicação do TRIPs.[152]

A solução da questão proposta pelo art. 16, n. 3, do TRIPs levanta dúvidas na doutrina quanto à sua eficácia prática, principalmente com relação à sua aplicação no Direito Interno, uma vez que, diferentemente do art. 6-*bis* da CUP, não se trata de norma diretamente aplicável, mas que necessita de ser regulamentada por uma norma de Direito Interno do Estado-membro para surtir efeito jurídico.[153] A resposta decorre da própria natureza jurídica do TRIPs, tendo em vista que é um "tratado-contrato", e não um "tratado-lei".[154] Trata-se, na verdade, de padrões mínimos de proteção que deverão ser implementados livremente por cada Estado-membro no âmbito de seus respectivos sistema e prática jurídicos (art. 1.1 do TRIPs). Estes são os únicos titulares de deveres e obrigações, e isto vale dizer que dos termos do acordo não decorrem direitos subjetivos para os particulares. Os Estados-membros não estão, ainda, obrigados a ir além do disposto no Acordo, mas a não-observância dos "direitos mínimos" implicará inadimplência do Estado-membro. Seu fiel cumprimento poderá ser, então, exigido somente por outro Estado-membro.[155]

teção alargada/ampliada merceologicamente do art. 16, n. 3, do TRIPs, mas somente para as marcas de grande consumo (excluindo aquelas de consumo específico). Neste sentido, com razão Luís M. Couto Gonçalves, pois, se fosse para adotar o caminho do alargamento, esta seria a melhor proposta, pois se uma marca é (notoriamente) conhecida somente no meio interessado (isto é, consumo específico), tal circunstância não justifica sua proteção além do princípio da especialidade. "O contrário significaria que a marca conseguia pelo Direito aquilo que nem alcançara pelo mercado, isto é, um círculo de protecção jurídica superior ao círculo de afirmação económica" (*Direito de Marcas*, cit., 2ª ed., pp. 150 e s.).

151. Aliás, esta já havia sido a posição adotada pelos representantes brasileiros por ocasião da conclusão dos debates envolvendo a Q100 (*Protection of unregistered but well-known trademarks (art. 6-bis Paris Convention) and protection of highly reknown trademarks*) durante a Reunião do Comitê Executivo da AIPPI, reunido em Barcelona de 30.9 a 5.10.1990, ainda antes da publicação do Acordo TRIPs. No relatório oficial do Grupo do Brasil ficou consignado a distinção entre *well-known trademark* (tão-somente como exceção ao princípio da territorialidade) e *highly reknown trademark* (como exceção ao princípio da especialidade). O Grupo manifestou, por fim, apoio com relação a uma eventual aplicação futura do art. 5º, n. 2, da Diretriz 89/104/CEE, fosse no âmbito da CUP ou de outro instrumento internacional de harmonização do direito de marcas. Ressaltaram, ainda, que o então projeto preliminar da LPI conteria disposição semelhante à adotada pela Diretriz (como de fato ocorreu com a inclusão do art. 125 da LPI). Por outro lado, como se pode constatar, a posição adotada pelo TRIPs foi outra nesta pretensão (v. *Annuaire de l'Association Internationale pour la Protection de la Propriété Industrielle*, pp. 48 e 50-51).

152. Cf. Pontes de Miranda, *Tratado de Direito Privado*, cit., 4ª ed., t. XVII – "Parte Especial", § 2.013, pp. 49 e s.

153. Nesse sentido: Leonardos, "A superação do conceito de notoriedade na proteção contra as tentativas de aproveitamento de marcas alheias", cit., *Revista da ABPI* 19/15; Denis Borges Barbosa, *Uma Introdução à Propriedade Intelectual*, cit., 2ª ed., pp. 883 e s.; Maristela Basso, *O Direito Internacional da Propriedade Intelectual*, p. 177.

154. Dentre outros, v. Maristela Basso, *O Direito Internacional da Propriedade Intelectual*, cit., pp. 304 e s. E, também nesse sentido, Ascensão, "Relatório final de actividade da Comissão de Acompanhamento do Código da Propriedade Industrial", *RFDL*, 1997, p. 341, cit. por Luís M. Couto Gonçalves, *Direito de Marcas*, cit., 2ª ed., p. 150, nota 339.

155. Específico sobre o assunto, v. Denis Borges Barbosa, *Propriedade Intelectual – A Apli-*

Assim sendo, tendo em vista o que dispõem os arts. 125 e 126 da LPI, parece razoável o entendimento no sentido de que a marca notoriamente conhecida constitui apenas exceção ao princípio da territorialidade (e esta a sua razão de ser), mas que seu âmbito de proteção continua limitado pelo princípio da especialidade. A LPI brasileira, seguindo a posição adotada por diversos países, manteve a distinção entre os conceitos de marcas *de alto renome* e *notoriamente conhecidas*. Portanto, para que o alargamento da proteção proposto no n. 3 do art. 16 do TRIPs tenha eficácia no sistema jurídico brasileiro será necessária uma alteração na LPI expressamente neste sentido.[156] Porém, vale notar que com a inclusão do inciso XXIII do art. 124 na LPI buscou-se alargar a proteção dessas duas espécies de marcas contra atos de concorrência desleal praticados por meio de aproveitamento parasitário da fama de marca alheia[157] (assim já definido e regulado por meio do Ato Normativo 123/1994 do INPI).

15. Considerações finais

Como conseqüências do princípio da especialidade têm-se, então, que, com exceção do caso específico das marcas de alto renome:

15.1 É perfeitamente possível e lícito o registro de marca idêntica ou semelhante a outra registrada, desde que sirva para assinalar produtos ou serviços diferentes e em outro segmento de mercado e que não haja produção de risco de erro ou confusão para o consumidor (ou o público em geral).

15.2 Possível também será a apropriação de um sinal idêntico a uma marca anterior para identificar os mesmos produtos ou serviços, desde que o registro dessa última tenha sido declarado extinto nos termos do art. 142 da LPI (observando quanto às marcas coletivas e de certificação o disposto no art. 154)

15.3 Não há colidência de marcas se os produtos ou serviços que estas distinguem pertencem a outra classe e segmentos de mercados diferentes.

15.4 Disso decorre que o titular da marca não pode se opor ao registro de outra marca se não houver colidência entre elas ou se seu uso por terceiro não produzir um risco de erro ou confusão para o consumidor (ou o público em geral); o direito de uso exclusivo e de defesa da marca pelo titular limita-se aos produtos e serviços que sejam idênticos ou afins àqueles identificados pela sua marca.

Do exposto, conclui-se que o direito de propriedade industrial sobre a marca, e seu uso exclusivo, é limitado pelo princípio da especialidade. Esta é, portanto, regra fundamental que delimita o âmbito de proteção à marca registrada, e que está diretamente associada à noção de afinidade entre produtos e serviços. A regra coaduna-se com o interesse público maior da livre circulação e diferenciação entre bens e serviços num mercado de livre concorrência. Assim, é perfeitamente possível coexistirem registros de marcas iguais ou semelhantes, desde que distingam produtos ou serviços diferentes, e sem que produzam um risco de erro ou confusão quanto à sua proveniência. Isso só não será possível, excepcionalmente, quando se tratar de marcas que, por sua natureza, gozem de um grau de renome e reputação tal, que a lei lhes confira proteção especial para todos os ramos de atividade. Em que pese à evolução da legislação de marcas nas últimas décadas, em grande parte visando a modernizar e adequar o sistema às novas realidades do mercado, uma coisa parece certa: o

cação do Acordo TRIPs, 2003. Sobre a aplicação do TRIPs na União Européia, v. Josef Drexl, "*Nach 'GATT und WIPO': Das TRIPs-Abkommen und seine Anwendung in der Europäischen Gemeinschaft*", *GRUR International* 10/777 e ss.

156. No mesmo sentido da necessidade de uma alteração expressa no ordenamento jurídico interno com relação à proposta do n. 3 do art. 16 do TRIPs, v. também Cerviño e Prada, *GATT y Propiedad Industrial*, cit., pp. 207 e s.

157. V. bibliografia básica sobre o assunto já citada na nota 48, supra.

princípio da especialidade continua sendo de suma importância na matéria, e seus efeitos continuam visíveis e fortes como nunca.

Novembro/2004

Referências bibliográficas

Annuaire de l'Association Internationale pour la Protection de la Propriété Industrielle. Réunion du Comité Exécutif. Barcelone, 30.9-5.10.1990. Zurique, 1990/I (pp. 1-231).

————.*AIPPI Yearbook* 1991/I, "Chronicle and Resolutions", Question Q100: "Protection of unregistered but well-known trademarks (art. 6-bis Paris Convention) and protection of highly reknown trademarks". Zurique, 1994 (pp. 295-297).

ASCARELLI, Tullio. *Teoria della Concorrenza e dei Beni Immateriali – Istituzioni di Diritto Industriale*. 3ª ed. Milão, Giuffrè Editore, 1960.

ASCENSÃO, José de Oliveira. *Direito Comercial*. vol. II – "Direito Industrial". Lisboa, 1988.

ASSAFIM, João Marcelo de Lima. "La tutela del nombre comercial ante la marca en la legislación brasileña". *Juris Poiesis* (Revista dos Cursos de Direito da Universidade Estácio de Sá) 2/139-170. Rio de Janeiro, 1999.

BARBOSA, Denis Borges. *Propriedade Intelectual – A Aplicação do Acordo TRIPs*. Rio de Janeiro, Lumen Juris, 2003.

————. *Uma Introdução à Propriedade Intelectual*. 2ª ed. Rio de Janeiro, Lumen Juris, 2003.

BASSO, Maristela. *O Direito Internacional da Propriedade In.electual*. Porto Alegre, Livraria do Advogado, 2000.

BAUMBACH, Adolf, e HEFERMEHL, Wolfgang. *Warenzeichenrecht und Internationales Wettbewerbs- und Zeichenrecht*. 12ª ed. Munique, Beck, 1985.

BENTO DE FARIA, Antônio. *Das Marcas de Fabrica e de Commercio e do Nome Commercial*. Rio de Janeiro, Jacintho Ribeiro dos Santos Editor, 1906.

BIGLER, DANNEMANN, IPANEMA MOREIRA, SIEMSEN e outros. *Comentários à Lei da Propriedade Industrial e Correlatos*. Rio de Janeiro, Renovar, 2001.

BODENHAUSEN, G. H. C. *Guía para la Aplicación del Convenio de Paris para la Protección de la Propiedad Industria – Revisado en Estocolmo en 1967*. Genebra, Bureaux Internationaux Réunis pour la Protection de la Propriété Intellectuelle (BIRPI), 1969.

CARVALHO, Américo da Silva. *Direito de Marcas*. Coimbra, Coimbra Editora, 2004.

CELSO, Affonso. *Marcas Industriaes e Nome Commercial*. Rio de Janeiro, Imprensa Nacional, 1888.

CERVIÑO, Alberto Casado, e PRADA, Begoña Cerro. *GATT y Propiedad Industrial*. Madri, Tecnos, 1994.

CORREA, José Antonio B. L. Faria. "O projeto de Lei da Propriedade Industrial e o TRIPs: a fraude na apropriação de marcas não pré-registradas". *Revista da ABPI* 17/35-37. Rio de Janeiro, 1995.

————. "O tratamento das marcas de alto renome e das marcas notoriamente conhecidas na Lei 9.279/1996". *Revista da ABPI* 28/33-39. Rio de Janeiro, 1997.

CORREIA, António Ferrer. *Lições de Direito Comercial*. vol. I. Universidade de Coimbra, 1973.

CRUZ, António Côrte-Leal. "O conteúdo e extensão do direito à marca: a marca de grande prestígio". In: FACULDADE DE DIREITO DE LISBOA/ASSOCIAÇÃO PORTUGUESA DE DIREITO INTELECTUAL (orgs.). *Direito Industrial*. vol. I. Coimbra, Livraria Almedina, 2001 (pp. 79-117).

DANNEMANN, BIGLER, IPANEMA MOREIRA, SIEMSEN e outros. *Comentários à Lei da Propriedade Industrial e Correlatos*. Rio de Janeiro, Renovar, 2001.

DI CATALDO, Vincenzo, e VANZETTI, Adriano. *Manuale di Diritto Industriale*. 4ª ed. Milão, Giuffrè Editore, 2003.

DI FRANCO, Luigi. *Trattato della Proprietà Industriale*. Milão, Società Editrice Libraria, 1933.

DREXL, Josef. *Die Wirtschaftliche Selbstbestimmung des Verbrauchers – Eine Studie zum Privat- und Wirtschaftsrecht unter Berücksichtigung gemeinschaftsrechtlicher Bezüge*. Tübingen, Mohr Siebeck, 1998.

————. "Nach 'GATT und WIPO': Das TRIPs-Abkommen und seine Anwendung in der Europäischen Gemeinschaft". *GRUR International Heft* 10/777-788. Munique, 1994.

FACULDADE DE DIREITO DE LISBOA/ ASSOCIAÇÃO PORTUGUESA DE DIREITO INTELECTUAL (orgs.). *Direito Industrial*. vol. I. Coimbra, Livraria Almedina, 2001.

FEZER, Karl-Heinz. *Markenrecht*. 3ª ed. Munique, Beck, 2001.

FISCHOEDER, Sebastian, e HAUCK, Felix. "Gattungsmäßige Benutzung von Kennzeichen in den Medien – Rechte des Kennzeicheninhabers". *GRUR* 3/185-191. 2004.

FISHER JR., Guilherme, e NOGUEIRA, J. L. de Almeida. *Tratado Theorico e Pratico de Marcas Industriaes e Nome Commercial*. t. I. São Paulo, Typographia Hennies Irmãos, 1910.

FRANCESCHELLI, Remo. *Sui Marchi di Impresa*. 4ª ed. Milão, Giuffrè Editore, 1988.

FRÓES, Carlos Henrique de Carvalho. "Âmbito de proteção à marca". *RT* 403/30-36. São Paulo, Ed. RT, 1969.

GALLI, Cesare, e VANZETTI, Adriano. *La Nuova Legge Marchi*. Milão, Giuffrè Editore, 2001.

GAMA CERQUEIRA, João da. *Tratado da Propriedade Industrial*. 2ª ed., vols. 1 e 2. São Paulo, Ed. RT, 1982.

GONÇALVES, Luís M. Couto. *Direito de Marcas*. 2ª ed. Coimbra, Livraria Almedina, 2003.

————. *Função Distintiva da Marca*. Coimbra, Livraria Almedina, 1999.

HAUCK, Felix, e FISCHOEDER, Sebastian. "Gattungsmäßige Benutzung von Kennzeichen in den Medien – Rechte des Kennzeicheninhabers". *GRUR* 3/185-191. 2004.

HEFERMEHL, Wolfgang, e BAUMBACH, Adolf. *Warenzeichenrecht und Internationales Wettbewerbs- und Zeichenrecht*. 12ª ed. Munique, Beck, 1985.

HENNING-BODEWIG, Frauke, e KUR, Annette. *Marke und Verbraucher: Funktionen der Marke in der Marktwirtschaft*. vols. I e II. Weinheim, VCH Verlagsgesellschaft, 1988/1989.

IPANEMA MOREIRA, BIGLER, DANNEMANN, SIEMSEN e outros. *Comentários à Lei da Propriedade Industrial e Correlatos*. Rio de Janeiro, Renovar, 2001.

KUR, Annette. "Well-known marks, highly renowned marks and marks having a (high) reputation – What's it all about?". IIC 23-2/218-231. Munique, 1992.

————. "TRIPs und das Markenrecht". *GRUR International* 12/987-997. Munique, 1994.

————, e HENNING-BODEWIG, Frauke. *Marke und Verbraucher: Funktionen der Marke in der Marktwirtschaft*. vols. I e II. Weinheim, VCH Verlagsgesellschaft, 1988/1989.

LADAS, Stephen P. *Patents, Trademarks and Related Rights*, vol. II. Harvard, Harvard University Press, 1975.

LEHMANN, Michael. "Die wettbewerbswidrige Ausnutzung und Beeinträchtigung des guten Rufs bekannter Marken, Namen und Herkunftsangaben. Die Rechtslage in der Bundesrepublik Deutschland". *GRUR International* 1/6-17. Munique, 1986.

LEONARDOS, Luiz. "A superação do conceito de notoriedade na proteção contra as tentativas de aproveitamento de marcas alheias". *Revista da ABPI* 19/13-16. Rio de Janeiro, 1995.

————. "Marcas de alto renome". *Revista da ABPI* 11/80-82. Rio de Janeiro, 1994.

LOUREIRO, Luiz Guilherme de A. V. *A Nova Lei da Propriedade Industrial Comentada*. São Paulo, Lejus, 1999.

MATHÉLY, Paul. *Le Nouveau Droit Français des Marques*. Paris, Éditions JNA, 1994.

MONTEIRO, Renata Pozzato Carneiro. "A função social da propriedade na Constituição da República de 1988 e a propriedade industrial". *Revista da ABPI* 69/23-30. Rio de Janeiro, 2004.

NOGUEIRA, J. L. de Almeida, e FISHER JR., Guilherme. *Tratado Theorico e Pratico de Marcas Industriaes e Nome Commercial*. t. I. São Paulo, Typographia Hennies Irmãos, 1910.

OLAVO, Carlos. *Propriedade Industrial*. Coimbra, Livraria Almedina, 1997.

OLIVEIRA, Maurício Lopes de. "O âmbito de proteção à marca registrada". *Revista da ABPI* 31/26-34. Rio de Janeiro, 1997.

————. *Propriedade Industrial – O Âmbito de Proteção à Marca Registrada*. Rio de Janeiro, Lumen Juris, 2000.

PINHO, Ricardo. "A aplicação do princípio da especialidade aos nomes comerciais". *Revista da ABPI* 10/33-34. Rio de Janeiro, 1994.

PONTES DE MIRANDA, Francisco Cavalcanti. *Tratado de Direito Privado – Parte Especial*. 4ª ed., t. XVII. São Paulo, Ed. RT, 1983.

PRADA, Begoña Cerro, e CERVIÑO, Alberto Casado. *GATT y Propiedad Industrial*. Madri, Tecnos, 1994.

RICOLFI, Marco. *I Segni Distintivi – Diritto Interno e Comunitario*. Turim, G. Giappichelli Editore, 1999.

————. e outros. *Diritto Industriale – Proprietà Intellettuale e Concorrenza*. Turim, G. Giappichelli Editore, 2001.

SCHMIDT, Lélio Denícoli. "A Convenção de Paris e o Direito Interno: alguns aspectos". *Revista da ABPI* 27/3-18. Rio de Janeiro, 1997.

SCHRICKER, Gerhard. "Protection of famous trademarks against dilution in Germany". *IIC* 11-2/166-173. Munique, 1980.

SENA, Giuseppe. *Il Nuovo Diritto dei Marchi – Marchio Nazionale e Marchio Comunitario*. Milão, Giuffrè Editore, 2001.

SERENS, M. Nogueira. "A 'vulgarização' da marca na Directiva 89/104/CEE, de 21 de dezembro de 1988 (*id est*, no nosso Direito futuro)". Separata do *Boletim da Faculdade de Direito de Coimbra* (1984) – "Estudos em Homenagem ao Prof. Doutor António de Arruda Ferrer Correia". Coimbra, 1995.

SIEMSEN, DANNEMANN, BIGLER, IPANEMA MOREIRA e outros. *Comentários à Lei da Propriedade Industrial e Correlatos*. Rio de Janeiro, Renovar, 2001.

SOARES, José Carlos Tinoco. *Marcas "vs." Nome Comercial: Conflitos*. São Paulo, Jurídica Brasileira, 2000.

————. *Tratado da Propriedade Industrial*. vols. I e II. São Paulo, Resenha Tributária, 1988.

SOUSA E SILVA, Pedro. "O princípio da especialidade das marcas. A regra e a excepção: as marcas de grande prestígio". *Revista da Ordem dos Advogados* (ROA) 1998. Lisboa (pp. 377-440).

VANZETTI, Adriano, e DI CATALDO, Vincenzo. *Manuale di Diritto Industriale*. 4ª ed. Milão, Giuffrè Editore, 2003.

————. e GALLI, Cesare. *La Nuova Legge Marchi*. Milão, Giuffrè Editore, 2001.

Abreviaturas utilizadas

ABPI – Associação Brasileira da Propriedade Intelectual

AIPPI – *Association Internationale pour la Protection de la Propriété Intellectuelle* (Associação Internacional para a Proteção da Propriedade Intelectual)

CUP – Convenção da União de Paris para a Proteção da Propriedade Industrial (segundo a revisão de Estocolmo de 14.7.1967)

CPI – Código da Propriedade Industrial (Lei 5.772, de 21.12.1971, revogado pela Lei 9.279, de 14.5.1996)

DOU – Diário Oficial da União

GATT – *General Agreement on Tariffs and Trade* (Acordo Geral de Tarifas e Comércio)

GRUR – Gewerblicher Rechtsschutz und Urheberrecht (Propriedade Industrial e Direito de Autor – publicação em Língua Alemã do Instituto Max-Planck para a Propriedade Intelectual/Munique)

IIC – International Review of Industrial Property and Copyright Law (Revista Internacional de Propriedade Industrial e Direito de Autor – publicação em Língua Inglesa do Instituto Max-Planck para a Propriedade Intelectual/Munique)

INPI – Instituto Nacional da Propriedade Industrial

LPI – Lei da Propriedade Industrial (Lei 9.279, de 14.5.1996)

OMPI – *Organisation Mondiale de la Propriété Intellectuelle* (Organização Mundial da Propriedade Intelectual – sigla em Inglês: WIPO)

TRIPs – *Trade-Related Aspects of Intellectual Property Rights* (Acordo sobre Aspectos dos Direitos de Propriedade Intelectual Relacionados ao Comércio)

A EXPORTAÇÃO DA MARCA BRASIL E O *MARKETING* INTERNACIONAL

CLÁUDIO LUIZ GONÇALVES DE SOUZA

1. Introdução. 2. A aplicação do conceito de "marketing" internacional. 3. A internacionalização das atividades da empresa. 4. Dos entendimentos gerais sobre o ciclo de vida de um produto internacional. 5. Do processo de internacionalização. 6. Do "marketing" internacional. 7. Do sistema de comércio internacional. 8. Dos mercados internacionais. 9. Da decisão de ingressar no mercado exterior: 9.1 Da exportação: 9.1.1 Da exportação indireta; 9.1.2 Da exportação direta; 9.1.3 Das parcerias empresariais; 9.1.4 Dos acordos de cooperação comercial ou industrial; 9.1.5 Do licenciamento; 9.1.6 Das "joint ventures"; 9.1.7 Do investimento direto. 10. Do programa de "marketing": 10.1 Do produto; 10.2 Da promoção; 10.3 Do preço. 11. Da organização do "marketing". 12. Conclusão. 13. Bibliografia.

1. Introdução

Atualmente, o único produto genuinamente brasileiro conhecido no exterior tem sido a jabuticaba, por ser um fruto nativo. Fora isso, não existe no mercado internacional uma identidade própria para os produtos brasileiros.

Além de buscar a competitividade de preços e o acesso ao mercado internacional, o setor exportador brasileiro deve se preocupar também em criar e disseminar a MARCA BRASIL, visando ao sucesso da política de expansão comercial brasileira no exterior.

As vendas externas dos produtos brasileiros perdem competitividade no mercado externo por não terem uma política bem definida de divulgação de sua origem e procedência, deixando de obter o benefício multiplicador de uma marca reconhecida e de preferência dos consumidores finais. Os valores envolvidos nas operações de exportação que não são computados como receita, em função da ausência de um programa de *marketing* bem definido, assustam os próprios exportadores.

Dados apresentados por especialistas demonstram, na prática, que a utilização de uma marca bem trabalhada gera benefícios e receitas imediatas para o setor. Um exemplo típico, apresentado em uma revista especializada, é o que ocorre com a indústria brasileira fornecedora de suco de laranja para o exterior.

As empresas brasileiras ou estrangeiras aqui estabelecidas, processadoras de suco, sabem tecnicamente dosar muito bem as misturas preferidas no mercado americano e europeu. Não obstante, o produto sai do país, na forma de suco concentrado, sendo transportado em condições de supercongelamento, isto é, em temperatura inferior a menos 10 graus Celsius.

O preço praticado para pagamento pelo fornecimento do suco concentrado varia em torno de 1 dólar norte-americano por quilo do produto, porém, no destino o mesmo passa por um processo de mistura a sete partes d'água, embalado e vendido ao consumidor final em média a 3 dólares por litro, recebendo a marca da empresa processadora no exterior.

Segundo especialistas, o fator multiplicador acoplado à marca, para esse caso, estaria na faixa de 24, significando que se os fornecedores brasileiros ficassem, pelo menos, com a metade dessa diferença, a receita com o produto elevaria a cerca de 12 bilhões de dólares por ano. De acordo com a mesma pesquisa, outros produtos, como derivados de suíno, possuem multiplicador médio 8, sendo que o índice para alimentos compostos à base de soja, margarinas e molhos, são acrescidos de 20 ou até mesmo 30 vezes o valor do óleo vendido à granel para o exterior.

Outro exemplo clássico é o que ocorre com a indústria têxtil brasileira. As camisetas são fabricadas no Brasil e saem das tecelagens, sem marca, vendidas a aproximadamente 12 centavos de dólar a unidade. Ao chegarem no exterior, recebem ilustração e marcas de empresas estrangeiras, sendo vendidas por 10 dólares, representando um fator multiplicador de 80.

A relação de situações dessa natureza não se esgota nesses exemplos e por isso torna-se necessário que o setor exportador atente para a importante questão da marca como um elemento necessário para elevar suas receitas nas operações de exportação.

Existem ainda outros dados não menos importantes que passam despercebidos dos empresários e do próprio governo brasileiro, no sentido de estimular a comercialização dos produtos nacionais.

Se confrontarmos com os Estados Unidos, por exemplo, verificaremos que o custo de produção de carne de frango daquele país é o triplo do nosso custo; o custo da produção de soja americano representa o dobro do nosso custo de produção; sem contar a tonelada de aço nacional que US$ 59.00, em média, mais barata que a daquele país.

Dessa forma, percebe-se que os produtos brasileiros são extremamente competitivos no mercado mundial, faltando de fato, estabelecer um programa de divulgação e sedimentação das marcas dos produtos brasileiros no mercado internacional.

Com efeito, apesar da questão das marcas ser um tema de caráter privado, a iniciativa pública, por meio do Governo Federal, teria condição de ajudar divulgando e demonstrando no exterior os produtos brasileiros, fazendo com que ocorra um crescimento de receita para o setor exportador.

Por outro lado, deve-se ter em conta que o *marketing* representa uma vasta função, que na maioria das vezes, muitos relacionam, de forma equivocada, unicamente com a parte de promoção do produto. Contudo, as atividades de *marketing* envolvem uma soma de conceitos, ferramentas, procedimentos, práticas e experiências relacionadas com diversos aspectos importantes, dentre os quais podemos destacar:

- conhecimento dos clientes;
- conhecimento dos concorrentes;
- estudos, análise e testes de mercado;
- definição dos produtos;
- determinação das embalagens;
- constituição e definição das marcas;
- estabelecimento de preços competitivos;
- promoção por meio da publicidade.

Dessa forma, poderíamos apresentar um conceito sobre as atividades de *marketing* como sendo "o processo que orienta os recursos e objetivos da organização segundo as oportunidades e necessidades do ambiente". Na realidade, esta seria apenas uma forma de conceituar o *marketing*, porquanto o mesmo pode-se se expressar de diversos modos.

De acordo com o autor norte-americano Warren Keegan, em sua obra denominada *Global Marketing Management*, a evolução do conceito de *marketing* pode ser ilustrada da seguinte maneira:

Conceito velho: traz como foco o produto e/ou serviço, tendo como o objetivo as vendas e como resultado o lucro através das vendas;

Conceito novo: focaliza os clientes, objetivando um *marketing* integrado e como resultado o lucro através da satisfação do cliente; e

Conceito estratégico: direciona sua atenção ao ambiente, buscando uma gerência estratégica que visa como resultado os benefícios para os grupos e indivíduos que têm interesses nas atividades das empresas.

Como se pode perceber os conceitos novo e estratégico possuem um elemento comum, qual seja, a preocupação com o cliente, isto é, mais especificamente, com a satisfação de suas necessidades, ainda que a ela sejam dados pesos diferentes. Dessa maneira, esta tarefa deve ser cumprida por meio do produto e do conjunto de serviços a ele associados até o consumo do mesmo.

Com efeito, observa-se que o conceito de *marketing* está apoiado em quatro sustentáculos básicos, a saber:

Mercado: Cada mercado que se objetiva, implica em diferentes realidades, ou seja, significa que não há como atuar em todos os mercados e satisfazer a todas as necessidades. Definindo um segmento de mercado, e limitando seu público a empresa aumenta suas possibilidades de construir um plano de *marketing* eficaz.

Orientação para o cliente: Não basta apenas saber quem é o cliente, torna-se necessário saber também o que ele quer. Referidas necessidades do cliente devem ser definidas a partir dele próprio, discutindo com o mesmo, pesquisando-o, analisando-o. Satisfazer as necessidades é importante para que se consiga manter o cliente, porquanto um cliente satisfeito compra novamente, recomenda a empresa, presta menos atenção no concorrente e compra outros produtos da empresa.

Dessa maneira é preciso estar sempre atento, principalmente no mercado internacional que é muito mais exigente, e extremamente mais competitivo do que o mercado doméstico.

2. A aplicação do conceito de "marketing" internacional

Na maioria das vezes, as empresas não conseguem acompanhar a evolução das necessidades do cliente e da concorrência. Existem algumas situações que podem servir como parâmetro para a avaliação de possíveis desvios em relação ao mercado. Quais sejam:

- as quedas nas vendas;
- o crescimento lento da empresa;
- mudanças nos hábitos de compra;
- a crescente concorrência; e
- os crescentes custos com o mercado.

A compreensão do conceito de *marketing* em toda sua complexidade, via de regra é estimulada por circunstâncias específicas que exigem da empresa uma orientação para o mercado. Indigitadas circunstâncias evidenciam a essência do *marketing*, isto é, criar um valor para o produto, superior ao criado pelos concorrentes.

Este procedimento somente será possível quando os recursos e os esforços da empresa estiverem concentrados em necessidades e desejos bem definidos.

3. A internacionalização das atividades da empresa

O processo de internacionalização significa expandir as atividades da empresa para além das fronteiras nacionais e, consiste numa atitude de mudança que ocorre dentro da mesma, como resultado de uma série de decisões incrementais que geram algum aprendizado e maior confiança no comércio futuro.

Durante o seu processo de evolução as empresas podem passar por diferentes estágios, no que concerne a sua relação com o mercado externo, ou seja, doméstico, internacional, multinacional e global.

A partir do estágio mais primário, as empresas procuram se orientar pelo mercado doméstico, edificando suas estratégias de conformidade com os fornecedores e concorrentes existentes no mesmo. Procuram limitar sua área de ação dentro das fronteiras de seu país. Neste estágio as empresas ainda não estão sensibilizadas pelas oportunidades que o mercado externo poderá lhes oferecer.

Num segundo estágio, embora orientadas para atuarem no mercado doméstico, as empresas começam a construir estratégias que reflitam os objetivos se a missão da organização, e decidem perseguir oportunidades internacionais.

Sendo assim, preocupadas em estender suas atividades, as empresas que se encontram nesse estágio raramente possuem experiência internacional, e por conseqüência continuam a agir de acordo com as percepções que têm do mercado doméstico.

Já os terceiro e quarto estágios são obtidos a partir da experiência adquirida após a realização de vários negócios internacionais. Na qualidade de multinacionais as empresas passam a ter consciência de que as diferenças entre diversos mercados exigem que o composto de *marketing* seja adaptado de forma a garantir o sucesso do processo de internacionalização.

Neste estágio, tendo decidido responder às diferenças entre os mercados a empresa evolui para o terceiro estágio, ou seja, estabelecendo uma estratégia multidoméstica que atenda a dinâmica dos mesmos. Esta orientação policêntrica torna-se sua principal característica para ter sucesso no mercado internacional adaptando-se às particularidades de cada mercado, porquanto cada país é único e sua máxima é adaptação.

Por fim, temos o quarto e último estágio, isto é, o processo da globalização. A globalização ou transnacionalização da empresa também implica na extensão e adaptação de programas e produtos, que também são elementos característicos dos estágios anteriores, mas que, no entanto, diferentemente, ela tem como objetivo principal atingir vários mercados com o mesmo produto básico, utilizando-sedo mesmo apelo e da mesma mensagem.

Em outras palavras, a empresa globalizada busca um mesmo nicho de mercado em diversos países, deixando de ter uma estratégia policêntrica para ter uma estratégia geocêntrica. Dessa maneira, a empresa passa a ser uma combinação da extensão, com a adaptação e a criação.

Fica evidente que quando se deixa de falar em multinacionais para falar em transnacionais, não significa uma simples mudança de terminologia, porquanto os dois termos representam estágios completamente diferentes da relação da empresa com o mercado externo.

4. Dos entendimentos gerais sobre o ciclo de vida de um produto internacional

Os estágios anteriormente mencionados demonstram que as empresas estão predestinadas a ficar em casa ou ir para o exterior; porém as duas hipóteses envolvem a realização de negócios no mercado internacional.

Todavia, no caso específico daquelas empresas que comercializamos denominados "produtos globais", não existe muita escolha, a não ser expandir suas operações no exterior. O motivo pelo qual as empresas devem prestar a atenção nos mercados externos está no próprio fenômeno do ciclo de vida de um produto internacional.

Os mercados externos oferecem aos fabricantes domésticos um meio de estender o ciclo de vida do produto, após estar saturada a demanda doméstica. Ademais, as empresas locais de forma eventual aprenderão a fabricar os mesmos produtos a um custo menor e os colocarão no mercado interno para concorrer com as próprias empresas locais.

As empresas devem tomar essas medidas antes que empresas concorrentes de outros países, que estão em processo de globalização e atingindo economias de escala, entrem em seu país e ocupem o que as primeiras consideravam como seu espaço cativo.

Ora, um produto pode passar por quatro estágios básicos em seu ciclo comercial, ou seja:

Introdução: constitui a primeira etapa do ciclo de vida do produto, e começa quando se inicia a distribuição e a venda do novo produto. Nesse momento a promoção é ainda fundamental, porquanto procura informar aos consumidores e conduzi-los a experimentar o produto.

Crescimento: uma vez já conhecido no mercado o produto tem seu consumo ampliado e as vendas internas crescem rapidamente, levando a empresa inclusive a buscar melhorias que garantam sua posição competitiva.

Maturidade: representa o momento em que as taxas de crescimento das vendas começam a decais, indicando que o produto já está massificado.

Declínio: é marcado pela queda nas vendas decorrente de avanços tecnológicos, e mudanças nos hábitos ou gostos dos consumidores.

Nesse momento, a entrada no mercado externo inclui novas etapas no ciclo de vida do produto, que postergarão o declínio, quais sejam:

Força exportadora: trata-se de uma fase que deve ser simultânea a fase de crescimento. Uma inovação é lançada no país e faz sucesso por causa de seu grande mercado e de sua infra-estrutura altamente desenvolvida. As exportações do produto para outros países ainda nessa fase são eventuais.

Início da produção estrangeira: na medida em que os fabricantes estrangeiros se tornam familiares ao produto, alguns deles começam a produzi-lo para seu mercado. Referidos fabricantes produzem sob licença ou por meio de uma *joint venture*, ou pura e simplesmente copiam o produto.

A produção estrangeira torna-se competitiva nos mercados de exportação: significa que os fabricantes estrangeiros ganharam experiência em produção e, apresentando menores custos, começam a exportar o produto para outros países.

Início da concorrência da importação: o volume crescente dos fabricantes estrangeiros e custos mais baixos levam os fabricantes a começar a exportar o produto para outros países, concorrendo diretamente com os produtores locais.

Destarte, o produto passou da condição de um produto novo no mercado internacional para a condição de um produto maduro e, posteriormente, para a condição de um produto padronizado. É dessa maneira que o *marketing* global prolonga o ciclo de vida de qualquer produto, ao conduzi-lo para os países que estão dispostos a utilizá-lo.

5. Do processo de internacionalização

As empresas, ao expandir suas ações além das fronteiras nacionais, podem escolher inúmeras formas para ingressar no mercado externo. Com efeito, algumas optam por exportar porquanto implica em minimização de riscos.

Algumas outras preferem o licenciamento, uma vez que representa uma maneira mais fácil de ganhar dinheiro. Existem ainda aquelas que podem oferecer investimentos diretos, porquanto visa o controle total sem ter que dar satisfação a um parceiro.

De todas as formas, a opção deve observar os limites impostos pelo país com que se pretende negociar, porquanto alguns países não permitem importações de determinados bens, tampouco investimento direto, ou ainda somente aceitam um empreendimento se o mesmo for desenvolvido com uma empresa local.

Em outras palavras, ainda que uma empresa tenha suas preferências, a mesma deverá adaptá-las aos limites impostos pelo mercado.

Via de regra, o processo de internacionalização é marcado pelos seguintes estágios:

- nenhuma atividade regular de exportação;
- exportação via representantes independentes (Agentes ou Representantes Internacionais);
- estabelecimento de uma ou mais subsidiárias de vendas;
- estabelecimento de instalações de produtos no exterior.

É comum que a maioria das empresas aproveite sua primeira oportunidade de exportação trabalhando com um Agente ou Representante Internacional, geralmente num país próximo, ou seja, com poucas barreiras culturais para a entrada do negócio. Uma vez obtido o resultado positivo, a empresa busca outros agentes para ingressar em outros países.

Depois de algum tempo a empresa opta por estabelecer um departamento de exportação com o fito de administrar suas relações com os Agentes ou Representantes Internacionais.

Não obstante, com a experiência acumulada, a empresa percebe que certos mercados de exportação são muito grandes e serão mais bem administrados pela sua própria força de vendas, e então substitui o Agente ou Representante Internacional por uma subsidiária de vendas nesses países.

Referido procedimento aumenta o comprometimento e também o risco, mas aumenta em contrapartida o potencial de ganhos. Todavia, para administrar essas subsidiárias de vendas, as empresas substituem o departamento de exportação, como conseqüência, por um departamento internacional.

Por outro lado, se determinados mercados continuarem a ser grandes e estáveis ou se o país-hóspede insistir na produção local, a empresa dará o passo seguinte, ou seja, alocando instalações de produção naqueles mercados, representando um comprometimento ainda maior com maiores ganhos potenciais.

Nesse momento, como nos ensina Philip Kotler (*Administração de "Marketing"*, 2ª ed., p. 847): "a empresa estará bem preparada para operar como uma empresa multinacional e para reconsiderar como melhor organizar e administrar suas operações globais".

Assim sendo, na qualidade de multinacional, ocupando o terceiro estágio do processo de evolução internacional, a empresa passa a administrar, simultaneamente, diversos tipos diferentes de entrada no mercado.

Com efeito, o processo de internacionalização se aprofunda de conformidade com as orientações estratégicas da empresa e com os sentimentos que cada estágio repercute em relação ao mercado. Em outras palavras, o sucesso ou o fracasso pode implicar reações de segurança ou insegurança, bem como confiança ou desconfiança, estimulando ou não a intensificação, ou até mesmo a continuidade de todo o processo.

6. Do "marketing" internacional

Ao tratarmos do *marketing* internacional, abordamos as atividades ligadas a um programa de *marketing* idealizado para um ambiente que não seja doméstico, alcançando para muitas empresas um cenário pouco familiar.

Referidas atividades internacionais de uma organização poderão ocorrer em um ou mais países, por meio de uma orientação multinacional ou global. Cada situação ilustra um estágio diferenciado no processo de evolução do empreendimento doméstico para o global.

Destarte, poderíamos considerar que uma empresa ao admitir a possibilidade de ingressar no mercado externo, deverá enfrentar seis decisões básicas que irão constituir a base de seu *marketing* internacional, quais sejam:

• a avaliação do ambiente do *marketing* internacional;

• a decisão sobre ir para o exterior;

• a decisão sobre quais mercadorias destinar ao mercado externo;

• a decisão sobre como entrar no mercado estrangeiro;

• a decisão sobre seu programa de *marketing*; e

• a decisão sobre a sua organização.

Sendo assim, antes iniciar suas vendas no mercado externo, a empresa deverá, inicialmente, conhece-lo em todas as suas facetas. Um conhecimento completo sobre o ambiente de *marketing* internacional torna-se ainda mais importante se considerarmos as mudanças significativas ocorridas no cenário internacional nos últimos anos. Indigitadas mudanças criaram novas oportunidades, bem como novos problemas, e os elementos deste ambiente devem ser considerados.

Deve-se perceber que a principal característica do mundo dos profissionais do *marketing* global refere-se à diversidade de ambientes por meio dos quais eles conduzem suas operações. Dentro dessa realidade, é fundamental conhecer o sistema internacional e suas principais orientações econômicas, políticas e culturais.

As orientações políticas procuram sinalizar quais são os parâmetros considerados na distribuição do poder entre os atores internacionais.

Isso implica em afirmar que para que se faça essa avaliação é necessário saber quem são os atores presentes no mercado mundial, ou seja, países, empresas, organizações governamentais e não governamentais; como eles estão organizados, isto é, em blocos, alianças, etc.; como se dá a distribuição de poder entre os Estados (bipolar ou multipolar); e quais são os principais fóruns de negociação.

As orientações econômicas, por sua vez, devem ser consideradas à partir de dados e informações da economia mundial e sobre o modelo de desenvolvimento levando-se em conta o potencial econômico dos países.

Dessa forma, devem ser avaliados os países considerados como pólos econômicos, e sua situação econômica interna; a orientação da política econômica dos mesmos, se de mercado ou intervencionista; os parâmetros para a avaliação da estabilidade econômica dos referidos países, à partir da análise do balanço de pagamentos, variação da taxa de câmbio, inflação, etc.; assim como os parâmetros referenciais para a avaliação do potencial econômico do país, representado pelo seu comportamento e composição do PIB, participação no comércio internacional, composição da pauta de exportações, capacidade de investir, investimento em pesquisa e desenvolvimento.

7. Do sistema de comércio internacional

Para que uma empresa possa buscar a realização de negócios no exterior, antes é necessário entender o sistema de comércio internacional, conhecendo o tipo de barreiras ao comércio mais utilizadas e os organismos internacionais dedicados a essa causa.

No que se refere às barreiras ao comércio, elas podem se apresentar de duas formas, ou seja, tarifárias e não-tarifárias. As barreiras tarifárias são representadas pelos tributos cobrados sobre a importação de bens ou serviços; e as barreiras não tarifárias reúnem todos os elementos que oneram ou limitam a importação, sejam elas baseadas no valor ou na quantidade. Não obstante, verificam-se ainda outras formas de barreira não tarifárias, ou seja, por meio de especificações técnicas, exigências burocráticas e até mesmo o câmbio.

A Organização Mundial do Comércio (OMC), sucessora do GATT (*General Agreement of Tarifs and Trade*), com o fito de liberar e incentivar o comércio entre as nações, estimula a eliminação das barreiras ao comércio.

Considerando, contudo, a impossibilidade de eliminá-las de uma única vez, a OMC procura sempre orientar os países que a constituem para que substituam as barreiras não-tarifárias pelas barreiras tarifárias, que são mais transparentes e, portanto, de mais fácil controle. A partir dessa determinação, promove a redução gradual das tarifas vigentes, seguindo as decisões resultantes das rodadas de negociação convocadas periodicamente.

Com efeito, além da OMC, deve-se destacar também a UNCTAD — *United Nations Conference on Trade and Development*, que trabalhando de forma diferenciada não tem como prioridade a redução de barreiras, mas sim a difusão de informações sobre oportunidades de negócios entre diversos países.

A UNCTAD além de investir na difusão de informações, idealiza e apóia também o estabelecimento de centros de informação sobre comércio exterior, de forma a possibilitar que pequenos e médios empresários tenham acesso às orientações básicas sobre o comércio internacional, como, por exemplo, os *trade-points* instalados em todo o mundo.

As informações básicas fornecidas se referem às barreiras tarifárias em sua média mundial; barreiras não tarifárias em suas formas mais utilizadas, e os organismos internacionais e suas formas de atuação e instrumentos/programas de apoio e de difusão de informação.

Por fim, para que se possa entender o sistema do comércio internacional, deve-se conhecer da mesma sorte os valores universais, representados pelos valores éticos mundialmente aceitos, quais sejam, os direitos humanos; autodeterminação dos povos; qualidade de vida; respeito e defesa do meio ambiente e a saúde.

8. Dos mercados internacionais

Uma vez definido o interesse pelo mercado internacional torna-se necessário buscar informações sobre os diversos mercados externos, isto é, países.

Sendo assim, a busca torna-se ainda mais detalhada, devendo-se elaborar um estudo que contenha informações que não só orientem, mas que principalmente subsidiem o processo decisório.

A atratividade de um país como mercado para exportação deve ser avaliada por meio de três características. A primeira delas é o tamanho da população do pais. A segunda representa a estrutura industrial do país em análise, porquanto a mesma pode trazer informação quanto às exigências do produto e serviço, níveis de renda, de emprego, etc.

Assim, temos que a classificação das economias, segundo sua estrutura industrial, poderiam se apresentar como economia de subsistência; economia de exportação de matéria-prima; economia semi-industrializada e economia industrializada.

A terceira característica econômica, por sua vez, simboliza a distribuição de renda do país. Ainda que estando relacionada com sua estrutura industrial, torna-se importante avalia-la em apartado, porquanto a mesma é afetada também pelo sistema político. Temos, pois, que os padrões de distribuição de renda podem se apresentar por meio de rendas familiares muito baixas; rendas familiares em sua maioria baixas; rendas familiares muito baixas e muito altas; rendas familiares baixas, médias e altas; e rendas familiares em sua maioria médias.

Com efeito, outras medidas usadas com freqüência são os índices de consumo de energia e alimentação, bem como o índice de emprego industrial.

Para a análise do mercado internacional, o fator ambiente político-legal das nações também é de suma importância, porquanto as mesmas diferem em seu conjunto de políticas e legislações direta e indiretamente relacionadas com o comércio internacional e com os investimentos estrangeiros.

Quando uma empresa busca fazer negócios em um determinado país, a mesma deverá considerar quatro fatores básicos preponderantes para o sucesso do empreendimento, quais sejam:

• atitudes em relação às compras internacionais, que podem ser encorajadoras ou hostis;

• observar estabilidade econômica;

• atentar para as regulamentações monetárias, tais como variações na taxa de câmbio e os riscos e estímulos que cria;

• verificar a burocracia governamental, considerando a extensão em que o governo do país importador possui um sistema de assistência eficiente para auxiliar as empresas estrangeiras; com procedimentos rápidos de licenciamento, trabalho eficiente de alfândega, informações adequadas de mercado e outros fatores que ajudam a realização do negócio.

Não obstante, tem-se que atentar também para os aspectos de natureza cultural, dentro de um ambiente que seja favorável. Deve-se considerar que cada nação tem seus próprios valores, costumes e tabus. Os negociantes estrangeiros — se quiserem ser eficazes — devem abandonar seu etnocentrismo e tentar entender a cultura e as práticas de negócios de seus anfitriões, os quais, com freqüência, agem com conceitos diferentes de tempo, espaço e etiqueta.

Ora, dentre os aspectos a serem observados pelos empreendedores destacam-se vários tópicos importantes, tais como idioma; sexo; religião; cor; costumes; símbolos nacionais; alimentação; linguagem corporal; e principalmente comportamento social e negocial.

Destarte, o ambiental comercial deve ser, da mesma sorte, observado com muita atenção, porquanto as normas e o comportamento comercial também variam de país a país. Dessa forma, os empresários devem ser esclarecidos sobre essa situação antes de entabular negócios no exterior. Devem ser estudadas as exigências legais para a realização dos negócios e das tradições, preferências e tabus culturais e comerciais.

9. Da decisão de ingressar no mercado exterior

Uma vez cumprida a primeira etapa do processo de administração de *marketing*, ou seja, a análise das oportunidades de mercado, deve-se decidir se as mesmas são realmente atrativas para que a empresa invista efetivamente em sua internacionalização.

Torna-se importante ressaltar que nem todas as empresas precisam fazer negócios nos mercados externos para sobreviver; como, por exemplo, acontecem no caso dos negócios locais, isto é, restaurantes, estabelecimentos de limpeza e fábrica de alimentos. Normalmente, essas empresas buscam, não levam produtos para o mercado internacional.

Não obstante, esse não é o caso das empresas que operam em indústrias globais, as quais foram definidas por Porter como sendo aquelas indústrias em que "as posições estratégicas dos concorrentes nos principais mercados regionais ou nacionais são afetadas, basicamente por suas posições globais como um todo".

Significa afirmar que a atuação da empresa no mercado externo é estimulada pela origem de seus clientes, devendo-se considerar as seguintes categorias:

• clientes mundiais (com a mesma característica para todos os países) = aeronáutica, máquinas e ferramentas, informática, eletrônica de consumo, equipamentos pesados, construção naval, equipamentos esportivos, artigos de luxo e lazer;

• clientes potencialmente mundiais, mas normalmente travados por determinações do Estado = telecomunicações, energia elétrica, saneamento e farmacêutica;

• clientes multinacionais (mesmas características para um grupo de países) = fibras sintéticas e aparelhos medicinais;

• clientes nacionais ou locais (clientes com exigências específicas, incluindo a proximidade) = produtos alimentícios, produtos e serviços não transportáveis.

O cliente nacional, via de regra, pode comprar um produto porquanto o mesmo corresponde a um padrão mundial de qualidade, notoriedade e *status*. As redes de *fast-food* representam um bom exemplo, embora pertençam a um setor nacional com grande carga cultural, que é o segmento da alimentação, conseguem obter sucesso globalmente na medida em que mantêm um padrão de qualidade mundial, apresentando apenas ligeiras diferenciações.

Contudo, antes de ingressar de vez no exterior, a empresa deve avaliar sua realidade interna e tentar definir seus objetivos e políticas de *marketing* internacional, cuidando de observar os seguintes aspectos:

• verificação de sua capacidade produtiva e decidir sobre qual proporção de suas vendas totais deverá ser focada para o exterior;

• fazer uma avaliação sobre a necessidade de investimento em mão-de-obra;

• efetuar uma análise sobre a disponibilidade e/ou acesso a recursos financeiros, muitas vezes necessário em decorrência das alterações na organização e na produção da empresa; e

• tomar a decisão sobre os tipos de países a considerar; uma vez que a atratividade de um país é medida e influenciada pelo produto, por fatores geográficos, pela renda e população, pelo clima político, entre outros fatores.

Somente após essa avaliação é que a empresa poderá escolher o país para a sua atuação. Por outro lado, a empresa deverá entrar em poucos países quando observados os seguintes aspectos:

• os custos de entrada e de controle de mercado são elevados;

• os custos do produto e da adaptação da comunicação são elevados;

• o tamanho e o crescimento da população e da renda são elevados nos países escolhidos; e

• as empresas estrangeiras líderes podem estabelecer fortes barreiras à entrada de novos concorrentes.

Nessa linha de raciocínio, as empresas, então, devem partir para a decisão sobre quais mercados entrar. Assim, uma vez definida a lista de mercados potenciais para exportar seus produtos, a empresa escolhe-los. Mas como isso deve ser feito? Um grande número de empresas opta por vender para os países vizinhos, porquanto os conhecem melhor e os mesmos costumam ter custos de distribuição e controle bem menores. Numa outra circunstância, a afinidade cultural, e não a proximidade geográfica é que constitui fator determinante para as escolhas.

De acordo com as palavras de Philip Kotler, recomenda-se que os países candidatos sejam avaliados, a princípio, por meio de três critérios básicos, quais sejam: atratividade de mercado, vantagem competitiva e risco. Por meio desse enfoque, obtêm-se uma avaliação inicial dos países candidatos.

A partir de então, deve-se fazer uma análise financeira desses países com o fito de verificar a expectativa de retorno do investimento a ser efetuado. Com efeito, existem cinco etapas que devem ser observadas e seguidas para estimar uma provável taxa de retorno de investimento, a saber:

• estimativa do mercado potencial atual;

• previsão do mercado potencial futuro e do risco;

• previsão do potencial de vendas;

• previsão de custos e lucros; e

• estimativa da taxa de retorno sobre o investimento.

Com isso, a empresa deverá decidir sobre a forma de ingressar no mercado. Sabe-se, no entanto, que para uma empresa fazer negócios no exterior, deve-se em primeiro lugar determinar o melhor modo de entrar nesses novos mercados.

Com já mencionamos anteriormente, as opções são amplas, ou seja, poderá realizar exportações diretas, indiretas, obter licenciamento, pactuar *joint ventures*, investimento direto, entre outras formas de atuação.

Todavia, cada uma dessas estratégias, sucessivamente, exige mais compromisso, risco, controle e potencial de lucro.

Os riscos aumentam a cada vez que o negócio deixa de ser estritamente comercial para tornar-se acordo empresarial que envolva parceria, mútua cooperação e investimentos diretos em um outro país.

Dessa maneira, torna-se necessário tecer alguns comentários básicos sobre algumas das diversas formas que o empresário possui para objetivar o mercado externo. A saber:

9.1 Da exportação

O método mais tradicional, conhecido e objetivo de ingressar no mercado externo é por meio da operação de exportação, ou seja, a venda internacional. De acordo com a classificação de Philip Kotler, as exportações podem ser ativas ou ocasionais.

Quando uma exportação é ocasional, significa um modo passivo de envolvimento. Nessa circunstância, a empresas e dispõe a vender de vez em quando, por conta própria ou em resposta a pedidos solicitados pelo exterior. Por outro lado, a exportação ativa ocorre quando a empresa se compromete a expandir suas exportações dentro de um mercado específico.

Ressalte-se, no entanto, que em ambos os casos, a empresa fabrica todos os bens internamente, podendo ou não adaptá-los ao mercado externo. Com efeito, dentre as mudanças mínimas que a exportação requer incluem-se a missão, as linhas de produto da empresa, a organização, e os investimentos que a mesma deverá realizar.

A maior vantagem observada refere-se à possibilidade de determinar que a fabricação/produção esteja localizada em um único país. O Autor Warren Keegan observa que diversas empresas concluíram que a concentração das operações de produção lhes concede vantagens quanto ao preço e a qualidade, em relação a estratégia de descentralização.

A exportação, entretanto, pode ser realizada por meio de diversos canais de distribuição. Iremos discorrer a seguir sobre algumas possibilidades, destacando, contudo, que em qualquer que seja a modalidade relacionada, a empresa deverá observar dentre as disponíveis aquela que melhor se adequar ao seu produto.

9.1.1 Da exportação indireta

As empresas geralmente iniciam suas atividades no mercado externo por meio das exportações indiretas. Vale dizer que trabalham com profissionais intermediários independentes, que podem se apresentar da seguinte forma:

Representante ou Agente Exportador internos: Tratam-se de pessoas escolhidas para venderem os produtos do exportador, atuando como intermediários no processo de negociações com os clientes. Esses agentes têm como função buscar e negociar compras estrangeiras, recebendo comissões pelas intermediações. As empresas *Trading Companies* ou Comerciais Exportadoras estão inseridas nesse contexto. Com efeito, a empresa deverá certificar se o representante tem conhecimento do mercado e, principalmente, bons contatos.

Ademais, a empresa precisa estar consciente de que raramente os representantes atuam com exclusividade para um único cliente, em outras palavras: "o representado disputa o tempo do agente".

Organização Cooperativa: Trata-se de uma organização que realiza atividades de exportação em nome de vários fabricantes, os quais têm o controle administrativo parcial do negócio. Refere-se a uma modalidade muito utilizada por produtos primários: frutas, castanhas, grãos, etc.

Empresa de administração de exportação: trata-se de uma firma especializada que administra as atividades de exportação das empresas, cobrando uma taxa a título de remuneração pelos serviços prestados.

Essa modalidade de exportação apresenta pelo menos duas vantagens: requer menos investimento, uma vez que a empresa não precisa criar um departamento de exportação; e obtém força de venda externa ou estabelecimento de contatos no exterior com menor risco.

Via de regra os intermediários de comércio internacional auxiliam a empresa a ganhar *know how* no comércio exterior, e permite que o exportador cometa menos erros.

9.1.2 Da exportação direta

Por meio dessa modalidade as empresas têm que fazer as próprias exportações. Sem dúvida alguma, os investimentos e riscos são bem maiores; porém essa circunstância é compensada pelo seu elevado potencial de retorno.

Considerando a inexistência de intermediários, trata-se de uma forma de comercialização que garantiria o maior controle sobre as negociações, o padrão dos serviços, a imagem da empresa e o desenvolvimento das relações com o cliente, uma vez, também, que costuma garantir preços mais competitivos.

Não obstante, quando a empresa não dispõe de serviços de apoio à promoção, apoio técnico e logístico, essa estratégia pode restringir a capacidade de aumento do número de clientes. Com efeito, existem inúmeras formas de realizar uma exportação direta:

Departamento ou divisão interna de exportação: A empresa utilizando-se de um gerente de exportação, juntamente com alguns auxiliares, realiza as vendas. Poder-se-á transformar em um departamento próprio de exportação, que desempenhará todas as atividades inerentes à exportação.

Filial ou subsidiária de vendas no exterior: A empresa estabelece uma filial no estrangeiro, mas em contrapartida deverá ter maior presença e controle de *marketing* internacional. A filial ou sucursal de vendas irá fazer a distribuição, promoção e estocagem. Com freqüência servirá como um centro de exposição e de serviços ao consumidor.

Representantes viajantes de exportação: A empresa poderá adotar a política de enviar, periodicamente, representantes internos ao exterior para a realização de negócios,

Distribuidores ou agentes no exterior: Os distribuidores têm uma ação bem distinta dos representantes, porquanto compram as mercadorias por conta própria e vendem em nome da empresa exportadora por meio de canais de distribuição. Alguns distribuidores oferecem um serviço completo, garantindo ao exportador um fluxo constante de remessas para a manutenção de estoques, além de distribuir fisicamente o produto, apóia-lo na promoção, assistir ao consumidor após a venda, fornecer relatórios e previsão de vendas, ao que se soma a informação de *marketing*.

Poderão ter direitos exclusivos para representação do fabricante em determinado país, ou tão somente ter direitos genéricos. Em outras palavras, dispõe de toda uma infra-estrutura, tornando-se o método mais utilizado no caso das exportações dos bens de consumo.

9.1.3 Das parcerias empresariais

As empresas poderão ingressar nos mercados externos trabalhando com outras bases diferentes do que a simples comercialização. Com efeito, uma empresa pode vender um contrato de administração, por meio do qual a mesma oferece a administração de um hotel, aeroporto, hospital, ou qualquer outro tipo de organização, tendo em contrapartida a remuneração através de uma taxa de administração.

Nessa hipótese, a empresa estará exportando um serviço ao invés de um produto. Destarte, o contrato de administração é de baixo risco para se entrar no mercado externo, e resulta em lucro desde o início das atividades.

Essa metodologia é bastante atraente na medida em que é dada à empresa contratante uma opção de comprar alguma participação da empresa administrada, dentro de um determinado período pré-estabelecido.

Por outro lado, a utilização desse método não seria útil quando a empresa pode estar alocando seu talento de administração em usos melhores, ou se houver maiores lucros na administração de todo o negócio. O contrato de administração evita que a empresa estabeleça suas próprias operações por um período de tempo.

9.1.4 Dos acordos de cooperação comercial ou industrial

Os denominados Acordos de Cooperação Comercial ou Industrial envolvem um processo de comercialização conjunta, ou em sociedade. Verifica-se em alguns casos que é mais eficiente, uma vez que o importador coloca os produtos do exportador em sua gama de produtos, tratando-os como se fossem seus.

Ademais, o importador é visto pelos clientes como um fornecedor primário e não na qualidade de um intermediário, porquanto o importador não estará buscando uma mera expansão de sua gama de produtos, mas sim o reforço de sua posição no mercado.

No que tange à opção por uma produção conjunta, em se tratando de um Acordo de Cooperação Industrial, esta se daria na mesma base do Acordo de Cooperação Comercial.

Contudo, nesse caso o que está em jogo é a fabricação de um produto final que irá utilizar insumos de ambas as partes.

9.1.5 Do licenciamento

Trata-se de uma modalidade na qual uma empresa licenciadora atribuiria a uma outra empresa o direito de fabricar, montar ou utilizar de qualquer outra forma a marca do produto.

Nessa hipótese, o licenciador pactua um acordo com o licenciado no mercado externo oferecendo-lhe o direito de usar o processo de fabricação, marca, patente, segredo comercial ou outro item de valor, mediante o pagamento de uma taxa ou de royalties.

O licenciador ganha ao entrar no mercado com pouco risco, e o licenciado adquire habilidade de produção ou um produto/marca bem conhecido no mercado sem precisar fazer muito esforço.

Com efeito, essas licenças podem se basear em qualquer conhecimento vendável. Um exemplo bem específico é o da franquia, onde o franqueador cede um conjunto de componentes essenciais como, por exemplo, ingredientes, embalagens, serviços de *marketing* e gestão.

Um outro exemplo, muito comum, refere-se ao contrato de fabricação, que por sua vez implica no emprego de fabricantes locais para fabricar um produto da empresa estrangeira. É visto como uma forma simples de um fabricante atuar no mercado internacional.

Este método tem a desvantagem de apresentar menor controle e perda de lucros potenciais sobre o processo de produção; mas por outro lado, oferece à empresa a oportunidade de iniciar mais rapidamente, com menor risco e com a possibilidade de formar uma sociedade, ou até mesmo de comprar o fabricante local em uma oportunidade futura.

Não obstante, dentre as desvantagens do licenciamento destaca-se o reduzido controle sobre o licenciado. Dessa forma, se o licenciado for bem sucedido, a empresa abriu mão de lucros maiores, percebendo que criou um concorrente no final do contrato.

Contudo, para evitar essa situação, o licenciador, geralmente, fornece também alguns ingredientes ou componentes necessários à composição do produto, forçando ao licenciado a relação de dependência na comercialização do produto; ou ainda o licenciador utiliza-se de inovações no produto para não perder mercado.

9.1.6 Das *joint ventures*

A composição de uma *joint venture* consiste na conjunção de interesses entre as partes. Via de regra surge com um objetivo específico, assim, correm o risco de se dissolverem pela simples consecução do mesmo, ou pela falta de entendimento entre os parceiros.

Através de sua forma mais conhecida os investidores estrangeiros juntam-se aos investidores locais com o objetivo de criar um negócio local, onde dividem a propriedade e o controle do empreendimento.

O investidor estrangeiro pode adquirir parte da empresa local, que, por sua vez, pode adquirir parte de um negócio existente na empresa estrangeira; ou ainda as duas partes podem formar um novo empreendimento.

Um empreendimento em conjunto pode ser necessário ou desejável por razões políticas ou econômicas. A empresa pode precisar de recursos financeiros, físicos ou administrativos para realizar o empreendimento; ou o Governo estrangeiro pode exigir um empreendimento em conjunto como condição de ingresso naquele país.

Essa modalidade de parceria é mais arrojada; contudo, apresenta da mesma sorte algumas desvantagens. Com efeito, os parceiros podem não concordar com o investimento, *marketing* e outras políticas, entre outras situações.

Enquanto um dos parceiros deseja reinvestir seus lucros no negócio, o outro deseja distribuir os lucros com freqüência; enquanto um concorda com a importância do *marketing*, outro poderá confiar apenas nas vendas. Sendo assim, o empreendimento em conjunto pode ser um empecilho para que uma multinacional, por exemplo, desenvolva políticas específicas de produção e de *marketing* em nível mundial.

9.1.7 Do investimento direto

O investimento direto constitui uma forma de participação no mercado exterior que requer o maior comprometimento do capital, exigindo inclusive esforços gerenciais de grande dimensão.

O investimento em instalações de fábricas pode se dar através da construção de uma nova unidade no exterior, por meio de expansão ou ainda pela aquisição de uma unidade local.

Com efeito, na medida em que uma empresa ganha experiência em exportação e o mercado externo parece ser vantajoso para se ter instalações no exterior, a mesma deve observar os seguintes aspectos:

- a empresa poderá assegurar economias de custo sob a forma de mão-de-obra ou de matérias-primas mais baratas, incentivos do governo estrangeiro ao investimento, economias de frete, etc.;
- a empresa poderá ganhar uma melhor imagem no país-hóspede, porquanto ela poderá estar criando empregos;
- a empresa poderá desenvolver uma relação melhor com o Governo, consumidores, fornecedores locais e distribuidores, fazendo com a mesma se adapte melhor os produtos ao ambiente local;
- a empresa poderá manter controle total sobre o investimento e, portanto, poderá desenvolver políticas de produção e de *marketing* que atendam aos seus objetivos internacionais de longo prazo.

Não obstante, a principal desvantagem dessa modalidade de atuação consiste na exposição de um grande investimento aos riscos impostos pelo próprio ambiente político-econômico do país receptor, ou seja, moedas desvalorizadas ou bloqueadas, mercados ruins ou até mesmo a expropriação.

O investimento direto em determinado país depende diretamente da qualidade e competitividade do produto, e mesmo da própria estrutura gerencial da empresa. Ressalte-se que até mesmo para reduzir ou fechar as operações de uma empresa no exterior, pode sair caro, uma vez que o país — hóspede poderá exigir, por exemplo, o pagamento de indenização aos empregados.

10. Do programa de "marketing"

A empresa ao ingressar no mercado externo deverá adaptar seu composto de *marketing* às condições dos mercados escolhidos e às formas de entrada definidas. A maior dúvida ocorre em torno do quanto mudar.

Destaca-se que em um extremo estão as empresas que usam um composto de *marketing* global padronizado. Referida padronização do produto, da propaganda, dos canais de distribuição e de outros elementos oferece menores custos, porquanto não são introduzidas mudanças significativas.

Em um outro extremo fica a idéia de um composto de *marketing* específico, em que o produtor ajusta os elementos do composto a cada mercado-alvo, tendo mais custos, mas esperando ter maior participação de mercado e maior retorno.

Com efeito, torna-se necessário apontar as principais adaptações que as empresas podem fazer no produto, na promoção, no preço e na distribuição à medida que entram nos mercados externos. De conformidade com o autor Warren Keegan, existem cinco estratégias de adaptação de produto e promoção para um mercado externo. Trata-se de três estratégias de produto e duas de promoção, a saber:

10.1 Do produto

As estratégias do produto são:

Extensão direta: refere-se ao lançamento de um produto no mercado externo sem nenhuma alteração. O primeiro passo, todavia, deve ser a investigação se os consumidores estrangeiros usam aquele produto.

Adaptação do produto: significa a alteração do produto para atender às condições ou preferências locais, buscando também aumentar sua utilidade. A embalagem é uma das partes do produto passível de modificação porquanto levam a marca do produto, da empresa e o simbolismo de ambos. Para promover qualquer modificação deve-se empregar uma pesquisa de *marketing* para descobrir novas aplicações possíveis para o produto no mercado-alvo. Variações no uso do produto são comuns nos países em desenvolvimento.

Invenção do produto: consiste, por sua vez, em criar algo novo. Essa tomada de decisão poderá assumir duas formas, ou seja, o relançamento de antigas formas de produto (a denominada invenção para trás) que ilustra a existência de ciclos de vida de produto internacional, onde os países apresentam diferentes estágios de aptidão para aceitar um produto específico; e a criação de uma nova marca de produto para atender uma necessidade em outro país (a denominada invenção para frente). Não obstante seja uma estratégia mais cara, tem apresentado grandes resultados.

10.2 Da promoção

As empresas podem adotar a mesma estratégia de promoção usada no mercado interno ou mudá-la para cada mercado local. Tomando-se como exemplo a publicidade, a empresa poderá mudá-la de três modos diferentes, isto é, poderá usar uma mensagem mundial, variando apenas a linguagem, a marca e as cores.

Uma outra possibilidade é a de usar o mesmo tema, porém adaptá-lo aos valores de cada mercado local. Por fim, algumas empresas estimulam suas agências de propaganda a fazer adaptação completa do mercado local, inclusive com mudança do tema.

Destarte, no que diz respeito à marca, especificamente, torna-se necessário verificar o seguinte:

• se não possui nenhum significado infeliz em outro idioma;

• dificuldade de leitura e pronúncia;

• a existência de outra marca semelhante já em uso.

Em outras palavras, para ser internacional a marca deve ser pronunciável, memorizável e sem conotação pejorativa.

Já no que se refere às peças publicitárias, torna-se necessário que a imagem a ser transmitida esteja inserida desde o cartão de visitas, passando pelo folder, catálogos, portfólios, folhetos, etc.

Convém ainda avaliar se a forma e o conteúdo seguem às exigências do novo mercado. Via de regra, é necessário fazer pelo menos a tradução do texto para o idioma do país a ser "conquistado" ou para um idioma de uso comercial corrente.

10.3 Do preço

Um dos maiores obstáculos que as empresas internacionalizadas tem enfrentado, é exatamente estabelecer uma política de preço global. Com efeito, as empresas possuem três alternativas básicas a serem observadas:

• estabelecer um preço uniforme único;

• estabelecer um preço com base no mercado de cada país;

• estabelecer um preço com base no custo de cada país.

Independentemente da escolha, normalmente, os preços no exterior provavelmente serão maiores do que os preços domésticos. Essa circunstância ocorre porquanto é necessário adicionar o custo de transporte, tarifas, margem do importador, do atacadista e do varejista ao preço de fábrica e, dependendo desses custos adicionais, bem como do risco de flutuação da moeda, o produto terá de ser vendido por duas ou cinco vezes mais em outros países, para manter a mesma margem de lucro do fabricante.

11. Da organização do "marketing"

Para administrar suas atividades de *marketing* internacional, a empresa dispõe, de pelos menos, três opções, quais sejam:

Departamento de exportação: Normalmente, este departamento é estruturado como decorrência da expansão das vendas externas, dotando-o de um gerente de vendas e alguns assistentes. Na medida em que as vendas aumentam, o departamento de exportação também expande para incluir as várias atividades de *marketing*, de forma que a empresa possa entrar no negócio mais agressivamente.

"Joint ventures" ou investimento direto: Nessa hipótese, o departamento de exportação não é mais adequado para administrar as operações internacionais. Nesta etapa, torna-se necessário constituir uma Divisão Internacional. As divisões internacionais podem ser organizadas de várias maneiras, mas, normalmente é chefiada por um presidente, que fixa os objetivos e orçamentos, sendo responsável pelo crescimento da empresa no mercado internacional. O pessoal da divisão internacional é constituído por especialistas em produção, *marketing*, pesquisa, finanças, planejamento e recursos humanos. Eles planejam e fornecem serviços às várias unidades operacionais, as quais podem ser organizadas de conformidade com um ou mais princípios. Podem ser organizadas por regiões ou por países, e dessa forma reportando ao presidente internacional podem estar vice-presidentes regionais, por exemplo, para a América do Norte, América Latina, Europa, Ásia, África, etc. Reportando aos vice-presidentes regionais estariam os gerentes gerais de países, que são responsáveis pela força de vendas, filiais de vendas, distribuidores e licenciados em seus respectivos

países; ou então, as unidades operacionais podem ser grupos mundiais de produto, cada um dos quais com um vice-presidente internacional, responsável pelas vendas mundiais de cada grupo de produto. Os vice-presidentes podem contratar especialistas para a orientação técnica em diferentes áreas geográficas. Finalmente, as unidades operacionais podem ser subsidiárias internacionais, tendo cada uma um presidente e os vários presidentes se reportam ao presidente da divisão internacional.

Empresas globais: Várias empresas forma além do estágio da divisão internacional. Deixaram de pensar em si mesmas como especialistas nacionais que fazem negócios no exterior, e começaram a pensar em si mesmas como comerciantes globais. A alta administração envolve-se no planejamento das instalações de produção do mundo todo, políticas de *marketing*, fluxos financeiros e sistemas logísticos. As unidades operacionais globais reportam-se diretamente ao executivo principal ou comitê executivo e não ao chefe da divisão internacional. Os executivos são treinados em operações globais e não apenas em operações domésticas internacionais. A administração é recrutada em muitos países, os componentes e suprimentos são comprados onde podem ser obtidos a um menor custo e os investimentos são feitos onde os retornos previstos são maiores.

De acordo com o entendimento de Philip Kotler: "Muitas multinacionais têm evoluído do pensamento etnocêntrico, em que elas viam as coisas apenas a partir de sua cultura, para um pensamento policêntrico, em que vêem as coisas a partir da perspectiva da cultura do país. Uma orientação policêntrica significa um enfoque altamente descentralizado para criar vendas globais. Multinacionais policêntricas dão um elevado grau de autonomia a seus gerentes externos, os quais se esforçam para ser bons cidadãos no país-hóspede e defendem a produção local, as adaptações de produto e de *marketing*, e assim por diante, para obter simpatia local. Assim, o destino da multinacional depende de sua habilidade para moldar uma estratégia competitiva global e de obter vantagens via coordenação de produção, *marketing* e de algum grau de padronização. Para ter sucesso nisso, deve centralizar poder e planejamento no nível regional e na matriz. As multinacionais de hoje estão restabelecendo com freqüência um controle mais centralizado via planejamento regional".

12. Conclusão

Por todo exposto, sabemos que é bem verdade que muitos obstáculos serão encontrados pelas empresas, porquanto além da forte concorrência e das dificuldades naturais de colocar um produto com marca própria ou de fácil aceitação no exterior, e ainda conquistar a credibilidade de consumidores muito mais exigentes do que no mercado doméstico não é tarefa fácil.

Não obstante, as empresas devem procurar se organizar para a conquista do mercado externo, porquanto é extremamente atraente e muito mais lucrativo, se as mesmas souberem articular seus procedimentos para o ingresso no comércio internacional, buscando sempre uma consultoria especializada, para não incorrer em erros.

Por outro lado, para um país em desenvolvimento que precisa crescer em sua política comercial no exterior, além de ajustar seus problemas de ordem interna, tais como a desoneração tributária nas operações de exportação no sentido pleno, ou seja, desonerando também no mercado doméstico os produtos intermediários, matérias-primas, insumos, material de embalagem, máquinas e equipamentos, entre outras mercadorias que serão, por sua vez, necessárias ao desenvolvimento da fabricação de produtos exportáveis, a melhoria da infra-estrutura aeroportuária e o equilíbrio das contas públicas, deve-se preocupar, da mesma sorte, com a divulgação das marcas dos produtos brasileiros, para ganhar de vez a confiança do mercado mundial.

13. Bibliografia

BRADLEY, Frank. *International Marketing Strategy*. Londres, Prentice Hall, 1991.

KEEGAN, Warren. *Global Marketing Management*. 3ª ed., Nova Jersey, Prentice Hall, 1984, 783 pp.

KOTLER, Philip. *Administração de "Marketing"*. 2ª ed., São Paulo, Atlas, 1991, 847 pp.

ONKVISIT e SHAW. *International Marketing — Analysis and Strategy*. Nova York, Macmillan, 1993, 903 pp.

SALEJ, Ana Paula. *"Marketing" Internacional. Apostila de Pesquisa*. UNA, 1996.

Artigo registrado sob o n. 277.583, Livro 500, Folha 243 do Escritório de Direitos Autorais.

Artigo publicado nos sites: <www.expressodanoticia.com.br>, <www.fiscosoft.com. br> e <www.sosa.com.br>.

Atualidades

O ANTITRUSTE E AS EMPRESAS ESTATAIS

MARIO ENGLER PINTO JUNIOR

I — A atuação governamental na economia. II — Âmbito de aplicação da legislação "antitruste". III — O regime concorrencial das empresas estatais que exploram atividade econômica em sentido estrito. IV — O regime concorrencial das empresas estatais prestadoras de serviços públicos. V — Conclusão.

I — A atuação governamental na economia

É possível identificar três grandes linhas de atuação estatal no contexto da ordem econômica: (i) exploração de atividade econômica propriamente dita; (ii) prestação de serviços públicos; e (iii) exercício de poder de polícia e regulação da atividade econômica, incluindo fomento e planejamento. Cada uma dessas formas de manifestação do ente público possui características próprias e está sujeita a regramento jurídico-constitucional específico. Além disso, interagem com o direito concorrencial de modo variável, segundo o modelo adotado para a estruturação do respectivo setor.

No sistema constitucional brasileiro, a exploração da atividade econômica *stricto sensu* está reservada preferencialmente à iniciativa privada, somente sendo admitida a intervenção direta do Estado (aqui entendido na acepção ampla das três esferas políticas: União, Estados e Municípios), quando necessária aos imperativos de segurança nacional ou para atendimento de relevante interesse coletivo, conforme definidos em lei. Vale dizer, as pessoas políticas não possuem livre arbítrio para se transformarem em agente empreendedor no domínio econômico; somente podem fazê-lo com base em motivos considerados legítimos (segurança nacional ou relevante interesse coletivo) e nos estritos limites da autorização legislativa assim concedida (cf. art. 173, CF).[1]

As restrições constitucionais aplicam-se não só à ação empresarial direta do Estado, mas também quando a atividade é exercida por intermédio de outras pessoas jurídicas integrantes da administração descentralizada (autarquias, fundações, empresas públicas e sociedades de economia mista). Daí porque a criação de qualquer daquelas entidades pressupõe a existência de lei específica, que deverá necessariamente definir a respectiva área de atuação (cf. art. 37, incisos XIX e XX, CF).[2]

1. "Art. 173. Ressalvados os casos previstos nesta Constituição, a exploração direta de atividade econômica pelo Estado só será permitida quando necessária aos imperativos da segurança nacional ou a relevante interesse coletivo, conforme definidos em lei."

2. "Art. 37. (...) XIX — somente por lei específica poderá ser criada autarquia e autorizada a instituição de empresa pública, de sociedade de economia mista e de fundação, cabendo à lei complementar, neste último caso, definir as áreas de atuação; XX — depende de autorização legislativa, em cada caso, a criação de subsidiárias das entidades mencio-

Por outro lado, a exploração de atividade econômica pelo Estado (abrangendo a atuação direta ou indireta) pode ter caráter monopolístico ou ser exercida em regime de competição com a iniciativa privada. A opção pelo regime de monopólio é do próprio constituinte, não sendo lícito ao legislador infraconstitucional ampliar o rol de negócios previstos no art. 177 da Carta Política (indústria do petróleo, gás natural e minerais nucleares).[3]

Já a prestação de serviços públicos é considerada atividade inerente ao Estado, a quem também cabe autorizar a sua substituição pelos particulares, valendo-se dos instrumentos jurídicos da concessão e permissão (cf. art. 175, CF).[4] O próprio texto constitucional menciona vários tipos de serviços públicos de competência federal, estadual e municipal. Alguns desses serviços possuem natureza indelegável (*v.g.*, segurança pública, justiça e correios), outros não são privativos e estão sujeitos a regime de colaboração ou complementariedade com o setor privado, a exemplo da saúde (cf. art. 197, CF),[5] educação (cf. art. 209, CF)[6] e assistência social (cf. art. 204, II, CF),[7] e outros ainda são passíveis de delegação, mediante remuneração por tarifa cobrada diretamente dos usuários.

Entre os serviços públicos delegáveis de competência federal podem-se citar as telecomunicações (art. 21, XI, CF), a radiodifusão de sons e imagens, a energia elétrica, a navegação aérea e infra-estrutura aeroportuária, o transporte ferroviário e aquaviário entre portos brasileiros, o transporte rodoviário interestadual e internacional de passageiros, os portos marítimos, fluviais e lacustres (art. 21, XII, CF). Para os Municípios foram reservados os serviços públicos de interesse local, incluído o de transporte coletivo (cf. art. 30, V, CF).[8] Finalmente, os Estados-membros foram contemplados com a parcela residual, *i.e.*, tudo aquilo que não foi definido na Constituição como serviço público de competência da União e dos Municípios, sem embargo da menção expressa aos serviços locais de distribuição de gás canalizado (cf. art. 25, §§ 1º e 2º, CF).[9]

nadas no inciso anterior, assim como a participação de qualquer delas em empresa privada;"

3. "Art. 177. Constituem monopólio da União: i) a pesquisa e a lavra das jazidas de petróleo e gás natural e outros hidrocarbonetos fluidos; ii) a refinação do petróleo nacional ou estrangeiro; iii) a importação e exportação dos produtos e derivados básicos resultantes das atividades previstas nos incisos anteriores; iv) o transporte marítimo do petróleo bruto de origem nacional ou de derivados básicos de petróleo produzidos no País, bem assim o transporte, por meio de conduto, de petróleo bruto, seus derivados e gás natural de qualquer origem; v) a pesquisa, a lavra, o enriquecimento, o reprocessamento, a industrialização e o comércio de minérios e minerais nucleares e seus derivados."

4. "Art. 175. Incumbe ao Poder Público, na forma da lei, diretamente ou sob regime de concessão ou permissão, sempre através de licitação, a prestação de serviços públicos."

5. "Art. 197. São de relevância pública as ações e serviços de saúde, cabendo ao Poder Público dispor, nos termos da lei, sobre sua regulamentação, fiscalização e controle, devendo sua execução ser feita diretamente ou através de terceiros e, também, por pessoa física ou jurídica de direito privado."

6. "Art. 209. O ensino é livre à iniciativa privada, atendidas as seguintes condições: i) cumprimento das normas gerais da educação nacional; ii) autorização e avaliação de qualidade pelo Poder Público."

7. "Art. 204. As ações governamentais na área da assistência social serão realizadas com recursos do orçamento da seguridade social, previstos no art. 195, além de outras fontes, e organizadas com base nas seguintes diretrizes: (...) ii) participação da população, por meio de organizações representativas, na formulação das políticas e no controle das ações em todos os níveis."

8. "Art. 30. Compete aos Municípios: (...) v) organizar e prestar, diretamente ou sob regime de concessão ou permissão, os serviços públicos de interesse local, incluído o de transporte coletivo, que tem caráter essencial."

9. "Art. 25. Os Estados organizam-se e regem-se pelas Constituições e leis que adotarem, observados os princípios desta Constituição. § 1º. São reservadas aos Estados as competências que não lhes sejam vedadas por esta Constituição. § 2º. Cabe aos Estados explorar diretamente, ou mediante concessão, os serviços locais de gás canalizado, na forma da lei, vedada a edição de medida provisória para a sua regulamentação."

Pode-se argumentar que as referências contidas na Constituição Federal não esgotam as atividades enquadradas na categoria de serviços públicos. Conseqüentemente, seria possível ao legislador de qualquer das três esferas políticas instituir outras modalidades de serviços e subordinar a sua prestação ao regime de direito público, desde que não restrinja injustificadamente o campo da atividade econômica reservada aos particulares.

Vale aqui a observação de Eros Roberto Grau, no sentido de que os valores maiores albergados pelo constituinte atribuem ao Estado a responsabilidade de atuar positivamente para superar as desigualdades sociais, mediante o oferecimento de novas alternativas de serviços públicos, além daquelas explicitadas na Constituição Federal.[10]

O mesmo autor explica que o texto constitucional também acolhe o conceito de atividade econômica em sentido amplo, que abrange tanto o domínio econômico reservado à iniciativa privada, quanto à prestação de serviços de competência estatal. Em razão da ausência de fronteira clara entre as duas formas de atuação, afigura-se justificável a preocupação com a possibilidade de desvio de finalidade. Isso ocorre quando o Estado atribui tratamento jurídico de serviço público a determinada atividade, que, a rigor, possui natureza econômica *stricto sensu*. Daí a importância em se reconhecer que não se trata de opção simplesmente discricionária, sem nenhum compromisso com as diretrizes constitucionais.[11-12]

A terceira vertente de atuação governamental, no âmbito da ordem econômica, consiste no exercício do poder de polícia de mercado. Nesse caso, o Estado pode assumir concomitantemente o papel de agente normativo e regulador da atividade econômica, que compreende a fiscalização, incentivo e planejamento, sendo este último vinculante para o setor público e indicativo para o setor privado (cf. art. 174, CF).[13]

Trata-se das modalidades também chamadas de intervenção por direção e por indução. No primeiro caso, o Estado esta-

10. "Daí porque a preservação dos vínculos sociais e a promoção da coesão social pelo Estado assumem enorme relevância no Brasil, a ele incumbindo a responsabilidade pela provisão, à sociedade, como serviço público, de todas as parcelas da atividade econômica em sentido amplo que sejam tidas como indispensáveis à realização e ao desenvolvimento da coesão e da interdependência social. De resto, além de permitir a identificação de novas áreas de serviço público, a Constituição do Brasil, através das diretrizes, programas e fins que enuncia, a serem realizados pelo Estado e pela sociedade, indica decisivamente a intensidade a ser adotada na prestação das atividades que o caracterizam" (Eros Roberto Grau, *A Ordem Econômica na Constituição de 1988 (Interpretação e Crítica)*, 8ª ed., São Paulo, Malheiros Editores, 2003, p. 113).

11. "Além disso, a alusão a atividades econômicas que não podem ser serviço público (atividade econômica em sentido estrito) evidencia a impossibilidade de o legislador, discricionariamente, qualificar qualquer parcela da atividade econômica em sentido amplo como serviço público. Para tanto, bastaria, se consagrado o entendimento de que serviço público é atividade em regime de serviço público, que o legislador atribuísse a qualquer atividade, mesmo a atividade que se caracterize como atividade econômica em sentido estrito, 'regime de serviço público'. Com isso seria bordejado o preceito inscrito no art. 173 da Constituição de 1988, bastando ao legislador, para escapar à acusação de afronta à norma constitucional, argumentar alegando que a atividade em pauta não se caracteriza como atividade econômica em sentido estrito (porque sujeita a 'regime de serviço público'), não estando alcançada, assim, pelo preceito" (Eros Roberto Grau, ob. cit., p. 118).

12. "A definição do que seja, ou não, serviço público pode, entre nós, em caráter determinante, formular-se somente na Constituição Federal e quando não explícita, há de ter-se como suposta no texto daquela. A lei ordinária que definir o que seja, ou não, serviço público, terá de ser contrastada com a definição, expressa ou suposta pela Constituição" (Cirne Lima, in *Pareceres de Direito Público*, Sulina, 1963, p. 122).

13. "Art. 174. Como agente normativo e regulador da atividade econômica, o Estado exercerá, na forma da lei, as funções de fiscalização, incentivo e planejamento, sendo este determinante para o setor público e indicativo para o setor privado."

belece normas de comportamento compulsório para os agentes econômicos privados. Já no segundo, o Estado manipula instrumentos de política industrial para estimular o desenvolvimento de determinados setores da economia, em conformidade com as leis que regem o funcionamento dos mercados.[14]

II — Âmbito de aplicação da legislação "antitruste"

A legislação antitruste brasileira tem a sua matriz constitucional no art. 173, § 4º, da Lei Maior, segundo o qual a lei reprimirá o abuso do poder econômico, que vise à dominação dos mercados, à eliminação da concorrência e ao aumento arbitrário dos lucros. Esse dispositivo é complementado pelo art. 170, que menciona como princípios informadores da ordem econômica, entre outros, a livre iniciativa, a função social da propriedade, a livre concorrência, o livre exercício de qualquer atividade econômica e a defesa do consumidor, todos eles mantendo estreita relação com o direito concorrencial.

É bastante sintomático que a previsão sobre a repressão do abuso do poder econômico esteja incluída justamente no art. 173 da Lei Maior, que trata da exploração da atividade econômica pelo Estado. Essa constatação reforça a idéia de que o Estado deve sujeitar-se à legislação antitruste, notadamente quando assume a condição de agente empresarial. Qualquer dúvida nesse particular é afastada pela literalidade do art. 15 da Lei n. 8.884, de 11 de junho de 1994, que dispõe sobre a prevenção e repressão às infrações contra a ordem econômica. Segundo aquele preceito, as normas de defesa da concorrência aplicam-se indistintamente às pessoas físicas ou jurídicas de direito público ou privado, mesmo quando exerçam atividade sob regime de monopólio legal.[15]

Portanto, a exploração da atividade econômica pelo Estado, tanto de forma direta, quanto através de empresas públicas ou sociedade de economia mista, deve obediência às normas de conduta previstas nos arts. 20 e 21 da Lei n. 8.884/1994, bem como ao controle preventivo de estruturas a que se refere o art. 54 do mesmo diploma legal.[16]

Forçoso admitir, porém, que a sujeição do Estado à legislação antitruste (e por extensão também das empresas estatais) demanda algumas adaptações, em razão de suas peculiaridades. A título ilustrativo, lembra-se que o art. 174 da Constituição Federal legitima o planejamento econômico de observância obrigatória para o setor público. Nessa hipótese, a regulamentação pode definir metas específicas para a atuação empresarial do Estado, que sejam incompatíveis com os princípios concorrenciais.[17]

14. Eros Roberto Grau, ob. cit., pp. 126-129.

15. "Art. 15. Esta lei aplica-se às pessoas físicas ou jurídicas de direito público ou privado, bem como a quaisquer associações de entidades ou pessoas, constituídas de fato ou de direito, ainda que temporariamente, com ou sem personalidade jurídica, mesmo que exerçam atividade sob regime de monopólio legal."

16. "Art. 20. Constituem infração da ordem econômica, independentemente de culpa, os atos sob qualquer forma manifestados, que tenham por objeto ou possam produzir os seguintes efeitos, ainda que não sejam alcançados: i) limitar, falsear ou de qualquer forma prejudicar a livre concorrência ou a livre iniciativa; ii) dominar mercado relevante de bens ou serviços; iii) aumentar arbitrariamente os lucros; iv) exercer de forma abusiva posição dominante."

"Art. 21. As seguintes condutas, além de outras, na medida em que configurem hipótese prevista no art. 20 e seus incisos, caracterizam infração da ordem econômica: (...)."

"Art. 54. Os atos, sob qualquer forma manifestados, que possam limitar ou de qualquer forma prejudicar a livre concorrência, ou resultar na dominação de mercados relevantes de bens ou serviços, deverão ser submetidos à apreciação do Cade."

17. Calixto Salomão Filho, *Regulação da Atividade Econômica (Princípios e Fundamentos Jurídicos)*, São Paulo, Malheiros Editores, 2001, p. 140.

De outra banda, cabe indagar se, além da atuação estatal no domínio econômico, a prestação de serviços públicos tarifados também deve conformar-se aos ditames da legislação antitruste, tendo em vista o seu caráter oneroso ou contraprestacional, aliado à presença de um usuário em posição equivalente ao consumidor comum de bens e serviços.

Como se sabe, a distinção entre prestação de serviço público e exploração de atividade econômica não é exatamente tranqüila. Além das situações já definidas na Constituição Federal como serviço de competência federal, estadual ou municipal, existe uma gama considerável de outras atividades de interesse coletivo, que podem ser prestadas ou reguladas pelo Estado, segundo a ótica do direito público. É certo também que a organização de muitas dessas atividades poderia assumir a forma empresarial, conforme definição contida no art. 966 do atual Código Civil.[18]

Na verdade, o enquadramento de determinada prestação estatal como serviço público, para efeito de subordiná-la ao regime próprio de direito público, constitui uma opção política de cada nível de governo. No entanto, tal decisão não pode mascarar a criação de novas hipóteses de monopólios legais, de modo a afastar a competição de outros agentes privados. Vale dizer, a liberdade do Estado não é ilimitada nessa área, mas está sujeita à lógica da razoabilidade e da proporcionalidade.

É interessante mencionar aqui o critério sugerido por Calixto Salomão Filho, para identificar os setores que não devem ficar sujeitos às forças do mercado e, portanto, à regulação concorrencial típica. Trata-se da aplicação do conceito de externalidade social, ou seja, quando o interesse público associado a determinada atividade econômica transcende ao interesse meramente individual do seu empreendedor. Nesse caso, o mercado não pode ser considerado elemento organizador eficaz, pois não é capaz de recompensar os benefícios ou malefícios.[19]

Em oportunidade posterior, Calixto Salomão Filho chama atenção para a importância de se desvendar as questões de fundo, que poderiam justificar a exclusão do sistema antitruste, evitando reduzi-las a uma discussão formalista sobre competências. Nesse diapasão, o autor considera aceitável a imunidade, quando a regulação tenha objetivos precipuamente redistributivos, no sentido de garantir proteção especial a usuários do serviço ou a consumidores do produto, que não pode ser obtida pelas forças de mercado. Todavia, o poder concedente deve agir de forma suficientemente ampla e profunda, para justificar a substituição do sistema concorrencial pelo sistema regulamentar (*pervasive power*).[20]

O quadro geral sobre a atuação do Estado completa-se com o exame da amplitude de sua competência regulamentar em setores específicos da atividade econômica, e a necessidade de compatibilizá-la com os postulados da livre concorrência.

Diferentemente da hipótese em que o Estado cria diretamente a utilidade pública, ou instituiu regime de concessão definindo antecipadamente as principais variáveis concorrenciais (preço e quantidade produzida), o exercício do poder de polícia não admite a desconsideração das normas relativas à defesa da concorrência. Diante do silêncio da Constituição Federal, a imunidade antitruste somente é tolerada em situações absolutamente excepcionais, vale dizer, quando a atuação direta ou indireta

18. "Art. 966. Considera-se empresário quem exerce profissionalmente atividade econômica organizada para a produção de bens ou de serviços."

19. "Ora, toda vez que estiverem presentes estas externalidades sociais não há possibilidade de participação do particular. É inútil tentar mudar a sua natureza através de regimes jurídicos específicos. Não há regime de direito público que consiga mudar, ao menos no que tange às decisões econômicas, a mentalidade individualista dos particulares" (ob. cit., pp. 27-28).

20. Ob. cit., pp. 140-144.

do Estado visa a substituir o mercado. Portanto, não basta o propósito de proteger determinado grupo da população, como ocorre com a regulamentação do sistema financeiro nacional.[21]

A existência de forte interface entre as três linhas de atuação governamental (exploração de atividade econômica, prestação de serviço público e exercício do poder de polícia) sugere que o estudo da regulação econômica leve em consideração simultaneamente todas elas.[22]

III — O regime concorrencial das empresas estatais que exploram atividade econômica em sentido estrito

Devidamente autorizado pela lei, o Estado pode criar empresa com personalidade jurídica de direito privado, seja com o objetivo de explorar atividade econômica *stricto sensu* (quando presentes as situações admitidas pela Constituição Federal), seja para prestar serviços públicos inseridos em sua esfera de competência constitucional, ou ainda para atuar como concessionária de outro nível de governo.[23]

No primeiro caso, trata-se de atuação direta no domínio econômico, que também pode se dar por intermédio de sociedade controlada. No segundo caso, a empresa pública ou sociedade de economia mista atuam como delegatárias do Estado, não sendo indispensável a existência de uma relação formal de concessão ou permissão.[24] Já no terceiro caso, a sociedade sob controle público assume realmente a posição de concessionária de serviço público, celebrando contrato de concessão com o poder concedente e sujeitando-se ao regramento da legislação própria.

Já se afirmou anteriormente que, como regra geral, a empresa estatal que explora atividade econômica propriamente dita não pode furtar-se à observância dos ditames da Lei n. 8.884/1994. Mesmo na hipótese de monopólio legal (assim entendidas as situações previstas no art. 177 da Lei Maior), não pode ser afastada a aplicação das normas legais de defesa da concorrência. Como, então, compatibilizar as duas coisas?

A resposta não é difícil. Se o monopólio legal decorre da própria Constituição Federal, obviamente não faz sentido sujeitá-lo ao controle de estruturas a que se refere o art. 54 da Lei n. 8.884/1994. A sua existência, ainda que implique supressão total da concorrência, encarna a opção política do constituinte brasileiro para a organização daquele setor específico da economia. No entanto, a empresa monopolista deve abster-se da prática de qualquer ato que possa caracterizar abuso de poder econômico, notadamente as condutas infracionais relacionadas no art. 21 do mesmo diploma legal.

No caso, aplica-se o mesmo tratamento reservado ao monopólio natural ou de fato, *i.e.*, conquistado de maneira legítima com fundamento na maior eficiência do agente econômico em relação a seus competidores (cf. art. 20, § 1º, Lei n. 8.884/1994).[25] A estrutura monopolística assim

21. Calixto Salomão Filho, *Direito Concorrencial — As Estruturas*, 2ª ed., São Paulo, Malheiros Editores, 2002, pp. 215-218, 228-233.

22. Calixto Salomão Filho, *Regulação da Atividade Econômica*, São Paulo, Malheiros Editores, 2001, p. 15.

23. Vale lembrar que existem inúmeras empresas sob controle estadual, que atuam como concessionárias do Governo Federal na área de energia elétrica.

24. "O aspecto crucial, atinente à situação jurídica das empresas públicas e das sociedades de economia mista prestadoras de serviços públicos — da generalidade das empresas estatais, em rigor —, é o pertinente à qualificação delas como concessionárias ou permissionárias de serviço público. Em oportunidades anteriores, insisti, reiteradamente, em que as empresas estatais prestadoras de serviço público — empresas públicas e sociedades de economia mista — ocupariam a situação de concessionárias desses serviços. Devo no entanto, agora, reformular esse entendimento. É que tais empresas, em verdade, são delegadas e não concessionárias de serviço público" (Eros Roberto Grau, ob. cit., pp. 121-122).

25. "Art. 20. (...). § 1º. A conquista de mercado resultante de processo natural fundado na maior

constituída não caracteriza ilícito *per se*, apesar da existência da dominação absoluta do mercado, com a eliminação completa da concorrência. Todavia, a posição dominante é extremamente tentadora para o aumento arbitrário dos lucros, razão pela qual os órgãos de defesa da concorrência devem ficar atentos e zelar para que isso não ocorra, sob pena de configurar comportamento abusivo passível de sanção legal.

Os desvios de conduta da empresa estatal titular de monopólio constitucional, por razões óbvias, não são aptos a prejudicar concorrentes que não existem e nem jamais poderão existir no mesmo mercado. No entanto, qualquer deslize do monopolista virá em detrimento da coletividade (especialmente os consumidores), que é a destinatária final da proteção conferida pela Lei n. 8.884/1994, conforme declarado no art. 1º, parágrafo único.[26]

Daí porque o monopólio dito legal não autoriza a adoção de políticas empresariais que acarretem, por exemplo, a discriminação de adquirentes ou fornecedores (art. 21, XII), a recusa de venda (art. 20, XIII), a interrupção ou redução injustificada da produção (art. 21, XX), a venda casada (art. 20, XXIII), a imposição de preços excessivos (art. 21, XXIV).

O fato de tais estratégias emanarem de sociedade monopolista controlada pelo próprio governo — e, portanto, presumivelmente preocupada em realizar o bem comum — não as torna legítimas sob a ótica do direito concorrencial. A única ressalva possível nesse particular refere-se à presença de alguma causa justificadora para a suposta irregularidade de conduta, caso em que a ilicitude do ato ficará excluída.[27]

Realmente, a empresa estatal, mesmo quando explora atividade econômica em regime de concorrência, pode servir de instrumento para a execução de políticas públicas. Há quem sustente, com razão, que a intervenção direta do Estado na ordem econômica deve estar sempre orientada por objetivos redistributivistas. Além dos mecanismos clássicos de tributação (arrecadação de recursos para satisfação das necessidades básicas da coletividade), cumpre ao Estado fazer aquilo que os particulares jamais poderão fazer, até porque seria contrário à lógica de sua atuação econômica, que é justamente redistribuir e assegurar a difusão do conhecimento econômico. O binômio desenvolvimento e redistribuição parece aí indissociável.[28]

eficiência do agente econômico em relação a seus competidores não caracteriza o ilícito previsto no inciso II" (dominar mercado relevante de bens e serviços).

26. "Art. 1º. Esta lei dispõe sobre a prevenção e a repressão às infrações contra a ordem econômica, orientada pelos ditames constitucionais de liberdade de iniciativa, livre concorrência, função social da propriedade, defesa dos consumidores e repressão ao abuso do poder econômico. Parágrafo único. A coletividade é a titular dos bens jurídicos protegidos por esta lei."

27. Embora tratando da licitude do poder regulamentar atribuído a outros órgãos governamentais, em face das condicionantes impostas pela legislação antitruste, Calixto Salomão Filho afirma que a justificativa da conduta pode descaracterizar a sua ilicitude: "É possível que a regulamentação vise apenas a complementar o sistema concorrencial, garantindo exatamente o seu bom funcionamento. Nesse caso, a única forma de não se sujeitar à lei concorrencial, em face da já mencionada abrangência do art. 15 da Lei n. 8.884/1994, é caracterizá-la como uma conduta justificada. Com efeito, grande parte das condutas previstas no art. 21 só são ilícitas quando injustificadas (v., p. ex., incs. XX, XXI e XXIV)" (*Direito Concorrencial — As Estruturas*, p. 229).

28. "Parece haver consenso que o Estado, como gestor distante e abstrato, não cumpre a contento suas funções. Isso não significa que é necessário diminuir a sua presença ou destituir-se de função. Implica atribuir-lhe outra função, talvez até mais onerosa. Em vez de gestão abstrata e macroeconômica da sociedade, cumpre-lhe fazer algo que o particular e o mercado jamais farão: incumbe-lhe redistribuir. É na redistribuição que deve ser identificada a grande função do novo Estado. Trata-se, portanto, de um Estado que deve basear sua gestão (inclusive do campo econômico) em valores e não em objetivos econômicos" (Calixto Salomão Filho, *Regulação e Desenvolvimento*, São Paulo, Malheiros Editores, 2002, p. 41).

Ocorre que é difícil a realização do ideal da redistribuição através da regulação econômica, ou mesmo pelo aumento da oferta de serviços públicos prestados por particulares em regime de concessão ou permissão. Ante a inexistência, no ordenamento constitucional brasileiro, do planejamento da atividade econômica com efeito vinculante para o setor privado, imaginou-se suprir as carências da sociedade nessa área, com a transformação de agentes privados em prestadores de serviços públicos, sujeitando-os a intensa regulamentação destinada a assegurar o atendimento do interesse público subjacente. Como bem anota Calixto Salomão Filho, trata-se de tentativa fadada ao insucesso, se não se levarem em consideração os diferentes interesses em jogo.[29]

Nesse contexto, o autor propõe uma nova e ousada forma de atuação do Estado na economia. Ao invés de assumir o papel de planejador macroeconômico — tarefa essa sujeita a dificuldades óbvias decorrentes da falta de conhecimento adequado da realidade —, o Estado, por intermédio de suas empresas, poderia se fazer presente em setores não regulados ou pouco regulados, de modo a planejar e direcionar o desenvolvimento para os objetivos desejados, além de assegurar que os seus benefícios sejam usufruídos por toda a população. A eficiência da participação estatal seria estimulada pela competição com empresas privadas atuando no mesmo setor, o que também serviria para ampliar a base do conhecimento econômico.[30]

Sem embargo dos inegáveis méritos da proposta, é forçoso reconhecer que são poucas as companhias sob controle público realmente preparadas para competir com empresas privadas, sem nenhum tipo de tratamento privilegiado. De outra parte, é ainda comum, na realidade brasileira, a utilização da empresa estatal para outros fins políticos, o que compromete o seu desempenho econômico e dificulta — quando não inviabiliza completamente — a consecução de sua verdadeira finalidade institucional.

29. "As razões para o fracasso desse sistema são óbvias. Basta exemplificar com um problema de forma e um de fundo. Quanto à forma, é saliente a incapacidade do sistema contratual, nuclear para as concessões, de bem ordenar o cumprimento de fins públicos. Mesmo dirigidos, tais contratos terão sempre como fim o arbitramento de interesses conflitantes entre as partes, ao menos se entendidos como sinalagmáticos ou de escambo. Tem por base princípios típicos desse tipo de relação, como o equilíbrio econômico contratual, que, recorrentemente, é usado em tema de concessões para justificar o descumprimento de fins públicos. Esse problema formal é, na verdade, manifestação de um problema de fundo mais grave. Trata-se do difícil ou desajustado encaixe do sistema de concessões em uma filosofia regulatória. Imaginado como remédio para as relações do Estado com o particular, da impossibilidade constitucional de tornar vinculante o planejamento para o setor privado, o sistema contratual fracassa, exatamente porque pouco apto a captar a pluralidade de interesses envolvidos pelo ambiente regulado. Dados todos esses problemas, não por acaso a experiência empírica com o controle de agentes privados através do regime jurídico de Direito Público é muito pobre. Se o regime das concessões iria substituir, com vantagem, o mercado, estabelecendo fins públicos para os agentes particulares, sua eficácia tem sido muito limitada. Esse regime tem, de um lado, originado a captura do poder concedente pelo concessionário, que, logo após a licitação, torna-se monopolista daquela atividade. De outro, tem-se mostrado ineficaz, pois, a cada controle erigido, o concessionário desenvolve duas ou três formas de contorná-lo. Controles de preço são contornados através de diferença de qualidade, de continuidade, de atendimento ao usuário, etc." (*Regulação e Desenvolvimento*, pp. 58-59).

30. "Uma intervenção na economia baseada nesses princípios institucinais pode assumir várias formas. É possível, por exemplo, que esta se dê de forma coerente através de participação de empresas públicas (muitas vezes ex-monopolista de direito) em setores desregulamentados ou pouco regulamentados. O papel da empresa estatal, desde que tenha poder no mercado suficiente para tanto, passa, então, a ser o de planejador e direcionador de desenvolvimento setorial. A eficiência (aqui no sentido produtivo) da atuação estatal é, também, garantida através da presença de concorrentes (existentes ou potenciais). O papel da concorrência é, aqui, novamente arejar o órgão planejador (no caso o estatal) permitindo o melhor conhecimento da realidade e, eventualmente, a mudança de rumo do planejamento" (ob. cit., p. 60).

E tudo isso sem falar no fenômeno da captura da empresa pela própria corporação, que passa a influir na condução dos negócios segundo seus próprios interesses.

O contrato de gestão previsto no art. 37, § 8º, da Constituição Federal, introduzido pela Emenda n. 19, de 1998, surge como uma boa alternativa para assegurar que a atuação da empresa estatal guarde correspondência com os objetivos de política econômica e social estabelecidos pelo ente controlador, inclusive no que tange à intervenção estabilizadora em mercados competitivos. Por meio desse instrumento, é possível melhorar a governança corporativa e fixar metas de desempenho, cuja consecução pela empresa estatal pode justificar a ampliação da autonomia gerencial, sem prejuízo da responsabilização dos dirigentes faltosos.[31]

De todo modo, ninguém nega que a empresa estatal pode e deve servir a propósitos diversos daqueles que inspiram a atividade econômica privada. Já se aludiu ao caráter vinculante do planejamento econômico para o setor público (inclusive as sociedades de economia mista), conforme previsto no art. 174 da Constituição Federal. Uma vez sujeita a tal planejamento, a empresa estatal perde a liberdade de definir as principais variáveis de sua atuação na economia, tais como preço, quantidade produzida, política de comercialização, destinatários prioritários dos produtos ou serviços oferecidos, etc. Nesse cenário, fica difícil responsabilizar administrativamente, com base na legislação antitruste, a empresa que age segundo as regras que lhe foram impostas, ainda que sua conduta seja claramente anticompetitiva.

No entanto, para que reste configurada a imunidade ao sistema da concorrência, é essencial que as normas diretivas da atividade econômica tenham sido editadas por quem detenha realmente competência constitucional para isso. Assumindo que se trata de matéria de direito econômico, União e Estados poderiam legislar concorrentemente sobre o assunto, com fundamento no art. 24, I, combinado com o art. 24, V, da Constituição Federal.[32]

Mesmo na ausência de planejamento impositivo para as empresas estatais, a finalidade que motivou a sua constituição (segurança nacional ou relevante interesse coletivo) pode também justificar comportamentos que, isoladamente considerados, seriam contrários à legislação de defesa da concorrência. Cite-se, como exemplo, as políticas de crédito adotadas pelo Banco do Brasil S/A, com subsídios do Tesouro Nacional. No mesmo sentido, as entidades que produzem bens considerados essenciais (*v.g.*, remédios ou material escolar), colocando-os à disposição da população por preços muitas vezes inferiores ao custo de produção. Seria correto enquadrar tais condutas nas vedações da lei antitruste (art. 21, V e XVIII, da Lei n. 8.884/1994)?[33]

Parece intuitivo que a resposta a essa indagação deva ser negativa, desde que o objetivo perseguido seja legítimo (*v.g.*, redistribuição ou garantia efetiva de aces-

31. Art. 37, § 8º: "A autonomia gerencial, orçamentária, financeira dos órgãos e entidades da administração direta e indireta poderá ser ampliada mediante contrato, a ser firmado entre seus administradores e o poder público, que tenha por objeto a fixação de metas de desempenho para o órgão ou entidade, cabendo à lei dispor sobre: i) o prazo de duração do contrato; ii) os controles e critérios de avaliação de desempenho, direitos, obrigações e responsabilidade dos dirigentes; iii) a remuneração de pessoal".

32. "Art. 24. Compete à União, aos Estados e ao Distrito Federal legislar concorrentemente sobre: I — direito tributário, financeiro, penitenciário, econômico e urbanístico; (...) V — produção e consumo;"

33. "Art. 21. As seguintes condutas, além de outras, na medida em que configurem hipótese prevista no art. 20 e seus incisos, caracterizam infração da ordem econômica: (v) criar dificuldades à constituição, ao funcionamento ou ao desenvolvimento de empresa concorrente ou de fornecedor, adquirente ou financiador de bens ou serviços; (xviii) vender injustificadamente abaixo do preço de custo."

so universal) e não apenas prejudicar o concorrente ou adquirir maior fatia de mercado. Não é demais ressaltar que a regra da razão também pode ser invocada em matérias de condutas.[34]

Isso não significa, porém, que a atuação das empresas estatais esteja sempre imune ao controle comportamental previsto na legislação antitruste. São freqüentes as oportunidades de negócio associadas à figura ou ao funcionamento do próprio Estado, cujo aproveitamento pode ficar reservado exclusivamente a empresas controladas. A intenção aí não é redistribuir, mas exatamente o contrário: maximizar a obtenção de resultados financeiros pelo Estado, sob a forma de receitas derivadas.

A questão é bastante delicada, quando se sabe que a quase totalidade dos bancos comerciais públicos operam dentro dessa lógica, vale dizer, o ente controlador obriga seus funcionários e fornecedores a manterem conta na instituição, como condição para receber o pagamento dos vencimentos ou da remuneração contratada. Outra situação que suscita dúvidas sobre a sua legitimidade em face do sistema concorrencial refere-se ao monopólio da imprensa oficial para publicação de atos de interesse de companhias privadas. São comuns as reclamações sobre a cobrança de preços excessivos para sustentar subsídios cruzados.

A esse respeito, é sintomática a decisão do Conselho Administrativo de Defesa Econômica — CADE, que considerou infringente da ordem econômica a conduta adotada por determinado governo estadual (art. 20, incisos I e II, e art. 21, inciso V, da Lei n. 8.884/1994), ao limitar a aceitação de placas de identificação de veículos automotores somente àquelas de sua própria fabricação. Entendeu o CADE que semelhante comportamento implicava prejuízo à livre concorrência e à livre iniciativa, mormente porque o órgão regulador e o agente econômico estavam reunidos na mesma pessoa jurídica de direito público. Foi determinado, então, que o Estado promovesse o credenciamento de outros fabricantes de placas, bem como que criasse paralelamente uma empresa estatal para permitir a segregação dos custos de produção e a exploração da atividade em regime de concorrência com a iniciativa privada.[35]

A mesma conclusão acerca da aplicabilidade da legislação antitruste em matéria de condutas de empresas estatais pode ser estendida aos atos de concentração previstos no art. 54 da Lei n.8.884/1994, sem perder de vista os motivos que justificaram a intervenção direta do Estado no domínio econômico. Todavia, é em relação às empresas estatais prestadoras de serviços públicos, que o controle de estruturas suscita maiores questionamentos, conforme se verá a seguir.

IV — O regime concorrencial das empresas estatais prestadoras de serviços públicos

Já se mencionou a possibilidade de o Estado definir determinada atividade como serviço público, assumindo a sua prestação de forma direta, ou facultando o seu exercício por agentes privados, em regime de permissão ou concessão. Em princípio, não há dúvida sobre a legitimidade desse procedimento em relação às atividades que a própria Constituição identifica como serviço público de competência exclusiva de

34. "Este é o ponto central da convergência entre o controle das estruturas e dos comportamentos. É também o aspecto em que o primeiro mais pode auxiliar o raciocínio necessário para a correta aplicação do segundo. A análise estrutural está, desde sua origem, ligada a regras de razoabilidade econômica, enquanto o controle dos comportamentos nasceu com rígidas regras per se. Em muitos casos foi exatamente a necessidade de interação com a disciplina das estruturas que levou à aplicação de critérios de razoabilidade econômica às condutas" (Calixto Salomão Filho, *Direito Concorrencial — As Condutas*, São Paulo, Malheiros Editores, 2003, p. 21).

35. Processo Administativo n. 08000.026652/95-75, Relator Conselheiro Marcelo Calliari, decisão unânime, *DOU* 6.6.2000, p. 1.

algum dos entes da Federação. Nesse caso, a esfera política, a quem foi atribuída constitucionalmente a titularidade do serviço, possui ampla margem de discricionariedade para regular a sua prestação, inclusive no que se refere à definição das variáveis concorrenciais típicas (preço, quantidade, qualidade e mercado). A competência regulatória existe tanto na hipótese de prestação direta pela própria Administração Pública, quanto por intermédio de empresa por ela controlada, ou ainda por particulares revestidos da condição de permissionário ou concessionário.

O titular do serviço público é competente também para decidir se a prestação por concessionário privado terá caráter de exclusividade, ou se será permitida a participação simultânea de mais de um interessado, desde que, naturalmente, isso seja possível sob o ponto de vista técnico. Se a opção recair sobre a segunda alternativa, pode ser instituído o regime de competição entre os vários concessionários, ou simplesmente segmentar o mercado em função de diferentes critérios (área geográfica, categoria de usuário, tipo de serviço, etc.).

Em qualquer dessas circunstâncias, a aplicação da legislação antitruste cede lugar a outra ordem de preocupações, vale dizer, se estão sendo corretamente observados os demais princípios que norteiam a ordem econômica (justiça social, defesa do consumidor, redução das desigualdades regionais e sociais), bem como as regras básicas da Administração Pública previstas no art. 37 da Constituição (legalidade, impessoalidade, moralidade, publicidade e eficiência).[36]

É justamente esse conjunto de normas gerais que legitima determinadas práticas consideradas anticompetitivas à luz do direito concorrencial, mas que fazem todo o sentido em se tratando de prestação de serviço público essencial à coletividade. Para assegurar a continuidade desse tipo de serviço, o poder concedente pode perfeitamente entender que seja mais conveniente garantir ao agente privado a atuação em regime de exclusividade (total ou parcial), com o auferimento de receita mínima. Em prol do ideal de universalização do serviço, o poder concedente também pode uniformizar o valor da tarifa para todas as classes de usuários, ainda que os custos da prestação não sejam os mesmos. Finalmente, admite-se dosar a cobrança da tarifa conforme a capacidade econômica do usuário, mediante o estabelecimento de gratuidades ou descontos.[37]

Nesse particular, o art. 13 da Lei n. 8.987, de 13 de fevereiro de 1995 (lei federal sobre concessões), ao afirmar a possibilidade de discriminação tarifária em função do custo do serviço concedido, não deve ser interpretado como empecilho para adoção das políticas distributivistas acima

36. "Art. 37. A administração pública direta e indireta de qualquer dos Poderes da União, dos Estados, do Distrito Federal e dos Municípios obedecerá aos princípios de legalidade, impessoalidade, moralidade, publicidade e eficiência e, também, ao seguinte: (...)."

37. A preocupação com a expansão e difusão dos serviços públicos, e sua compatibilização com os princípios concorrenciais, está presente na obra de Calixto Salomão Filho. Afirma o autor: "A questão da difusão dos serviços (normalmente denominada universalização) é um exemplo típico. Freqüentemente tratada como objetivo de política econômica, ela é, na verdade, uma garantia sistêmica ou institucional. Inegável é, como visto no primeiro capítulo, que se trata de objetivos que não podem ser convenientemente protegidos por uma simples regulação concorrencial. Constitui-se, portanto, em uma garantia institucional autônoma. (...) Entretanto, o simples provimento formal dos serviços a todos sem que muitos tenham condições materiais não é também suficiente. Isso não significa dizer que a regulamentação possa ou deva substituir políticas sociais. Significa que a regulação, como também o direito antitruste, não pode e não deve ser instrumento de criação de desigualdades sociais e especialmente de exclusão. Novamente aqui essa é a maneira de compatibilizar materialmente os ditames constitucionais da livre concorrência e da justiça social" (*Regulação da Atividade Econômica (Princípios e Fundamentos Jurídicos)*, pp. 126-127).

referidas, ainda mais diante do veto aposto pelo Presidente da República ao art. 12.[38]

Como decorrência lógica do reconhecimento da ampla competência do Estado para regular a prestação de serviços públicos compreendidos na sua esfera de atribuições constitucionais, pode-se concluir que a opção política adotada nesse particular não está sujeita ao controle estrutural previsto no art. 54 da Lei n. 8.884/1994. Todavia, isso não significa que os atos de concentração econômica envolvendo empresas concessionárias, ou mesmo empresas estatais prestadoras de serviços públicos por delegação do ente político controlador, não devam passar pelo crivo dos órgãos de defesa da concorrência. Algumas vezes, é a própria lei que regulamenta o setor, que impõe semelhante providência.[39] Porém, mesmo que não haja previsão legal expressa nesse sentido, a reorganização empresarial pode produzir outros efeitos relevantes para o direito antitruste, que escapam à regulamentação do poder concedente.

No campo do controle das estruturas de empresas prestadoras de serviços públicos, é interessante notar que o CADE vem admitindo a imunidade à legislação antitruste, embora com alguns temperamentos. Vale dizer, mesmo assumindo que não lhe compete desaprovar a operação por considerá-la prejudicial à concorrência, o CADE tem feito recomendações de ajuste para tornar o modelo mais competitivo, sob invocação de que os princípios constitucionais que regem a ordem econômica também se aplicam aos serviços públicos.[40]

Também as condutas das empresas prestadoras de serviço público estão sujeitas à legislação concorrencial, naquilo que não for objeto da regulamentação, ou estiver em desconformidade com os seus ditames. A equivalência da situação ao chamado monopólio legal impõe cautela redobrada por parte da autoridade reguladora do serviço público, com o objetivo de proteger o interesse dos usuários. É o enfoque

38. "Art. 12. (*vetado*) É vedado, ao poder concedente, estabelecer privilégios tarifários que beneficiem segmentos específicos de usuários do serviço concedido, exceto no cumprimento da lei que especifique as fontes de recursos."

"Art. 13. As tarifas poderão ser diferenciadas em função das características técnicas e dos custos específicos provenientes do atendimento aos distintos segmentos de usuários."

39. Esse é o caso da Lei n. 9.472, de 16.7.1997 (Lei Geral das Telecomunicações), que após submeter os serviços ao princípio da livre concorrência, afirma que as normas gerais de proteção à ordem econômica não aplicáveis ao setor de telecomunicações, cabendo ao CADE exercer as competências conferidas por sua lei própria (arts. 7º, § 2º, e 19, XIX). No mesmo sentido, pode-se apontar a Lei n. 10.233/2001, que criou a Agência Nacional de Transportes Terrestres — ANTT, atribuindo-lhe o dever de comunicar aos órgãos de defesa da concorrência qualquer fato que chegue ao seu conhecimento e possa configurar infração da ordem econômica (art. 31).

40. Confira-se o julgamento do Ato de Concentração n. 08012.005516/2001-11, tendo como Requerentes a Agência Goiana de Gás Canalizado S/A — Goiasgás, a Gásgoiano S/A e a Gaspetro — Petrobrás Gás S/A. O Conselheiro Relator Fernando de Oliveira Marques, lembrando precedente da relatoria do Conselheiro Roberto Pfeiffer (Ato de Concentração n. 08012.002455/2002-11), deixou consignado que: "Definiu-se como prerrogativa do poder concedente avaliar a conveniência e oportunidade da adoção de medidas propostas pelo SBDC nos atos de concentração que envolvam apreciação de contrato de concessão de serviço público, a teor do art. 175 da Constituição Federal. Não obstante, foi ressaltada a norma constitucional dos arts. 170, IV e 173, § 4º, que prevêem a livre concorrência e a repressão ao abuso do poder econômico, concluindo-se que a liberdade do Poder Público em estabelecer a concessão de serviço público não pode ser tida como absoluta, devendo ser preservada, sempre que possível, a livre concorrência.

"Dessa forma, cabe aos órgãos antitruste solicitar medidas dos entes federados para a adequação da norma à legislação concorrencial, uma vez que se não observadas, podem ser objeto de representação do CADE junto ao Ministério Público a fim de resguardar a ordem econômica. Assim, no mesmo sentido do mencionado voto, determino a expedição de uma recomendação ao Poder Concedente para que adote as providências acima listadas pela Agência Nacional do Petróleo."

de defesa do consumidor que prevalece nesse caso.[41]

Por outro lado, para que a regulamentação do serviço público afaste o sistema concorrencial, quando prestado por empresa sob controle estatal ou por empresa privada credenciada, é necessário que a lei assim o diga, ou então que o poder concedente esteja legalmente autorizado a definir as principais variáveis concorrenciais e exerça efetivamente essa competência. Não sendo unívoca a noção de serviço público no direito brasileiro, não basta considerar como tal determinada atividade de interesse coletivo, para torná-la imune à legislação antitruste.[42]

Além da amplitude da regulamentação adotada, é necessário distinguir os serviços públicos cuja titularidade e caráter privativo decorrem expressamente da própria Constituição Federal, daqueles assim qualificados por iniciativa do legislador infraconstitucional. No primeiro caso, não resta dúvida que o ente político titular é competente para definir a forma de prestação (*v.g.*, se direta ou mediante concessão, com exclusividade ou em regime de competição), podendo, em conseqüência, optar pela desaplicação do direito antitruste. Já no segundo caso, torna-se forçoso admitir que a mesma atividade assumida como serviço público também poderia, em tese, ser exercida pelo setor privado, com fundamento no princípio constitucional da livre iniciativa (cf. art. 170).[43]

41. Vale a pena chamar a atenção para o trabalho de autoria de Eduardo Augusto Guimarães, intitulado *Concorrência e Regulação no Setor de Transporte Rodoviário*. O articulista desvenda os vários interesses econômicos presentes na exploração de rodovia por concessionários privados, chamando atenção para as principais questões a serem enfrentadas pelo poder concedente. Nesse sentido, afirma: "Assim, incapaz de introduzir a concorrência no mercado, a ação de supervisão que o aparato regulatório exerce em relação ao monopólio natural pode apenas procurar reproduzir as condições que vigorariam em um regime de concorrência. Desse ponto de vista, destaca-se, antes de mais nada, a intenção de evitar o exercício ilimitado do poder de monopólio e, em particular, a preocupação em proteger o usuário do poder discricionário do monopolista, o que aproxima a intervenção governamental nesse mercado do enfoque de defesa do consumidor.

"A política de defesa do consumidor, em geral, responde a situações concretas, sem se apoiar em regras pré-estabelecidas que balizem a atuação das empresas. Essa orientação tende a prevalecer também aqui, quando a rodovia é explorada por um ente estatal; nesse caso, a entidade fiscalizadora e o fiscalizador se situam ambos no âmbito do setor público e, freqüentemente, se confundem. No caso de concessionários privados, no entanto, a atuação em defesa do consumidor deve envolver a definição prévia (no âmbito do contrato de concessão, por exemplo) de normas e parâmetros a serem observados pelo concessionário — inclusive como forma de resguardá-lo de uma atuação discricionária do regulador — e a fiscalização da observância desse marco regulatório.

"Contudo, além de evitar o exercício ilimitado do poder de monopólio, a atividade reguladora deve também substituir a concorrência na sua função de mecanismo de ajuste das condições de operação das empresas e do mercado, face a eventuais alterações do ambiente econômico — no caso do mercado regulado, esse ajuste tende, aliás, a ser bloqueado pelas próprias normas e restrições estabelecidas pelo marco regulatório. Essa dimensão da política de regulação é uma necessidade de preservar a viabilidade do empreendimento e assegurar a continuidade do serviço contratado (essa questão aparece, freqüentemente, referida como 'manutenção do equilíbrio econômico-financeiro do contrato')" (in *Revista do IBRAC*, v. 11, n. 2, pp. 119-120).

42. Sobre o assunto, vale conferir a advertência de Calixto Salomão Filho: "Quando a atividade realizada pelo particular tem natureza de serviço público, então, a regulamentação substitui o sistema concorrencial. É o que ocorre, via de regra, com as concessões de serviço público. Nelas há, normalmente, a criação de um verdadeiro monopólio de produção ou prestação de serviço pelo particular. Contrapartida necessária é a substituição do autocontrole do sistema de mercado pelo sistema regulamentar, que passa a estabelecer as variáveis relevantes, tais como o preço e freqüentemente até a quantidade a ser produzida. A qualidade do produto ou serviço é normalmente objeto de fiscalização pelo próprio órgão governamental dotado de poder regulamentar. No exemplo acima, não é a noção de serviço público, mas sim os poderes conferidos ao órgão administrativo no ato de concessão que permitem concluir pela não aplicação do sistema concorrencial" (*Direito Concorrencial — As Estruturas*, p. 216).

43. Cabe lembrar que o conceito de livre iniciativa é correlato ao direito individual de empreen-

O fato de se atribuir à nova atividade o *status* de serviço público é fruto de mera conveniência da Administração, vale dizer, não decorre de imposição constitucional. Portanto, parece inadequado que essa opção política possa simplesmente reduzir a esfera de atuação econômica do particular. Daí resulta que o serviço público, instituído por vontade discricionária do legislador ordinário de qualquer das três esferas de governo, não pode retirar do particular a possibilidade de também explorar a mesma atividade. Em outras palavras, o novo serviço deve ser prestado em caráter não exclusivo, ficando sujeito necessariamente à livre concorrência.

A casuística brasileira fornece inúmeros exemplos de tentativas de qualificar determinadas atividades como serviço público, com o propósito de restringir a atuação de empreendedores privados. Nesses casos, o exercício da atividade fica reservado ao poder público, que aufere os benefícios econômicos daí decorrentes, ou a particulares credenciados mediante pagamento de ônus de outorga. Vale lembrar que as loterias e o jogo de bingo já foram tratados como serviço público de competência federal e estadual, com o objetivo de monopolizar a sua exploração pelo ente governamental.[44] Várias leis municipais também têm estruturado serviços municipais onerosos, com caráter de exclusividade, em áreas que poderiam ser atendidas concorrentemente pela iniciativa privada (coleta de lixo, serviço funerário, transporte individual de passageiros, etc.).

As novas oportunidades de prestação de serviços públicos são particularmente mais intensas em relação aos Estados e Municípios. Os primeiros porque têm o seu campo de atuação delimitado pelo critério residual (cf. art. 25, § 1º, CF), com exceção apenas da atividade de distribuição de gás canalizado (cf. art. 25, § 2º, CF).[45] Os segundos porque possuem competência definida de forma genérica, em razão da preponderância do interesse local, havendo referência expressa somente ao transporte coletivo (cf. art. 30, V, CF).

É importante também refletir sobre o ambiente regulatório do serviço prestado por empresa estatal, quando atua por delegação do próprio ente controlador. Nesses casos, a regulação sequer existe, ou então é apenas incipiente e não exaustiva, até porque a vontade da empresa confunde-se com a do titular do serviço prestado. É fácil perceber que a falta de política tarifária previamente definida, bem como de compromissos com metas de expansão e melhoria da qualidade dos serviços, pode redundar em prejuízo aos usuários. Da mesma forma, o equilíbrio financeiro da empresa corre o risco de ficar sacrificado, em razão de decisões políticas sem respaldo técnico. Daí porque não falta quem critique a confusão entre as atividades de regulação e operação, defendendo a sua separação formal e material.[46]

der livremente, vale dizer, pressupõe a existência de liberdade para iniciar o exercício de atividade econômica, salvo nos casos de monopólio constitucional. Já a livre concorrência tem a ver com a forma do exercício da atividade econômica, funcionando como calibragem do poder econômico.

44. V. Leis federais n. 9.615/1998, n. 9.981/2000 e Medida Provisória n. 2.216-37/2001. V. tb. Decreto n. 25.723/1999, do Estado do Rio de Janeiro; Lei n. 13.839/2000, do Estado de Goiás; Resoluções n. 12/2001 e n. 27/2002, do Secretário de Governo do Estado do Paraná.

45. Não por acaso, as principais decisões do CADE sobre o assunto referem-se aos serviços públicos de distribuição de gás canalizado de competência estadual. Além do precedente citado na nota 40, registre-se também o AC n. 0800.021.008/97-1 (Riogás S/A), AC n. 0812.002455/2002-1 (Companhia de Gás do Piauí — Gasipa) e AC n. 08012.004550/99-11 (Companhia de Gás do Estado de São Paulo — Comgás).

46. "Pelo fato das empresas serem de propriedade do Estado, as operações e a regulação (até recentemente) eram muitas vezes feitas pela mesma entidade. Crescentemente, todavia, a separação entre os reguladores e os operadores está sendo aceita como um objetivo desejável" (*The Postal Market in the Age of Globalization*, *apud* Maria Neues-

Sem embargo das distorções acima apontadas, surge a dúvida sobre como tratar a conduta de tais empresas sob a ótica do antitruste. Parece intuitivo que a ausência de marco regulatório próprio permite a invocação das normas concorrenciais destinadas a coibir o eventual abuso do poder econômico, sobretudo quando estiver associado ao aumento arbitrário dos lucros. Em outras palavras, ainda que não haja possibilidade técnica ou jurídica do ingresso de outros competidores privados para disputar a prestação do mesmo serviço, subsiste a aplicação da legislação antitruste para defesa do consumidor.

Porém, isso não quer dizer que a conduta da empresa estatal prestadora de serviços públicos não regulamentados deva ser julgada de acordo com os mesmos critérios das empresas particulares. Como já se disse antes, é possível que a política de preços públicos adotada nessas circunstâncias vise ao atendimento de outras finalidades de interesse público, justificando, assim, a mitigação dos padrões concorrenciais que não forem compatíveis com tais objetivos.

Como arremate, registre-se que a jurisprudência do Supremo Tribunal Federal permite que o tratamento dado à empresa estatal, prestadora de serviço público, seja distinto daquele aplicável à sociedade de economia mista, que exerce atividade econômica em regime de competição com a iniciativa privada.[47] Embora o julgamento refira-se à constitucionalidade de dispositivo de lei federal que tornou impenhorável o patrimônio da Empresa Brasileira de Correios e Telégrafos — ETC, é possível invocar o mesmo raciocínio para justificar a legitimidade de outras exclusões ao regime próprio das empresas privadas, desde que instituídas por via da legislação ordinária.

V — Conclusão

Após analisar as várias formas de atuação do Estado como agente econômico ou prestador de serviços públicos, pode-se concluir que a aplicação da legislação antitruste não deve ser *a priori* afastada nesses casos. Ao contrário, mesmo exercendo monopólio empresarial ou oferecendo utilidades públicas em regime de exclusividade, o Estado — por si ou através de empresas controladas — está sujeito à observância de regras de conduta repressoras do abuso do poder econômico referidas nos arts. 20 e 21 da Lei federal n. 8.884/1994. O mesmo raciocínio vale para os atos de concentração envolvendo empresas estatais, que devem passar pelo crivo do CADE, com fundamento no art. 54 do mesmo diploma legal. A única exceção admissível nesse particular refere-se às empresas estatais prestadoras de serviço público de inequívoca competência constitucional do ente controlador, e que também possua marco regulatório legalmente instituído.

A obediência à legislação antitruste por parte das empresas estatais não significa, porém, que a identificação e o sancionamento das situações potencialmente infringentes da ordem econômica, bem como o controle das estruturas, devam seguir os mesmos critérios aplicados ao setor privado. Não se deve perder de vista que, muitas vezes, as empresas públicas ou sociedade de economia mista funcionam como instrumentos de execução de políticas públicas. Nesse caso, a mitigação dos princípios concorrenciais pode ser justificada em face de objetivos redistributivistas, notadamente quando estiver em causa a garantia da continuidade da prestação ou da universalização do acesso a bens ou serviços considerados essenciais para a coletividade.

shwander Escosteguy Carneiro, in *Revista IBRAC*, v. 11, n. 1, 2004).

47. RE n. 222.696-7-PE, Plenário, Rel. Ministro Ilmar Galvão, j. 16.11.2000, *DJU* 19.12.2002.

A QUALIFICAÇÃO JURÍDICA DO IRB — BRASIL RESSEGUROS S/A E A TRIBUTAÇÃO PELA CSLL*

FERNANDO NETTO BOITEUX

Incidência da Contribuição Social sobre o Lucro Líquido — CSLL sobre o IRB — Brasil Resseguros S/A, com a alíquota prevista no art. 23, §1º da Lei 8.212/1991 e alterações posteriores. Acórdão do Conselho de Contribuintes que anulou o auto de infração. Decisão improcedente.

I — A consulta

1. A questão em exame está limitada a saber se o IRB — Brasil Resseguros S/A, ou IRB — Brasil RE (adiante referido simplesmente IRB), exerce atividade de seguradora ou de órgão regulador e quais os efeitos tributários de sua qualificação jurídica frente ao disposto no art. 23, § 1º, da Lei 8.212/1991.

2. O Primeiro Conselho de Contribuintes afirmou que o IRB — Brasil RE é órgão regulador, a SRF/DEINF e a SRF/COSIT que é sociedade seguradora.

3. O Conselheiro Kazuki Shiobara entendeu, nos acórdãos em que foi relator, proferidos pela Primeira Câmara do Primeiro Conselho de Contribuintes (acórdãos 101-93.078, 101-93.401 e 101-93.713) que o IRB:[1]

> (...) até o advento da Lei 9.649, de 28 de maio de 1998, embora integrante do *Sistema Nacional de Seguros Privados* não é uma *empresa de seguros privados* e nem *sociedades que operam com seguros privados* ou *sociedades seguradoras* a que se refere o art. 22, § 1º, da Lei 8.212/1991.

4. O Conselho de Contribuintes manteve, portanto, a tributação do IRB pela CSLL, mas aplicando a alíquota de 10%.

5. A Nota COSIT 218/2004, da Coordenação-Geral do Sistema de Tributação defende entendimento diverso, reafirmando o entendimento da Delegacia Especial de Instituições Financeiras no Rio de Janeiro — DEINF/RJO de que o IRB "possui características próprias das seguradoras".

Por esta razão, sustenta o cabimento da tributação na alíquota de 23%.

II — A legalidade do disposto no art. 22, § 1º, da Lei 8.212/1991

6. Em primeiro lugar, estaremos examinando o conteúdo do art. 22, § 1º, da Lei 8.212/1991, para determinar se ele contém alguma violação de lei, especialmente do Código Tributário Nacional. Ele dispõe (itálicos apostos):

* Versão revista de Parecer dado na Procuradoria-Geral da Fazenda Nacional.

1. Primeira Câmara do Primeiro Conselho de Contribuintes do Ministério da Fazenda, acórdão 101-93.713, transcrição parcial do voto do Relator Kazuki Shiobara (grifos no original).

§ 1º. No caso de bancos comerciais, bancos de investimentos, bancos de desenvolvimento, caixas econômicas, sociedades de crédito, financiamento e investimento, sociedades de crédito imobiliário, sociedades corretoras, distribuidoras de títulos e valores mobiliários, empresas de arrendamento mercantil, cooperativas de crédito, *empresas de seguros privados* e de capitalização, agentes autônomos de seguros privados e de crédito e entidades de previdência privada abertas e fechadas, além das contribuições referidas neste artigo e no art. 23, é devida a contribuição adicional (...).

7. Vê-se, portanto, que o legislador não criou um conceito de empresa de seguros privados, referiu-se a uma realidade preexistente. Desta forma, não se pode nem ao menos alegar que o legislador tributário estaria alterando conceitos de direito privado, violando o disposto no art. 110 do Código Tributário Nacional.[2]

III — As diversas funções exercidas pelo IRB

8. Sabemos que a legislação — ainda que a clareza de sua redação deixe a desejar — atribui ao IRB, ao menos (Decreto-lei 73/1966, art. 44):

a) uma *função de resseguro*, quando a ele determina "aceitar o resseguro obrigatório e facultativo, do País ou do exterior" (alínea "b");

b) uma *função normativa* (ainda que limitada, como veremos adiante), quando lhe concede poderes para "elaborar e expedir normas reguladoras de cosseguro, resseguro e retrocessão" (alínea "a").

9. Devemos determinar, portanto, se o fato de o IRB exercer, simultaneamente, funções normativas e atividade econômica implica na prevalência de uma sobre a outra ou se elas podem coexistir, cada uma regulada separadamente.

IV — O IRB enquanto sociedade de economia mista

10. O IRB é uma sociedade de economia mista (Decreto-lei 73/1966, art. 41) com controle acionário da União e participação das seguradoras privadas, desde 1997, quando o Instituto de Resseguros do Brasil foi transformado em IRB — Brasil Resseguros ou IRB — Brasil RE (abreviatura prevista na sua denominação social).[3]

11. A transformação do Instituto de Resseguros do Brasil em IRB — Brasil Resseguros data de 1997.

Em agosto de 1996, o Congresso Nacional aprovou a quebra de monopólio para a atividade de resseguro no Brasil, delegada, até então, exclusivamente ao IRB. Um ano depois, ele tomou a forma de sociedade por ações, permanecendo como empresa estatal de economia mista, com controle acionário da União, tendo sido mantida a proporção da participação das empresas seguradoras nacionais.

12. A característica de sociedade de economia mista do IRB requer exame mais atento para a compreensão de sua qualificação jurídica, pois essa forma jurídica não revela unidade conceitual. As características básicas das sociedades de economia mista seriam:

a) conjunção de recursos financeiros entre o Estado e os particulares para a formação do capital social;

b) a efetiva participação do estado na condução dos negócios sociais;

c) o exercício de atividade econômica de interesse público.

2. Na doutrina a questão é bem examinada por Alcides Jorge Costa, "Direito tributário e direito privado", in Brandão Machado (coord.), *Direito Tributário: Estudos em Homenagem ao Professor Ruy Barbosa Nogueira*, São Paulo, Saraiva, 1984, pp. 219 e ss., especialmente p. 225.

3. A ata de sua constituição está transcrita em Pedro Alvim, *O Contrato de Seguro*, 3ª ed., Rio de Janeiro, Forense, 1999, item 319, p. 382 e a atualidade da informação foi confirmada no *site* <www.irb.gov.br>, de onde também foram retiradas as informações do item seguinte.

13. O art. 235 da Lei de Sociedades por Ações não define o que sejam sociedades de economia mista. O art. 5º, inciso III, do Decreto-lei 200/1967, com alterações do Decreto-lei 900/1999, a definiu como (itálicos apostos):

> (...) a entidade dotada de personalidade jurídica de direito privado, *criada por lei para a exploração de atividade econômica*, sob a forma de sociedade anônima, cujas ações com direito a voto pertençam em sua maioria à União ou a entidade da Administração Indireta.

14. Dispõe, por sua vez, o art. 238 da Lei de Sociedades por Ações:

> A pessoa jurídica que controla a sociedade de economia mista tem os deveres e responsabilidades do acionista controlador (arts. 116 e 117), mas poderá orientar as atividades da companhia de modo a atender ao interesse público que justificou a sua criação.

15. Os critérios adotados no direito comparado para a qualificação de uma sociedade de economia mista (geralmente tratada como uma modalidade de empresa pública) variam,[4] o que nos leva a considerar o seu conceito como, eminentemente, de direito positivo.[5]

Acertada, portanto, a observação de Luiz Gastão Paes de Barros Leães de que o *quid* a que corresponderia o ser essencial de uma sociedade de economia mista, na verdade, inexiste,[6] donde se conclui que não há função determinada para todas as sociedades de economia mista:[7] exige-se o exame de cada uma em particular.

16. Pode-se afirmar, com segurança, que a tentativa do Conselho de Contribuintes de encontrar uma natureza das sociedades de economia mista (que seria unívoca e deveria ter sido respeitada pelo legislador) foi louvável, mas revelou-se uma missão impossível.

17. Na jurisprudência do Supremo Tribunal Federal, também não se encontra divergência quanto à tributação das sociedades de economia mista.

18. A questão seria diversa se se tratasse de uma empresa pública, pois esta é constituída com capital exclusivo do Poder Público. Quando ela tem o seu capital formado por uma única pessoa jurídica de direito público (por exemplo, pela União Federal) nem ao menos "sócios" ela tem, tanto que o legislador não a denomina "sociedade", mas "empresa".

Ainda assim, a empresa pública só goza dos privilégios que a lei lhe outorgou. Não mais, pois a regra geral é a da submissão de sua atividade ao regime das empresas privadas.

19. Atendendo a essa particularidade é que o Supremo Tribunal Federal, ao examinar privilégios outorgados à Empresa Brasileira de Correios e Telégrafos — ECT, entendeu ter sido recepcionado pela Constituição Federal em vigor o Decreto-lei 509/1969, para acolher a impenhorabilidade de seus bens, rendas e serviços.[8]

O caso da ECT em nada se assemelha ao do IRB, que não é empresa pública, mas sociedade de economia mista, têm sócios

4. Como afirma Maria Teresa Cirenei, *Le Imprese Pubbliche*, Milão, Giuffrè, 1983, p. 122: "Il problema dei limiti all'attività di diritto privato degli enti pubblici imprenditori sembra vada affrontato iniziando da un esame della tipologia degli enti in questione sotto il profilo examinato. La disciplina legislativa e statutaria presenta una gamma di formulazioni estremamente ampia".

5. Releva notar que nem nos países da União Européia há coincidência de conteúdo e de relevância jurídica na legislação sobre as empresas públicas, conforme Maria Teresa Cirenei, *Le Imprese Pubbliche*, cit., p. 302, sendo que estas correspondem a um gênero do qual as nossas sociedades de economia mista seriam espécie.

6. Luiz Gastão Paes de Barros Leães, "O conceito jurídico de sociedade de economia mista", *Direito Comercial — Textos e Pretextos*, São Paulo, Bushatsky, 1976, pp. 205 e ss.

7. Newton de Lucca, *Regime Jurídico da Empresa Estatal no Brasil*, tese, São Paulo, Faculdade de Direito da Universidade de São Paulo, 1986, p. 114.

8. Supremo Tribunal Federal, Recurso Extraordinário 225.011-0-MG, Relator Ministro Marco Aurélio, redator para o acórdão Ministro Maurício Corrêa, julgamento por maioria, em Sessão Plenária de 16.11.2000.

privados e explora atividade econômica (por ser uma seguradora).

20. Em *conclusão parcial*, as sociedades de economia mista exercem, por definição legal, atividade econômica. Todavia, atendendo "ao interesse público que justificou sua criação" elas podem, ainda, exercer funções de órgão regulador. Essas características as tornam instrumento jurídico flexível para o exercício em comum de objetivos públicos e privados.

V — O IRB enquanto "empresa de seguros privados"

V.1 — O conceito de empresa

21. "Empresa" na realidade econômica, tanto quanto na ordem jurídica, significa a organização do empresário para o exercício de sua atividade. E, como adverte Asquini:[9] "(....) defronte ao direito o fenômeno econômico da empresa se apresenta como um fenômeno possuidor de diversos aspectos, em relação aos diversos elementos que para ele concorrem, o intérprete não deve agir com o preconceito de que o fenômeno econômico de empresa deva, forçosamente, entrar num esquema jurídico unitário. Ao contrário, é necessário adequar as noções jurídicas de empresa aos diversos aspectos do fenômeno econômico".

22. No nosso direito positivo, encontraremos diversos conceitos de empresa, que não discrepam da definição utilizada acima, a saber: na Lei de Sociedades por Ações[10] e na Lei de Repressão ao Abuso de Poder Econômico.[11]

9. Alberto Asquini, "Perfis da empresa", *RDM* 104/113, nova série (trad. do original por Fábio Konder Comparato).

10. Lei 6.404/1976, art. 2º, *caput*: "Pode ser objeto da companhia qualquer empresa de fim lucrativo, não contrário à lei, à ordem pública e aos bons costumes".

11. Para a Lei 4.137/1962, art. 6º, *caput*, "Considera-se empresa, toda organização de natureza civil ou mercantil destinada a exploração por pessoa física ou jurídica de qualquer atividade com fins lucrativos".

23. Ainda a título exemplificativo, o Código Civil de 2002 não se preocupou em definir a empresa, ainda que tenha lhe reservado um Livro denominado "Do Direito de Empresa"; definiu o empresário, como fez o legislador italiano no Código Civil de 1942. Todavia, as referências à empresa nos arts. 966, 968, 972, 974 e 975 do mesmo nos permitem reafirmar que a empresa é o resultado da atividade do empresário.

24. Em *conclusão parcial*, quando o legislador tributário se refere a "empresas", com referência à atividade securitária, ele está se referindo a qualquer pessoa, seja física ou jurídica, que a exerça, independentemente da sua forma. Sociedade, por sua vez, significa pessoa jurídica.

V.2 — O conceito de "seguro"

25. O Código Civil de 2002 define o contrato de seguro da seguinte forma (art. 757):

> Pelo contrato de seguro, o segurador se obriga, mediante o pagamento do prêmio, a garantir interesse legítimo do segurado, relativo a pessoa ou coisa, contra riscos predeterminados.

26. Dada a natureza complexa e as diversas modalidades assumidas pelo seguro, os autores não se põem de acordo sobre a sua definição. O conceito dado por Pedro Alvim é o seguinte:[12] "Seguro é o contrato pela qual o segurador, mediante o recebimento de um prêmio, obriga-se a pagar ao segurado uma prestação, se ocorrer o risco a que está exposto".

27. Por qualquer ângulo que se veja, no entanto, a atividade de seguro é absolutamente independente da regulação do mercado de seguros, sem nenhuma subordinação de uma a outra. Até mesmo porque o poder de regulação limita-se a normas de execução das normas gerais do CNSP, como veremos no Título VI, abaixo.

12. Pedro Alvim, *O Contrato de Seguro*, cit., item 90, p. 113.

Desta forma, o IRB pode atuar tanto na contratação de seguros quanto na regulação do mercado, de forma autônoma.

28. Resseguro é, na síntese de Garrigues, "o seguro de outro seguro".[13] Portanto, a atividade de resseguro é atividade de seguro.

29. O cosseguro, que nada mais é do que uma das modalidades dos seguros múltiplos, nas quais a cobertura é distribuída simultaneamente entre vários seguradores que assinam o mesmo contrato, ainda que cada um possa emitir sua própria apólice (Decreto 60.459, de 13.3.1967, art. 5º). Ele tem a mesma finalidade do resseguro, ainda que dele se aparte pelas suas características.

30. Por retrocessão entende-se a cessão de um resseguro a outro ressegurador. Há, assim, uma transferência de riscos para o retrocessionário.[14]

31. Em *conclusão parcial*, o cosseguro, o resseguro e a retrocessão revelam, sempre, modalidades de seguros.

V.3 — O conceito de "seguros privados"

32. Poder-se-ia questionar, ainda, se o cosseguro, o resseguro e a retrocessão se incluem entre os seguros privados ou entre os públicos, dado ser o IRB, também, órgão regulador, exercendo, nessa parte, atividade de interesse público.

33. Antes de tudo, as modalidades acima referidas representam seguros privados porque a lei determina que "integra-se nas operações de seguros privados o sistema de cosseguro, resseguro e retrocessão" (Decreto-lei 73/1966, art. 4º, *caput*).

34. Outra resposta possível estaria vinculada à sua forma jurídica, dado que o legislador adotou para o IRB a forma jurídica de sociedade anônima, forma reservada a sociedades com fim lucrativo.

35. Em *conclusão parcial*, quando o legislador tributário referiu-se a "empresas de seguros privados" ele estava se referindo a qualquer modalidade de exploração de atividade securitária, razão pela qual o IRB se inclui na categoria de "empresa de seguros privados" a que se refere o art. 22, § 1º, da Lei 8.212/1991.

VI — O IRB e o regime de monopólio

36. É fato que o IRB exercia a atividade de resseguros em regime de monopólio. Essa não era uma característica do direito brasileiro, mas encontrava-se em diversos países.

A explicação para a nacionalização do mercado de resseguros é simples. As companhias seguradoras têm um limite para a assunção de riscos, sendo que aos maiores contratos de seguro correspondem maiores riscos. Para reduzir a exposição a riscos, existe o resseguro, que é o seguro do seguro realizado por outro segurador.

37. Todavia, as resseguradoras em geral não têm a obrigação de assumir os contratos que lhes são apresentados. Se não existisse uma resseguradora nacional que tivesse a obrigação de assumir o resseguro, as seguradoras nacionais dependeriam da vontade dos seus concorrentes internacionais de assegurá-las, o que não seria provável, em um regime de acirrada concorrência.[15]

13. Joaquín Garrigues, *Contrato de Seguro Terrestre*, Madri, Aguirre, 1973, p. 134. No original: "El concepto del reaseguro viene dado por la finalidad que con este contrato busca el reasegurado: obtener la protección del seguro contra el posible riesgo de tener que realizar la prestación prometida al asegurado o al beneficiario, en caso de siniestro de la cosa o de la persona asegurada. El reasegurador cubre, pues, la responsabilidad del asegurador frente al asegurado. Es el seguro de otro seguro".

14. Fran Martins, *Contratos e Obrigações Comerciais*, 11ª ed., Rio de Janeiro, Forense, 1990, p. 435.

15. O fato de se encontrarem entre nós, hoje, sociedades seguradoras de grande porte, é um dos argumentos usados para justificar a privatização do IRB — BRASIL RE.

38. Para garantir que as seguradoras nacionais pudessem contar com o resseguro criou-se o Instituto de Resseguros do Brasil, mais tarde transformado em IRB — Brasil Resseguros, com a *obrigação de aceitar* resseguros. Desta forma, as empresas nacionais sabiam, antecipadamente, que iriam encontrar cobertura para o risco assumido, podendo se desenvolver.

Hoje, dado o porte do mercado nacional, foi possível abrir o mercado às resseguradoras estrangeiras.

39. Em se tratando de atividade exercida em regime de monopólio, o legislador *poderia* ter lhe concedido isenção fiscal, se adotarmos a doutrina de Celso Antônio Bandeira de Mello, mas não o fez, ficando esse tema fora de qualquer discussão.

Como a isenção não se presume, o próprio IRB recolheu parcialmente os tributos incidentes sobre a sua atividade, estando em discussão, apenas, a alíquota aplicável.

40. Não se alegue, contudo, que a atividade de resseguros não é realizada por "sociedade autorizada a operar em seguros privados" a que se refere o art. 8º do Decreto-lei 73/1966, pois a sua autorização decorre diretamente da legislação, não de norma regulamentar.

41. Em *conclusão parcial*, é irrelevante para a tributação, no caso, saber se a atividade de resseguros era exercida em regime de monopólio.

VII — O IRB enquanto órgão regulador

42. A atividade reguladora do mercado de seguros não é de competência primária do IRB, mas do Conselho Nacional de Seguros Privados — CNSP, órgão que se encontra no topo da pirâmide normativa do sistema e ao qual compete "estabelecer as diretrizes gerais das operações de resseguro" (Decreto-lei 73/1966, art. 32, VII).

43. Cabe ao IRB, tão somente, dar execução às diretrizes do CNSP e nessa medida é que ao primeiro são concedidos poderes para "elaborar e expedir normas reguladoras de cosseguro, resseguro e retrocessão" (Decreto-lei 73/1966, art. 44, *a*).[16]

44. Vale observar que a cumulação da atividade reguladora com a de seguradora não é comum no direito estrangeiro. O direito argentino, por exemplo, atribui cada uma das funções a órgãos diversos.[17]

Inexiste, no entanto, incompatibilidade entre ambas, especialmente na medida em que o IRB não fixa diretrizes, limita-se a executá-las.

45. Em *conclusão parcial*, à luz de nosso direito, não cabe buscar uma atividade preponderante para o IRB, em face da qual a outra seria secundária, ou de menor importância. As funções de regulação (que representam a realização do interesse público) e de operação de seguros, na modalidade de resseguros (que representam o exercício da atividade econômica) coexistem e podem coexistir, pois a lei não só assim permite como determina.

VIII — A comparação com o Banco Central do Brasil

46. A comparação da atividade do Banco Central do Brasil com a do IRB, tal como posta nos acórdãos do Conselho de Contribuintes, é de todo inadequada, pois o primeiro é uma instituição financeira pú-

16. Na doutrina, Celso Antônio Bandeira de Mello (*Curso de Direito Administrativo*, 14ª ed., rev., ampl. e atual., São Paulo, Malheiros Editores, 2002, p. 178) ressalta que as sociedades de economia mista não são titulares de atividade pública, "mas apenas do *exercício* dela" (destaque no original).

17. A "Superintendencia de Seguros de la Nación", uma autarquia, é o órgão normativo (Lei argentina 20.091, art. 64) e o Instituto Nacional de Reaseguros — INDER é o órgão ressegurador (Decreto argentino 10.073, de 1953), a quem cabe o monopólio dos resseguros. Na doutrina Isaac Halperín, *Seguros*, 2ª ed., atual. por Juan Carlos Félix Morandi, v. I, reimp., Buenos Aires, Depalma, 1986, pp. 117 e 230 e ss., respectivamente.

blica, que adotou a forma jurídica de autarquia federal (Lei 4.595/1964, art. 8º, *caput*).

47. Autarquias são, na expressão de Celso Antônio Bandeira de Mello, "pessoas jurídicas de Direito Público de capacidade exclusivamente administrativa";[18] conceito absolutamente distinto do de sociedade de economia mista.

48. As receitas do Banco Central não decorrem, portanto, ao contrário do que entendeu o Conselho de Contribuintes, do exercício de atividade econômica, mas da remuneração recebida por uma atividade de interesse público, exclusivamente.

Por exemplo, quando o Banco Central dá auxílio para a liquidez dos bancos privados não realiza atividade econômica, atua no interesse público. Não faria sentido, no entanto, que a prestasse gratuitamente, até mesmo para não estimular a inadimplência do sistema financeiro privado.

49. Em *conclusão parcial*, ainda que o Banco Central do Brasil possua receitas próprias, os resultados por ele obtidos são transferidos para o Tesouro Nacional (Lei 4.595/1964, art. 8º, parágrafo único). Por esta razão, ele goza de imunidade tributária, ao contrário das sociedades de economia mista, como o IRB, que geram recursos também para os seus acionistas privados.

IX — A Ação Declaratória de Inconstitucionalidade (ADI 2.223)

50. Quanto à Ação Declaratória de Inconstitucionalidade (ADI 2.223) proposta em 8 de junho de 2000, inicialmente foi concedida liminar, referendada pelo Plenário do Supremo Tribunal Federal, em 10 de outubro de 2002, para suspender, até o julgamento final da ação, a eficácia dos arts. 1º e 2º; parágrafo único do art. 3º; arts. 4º a 10; e art. 12, da Lei 9.932, de 20 de dezembro de 1999.[19]

51. Ocorre que, em 20 de setembro de 2004 transitou em julgado a decisão proferida em 2 de setembro do mesmo ano, com o seguinte teor:[20]

> Tanto a Advocacia-Geral da União quanto a Procuradoria-Geral da República manifestaram-se pelo prejuízo do pleito formulado na Ação Direta de Inconstitucionalidade. A premissa mostra-se única: a alteração do dispositivo constitucional de referência — o art. 192 da Carta Federal, presente a Emenda Constitucional 40/2003. O Requerente, instado a pronunciar-se, quedou silente. Procede o prejuízo aventado. Com a Emenda Constitucional 40/2003, alterou-se o art. 192 do Diploma Maior, argüido como inobservado, revogando-se os incisos e alíneas e parágrafos. Vale dizer que, no texto constitucional, já não mais se alude ao resseguro. Ante o quadro, declaro o prejuízo do pedido inserto na inicial.

52. Tendo em vista a decisão acima, já não prevalece a liminar concedida, razão pela qual os efeitos da mesma deixam de existir para o Direito, restaurando-se a eficácia da transferência das atribuições regulatórias do IRB para a SUSEP, desde o momento da edição da Lei 9.932/1999.

53. Em *conclusão parcial*, ainda que tenhamos demonstrado que a permanência, ou não, da função regulatória do IRB no que se refere ao cosseguro, ao resseguro e a retrocessão em nada prejudicava a sua tributação como sociedade seguradora, o fato é que esse suposto óbice deixou de existir.

18. Celso Antônio Bandeira de Mello, *Curso de Direito Administrativo*, cit., p. 139. A definição do autor é muito mais clara e sintética que aquela do Decreto-lei 200.

19. Supremo Tribunal Federal, Medida Cautelar em Ação Direta de Inconstitucionalidade 2.223-7-DF, Relator Ministro Maurício Corrêa, julgamento por maioria em Sessão Plenária de 10.10.2002.

20. Informação obtida no *site* do Supremo Tribunal Federal, <www.stf.gov.br>, em 18.11.2004.

X — Considerações sobre o acórdão 101-93.713 do Primeiro Conselho de Contribuintes

54. O acórdão 101-93.713, do Primeiro Conselho de Contribuintes, contém uma particularidade relevante. Ele sustenta que o IRB, a partir da Lei 9.932/1999, seria tributável como sociedade de seguros privados. Todavia, como a eficácia dessa lei estava suspensa por decisão do Plenário do Supremo Tribunal Federal, ele deixou de aplicá-la.

55. O relator, após transcrever os arts. 1º e 9º da Lei 9.932/1999, afirma (fls. 9 do acórdão — cópia anexa):

> Como se vê, a partir da vigência da Lei 9.932/99, a Brasil Resseguros S/A, com a perda da competência normativa e fiscalizadora, passaria a ser uma sociedade de seguros privados e, portanto, estaria sujeita a incidência da Contribuição Social sobre o Lucro Líquido, na forma dos arts. 22 e 23 da Lei 8.212/1991.
>
> Aliás, a Lei 9.932, de 1999, em seu parágrafo único do art. 4º, veio a definir com toda clareza que:
>
> "Aplicam-se aos estabelecimentos autorizados a operar em resseguro e retrocessão, no que couber, as regras estabelecidas para as sociedades seguradoras."
>
> Desta forma, se combinado o disposto no art. 1º, 4º e 9º, da Lei 9.932/1999, efetivamente, a partir de 21 de dezembro de 1999, a IRB — Brasil Resseguros S/A deixaria de ser uma entidade com funções normativa e fiscalizadora e passaria a operar apenas com operações equiparadas a seguros privados.
>
> Entretanto, e apenas para alertar que a matéria objeto dos autos não é de fácil solução, registre-se que em Ação Direta de Inconstitucionalidade 2.223-7, requerida pelo Partido dos Trabalhadores foi deferida a liminar pleiteada suspendendo a eficácia dos arts. 1º e 2º, parágrafo único do art. 3º, arts. 4º a 10 e art. 12, da Lei 9.932/1999.

56. Ocorre que o Relator, após todas essas considerações, afirma que o fundamento de sua decisão é o mesmo que o dos acórdãos anteriores. Desta forma ele evitou dizer que, na realidade, o seu julgamento estava fundado em uma decisão liminar, ainda que do Supremo Tribunal Federal, que poderia ser reformada, como foi.

57. A decisão, portanto, é definitiva quanto ao processo que foi julgado,[21] mas não se estende a outros que venham a ser apreciados pelo Conselho, nem a outros lançamentos, por ter se alterado a legislação de regência. A alteração não se revela no plano da vigência da lei, pois a Lei 9.932/1999 já havia sido editada, mas de sua eficácia, pois esta se encontrava suspensa.

58. Aplica-se, portanto, à decisão do Conselho (que tem sempre natureza declaratória, porque este não pode alterar o lançamento, só pode confirmá-lo ou anulá-lo) a jurisprudência do Superior Tribunal de Justiça:[22]

> (...) Ação declaratória. Eficácia da sentença.
>
> A eficácia da sentença declaratória perdura enquanto estiver em vigor a lei em que se fundamentou, interpretando-a.

59. Em *conclusão parcial*, a decisão proferida pelo Conselho de Contribuintes no acórdão 101-93.713, bem como nos que lhe antecederam, não vincula nem o próprio Conselho nem a Receita Federal, com relação a lançamentos posteriores.

XI — Conclusão

60. Por todo o exposto, é de se reconhecer que as receitas do IRB — Brasil Resseguros são tributáveis pela CSLL na

21. Estamos afastando, desde logo, de nosso exame, qualquer consideração sobre a possibilidade de interposição do denominado recurso hierárquico ao Ministro da Fazenda.

22. Superior Tribunal de Justiça, Recurso Especial 719-SP, 2ª T., Relator Ministro Carlos Velloso, relator para acórdão Ministro Américo Luz, julgamento em 7.2.1990, por maioria, acórdão publicado na *Revista do Superior Tribunal de Justiça* 8/341.

alíquota de 23%, tal como previsto no art. 22, § 1º, da Lei 8.212/1991, durante o seu período de vigência, excluídas, unicamente, as receitas que não decorram do exercício das atividades de cosseguro, resseguro ou retrocessão.

61. Pode-se afirmar, ainda, que a liminar outrora concedida pelo Supremo Tribunal Federal, na ADI 2.223, em nada alterou a posição jurídica do IRB no que se refere à tributação de sua atividade econômica, razão pela qual, se vier a ser anulado o acórdão do Conselho de Contribuintes, serão devidas as multas de caráter moratório e os juros incidentes sobre os valores não recolhidos.

REGIME JURÍDICO DO CONSÓRCIO

O Código Civil e a Lei de Sociedades por Ações

JOSÉ ALEXANDRE TAVARES GUERREIRO

Tipicidade do consórcio. Registro Público. Em conclusão.

Visam estas notas a precisar a quais normas gerais deve obedecer o consórcio, instituto do qual inexplicavelmente deixou de se ocupar o novo Código Civil. Continua ele a se reger pelos arts. 278 e 279 da Lei de Sociedades por Ações (Lei 6.404, de 15 de dezembro de 1976), que vêm sendo consideradas, desde o advento desse diploma legal, a sede legal respectiva. A eles se reportam, inclusive, dispositivos da legislação especial, como é caracteristicamente o caso da Lei do Petróleo (Lei 9.478, de 6 de agosto de 1997). Como se sabe, até o início da vigência do Código Civil, a Lei de Sociedades por Ações, a par de disciplinar as sociedades anônimas e as sociedades em comandita por ações, funcionou também como lei geral de sociedades comerciais, no que concerne a vários institutos que se estendiam a tipos societários diversos daqueles dois, como, por exemplo, a transformação, incorporação, fusão e cisão (arts. 220 a 234). O Código Civil, no entanto, pretendeu capitular em seu corpo a íntegra da matéria das sociedades comerciais (agora denominadas empresárias), tornando-se *lei geral*, aplicável como tal a todas elas.

Em conseqüência, a Lei de Sociedades por Ações deveria passar à condição de *lei especial*, sendo, aliás, assim referida pelo art. 1.089 do Código Civil, segundo o qual a sociedade anônima rege-se por lei especial, aplicando-se-lhe, nos casos omissos, as disposições deste Código. Na verdade, apenas no tocante às anônimas haveria essa alteração da função da Lei de Sociedades por Ações, uma vez que as sociedades em comandita por ações receberam disciplina mais pormenorizada no Código, e isso sem embargo de se regerem basicamente pelas normas relativas às companhias, como o próprio Código declara (art. 1.090).

No que concerne aos consórcios, é incontroverso poderem agregar sociedades anônimas e sociedades de outros tipos, o que seria motivo mais que suficiente para remover sua disciplina legal para o Código Civil, que assim deveria ter passado à condição de sede legal do instituto, o que, contudo, não veio a acontecer. Os consórcios continuam a existir sob a égide da Lei de Sociedades por Ações, apesar de esta lei estar agora vocacionada a ser lei especial, aplicável às sociedades anônimas, sendo certo, por outro lado, que o consórcio não é sociedade anônima, nem modalidade de sociedade anônima, nem ainda espécie de associação privativa das sociedades anônimas.

Não há, nessa estranha circunstância, se não demonstração evidente da insegurança sistemática do Código Civil. Nada obsta a que os consórcios continuem a se filiar aos preceitos da Lei de Sociedades por Ações, que é, por assim dizer, sua *lex generalis*, uma vez que (a) o Código Civil, conquanto destinado a constituir lei geral das sociedades comerciais e de todos os institutos conexos, na realidade não possui hierarquia normativa formalmente superior às leis ditas especiais e (b) o Código Civil, no que concerne à Lei de Sociedades por Ações, opera a derrogação tão-somente daqueles preceitos desta última quando se verificar mútua incompatibilidade ou quando o Código, como lei nova, regule inteiramente a matéria de que tratava a lei anterior (Lei de Introdução ao Código Civil, art. 2º, § 1º). Não tendo havido revogação da Lei de Sociedades por Ações por força do Código Civil, nem na íntegra, nem em parte, resulta claro que continuam em vigor os arts. 278 e 279 daquela lei, que assim permanecem como a sede legal do instituto do consórcio no direito brasileiro.

Tipicidade do consórcio

O que significa ser a sede legal do instituto? Quem passe os olhos por esses dois preceitos da Lei de Sociedades por Ações haverá de dar-se conta de que contêm eles um tipo contratual, especificando os requisitos e condições para que se reconheça a figura do consórcio, com suas implicações e conseqüências de direito. Parece hoje inquestionável a natureza convencional do consórcio. Igualmente, já não se discute sobre a ausência, no consórcio, dos elementos materiais e formais necessários à categorização de pessoa jurídica, tanto que a lei expressamente declara que o consórcio não tem personalidade jurídica (art. 278, § 1º).

Não há cogitar, evidentemente, da equiparação do consórcio às sociedades comerciais ou empresárias, inclusive porque, na disciplina do Código Civil, estas devem constituir-se segundo um dos *tipos* regulados nos arts. 1.039 a 1.092 (art. 983 do Código Civil). Na codificação consagra-se, pois, o princípio da tipicidade das sociedades. Mesmo que se queira reconhecer aos consórcios os mesmos fundamentos comuns a toda e qualquer sociedade, tais como estabelecidos pelo art. 981 do Código Civil, afirma-se com certeza, de outro lado, que os consórcios não são nem podem ser sociedades empresárias, pois a tanto se opõe a norma do já citado art. 983.

Mas, a tipicidade, requerida das sociedades empresárias como *condicio juris* de sua própria existência, não é atributo indeclinável de todos os contratos, nem, tampouco, pode ser entendida como regra absoluta no direito contratual. Dispõe o art. 425 do Código Civil no sentido de que seja lícito às partes estipular *contratos atípicos*, observadas as normas gerais fixadas no próprio Código. Impõe-se determinar, no caso dos consórcios, a possibilidade jurídica de variantes ao modelo legal instituído pelos arts. 278 e 279 da Lei de Sociedades por Ações. Em outras palavras, a admissibilidade de *consórcios atípicos*.

Tal investigação deve partir da própria constituição do consórcio, que se dá mediante *contrato*, como o diz o art. 279, cujos oito incisos discriminam seu conteúdo necessário. Esse contrato produz efeitos entre as partes contratantes, mas inegavelmente também perante terceiros, de tal modo que se podem dividir as conseqüências jurídicas de uma eventual atipicidade segundo os interesses que atinge ou é suscetível de atingir: os interesses internos, dos próprios consorciados entre si, e os interesses externos, especialmente dos credores em sentido lato. Mas essa separação conflui, em muitos pontos, para intersecções inevitáveis.

Assim, por exemplo, a limitação do objeto do consórcio (*execução de determinado empreendimento*, segundo o *caput* do art. 278) e seu prazo (art. 279, III) apontam claramente para uma associação empresarial de caráter temporário e uninegocial. Executar determinado empreendimento, nos termos legais, vem a ser executar um só empreendimento, o que se diferencia de exercer uma *determinada atividade* — e nesse particular a terminologia e o sistema da Lei de Sociedades por Ações pareciam rigorosamente coerentes e plenamente inteligíveis, na medida em que permitiam distinguir nitidamente o consórcio (destinado à execução de determinado empreendimento, art. 278) e a sociedade (tendo por objeto o exercício da empresa, ou seja, de atividade, art. 2º).

A infelicidade verbal do Código Civil, que na verdade trai patente confusão de conceitos já consagrados em nossa experiência, veio a permitir que a atividade econômica da sociedade possa restringir-se à realização de *um ou mais negócios determinados* (art. 981, parágrafo único). É pelo menos estranha a redução da *atividade* a um só negócio determinado, como possibilita o novo texto codificado, o qual, de toda forma, só vem a obscurecer a diferenciação clara entre sociedade e consórcio, que vinha da Lei de Sociedades por Ações. Agora, já na vigência do Código, caberá ao intérprete e aplicador da lei definir, a cada caso, se uma entidade uninegocial deve se caracterizar juridicamente como consórcio, segundo os arts. 278 e 279 da Lei de Sociedades por Ações, ou se, ao contrário, haverá de se qualificar como sociedade, a teor do parágrafo único do art. 981 da lei nova. Nessa última hipótese, como bem se pode perceber, as dificuldades decorrentes da imprecisão do Código são evidentes, inclusive porque o texto codificado não apenas despreza a prática anterior e o próprio sistema da lei antiga, como também introduz problemas onde não havia, em prejuízo da segurança da ordem jurídica e da certeza dos direitos. Em suma, o Código Civil, sobre não tratar do consórcio, como devia, ainda veio a lançar dúvidas sobre a disciplina existente, que era clara.

Se, no entanto, o consórcio acaba por se dedicar a vários empreendimentos com indeterminação temporal, o modelo legal se compromete e desfigura, podendo então se falar em sociedade irregular ou de fato, alterando-se conseqüentemente os limites das obrigações e responsabilidades de cada sociedade consorciada. A responsabilidade individual de cada qual, sem presunção de solidariedade, decorre do § 1º do art. 278 e pressupõe a contratação do consórcio com plena adesão ao tipo legislado.

Registro Público

Em favor da tipicidade do consórcio segundo o modelo previsto e regulado na Lei de Sociedades por Ações são as disposições legais e regulamentares concernentes ao Registro Público. De acordo com aquela lei, o contrato de consórcio e suas alterações serão arquivados no registro do comércio do lugar da sua sede, devendo a certidão do arquivamento ser publicada (parágrafo único do art. 279).

A Lei 8.934, de 18 de novembro de 1994, que dispõe sobre o registro público de empresas mercantis e atividades afins, inclui, dentre os documentos a serem arquivados, os atos relativos a consórcio e grupo de sociedade de que trata a Lei 6.404, de 15 de dezembro de 1976. O regulamento dessa lei, baixado com o Decreto 1.800, de 30 de janeiro de 1996, reitera e confirma o conceito de consórcio sujeito a registro, afirmando que será aquele de que trata a Lei de Sociedades por Ações (art. 7º, inciso I, alínea *a*).

Na medida, portanto, em que se considere condição da regularidade do consórcio o registro de seus atos de constituição e de suas respectivas alterações, percebe-se que esse mesmo registro, como preceitua a legislação própria, não pode se dar se não relativamente àqueles atos e documentos referentes ao tipo consorcial definido na Lei de Sociedades por Ações. Não se registrará, pois, outro consórcio, nem se admitirão a registro modalidades contratuais desviantes do tipo legal.

O registro entende-se imprescindível, por outro lado, para fixar, nas relações externas do consórcio e na determinação das obrigações e responsabilidades das sociedades consorciadas, os respectivos limites, afastando, por exemplo, a eventual argüição de que as partes devam arcar com o alcance das responsabilidades derivadas de alegada configuração de sociedade irregular ou de fato. Essa era a preocupação dominante, antes do advento da Lei de Sociedades por Ações atualmente em vigor, que, entretanto, subsiste, nas palavras de Mauro Rodrigues Penteado, caso o contrato de consórcio não seja levado a registro, hipótese em que a presunção de inexistência de solidariedade entre as consorciadas, bem como as regras especiais sobre os efeitos da falência não aproveitam às partes (cf. Mauro Rodrigues Penteado, *Consórcios de Empresas*, São Paulo, Pioneira, 1979, p. 154).

No sistema do Código Civil, vale o princípio da responsabilidade solidária e ilimitada dos sócios pelas obrigações sociais, com relação às sociedades não personificadas e particularmente com relação àquelas cujos atos constitutivos não tenham sido submetidos ao registro próprio (sociedades em mão comum, art. 990). É exatamente essa responsabilidade solidária e ilimitada das consorciadas que se elide no consórcio, devidamente constituído e dado à regular publicidade mediante o registro, não se podendo falar em obrigações sociais, como se houvesse sociedade, no instituto consorcial. A este aplicam-se, especificamente, as regras constantes dos §§ 1º e 2º do art. 278 da Lei de Sociedades por Ações, em oposição à norma do referido art. 990 do Código Civil.

Pouco importa que o registro em questão não tenha eficácia constitutiva, no sentido da personificação do consórcio (que inexiste) ou da separação patrimonial entre consórcio e sociedades consorciadas (que igualmente não há). O registro de que se cuida reveste-se de eficácia probatória, fixando o regime patrimonial e obrigacional aplicável ao instituto do consórcio e às sociedades contratantes. Converte-se dito registro, além disso, em condição formal indispensável à regularidade jurídica do consórcio, quer no tocante às relações que se passam internamente, quer no tocante àquelas outras relações que devam ser oponíveis a terceiros, no plano externo. No direito brasileiro, o registro em questão não se limita, portanto, a cumprir função meramente declaratória, como parece suceder no direito italiano (cf. Giuseppe Ferri, v. "Consorzio (teoria gen.)", in *Enciclopedia del Diritto*, IX, p. 380). O registro assume, entre nós, o lugar de requisito de eficácia do negócio jurídico.

Para usar da expressão de Antônio Junqueira de Azevedo, tratar-se-ia, na espécie, de um daqueles *fatores de atribuição da eficácia diretamente visada*, que são aqueles indispensáveis para que um negócio, que já é de algum modo eficaz entre as partes, venha a produzir exatamente os efeitos por ele visados (cf. Antônio Junqueira de Azevedo, *Negócio Jurídico — Existência, Validade e Eficácia*, 4ª ed., São Paulo, Saraiva, 2002, p. 57).

Nessa última acepção, o registro possui eficácia constitutiva própria, não implicando em criação de personalidade jurídica nem em separação patrimonial, mas operando como aperfeiçoamento do contrato de consórcio e como condição a que o contrato produza os efeitos que a lei lhe confere. Autoriza e ampara esse entendimento o já referido parágrafo único do art. 279, à vista do qual se pode afirmar não se reconhecer como consórcio, para todos os efeitos legais, se não aquele que, obedecidos os requisitos dos arts. 278 e 279, tem seus atos constitutivos registrados consoante a legislação própria.

Nesse particular, a Lei do Petróleo distingue entre o *compromisso de constituição de consórcio*, subscrito pelas sociedades consorciadas, exigível nas licitações para outorga de contratos de concessão, e o *instrumento constitutivo do consórcio*, propriamente dito, exigível do consórcio vencedor da licitação (art. 38, I e V). Dispensa-se o registro do primeiro, mas será de rigor o registro do segundo, como dispõe a Lei do Petróleo, *na forma do dispos-*

to do parágrafo único do art. 279 da Lei 6.404, de 15 de dezembro de 1976.

Em conclusão

Muito embora se trate inequivocamente de contrato, e não obstante o novo Código Civil admita expressamente a atipicidade contratual, o consórcio, no direito brasileiro, para valer como tal, deve se conformar ao tipo legal, traçado pelos arts. 278 e 279 da vigente Lei de Sociedades por Ações. Não se pode falar de consórcios atípicos, irregulares ou de qualquer maneira desviantes do tipo prescrito na lei. Para a produção de seus efeitos, o contrato se subordina a registro, o qual, por sua vez, somente pode ser feito relativamente a consórcios constituídos nos termos daqueles dispositivos da Lei de Sociedades por Ações. Em resposta à questão de início formulada, essas são as normas gerais aplicáveis ao instituto, constituindo sua sede legal.

Brasília, 16 de dezembro de 2002.

APONTAMENTOS SOBRE A FUNÇÃO SOCIAL DA EMPRESA E O MODERNO DIREITO PRIVADO

CÁSSIO CAVALLI

O liberalismo clássico entende a sociedade como o conjunto de indivíduos. O indivíduo é entendido independentemente das suas relações sociais com outros indivíduos, pois o que faz o indivíduo é a sua autonomia patrimonial, consistente no seu poder sobre os seus *bens* (propriedade e créditos). Se o indivíduo deseja sair da sua ilha patrimonial, o faz porque voluntariamente deseja — sem que se recorra à vontade ou aos interesses dos demais indivíduos que conformam a sociedade. Desse modo, para o direito de inspiração da época liberal, diz-se que há uma *pessoa* se reunidos três requisitos: (a) a capacidade patrimonial — o sujeito deve ser capaz de possuir um patrimônio; (b) a capacidade negocial — o sujeito deve ser capaz de dispor livremente de seu patrimônio; e (c) a capacidade de estar em juízo — o sujeito deve ser capaz de defender seu patrimônio em juízo. Com a vinculação do conceito de pessoa ao de patrimônio, as relações jurídicas se interiorizam em direção à vontade capaz do indivíduo.

Assim, o indivíduo é marido porque autonomamente relaciona-se com a esposa. O indivíduo é pai porque relaciona-se autonomamente com seu filho. O indivíduo é inquilino porque relaciona-se autonomamente com seu senhorio. E entre essas diversas relações não faz o modelo jurídico liberal associação alguma.

O ideal máximo que se pode esperar da idéia de justiça, nessa perspectiva, é a justiça comutativa bilateral, interna à *relação* — e mesmo essa noção foi profundamente restringida pelo pensamento liberal, face ao dogma da vontade, afirmação máxima do individualismo.

O indivíduo é fruto da livre manifestação de sua vontade. À medida que suas relações decorrem da livre manifestação de sua vontade, elas não aproveitam nem prejudicam terceiros que não integraram voluntariamente a relação. O próprio direito afirma normas específicas aplicadas a determinada categoria de pessoas. É a idéia da relatividade dos pactos, segundo a qual os pactos (a) não aproveitam a terceiros no sentido de que eles não podem exigir comportamentos em virtude do pacto, e, por outro lado, (b) não os prejudica, à medida que deles, que não participaram voluntariamente do pacto, não se pode exigir comportamento algum. Essa lógica permeou todo o modelo jurídico liberal, a ponto de sustentar-se que o casamento seria um contrato e que o reconhecimento da propriedade imobiliária decorreria de um pacto feito por todos no momento da formação da sociedade.

Assim, o indivíduo que, por qualquer razão, resolve separar-se da esposa, cuidará de desfazer essa relação, em nada associada às suas outras relações enquanto pai ou enquanto inquilino, de modo que a separação não interferirá nos interesses do filho nem vice-versa.

Ocorre que o indivíduo, conforme se percebeu, não é indivíduo por força de sua autonomia interior, vincada no ideal kantiano, mas somente enquanto ser que se relaciona com outros indivíduos. Ou seja, o que faz o indivíduo é, na verdade, o plexo de relações que entretém com outros indivíduos. Assim, o que faz o indivíduo é o seu conjunto de relações sociais, ou, na dicção de Clóvis do Couto e Silva, o conjunto de contatos sociais. A sua marca distintiva é, então, exterior, e não interior. Nesse sentido, o patrimônio, que reflete as relações do indivíduo com o mundo, projeta-se em seu aspecto externo. Desse modo, a sociedade não é o somatório de indivíduos autônomos, mas um *conjunto de relações* entre indivíduos.

Deste ponto em diante, preferirei utilizar o vocábulo *sujeito* ao invés de *indivíduo*, para reforçar a idéia de superação do paradigma liberal.

Em cada uma das suas relações, o sujeito assume diversos *papéis*, conforme demonstrou Ludwig Raiser. Atribuir-se à alguém um papel com base nas suas diversas relações com vários sujeitos representa imensa guinada em relação ao modelo do *indivíduo* característico do liberalismo, pois evidencia que o que faz o *sujeito* é justamente o fato de ele relacionar-se com diversos sujeitos, perante os quais assume *papéis*. Ou seja, para que haja sujeito é necessário um plexo de relações havidas com outros sujeitos, os quais, individualmente considerados são sujeitos à medida que estabelecem diversas relações com outros sujeitos.

Assim, atualmente, busca-se pensar o sujeito, p. ex., enquanto marido que cuidará de desfazer sua relação com a mulher, mas sem que esse fato afete demasiadamente os interesses do filho. Ou seja, os interesses daquele que se relaciona com o sujeito-pai são oponíveis, em certa medida, às relações do sujeito-marido. Com efeito, o direito de família, cada vez mais, se preocupa com as relações do sujeito-marido em relação ao filho, por meio de institutos como o da guarda compartilhada, independentemente de não mais co-habitarem marido e mulher, por ter-se desfeito a relação conjugal. As relações, conforme espero ter demonstrado com este pequeno exemplo, não são mais entendidas como absolutamente autônomas e independentes entre si. As relações se comunicam, são permeáveis. Essa noção consiste na idéia de externalidade e dela decorre, p. ex., a noção da socialização dos riscos individuais — como ocorre, p. ex., na responsabilidade civil, fortemente alterada no último século pelo instituto do seguro.

Se é a sociedade (plexo de relações) que faz o sujeito, e o sujeito interage na sociedade também formando-a, então nada mais natural que a sociedade busque evitar que o conjunto de relações de um sujeito sejam afetadas pelos dissabores sofridos em *uma* determinada relação. Assim, a sociedade não mais resulta da afirmação autônoma do indivíduo perante o grupo social, com o isolamento dos vínculos havidos pelo indivíduo. Ela resulta da manutenção do equilíbrio do conjunto das relações do sujeito com os demais sujeitos. Esse conjunto de relações estabelece interesses difusos. Isso deve ser feito na justa medida a não prejudicar os demais sujeitos (que são também conformadores da sociedade pelas relações que entretecem entre si) em suas características relacionais com determinado sujeito e com terceiros; pois de nada adianta a sociedade sacrificar-se (ou seja, sacrificar os vínculos relacionais que a compõem) em favor de um só sujeito — tendo em vista que, por outro lado, é justamente a sociedade (conjunto de relações) que faz o sujeito.

Foi precisamente a ausência dessa noção, parece-me, que levou ao colapso das experiências do socialismo real e que consiste o grande defeito das doutrinas sustentadas pelas ideologias de esquerda *socializante* e de direita *individualista* mais extremadas. Falta-lhes a noção da (1) sociedade como centro de confluência de interesses individuais e da (2) diluição coletiva de riscos individuais nos demais vínculos relacionais.

Ao centralizar e unificar todas as relações num sujeito único, o Estado, p. ex., acaba-se por isolar essas relações entre si, do que decorre a ausência de distribuição na sociedade (i. é, conjunto de relações) dos infortúnios havidos nas relações havidas com o Estado. Basta pensar-se na previdência estatal, em que o Estado assume diversas relações com os pensionistas. O excesso de remuneração em uma determinada relação afeta diretamente a possibilidade de o Estado remunerar adequadamente outros pensionistas. Contudo, como as relações são pensadas autonomamente, as relações prejudicadas não são oponíveis à relação onerosa. Assim, conforme acima se afirmou, a própria noção de justiça reduz-se à justiça comutativa bilateral, interna à relação, à medida que se afirma que, paga a contribuição, deve-se pagar a pensão, independente dos ônus desse pagamento às demais relações.

O mesmo acontece no modelo liberal clássico, em que, ao isolar-se todas as relações havidas por um sujeito, o infortúnio numa delas acaba por prejudicar as demais, mas sem que essas relações prejudicadas possam interferir naquela relação nocente, que é autônoma.

Ocorre que, em determinado momento, esse sujeito onerado por determinada relação não conseguirá mais suportar as demais relações não onerosas, que, assim, correm um risco demasiado. Isso decorre da ausência de mecanismos de diluição de riscos consistente na oponibilidade das relações afetadas à relação afetante.

Assim, deve-se buscar um meio termo: nem tanto ao Estado totalizante, nem tanto ao individualismo absoluto — pois o que faz do indivíduo um indivíduo é precisamente a noção de coletividade, e o que faz da coletividade uma coletividade é precisamente a noção de indivíduo.

Assim, busca-se o máximo bem na maior medida possível aos sujeitos *e* à coletividade. Máximo significa buscar-se — dados os recursos (a) conhecidos e considerados como tais e (b) disponíveis — um ponto ótimo na diluição de riscos individuais que permita a existência da coletividade enquanto tal, para que, nela, possa-se afirmar o sujeito.

A empresa é, indiscutivelmente, um centro para o qual confluem diversas relações sociais, que possuem em comum o fato de (a) serem direcionadas ao mesmo sujeito, o empresário; e (b) serem direcionadas ao mesmo fim, ou seja, possuem a função de servir à produção de bens ou serviços tendentes à satisfação de necessidades alheias. Os direitos e pretensões decorrentes dessas relações são chamados de *bens de produção*, e por isso essas relações são comunicantes entre si.

Essa confluência de relações se dá em direção à figura do empresário, e mais: esse plexo relacional, que é a empresa, conforma o papel de empresário. O empresário é empresário porque relaciona-se com empregados (e aí é empregador), com consumidores (e aí é fornecedor), com outros fornecedores (aí é negociante), e assim por diante. Mas os sujeitos que se encontram no outro pólo relacional figuram também noutras relações. E isso torna a situação complexa. Basta pensar que o empresário (sujeito formado por um complexo de relações), relaciona-se com o empregado. Este, por sua vez, também é sujeito em um feixe de relações que trama com o mundo. Além de empregado (em relação ao empregador), é pai (relação com o filho), marido (relação com a esposa), consumidor (relação com fornecedores), político (em relação a seus colegas de associação), etc. Esse plexo de relações lhe faz sujeito e lhe dá identidade. Sujeito enquanto ser social que estabelece contatos sociais. Assim, se lhe falta a característica de empregado, as relações de pai, marido, consumidor, sujeito político etc., serão sensivelmente abaladas. E é isso que pretende o direito evitar, cuidando de regrar essas relações de acordo com a sua *função social*.

A idéia da empresa enquanto plexo de relações é mais fácil de ser visualizada por que ela é constituída por relações dotadas ou dotáveis de expressão monetária. Adota-se um critério uniforme para valorar-se socialmente essas relações, de modo que, quantificadas monetariamente, permitem a verificação de um equilíbrio ou desequilíbrio entre as diversas relações que a compõe, possibilitando a formação de um sistema distributivo de riscos monetariamente quantificáveis. Essa noção da empresa é claramente estudada pela microeconomia, que analisa, p. ex., as curvas da oferta de trabalho e insumos e de procura de mercadorias, para, relacionando-as, equilibrá-las.

A empresa (plexo de relações) é possível por obra, sobretudo, dos contratos, que são o instrumento mais eficaz de conformação de interesses sociais. A noção tradicional de *propriedade* acaba, parece-me, abarcada pela noção de contrato. Isso porque os contratos estabelecem formas juridicamente tuteladas de utilização econômica de recursos que inclusive superam a tutela da utilização da propriedade. É que, atualmente, utilização dos contratos cria bens juridicamente tutelados que não podem ser utilizados por nenhum outro sujeito, nem mesmo por seu proprietário, de modo que o contrato acaba por possuir as mesmas características da propriedade, sobretudo imobiliária de tempos passados no que respeita à sua função econômica de atribuição de poder sobre bens escassos (que a economia chamaria de recursos limitados).

Pelo contrato, os sujeitos, avaliados os recursos existentes, conhecidos e disponíveis, que são quantificados monetariamente em razão de uma procura e uma oferta, livremente estabelecem vinculações ou contatos sociais — resulta, daqui, a noção da liberdade contratual e de liberdade de iniciativa e exercício de atividade econômica.

Claro que este sistema não está isento de desvios, pois os sujeitos que se relacionam, ao contratarem, muitas vezes não dispõem de informações adequadas ou suficientes sobre, p. ex., a oferta de trabalho ou demanda de produtos, ou não consideram essas informações nas suas tomadas de decisão precisamente porque pensam determinada relação isoladamente das demais, ou apenas nutridos de objetivos egoísticos — de modo que surgem desequilíbrios nestas relações.

Aí entra o papel *funcional* direito, norteado, sobretudo, pelo instituto da *função social do contrato* (pode-se utilizar como sinônimo a expressão *função social da propriedade* ou *função social dos bens de produção*). O principal mecanismo jurídico utilizado para funcionalizar-se o contrato, parece-me, é o da diminuição da força relativa dos contratos e do dirigismo estatal. Encontram-se bons exemplos da diminuição da força relativa dos contratos no direito concorrencial, no direito do consumidor, no direito do trabalho, no direito societário, direito obrigacional e assim por diante.

Uma das razões pelas qual o ordenamento jurídico tutela o consumidor pela atuação direta do Estado, parece-me, consiste no fato de que, justamente por não inserir a utilidade econômica do contrato numa cadeia produtiva (i. é, em outros contratos), de modo a diluir seus riscos nesta relação de consumo em outras relações, o consumidor concentra maiores riscos, ou melhor, possui menores possibilidades de diluir seus riscos noutras relações.

Do empresário fornecedor não se pode dizer o mesmo. O empresário dispõe de um mecanismo mais eficaz e dinâmico do que a intervenção estatal direta para equilibrar suas relações, que é justamente o contrato, ao final também garantido pela ordem estatal, mas sem a intervenção direta do Estado. Assim, sua proteção é minimizada em comparação à do consumidor.

Agora, isso não significa que o empresário não possa se beneficiar da intervenção direta do Estado nas relações que entretece — até mesmo pela utilização de disposições previstas no Código de Defesa do Consumidor. No entanto, para que haja a intervenção direta do Estado, acaba-se por fazer uma distinção entre (a) os contratos celebrados pelo empresário sem que ele possa relacionar aquela base de troca às suas demais relações (empresa), para obter o equilíbrio de uma relação mediante a sua conexão com outras — o que pode ocorrer por deficiência de informação ou condições (e, aqui, entenda-se por informação aquela disponível no meio social do empresário acerca da base econômica do contrato; e por condições a paridade econômica para negociar livremente a formação de seus contratos; sendo um exemplo acerca da ausência de informação ou de condições a *inexperiência* ou a *premente necessidade* adotados como pressupostos para aplicação do instituto da lesão, positivado no art. 157 do Código Civil), o que acaba por impedir a diluição dos riscos do contrato em outros contratos; e (b) os contratos celebrados pelo empresário nos quais ele possa relacionar aquela base de troca às suas demais relações (empresa), de modo a obter o equilíbrio de uma relação mediante a sua conexão com outras, em razão de possuir informações ou condições suficientes para possibilitar a diluição dos riscos contratuais em demais operações.

Assim, a função social do contrato pode ser associada às hipóteses de revisão do vínculo contratual em razão de onerosidade excessiva. O contrato, muitas vezes, é concluído tendo por base determinado conjunto de informações obtidas em determinado meio social acerca de determinado plexo relacional, como, p. ex., o valor mínimo de salário, número de empregados efetivamente necessário para atender à demanda gerada pelo contrato, projeção da carga tributária incidente, e assim por diante. Assim, verificados custos fixos e variáveis referentes àquele contrato (projeção monetária das relações que existem ou poderão existir), celebra-se esse determinado contrato. Se este contrato é celebrado com outro empresário (outro centro de confluência de relações) e as prestações comutadas apresentam-se manifestamente desproporcionais (o esforço de um contratante excede em muito o esforço do outro) tendo em vista o panorama objetivamente aferível na época e na localidade da (a) formação (lesão e cláusulas abusivas) e (b) execução do contrato (imprevisão ou quebra da base), pode-se revê-las por meio da intervenção direta do Estado.

Os fundamentos tradicionais dessa doutrina, ao que me parece, consistem numa noção de justiça comutativa bilateral (os pactos possuem um fim econômico útil entre os contratantes que deve ser atingido), e estão vinculados à noção da compreensão do vínculo obrigacional isolado em relação às demais relações do sujeito, em que pese o extraordinário avanço dessa concepção em relação ao modelo liberal clássico, que se prendia ao dogma da vontade. Por esse fundamento, no entanto, pode-se, muitas vezes, encontrar dificuldade em afirmar-se, p. ex., se um pacto é lesionário ou não.

É possível, no entanto, avançar-se um passo à frente.

O esforço feito por um contratante só pode ser entendido como decorrência de outras relações que ele mantém (com empregados, fornecedores, fisco, etc.) para poder prestar ao contratante (com quem, nesta relação, comuta prestações). Ou seja, as demais relações *influenciam* o contrato (relação) em espécie (e cá está a diminuição da força relativa do contrato, afetado por outras relações). Somente nesta perspectiva de medição de esforços é que se pode pensar em desproporção entre as prestações comutadas entre empresários, a justificar a intervenção direta do Estado — que busca, afinal, a estabilidade das relações que confluem à empresa.

São as demais relações mantidas pelo empresário que fornecem a medida do risco de determinado contrato. Enquanto se está dentro da álea contratual (e o Aurélio registra que "álea é a *probabilidade* de perda concomitante à *probabilidade* de lucro") em que é possível a manutenção equilibrada das relações mediante a verificação das *probabilidades* decorrentes das prestações comutadas, de modo a possibilitar-se a diluição das perdas prováveis nos demais vínculos — mas de modo a mantê-los vivos e saudáveis — se está na seara do risco tolerado pelo ordenamento. Se se ultrapassa esse limite, há a possibilidade de o Estado intervir diretamente para rever-se o vínculo oneroso ao contratante e que, por tabela, onera os demais sujeitos que mantém relações com o empresário onerado, e não apenas em relação a este que figura diretamente num dos pólos da relação.

É neste sentido, penso eu, que se pode falar de desproporção objetiva das prestações no caso em espécie. É que, por instrumentos de medição econômica, se pode criar um padrão minimante racional para determinada sociedade que estabeleça qual a quantidade de esforço necessário para manter-se determinado vínculo contratual economicamente útil. O interesse da revisão não se funda, então, numa justiça bilateralmente comutativa, mas no coletivo interesse da manutenção de relações úteis de troca. Claro que aqui eu falo da utilidade econômico do contrato para as demais relações, as quais, assim, acabam por extrapolar sua esfera eficacial em relação a um vínculo específico demasiadamente oneroso.

Agora, se todas as relações são demasiadamente onerosas ao centro de convergência (empresa), que todas elas têm em comum, ocorre o colapso desse centro: é a falência. Nela, todas as pretensões individualmente consideradas são jurídica e economicamente revistas pela intervenção direta do Estado — no sentido que nenhum contratante receberá a integralidade daquilo que pretendia — isso porque, se recebesse, os demais ficariam a descoberto, o que não é aceito pelo direito, inspirado, afinal, na noção de maior utilidade econômica das trocas para o maior número possível de sujeitos. Há, assim, uma diluição coletiva de riscos, na qual ocorre uma influência recíproca entre as relações, de modo a equilibrá-las.

Quanto menor for o número de colapsos de unidades confluentes de troca (empresas), maior será a afirmação individual do sujeito na sociedade e mais equilibradas serão as relações sociais, interdependentes que são, afinal, umas das outras enquanto relações conformadores do sujeito e da sociedade.

Assim, a função social do contrato e, por conseqüência, da empresa, enquanto centro de confluência de contratos, consiste na busca da preservação de interesses de determinado sujeito (sujeito "a") na sua relação havida com outro sujeito (relação entre sujeito "a" e sujeito "b"), os quais, para serem preservados, são oponíveis a relações nas quais não é parte (relação entre sujeito "b" e sujeito "c", na qual não é parte o sujeito "a", p. ex.), mas que possuem em comum o fato de serem direcionadas ao mesmo sujeito (sujeito "b") com a mesma função econômica (atender a necessidades alheias mediante a produção de bens ou serviços). Decorre dessa intercomunicação entre relações aparentemente isoladas uma gama de deveres de abstenção ou, até mesmo, de ação.

Acredito que é neste sentido que se deve entender a função social dos contratos e da empresa.

Atualidades

AINDA SOBRE REGULAÇÃO E AGÊNCIA REGULADORA

MARCO AURÉLIO GUMIERI VALÉRIO

Introdução. 1. Regulação. 2. Modelo norte-americano de regulação. 3. Agências reguladoras. 4. Projeto de Lei n. 3.337/2004. 5. Proposta de Emenda à Constituição n. 81/2003. Conclusão. Bibliografia.

Introdução

A intervenção estatal na economia era tratada, até pouco tempo, como sinônimo de assunção da produção de utilidades públicas pelo Estado. Assiste-se, a partir dos anos 1990, a uma mudança nesse cenário, conseqüência direta da exaustão do modelo intervencionista que desmoronou sob o peso de suas próprias ineficiências, dos custos fiscais e das desigualdades sociais que acentuou.[1]

Na esteira das experiências de desregulação,[2] implementada pelos Estados Unidos da América, e de desestatização,[3] praticada pela Europa, a reforma do Estado tomou conta da agenda política de vários países, inclusive da brasileira. Esses dois fenômenos não ocorreram apenas como conseqüência da necessidade de ajuste estrutural, mas também para responder a padrões de *accountability*[4] governamental e de eqüidade na prestação de serviços públicos.

A diminuição da intervenção direta não significa, todavia, que tenha ocorrido redução da atuação estatal no domínio econômico. Essa redução foi compensada pelo crescimento da ação indireta. Para Marques Neto, a "necessidade regulatória aumenta porque, deixando o Estado de ser ele próprio provedor dos bens ou serviços de relevância social, tem ele que passar a exercer algum tipo de controle sobre essa ativida-

1. Cf. Floriano Azevedo Marques Neto, "A nova regulação estatal e as agências independentes", in Carlos Ari Sundfeld (coord.), *Direito Administrativo Econômico*, pp. 73-75.

2. Especificamente no contexto norte-americano, a desregulação pode ser compreendida como redução do poder ou do grau de intervenção das agências reguladoras sobre entes privados, ou ainda, como flexibilização das normas existentes. Assim, tem-se que, desregular não significa eliminar regras, mas introduzir concorrência onde antes havia regulação, substituindo mecanismos de forte controle em determinados mercados (Marco Aurélio Gumieri Valério, *Antitruste em Setores Regulados*, no prelo).

3. Como destaca Calixto Salomão Filho, pode-se diferenciar o termo — *privatização* — para as alterações ocorridas nos países socialistas do Leste, onde as transformações estão tendo características distintas e mais profundas, tratando-se, na verdade, de uma mudança *de* sistema e não de uma mudança *no* sistema, como se verificou nos capitalistas do Ocidente, aplicando-se, nesse caso, o termo — *reprivatização* — para caracterizar suas reformas operadas através da desestatização (*Direito Concorrencial — As Estruturas*, pp. 21-25).

4. A expressão *accountability*, que não tem correspondente na língua portuguesa, indica a responsabilidade do governo e do serviço público perante os cidadãos (A. M. Campos, "*Accountability*: quando poderemos traduzi-la para o português?", *Revista de Administração Pública*, n. 20, v. 2, pp. 32-33.

de, sob pena de estar descurando de controlar a produção de uma utilidade dotada de essencialidade e relevância".[5]

As agências reguladoras, um dos principais desdobramentos da reforma administrativa implementada pela Emenda Constitucional n. 19, de 4 de junho de 1998, encontram-se inseridas num sistema específico de regras compostas por filosofia, critério, método e linguagem técnicas peculiares.

Embora o atual governo reconheça a importância dessas entidades, está em tramitação, no Congresso Nacional, o polêmico Projeto de Lei n. 3.337/2004 de autoria do Poder Executivo, que visa instituir a Lei Geral das Agências Reguladoras. A partir do estabelecimento de um conjunto de regras para orientar a gestão e a atuação das atuais agências reguladoras e das que vierem a ser criadas, poderá extirpar parte da autonomia dessas entidades.

Ainda que seja uma das prioridades legislativas do Palácio do Planalto, seu desenho pode ter que se adaptar ao que manda a Proposta de Emenda à Constituição n. 81/2003 do senador Tasso Jereissati do PSDB/CE. Em sua exposição de motivos, a PEC esclarece que sua finalidade é propor a constitucionalização de princípios diretores da atividade das agências reguladoras, como forma de inspirar e dirigir o tratamento institucional dessas entidades e agir como fundamento de validade da legislação infraconstitucional.

O presente trabalho não visa o exame completo e exaustivo das agências reguladoras, mas através de um corte metodológico examina essas entidades como principal instrumento criado pela reforma administrativa. Contribui, assim, para o reconhecimento e a divulgação da atividade reguladora, além de fornecer instrumental teórico para o leitor compreender a importância do assunto e entender as alterações propostas. A atualidade do tema é evidente e dispensa maiores comentários.

1. Regulação

O conceito de regulação longe de ser interesse meramente acadêmico, é imprescindível para que seja definida a competência dos órgãos e entidades públicas que exercem essa função, ainda que não nominalmente. Contudo, sua noção é ainda imprecisa, tanto entre autores nacionais, quanto estrangeiros.

Fiani constata que regulação é termo originado na literatura econômica para se referir a qualquer tipo de intervenção estatal no mercado, com objetivo de induzir os agentes econômicos a comportamento gerador de eficiências, pelo qual o poder público substitui, em modos e graus variados, a decisão privada, que seria condicionada tão-somente pelas forças de mercado. Limita, assim, sua liberdade na tomada de decisões.[6]

Segundo Moreira, o processo regulatório abrange: (a) aprovação das normas pertinentes (leis, regulamentos, códigos de conduta, etc.); (b) implementação concreta das referidas regras (autorizações, licenças, injunções, etc.); (c) fiscalização do cumprimento; e (d) punição das infrações.

"É por a regulação conjugar esses três tipos de poderes — um normativo, um executivo e um parajudicial — que a doutrina norte-americana refere as 'comissões reguladoras independentes' como um concentrado dos três poderes típicos do Estado (Legislativo, Executivo e Judicial)."[7]

5. Floriano Azevedo Marques Neto, "A nova regulação estatal e as agências independentes", in Carlos Ari Sundfeld (coord.), *Direito Administrativo Econômico*, pp. 73-75.

6. Ronaldo Fiani, "Teoria da regulação econômica: estado atual e perspectivas futuras", *Textos para Discussão*. 423.

7. Vital Moreira, *Auto-Regulação Profissional e Administração Pública*, pp. 36-37. Faz o autor referência ao clássico *princípio da separação dos poderes*, teorizado pelo filósofo Charles Louis de Secondat, o Barão de Montesquieu, em sua obra *Do Espírito das Leis* (*De l'Esprit des Lois*), editada no anonimato em novembro de 1748, na cidade de Genebra, inspirado no modelo inglês de Constituição,

Pegrum defende que a regulação cumpre vários objetivos e tem como funções: (a) restringir práticas empresariais (*restraint of trade*), proibindo cartelização dos preços dos produtos e impedindo fixação de valores excessivos; (b) regular monopólios, evitando que algumas indústrias dominem, com exclusividade, certos mercados (*conspiracy to monopolize*); (c) controlar qualidade e preço dos serviços nos setores tradicionalmente monopolizados, onde seja inviável a livre concorrência (*regulation to control monopoly*); e (d) afastar concorrência desleal, implementando uma saudável competição entre indústrias (*unfair competition*).

O autor explica ainda que, com base na Constituição e nas leis, o Estado tem direito de regular (*the right to regulate*), alicerçado na prerrogativa de intervir na economia e nos serviços de interesse público prestado por empresas particulares.[8]

Para Aragão, o termo regulação (*regulation*) compreende, em sua definição, duas acepções distintas.[9]

Lato sensu, equivale a todas as atividades dos poderes públicos de organização e configuração da realidade social. Pode-se enumerar como possibilidades de regulação econômica: (a) regulação estatal, feita pelas regras emitidas por órgãos estatais, mesmo que deles participem representantes de organismos intermédios da sociedade; (b) regulação pública não estatal, praticada por entidades da sociedade, mas por delegação ou por incorporação das suas normas ao ordenamento jurídico estatal; (c) regulação privada, levada autonomamente por instituições privadas, geralmente associativas, sem qualquer delegação ou chancela estatal; e (d) desregulação, consistente na ausência de regulação institucionalizada, pública ou privada, ficando os agentes sujeitos apenas ao livre desenvolvimento do mercado.[10]

embasado na divisão do Estado em três áreas de atuação, independentes e harmônicas entre si. Visa garantir liberdade aos cidadãos e eficiência às instituições políticas. Na verdade, desde a Antiguidade, Aristóteles já delineava, no Livro III, Cap. XI, d'*A Política*, a separação tripartite das funções estatais, considerando injusto e perigoso atribuir-se, a um só indivíduo, o exercício do poder. O mérito de Montesquieu reside na sistematização desse princípio com maior clareza e precisão. Traz uma contribuição pessoal que acaba por justificar a filiação que a história estabeleceu. Cabe não olvidar, todavia, que a doutrina defendida por esse iluminista, além de ter sido objeto de interpretações radicais não vislumbradas pelo próprio autor, nunca foi aplicada *in totum*, desenvolvendo-se de maneira diversa em diferentes ordenamentos jurídicos, contextualizados em distintos momentos históricos. Segundo Alexandre Santos de Aragão, "afastando-se o caráter retórico presente no princípio da separação dos poderes, é possível analisá-lo em seus devidos termos tratando-se, na verdade, de uma distribuição de funções estatais a órgãos específicos da administração" ("O poder normativo das agências reguladoras independentes e o Estado Democrático de Direito", *Revista de Informação Legislativa* 148/280-281).

8. Dudley F. Pegrum, *Public Regulation of Business*, p. 253. "Regulation presupposes private business and economic activity independent of government. It assumes the decentralization of responsibility for the guidance of economic life and production. It prescribes rules of conduct under which, however, enforcement agencies are allowed considerable discretion. Regulation also involves an element of deliberate direction, which, at times, creates the problem of distinguishing between regulating and managing. This is particularly true in those industries 'affected with public interest'". Tradução livre: "Regulação pressupõe negócios privados e atividade econômica independente do governo. Ela assume a descentralização de responsabilidade pela orientação da vida econômica e produtiva. Prescreve normas de conduta as quais, de qualquer modo, conferem às agências fiscalizadoras um considerável poder discricionário. Regulação também envolve um elemento de direção deliberativa que, em certos casos, cria o problema de discernimento entre regulação e gerenciamento. Essa é, particularmente, a realidade daquelas indústrias 'afetas pelo interesse público'".

9. Alexandre Santos de Aragão, "Conceito jurídico de regulamentação da economia", *Revista de Direito Mercantil*, abr.-jun. 2001, p. 43.

10. "Broadly defined as imposition of rules by government, backed by the use of penalties that are intended specifically to modify the economic behaviour of individuals and firms in the private sector. Various regulatory instruments or targets exist. Prices, output, rate of return (in the form of profits, margins or commissions), disclosure of information, standards and ownership ceilings are among those frequently used. Different rationales for economic regulation have been put forward. One is

Stricto sensu, consiste na determinação do regime jurídico de atividade econômica. É, portanto, o uso do poder de coerção estatal com finalidade de limitar decisões dos agentes econômicos.

to curb potential market power and increase efficiency or avoid duplication of facilities in cases of natural monopoly. Another is to protect consumers and maintain quality and other standards including ethical standards in the case of professional services provided by doctors, lawyers, etc. Regulations may also be enacted to prevent *excessive* competition and protect suppliers from unstable output and low price conditions, to promote employment and more equitable distribution of income. Not all forms of regulation have to be mandated or imposed by government. Many professions adopt *self-regulation*, i.e., develop and self-enforce rules commonly arrived at for the mutual benefit of members. Self-regulation may be adopted in order to maintain professional reputation, education and ethical standards. They may also act as a vehicle to set prices, restrict entry and ban certain practices". Tradução livre: "A regulação, em sentido lato, pode ser definida como uma imposição de regras por parte do governo, garantida pelo uso de penalidades, que visam, especificamente, modificar o comportamento econômico dos indivíduos e empresas no setor privado. Diferentes são os motivos que tem sido considerados como originários da regulação econômica. O primeiro é refrear potencial crescimento de poder de mercado e aumentar a eficiência das empresas ou, por outro lado, evitar a duplicação de facilidades nos casos de monopólio natural. Um segundo motivo teria sido a necessidade de proteção dos consumidores e a busca da manutenção da qualidade dos serviços e outros padrões, incluindo os padrões éticos quando se tratar de serviços prestados por médicos, advogados, etc. A regulação também pode ser utilizada para prevenir concorrência excessiva e proteger os fornecedores de uma produção instável ou de preços baixos de forma a promover o emprego e uma melhor distribuição de renda. Nem todas as formas de regulação têm de ser mantidas ou impostas pelo governo. Muitas profissões adotam a auto-regulação que pode ser utilizada para manter a reputação profissional, a educação e os padrões éticos. A regulação pode ser usada, ainda, como um veículo para o tabelamento de preços, para restringir o acesso de determinadas empresas ao mercado e para banir certas práticas" (Comitê sobre Política e Direito da Concorrência da Organização para a Cooperação e Desenvolvimento Econômico — OCDE, "Relationship between regulators and competition authorities", *Series roundtables on competition policy* 22, de 24.6.1999. *Organization for Economic Co-operation and Development*, disponível em <http://www.oecd.org>, acesso em 12.8.2001).

A palavra *regulation* costuma ser traduzida, indistintamente, por regulamentação e regulação. Contudo, especialmente no direito brasileiro, eles não têm o mesmo significado.

Para Di Pietro, "regular significa estabelecer regras, independentemente de quem as dite, seja o Legislativo ou o Executivo, ainda que por meio de órgãos da administração direta ou entidades da administração indireta. Trata-se de vocábulo de sentido amplo, que abrange, inclusive, a regulamentação, que tem um sentido mais estrito". Por sua vez, "regulamentar significa também ditar regras jurídicas, porém, no direito brasileiro, como competência do Poder Executivo. Perante a Carta Magna, o poder regulamentar é exclusivo do Presidente da República".[11]

São dois os tipos de regulamento: o executivo e o independente ou autônomo: o primeiro, complementa a lei ou, como reza o art. 84, IV, da Constituição Federal, contém regras para sua fiel execução. Não pode estabelecer disposição *contra* ou *ultra legem*. Limita-se a determinar como a norma será cumprida pela administração, sem inovar o ordenamento jurídico; já o segundo, é originário do sistema francês. Pode criar direitos, obrigações, proibições, ou medidas punitivas, porque estabelece normas sobre matérias não disciplinadas, não completando nem desenvolvendo nenhuma lei prévia.

Esta distinção é ligada, ainda, a outra oriunda do direito alemão, entre regulamento jurídico ou normativo e administrativo ou de organização. Aquele estabelece regras sobre relações de supremacia geral, ou seja, vínculos relações que unem todos os cidadãos ao Estado, tal como ocorre com as inseridas no poder de polícia, limitando direitos individuais em benefício do interesse público. Este contém normas para

11. Maria Sylvia Zanella Di Pietro, *Parcerias na Administração Pública: Concessão, Permissão, Franquia, Terceirização e Outras Formas*, pp. 151-152.

organização administrativa ou relações entre particulares que estejam em situação de submissão ao Estado, decorrente de titulo jurídico especial, como contrato, concessão de serviço público, outorga de auxílios ou subvenções, nomeação de servidor público, etc.

Nos regulamentos jurídicos ou normativos, o poder regulamentar é menor, com menos discricionariedade, porque diz respeito à liberdade e aos direitos dos particulares, sem qualquer documento concedido por parte da administração. E nos administrativos ou de organização, a discricionariedade é maior porque a situação de sujeição do cidadão é especial, presa a título jurídico emitido pela administração. Diz respeito à organização ou forma de prestação do serviço.

Os regulamentos jurídicos ou normativos são complementares à lei, enquanto que os administrativos ou de organização, podem ser baixados com maior liberalidade.

A Constituição Federal de 1988 limitou consideravelmente o poder regulamentar. Não deixou, como se fez supor após a aprovação da EC n. 32, de 11 de setembro de 2001, nenhum espaço para regulamentos autônomos ou independentes.[12]

A regulação deve ser entendida de maneira abrangente, englobando a regulamentação. Compreende o controle do *Estado-administração* sobre atividades privadas, consoante regras de interesse público. Resulta na imposição de normas com propósito de controlar, dirigir, restringir e alterar comportamento dos agentes econômicos, autorizando o poder público a aplicar sanções em caso de desobediência.

A administração pode intervir através de comissões autônomas ou agências, por meio da fixação de preços dos serviços, limitar lucro, ou ainda estabelecer outras restrições prescritas pelo direito positivo.

Segundo Moncada, a regulação pode se valer de instrumentos puramente jurídico-coercitivos, ou combiná-los com mecanismos consensuais, econômicos, financeiros, ou materiais. São classificadas como direta, a consistente em ordens vinculantes aos particulares para deles se obter uma ação, omissão ou prestação; e indireta, a que o objetivo é atingido não pela coação, mas por meios adaptados a outros fins, como incentivos fiscais, gestão seletiva e funcionalizada dos gastos públicos, etc.

Quanto à sua finalidade, a regulação pode ser imediata ou mediata. Na segunda tem-se a regulação ampla, ou seja, a busca da realização das finalidades sociais estatais com reflexos na economia e, na primeira, a atividade estatal visa objetivos econômicos propriamente ditos, por meio da atuação deliberada sobre produção, circulação, ou consumo de mercadorias.[13]

Na realidade, pode-se dizer que a regulação serve a três objetivos fundamentais:

O primeiro lembrado por Eros Grau, é o de assegurar existência digna conforme

12. A EC n. 32/2001, modificou o art. 84, VI, CF, possibilitando a disposição mediante decreto, *independentemente de lei autorizativa*, sobre a *organização e funcionamento da administração federal*, quando não implicar aumento de despesa, criação e extinção de órgãos públicos, ou extinção de funções ou cargos públicos, quando vagos. A legalidade para o cidadão (art. 5º, II, CF) veda que alguém seja compelido a fazer ou deixar de fazer algo, senão em virtude de lei. Para a maior parte da doutrina, o *decreto de organização não introduziu no ordenamento brasileiro os chamados regulamentos autônomos*. Os *regulamentos autônomos*, ao contrário dos regulamentos *de execução*, são verdadeiras normas jurídicas primárias que estabelecem direitos e imputam obrigações aos particulares independentemente de qualquer submissão legal. São próprios de países que, como a França, adotam o *contencioso administrativo*. Lá, a *reserva legal* é diferente da *legalidade*, uma vez que naquela são reservadas matérias específicas que só poderão ser tratadas por *leis no sentido estrito*, e jamais por regulamentos ou atos administrativos, cabendo tratamento administrativo de todas as demais matérias. No Brasil, os direitos e obrigações só se originam das *leis* (art. 5º, II, CF). Há, entretanto, aqueles que entendam que a EC n. 32 criou a figura do *regulamento autônomo* no ordenamento jurídico pátrio.

13. Luis S. Cabral de Moncada, *Direito Econômico*, p. 33.

ditames da justiça social, fim primordial da ordem econômica e princípio integrante dos fundamentos da República Federativa do Brasil contidos no art. 1º, inciso III, da Constituição Federal. Para o autor, "a noção de justiça social foi sendo aprimorada, atribuindo-se hoje a ela uma significação macro e não meramente microeconômica. Trata-se, agora, de cuidar da repartição, a nível pessoal, desde uma visão macroeconômica".[14] As correções na injustiça da repartição deixaram de ser apenas uma imposição ética e passaram a consubstanciar, também, uma exigência de política econômica.

O segundo, é o de garantir a igualdade de condições nas relações econômicas. Depende, dessa forma, das regras de concorrência, pois são elas que possibilitam a escolha individual por parte do consumidor e permitem a descoberta de melhores opções.

O terceiro e fundamental objetivo, citado por Salomão Filho, é o de difundir o conhecimento econômico. Essa atividade é incompatível com a existência de poder econômico. A democracia proporcionada pela concorrência traduz-se, também, em maior isonomia econômica.[15]

Ao se entender que a regulação visa a consecução da justiça social, não se pode percebê-la dissociada da proteção da concorrência. Deve esta ser entendida, portanto, como um dos aspectos daquela.

2. *Modelo norte-americano de regulação*

Em economias como a dos Estados Unidos da América, onde se pratica, tradicionalmente, o mínimo de intervenção pública nos setores produtivos, sentiu-se, a necessidade de disciplinar, de forma efetiva e rigorosa, atividades econômicas exercidas por agentes econômicos privados, não só no intuito de proteção aos usuários, mas, também, no de serem evitados, ou minorados, abusos de poder econômico.

Nesse contexto surgiram as agências reguladoras (*regulatory agencies*), que se tornaram um dos pilares da administração pública norte-americana.

O desenvolvimento da regulação (*regulation*) nos EUA teve dois momentos fundamentais: o *New Deal* (1933-1940) e a *New Social Regulation* (1965-1980). Antes de 1900, existiam apenas seis grandes agências, incluindo a *Interstate Commerce Commission* (1887) e a *Comptroller of the Currency* (1863). De 1900-1910, apenas uma foi criada, a *Antitrust Division*. No período entre 1910-1920, surgiram mais cinco, dentre elas a *Federal Trade Commission* (1914) e a *Federal Power Commission* (1920). Entre 1920-1930 instituíram-se duas. No decênio do *New Deal*, foram criadas dez, além de outras entidades que, embora não fossem agências reguladoras, tinham estrutura e exerciam funções similares. Nos vinte anos transcorridos de 1940 até 1960 foram instituídas quatro e na década de sessenta, sete. O período entre 1970-1980 caracterizou-se como o de maior criação de agências, vinte e uma.[16]

No primeiro momento, a preocupação era o controle do poder monopolista e da concorrência destrutiva. Já no segundo, além das inquietações iniciais, buscou-se corrigir os problemas de informação imperfeita a consumidores e a pequenos acionistas, segurança dos produtos, proteção ao meio ambiente, certeza dos resultados da intervenção regulatória e maior eqüidade distributiva.

A *Federal Administrative Procedure Act* — APA — legislação editada em 1946

14. Eros Roberto Grau, *Elementos de Direito Econômico*, p. 56.

15. Calixto Salomão Filho, *Regulação da Atividade Econômica: Princípios e Fundamentos Jurídicos*, p. 39.

16. Cass R. Sunstein, *After of the Rights Revolution Reconceiving the Regulatory State*, pp. 242-243.

— conceituou o instituto de forma ampla. Compreende qualquer estrutura organizativa federal distinta dos poderes expressamente previstos na Constituição dos EUA.[17]

Pela definição, entende-se que elas correspondem a diferentes unidades que compõem a administração federal norte-americana, excluídos os órgãos diretamente integrantes do *Executive Office of the President* como, por exemplo, o *Department of State*, o *Department of Justice*, dentre outros, e as *Government Corporations*.[18]

Cabe observar ainda que, no contexto da administração norte-americana, as agências comportam classificação em duas espécies: *regulatory agency* e *non-regulatory agency*.[19]

As agências reguladoras têm poderes conferidos por delegação do Congresso Nacional. Compreendem as capacidades normativa e decisória. Condicionam direitos, liberdades e atividades econômicas. Resolvem, ainda, conflitos entre pessoas a elas vinculadas. Já as agências não reguladoras correspondem àquelas que são investidas para prestação de serviços públicos quando não exercidos pela administração centralizada, com poderes bem mais limitados, cuja atividade se reduz a reconhecer benefícios e ajudar aos mais desfavorecidos na prestação de serviços sociais.

Um segundo critério, embasado na estabilidade de seu corpo dirigente, as diferencia em *independent regulatory agency or comission* e *executive agency*.[20]

Nas agências reguladoras, a destituição dos dirigentes está condicionada a uma decisão do Poder Legislativo, com os motivos fixados em lei. Já nas agências executivas, que compreendem estruturas variadas, incluindo os diferentes departamentos ministeriais, o pessoal pode ser destituído *ad nutum*.

Alguns estudiosos ainda trabalham com uma terceira classificação, as chamadas *agências quase independentes*, entidades com amplos poderes delegados, caracterizando elevado grau de autonomia. Todavia, seus dirigentes podem ser afastados sem motivação, característica de dependência institucional, confundindo, assim, os poderes da agência com o grau de subordinação.[21]

A noção de agência reguladora no sistema norte-americano serviu de modelo e fonte de inspiração para vários outros sistemas jurídicos, inclusive o brasileiro.

3. Agências reguladoras

Os novos marcos regulatórios setoriais surgiram num momento histórico de profundas transformações operadas no modelo de Estado e nas suas relações com os diversos atores econômicos e sociais. Em atendimento ao poder constituinte reformador da EC n. 19/1998, criaram-se entidades dotadas de conformação jurídica peculiar.

Apelidadas de *Frankensteins Administrativos* pelo ministro do STF, Nelson Jo-

17. "Agencies means each authority of the Government of the United States, whether or not it is within or subject to review by another agency, but does not include (A) the Congress, (B) the Courts of the United states, (C) the Governments of the territories of the United States, (D) the Government of the district of Columbia". Tradução livre: "Agência é qualquer autoridade do Governo dos Estados Unidos, que esteja ou não sujeita ao controle de outra agência, com exclusão (A) do Congresso, (B) dos Tribunais, (C) dos Governos Regionais e (D) do Governo do distrito de Columbia" (Bernard Shwartz, *Administrative Law*, Boston/Toronto, Little Brown and Company, p. 5).

18. Francisco de Queiroz Bezerra Cavalcanti, "A independência da função reguladora e os entes reguladores independentes", *Revista de Direito Administrativo* 219/258-2599.

19. Idem, ibidem.

20. Idem, ibidem.

21. Nesse sentido: Eloísa Carbonell Porras, *Agencias y Procedimiento Administrativo en Estados Unidos de América*, pp. 48-49. Para a autora, essa classificação não procede por não haver agência independente, sejam quais forem os poderes que lhes tenham sido delegados, cujo dirigente não tenha mandato fixo.

bim, as agências reguladoras são entes constituídos por partes de cadáveres da velha administração que, na busca por uma identidade própria, transformaram-se, da mesma forma que o monstro do romance de Mary Shelley, nas criaturas mais incompreendidas e combatidas de todos os tempos.

A primeira impressão que se tem ao pesquisar o tema é a de que algo realmente inédito fora criado dentro da organização administrativa brasileira, ou seja, uma nova categoria jurídica teria se somado àquelas existentes. Contida a empolgação inicial percebe-se que, na realidade, esses entes são de pouca novidade na estrutura burocrático-institucional do país. Adotam forma jurídica autárquica, esta sim revolucionária à sua época, criada pelo Decreto-lei n. 200, de 25 de fevereiro de 1967, cuja força remodeladora ainda não se fez sentir de todo, como bem denota Meirelles.[22]

Não há duvidas de que algumas autarquias recentemente constituídas têm características peculiares que colocam suas leis instituidoras em posição de destaque no quadro legislativo nacional. Todavia, essa constatação não deve ser atribuída ao emprego do qualificativo — *agência reguladora* — como se os entes que o recebessem pudessem fazer algo que os outros não contemplados com essa designação estariam impedidos, mas sim à adoção de um regime especial que lhes garante essa singularidade.[23]

Embora não detenham certas peculiaridades que marcam a moderna regulação, no Brasil, sempre existiram entidades governamentais dotadas de poder regulatório, a exemplo do Banco Central — Bacen,[24] a Superintendência de Seguros Privados — Susep,[25] e a Comissão de Valores Mobiliários — CVM.[26]

Além disso, o legislador pátrio utiliza o termo *agência* há muito tempo, nos mais variados sentidos:[27] (a) *vulgar*, como na agência telegráfica[28] e agência dos correios;[29] (b) *específico*, como na Agência Nacional de Energia Elétrica,[30] Agência Nacional do Petróleo,[31] Agência Nacional de Vigilância Sanitária[32] e Agência Nacional de Telecomunicações;[33] (c) *indefinido*, como na Agência Espacial Brasileira,[34] ou na Agência Brasileira de Inteligência.[35]

Na Constituição Federal de 1988 há as expressões *agências financeiras oficiais de fomento*, constante no art. 165, § 2º, e

22. Hely Lopes Meirelles, *Direito Administrativo Brasileiro*, pp. 689-693.

23. Conrado Hübner Mendes, "Reforma do Estado e agências reguladoras: estabelecendo os parâmetros de discussão", in Carlos Ari Sundfeld (coord.), *Direito Administrativo Econômico*, p. 137.

24. Brasil, Lei n. 4.595, de 31.12.1964. *Dispõe sobre a política e as instituições monetárias, bancárias e creditícias, cria o conselho monetário nacional e dá outras providências.*

25. Brasil, Decreto-lei n. 73, de 21.11.1966. *Dispõe sobre o sistema nacional de seguros privados, regula as operações de seguros e resseguros e dá outras providências.*

26. Brasil, Lei n. 6.385, de 7.12.1976. *Dispõe sobre o mercado de valores mobiliários e cria a comissão de valores mobiliários.*

27. Egon Bockmann Moreira, "Agências administrativas, poder regulamentar e o Sistema Financeiro Nacional", *Revista de Direito Administrativo* 218/95.

28. Brasil, Lei n. 3.739/1960.

29. Brasil, Leis ns. 2.821/1956 e 2.205/5194.

30. Brasil, Lei n. 9.427, de 26.12.1996. *Institui a Agência Nacional de Energia Elétrica, disciplina o regime das concessões de serviços públicos de energia elétrica e dá outras providências.*

31. Brasil, Lei n. 9.478, de 6.8.1997. *Dispõe sobre a política energética nacional, as atividades relativas ao monopólio do petróleo, institui o Conselho Nacional de Política Energética e a Agência Nacional do Petróleo e dá outras providências.*

32. Brasil, Lei n. 9.782, de 26.1.1999. *Define o sistema nacional de vigilância sanitária, cria a agência nacional de vigilância sanitária, e dá outras providências.*

33. Brasil, Lei n. 9.472, de 16.7.1997. *Dispõe sobre a organização dos serviços de telecomunicações, a criação e funcionamento de um órgão regulador e outros aspectos institucionais, nos termos da Emenda Constitucional n. 8 de 1995.*

34. Brasil, Lei n. 8.854, de 10.2.1994. *Cria, com natureza civil, a Agência Espacial Brasileira e dá outras providências.*

35. Brasil, Lei n. 9.883, de 7.12.1999. *Institui o Sistema Brasileiro de Inteligência, cria a Agência Brasileira de Inteligência, e dá outras providências.*

agências de instituições financeiras, no inciso I do art. 52 do ADCT. O mais curioso é perceber que, mesmo depois das Emendas Constitucionais ns. 8 e 9, ambas de 1995, a Carta Política contempla, tão-somente, o termo *órgão regulador*, não se referindo a *agência reguladora*.

A Lei n. 9.649/1998 também adota o termo *órgão regulador* ao se referir à ANP e à ANEEl, no Cap. IV, arts. 35 e 36. Cria ainda o qualificativo de *agência executiva*, disposto nos arts. 51 e 52, outorgado a autarquias ou fundações que tenham cumprido determinados requisitos estipulados no plano estratégico ou contrato de gestão.[36]

Em derradeiro, os Decretos ns. 2.487 e 2.488, ambos de 1998, estabelecem a qualificação das *agências executivas*, não definindo o que vem a ser tais entidades. Dispõe, apenas, sobre o procedimento e requisitos necessários à transformação, o que levou Bandeira de Mello a concluir que estas normas não indicam quaisquer conseqüências extraíveis dessa atribuição, apresentando o sabor de uma comenda.[37]

Diante desse cipoal legislativo, conclui Moreira que, "além de não haver previsões gerais definidoras do que efetivamente vem a ser uma agência no direito brasileiro, os textos legais em vigor produzem séria confusão de conceitos. Não há qualquer coerência semântica que facilite a uniformidade na interpretação de tais normas havendo leis que estabelecem o que vem o a ser o regime especial ao qual estão submetidas as agências reguladoras nunca de forma igual às demais, e outra que somente lançam tal locução quando qualificam a agência, tal como se houvesse incontroversa quanto ao uso do termo e sua especialidade".[38]

Na verdade, como bem destaca Mendes, a locução — *agência reguladora* — é mero rótulo, e não título jurídico que lhes confira alguma peculiaridade.[39]

Apesar disso, não são raros os autores que tentam classificar certo número de entidades administrativas dentro de um hipotético gênero denominado *agência reguladora*. Desconsidera-se o fato de que cada uma dessas autoridades tem uma estrutura institucional própria, com delineamento muito característico, derivado do setor específico em que se desenvolve a regulação.

Novamente reportando à lição de Mendes, o que move esses doutrinadores, "é a busca permanente por um conceito de agência reguladora (que o ordenamento positivo não dá), para que proporcione maior conforto intelectual e facilite o raciocínio, sirva como uma ferramenta para separar o joio do trigo, a agência da não-agência. Tal postura é improdutiva e provavelmente atrapalha a compreensão do fenômeno, mais complexo e não-passível de redução a um conceito, o que pode distorcer sua compreensão".[40]

A falta de definição não é, necessariamente, indicativa de problema. A existência de um conceito pode ou não contribuir para o progresso científico. "Urge, portanto, reconhecer que a elaboração dos conceitos e a pesquisa das essências devem suceder e não preceder a analise da vida jurídica em sua evolução fática. Urge aperfeiçoar os instrumentos de observação dessa realidade dos fatos, buscando o conhecimento do direito efetivo e não apenas do direito real, enunciado na lei".[41]

Sundfeld acredita que as agências reguladoras foram enquadradas no gênero

36. Brasil, Lei n. 9.649, de 27.5.1998. *Dispõe sobre a organização da Presidência da República e dos Ministérios, e dá outras providências*.

37. Celso Antônio Bandeira de Mello, *Curso de Direito Administrativo*, p. 160.

38. Egon Bockmann Moreira, art. cit., *Revista de Direito Administrativo* 218/96-97.

39. Conrado Hübner Mendes, art. cit., in Carlos Ari Sundfeld (coord.), *Direito Administrativo Econômico*, p. 137.

40. Conrado Hübner Mendes, art. cit., in Carlos Ari Sundfeld (coord.), *Direito Administrativo Econômico*, p. 138.

41. Fábio Konder Comparato, *Aspectos Jurídicos da Macro-Empresa*, pp. 3-4.

autarquia para evitar uma provável censura do STF que, em decisão concomitante à criação dos primeiros entes, considerou que a natureza da personalidade jurídica era fundamental para que se pudesse exercer poderes de autoridade pública.[42]

O conceito de autarquia não tem origem na noite dos tempos. Antes se esboçou e tomou forma e corpo em época relativamente recente posterior, inclusive, à codificação do Direito Civil, em 1916.

Somente nos anos 1920 o Direito Administrativo brasileiro adotou as formas de descentralização administrativa que, desde o início do século XX proliferaram na Europa. E uma delas foi a autarquia ou estabelecimento público autônomo dos franceses com patrimônio próprio e personalidade jurídica. É a partir da década de 1930 que o fenômeno da personificação de serviços públicos floresceu mais vigorosamente, passando a constituir um índice de exuberância da vida administrativa, que não mais contém as suas funções no âmbito dos órgãos centralizados. Essa personificação se realiza não só através das autarquias como de órgãos técnicos pelos quais se ampliam as atividades, cada vez mais difusas.[43]

Em suma, o Estado, diante da necessidade de personalizar um serviço público o faz, dando-lhe organização suficiente para representá-lo sempre que corresponda a um grupo de interesses coletivos e permanentes distintos dos do próprio Estado.

O art. 2º do Decreto n. 6.016, de 22 de novembro de 1943, definiu autarquia como "o serviço estatal descentralizado com personalidade de direito público implícita ou explicitamente criado por lei". Contudo, a conceituação legal vigente é a do art. 5º, I, do Decreto-lei n. 200/1967. Autarquia é "o serviço autônomo, criado em lei como personalidade jurídica, patrimônio e receita próprios, para executar atividades típicas da administração pública, que requeiram para seu melhor funcionamento, gestão administrativa e financeira descentralizada".[44]

As agências reguladoras são autarquias submetidas a um regime especial, todavia, percebe-se que não houve, na conceituação legal, qualquer referência a essa espécie e o que as diferenciariam das de regime comum.

O legislador não previu que sua criação, revolucionária à época, fosse deturpada a ponto de perder sua principal característica, qual seja, a autonomia, que esteve presente mais na teoria que na prática, emperrada que foi por interesses políticos e burocracias ineficientes. Essa é a razão para que leis facultem, no presente, um grau mais intenso de liberdade gerencial, devolvendo a essas entidades o que lhes foi retirado no passado.[45]

Assim, segundo Meirelles, "a autarquia de regime especial é toda aquela que a lei instituidora conferir privilégios específicos e aumentar a sua autonomia comparativamente com as autarquias comuns, sem infringir os preceitos constitucionais perti-

42. Carlos Ari Sundfeld, "Introdução às agências reguladoras", in Carlos Ari Sundfeld (coord.), *Direito Administrativo Econômico*, pp. 26-27. Refere-se o autor à ADIn n. 1.717-6, em que foi suspensa, por inconstitucionalidade, a transformação, operada pelo art. 58 da Lei n. 9.649, de 25.5.1998, da personalidade jurídica das então autarquias profissionais, de pública para privada.

43. Nesse sentido: Mauro Roberto Gomes de Mattos, "Agências reguladoras e suas características", *Revista de Direito Administrativo* 218/74. Segundo o autor, o conceito de autarquia desenvolveu-se já na década de 1920 e se acentuou na de 1930, momento em que intensifica a necessidade de promover a descentralização do poder público no país.

44. Brasil, Decreto n. 200, de 25.2.1967. *Dispõe sobre a organização da Administração Federal, estabelece diretrizes para a Reforma Administrativa e dá outras providências*.

45. Nesse sentido: Caio Tácito, "Reforma de Estado e a modernidade administrativa", *Revista de Direito Administrativo*, jan.-mar. de 1999, pp. 2-3. Para o autor, "uma longa herança patrimonialista na gestão pública e a freqüência de abusos e desvios na condução das atividades descentralizadas levaram, a um processo crescente de limitação da autonomia a importar a inoperância de resultados".

nentes a essas entidades de personalidade pública. O que posiciona a autarquia como regime especial, são as regalias que a lei criadora confere, para o pleno desempenho de suas finalidades específicas".[46]

Em síntese, as autarquias de regime comum diferem-se das de regime especial pelo fato destas últimas terem prerrogativas estabelecidas pela sua lei instituidora que exorbitam a norma geral que regulamenta as primeiras.

O fato das agências reguladoras situarem-se na esfera da administração indireta[47] não proporciona, necessariamente, uma maior exposição às ingerências políticas. Elas gozam de um grau elevado de autonomia derivada de seu arranjo legal.

A previsibilidade de supervisão ministerial às autarquias tenciona garantir, segundo o art. 26 do Decreto-lei n. 200/1967: (a) a realização dos objetivos fixados no ato de constituição; (b) a harmonia com a política e a programação do governo no setor de atuação; e (c) a eficiência administrativa, operacional e financeira.[48]

Arnoldo Wald e Luiza Moraes, em cioso estudo sobre o assunto, identificam quatro espécies de autonomia que podem estar presentes nestas entidades: (a) *autonomia decisória*, que consiste na capacidade de resistir às pressões de grupos de interesse, consolidada através da adoção de procedimentos especiais para a nomeação e demissão de dirigentes hierarquicamente não subordinados, associados à fixação de mandatos longos, escalonados e não coincidentes com o ciclo eleitoral, isolando a direção de interferências indesejáveis por parte do governo ou da indústria; (b) *autonomia de objetivos*, que compreende estabelecimento de metas não conflituosas com a busca prioritária do bem-estar do consumidor, de preferência, poucas e bem definidas; (c) *autonomia de instrumentos*, que é a capacidade de escolher as formas de regulação — tarifas, por exemplo — de modo a alcançar seu fim de forma eficiente; e (d) *autonomia financeira*, que vincula a disponibilidade de recursos materiais e humanos suficientes para a execução de suas atividades.[49]

Não são raros os exemplos na doutrina de autores que, ao invés de utilizarem a expressão *autonomia*, preferem falar em *independência*, opção exagerada para ser utilizada como sinônimo de *capacidade administrativa*. Para Sundfeld, o apelo a esse termo, "é uma afirmação retórica com o objetivo de acentuar o desejo de que a agência seja um ente autônomo em relação ao Executivo, que atue de maneira imparcial e não flutue sua orientação de acordo com as oscilações que, por força até do sistema democrático, são próprias desse Poder".[50]

Essa autonomia, contudo, está ameaçada pelo Projeto de Lei n. 3.337, enviado à Câmara dos Deputados no dia 13 de abril de 2004. Considerado pelo governo como vital para permitir o investimento nos setores de infra-estrutura foi mal recebido por especialistas, que viram nele uma tentativa do governo de cercear a liberdade das agências reguladoras.

4. Projeto de Lei n. 3.337/2004

De autoria do Poder Executivo, visa instituir uma lei geral, a partir do estabeleci-

46. Hely Lopes Meirelles, *Direito Administrativo Brasileiro*, p. 310.

47. Para Maria Sylvia Zanella Di Pietro, "a administração indireta é formada pelo conjunto de pessoas jurídicas de direito público ou privado, às quais a lei atribui o exercício de funções administrativas. São sempre criadas por lei específica, que lhes determina as finalidades e/ou atribui funções: no caso de execução de serviços públicos, trata-se de uma descentralização funcional, pela qual a entidade criada passa a deter a titularidade e a execução do serviço" (*Direito Administrativo*, p. 56).

48. Brasil, Decreto n. 200, de 25.2.1967. *Dispõe sobre a organização da administração federal, estabelece diretrizes para a Reforma Administrativa e dá outras providências.*

49. Arnoldo Wald e Luiza Rangel Moraes, "Agências reguladoras", *Revista de Informação Legislativa* 141/146.

50. Carlos Ari Sundfeld, "Introdução às agências reguladoras", in Carlos Ari Sundfeld (coord.), *Direito Administrativo Econômico*, p. 24.

mento de um conjunto de regras para orientar a gestão e a atuação das atuais agências reguladoras e das que vierem a ser criadas.

As medidas propostas são resultado das recomendações do grupo de trabalho interministerial criado por determinação do Presidente da República em março de 2003 para: (a) analisar o arranjo institucional regulatório no âmbito federal; (b) avaliar o papel das agências reguladoras; e (c) apontar medidas corretivas do modelo adotado.[51]

Foram elaborados dois anteprojetos, consolidados no projeto ora em tramitação. O primeiro dispunha sobre a gestão, a organização e o controle social das agências; e o segundo tratava de alterações a dispositivos das leis de regência de cada uma das agências das áreas de infra-estrutura.[52]

Sob a justificativa de aumentar os mecanismos de controle social e de prestação de contas, seriam instituídos ou ampliados instrumentos de controle, responsabilização e transparência, como: (a) a consulta pública; (b) a apresentação de relatórios anuais ao ministério a que a agência estiver vinculada e ao Congresso Nacional; (c) a obrigatoriedade de contrato de gestão entre o ministério e a agência; e (d) a criação de ouvidorias.

O projeto de lei estende para todas as agências a exigência de celebração do contrato de gestão e desempenho[53] com o titular do ministério a que estiver vinculada cada uma delas, nos termos do § 8º do art. 37 da Constituição Federal.

Esse contrato, um dos itens mais criticados da proposta por ameaçar a autonomia das entidades, que se tornariam reféns da obrigatoriedade em se acordar com o ministério, será negociado e celebrado entre a diretoria ou conselho diretor e o ministro a que estiver vinculada a agência.

Nesses termos, o contrato de gestão consiste num golpe ao modelo existente. Viola suas próprias características, como a

51. O grupo de trabalho foi coordenado pela Casa Civil e contou com representantes de todos os Ministérios detentores de agências reguladoras vinculadas em suas pastas (de Minas e Energia, das Comunicações, da Saúde, dos Transportes, do Meio Ambiente e da Cultura), e com representantes dos Ministérios da Fazenda, da Defesa, do Planejamento, Orçamento e Gestão, da Justiça e da Advocacia-Geral da União. Além do levantamento dos principais problemas na gestão das políticas públicas setoriais, o grupo também ouviu parlamentares e consultou extensa literatura nacional e estrangeira acerca das questões relacionadas, tanto com o formato institucional das agências reguladoras no Brasil, quanto com o desenho de instituições reguladoras genericamente considerado. O relatório do Grupo de Trabalho foi discutido no âmbito do Comitê Executivo da Câmara de Políticas de Infra-Estrutura e da Câmara de Política Econômica. As sugestões analisadas foram incorporadas no documento final do grupo, submetidas à apreciação do Presidente da República em 2.9.2003 (Brasil, Projeto de Lei n. 3.337/2004, *que dispõe sobre a gestão, a organização e o controle social das agências reguladoras, acresce e altera dispositivos das Leis n. 9.472, de 16 de julho de 1997, n. 9.478, de 6 de agosto de 1997, n. 9.782, de 26 de janeiro de 1999, n. 9.961, de 28 de janeiro de 2000, n. 9.984, de 17 de julho de 2000, n. 9.986, de 18 de julho de 2000, e n. 10.233, de 5 de junho de 2001, da MP n. 2.228-1, de 6 de setembro de 2001, e dá outras providências*).

52. Estes anteprojetos de lei foram submetidos à consulta pública pela Casa Civil. Recebeu quase setecentas contribuições sobre os mais diversos aspectos de mérito da matéria neles tratada. As contribuições obtidas foram compartilhadas e debatidas com o Ministério da Fazenda, cuja participação foi fundamental para o aprimoramento das medidas propostas no projeto de lei que, na verdade, é a reunião dos dois anteprojetos, conforme mencionado (Brasil, Projeto de Lei n. 3.337/2004, *que dispõe sobre a gestão, a organização e o controle social das agências reguladoras, acresce e altera dispositivos das Leis n. 9.472, de 16 de julho de 1997, n. 9.478, de 6 de agosto de 1997, n. 9.782, de 26 de janeiro de 1999, n. 9.961, de 28 de janeiro de 2000, n. 9.984, de 17 de julho de 2000, n. 9.986, de 18 de julho de 2000, e n. 10.233, de 5 de junho de 2001, da MP n. 2.228-1, de 6 de setembro de 2001, e dá outras providências*).

53. O contrato de gestão e desempenho, inserido na Constituição Federal pela EC n. 19/1998, é um contrato interno, celebrado pelo órgão ou entidade com seu superior. Por ele, é ampliada a autonomia gerencial, orçamentária e financeira dos primeiros, tornando-as agências executivas (Marco Aurélio Gumieri Valério, *Antitruste em Setores Regulados*, no prelo).

consensualidade e a ampliação da autonomia das entidades contratantes.[54]

Terá duração mínima de um ano, será avaliado periodicamente e, se necessário, revisado por ocasião da renovação parcial da diretoria da autoridade reguladora.

Além de estabelecer parâmetros para a administração interna da agência, o contrato de gestão e desempenho deverá especificar: (a) metas de desempenho administrativo e de fiscalização a serem atingidas; (b) prazos de consecução e respectivos indicadores; (c) mecanismos de avaliação que permitam quantificar o alcance das metas, estimar recursos orçamentários e cronograma de desembolso dos recursos financeiros; (d) as obrigações e responsabilidades das partes em relação às metas definidas; e (e) a sistemática de acompanhamento e avaliação, contendo critérios, parâmetros e prazos, bem como as medidas a serem adotadas em caso de descumprimento injustificado das metas e obrigações pactuadas.

Outro ponto controvertido é a restituição, aos ministérios, das atribuições relativas à outorga de concessões, permissões e autorizações.

O projeto entende que o Estado é o titular do direito de explorar, direta ou indiretamente, os serviços públicos. Assim, a faculdade de celebração de contratos de outorga, atribuída às agências em suas leis específicas é vista como mera liberalidade do legislador, daí a possibilidade de sua transferência.

Embora disponha expressamente que a competência de conceder outorgas e celebrar contratos de concessão e permissão é do Poder Executivo, o projeto deixa ao livre-arbítrio de cada ministério a possibilidade de delegar, ou não, essas atribuições à agência.

Preserva-se, porém, na esfera dessas entidades, a competência de promover os procedimentos licitatórios, a fim de evitar-se, segundo a exposição de motivos, "o desperdício da experiência já acumulada e assegurar-se a observância de aspectos técnicos que irão ter direta conseqüência nas funções de regulação e fiscalização sob sua responsabilidade".[55]

O projeto mantém o atual sistema de mandatos escalonados dos dirigentes e a forma de não-coincidência desses com o do Presidente da República, além das atuais condições para a demissão e substituição, afastada a possibilidade de demissão unilateral e a qualquer tempo (*ad nutum*).[56]

Cabe salientar que os agentes lotados nessas entidades estão submetidos a um regime de incompatibilidades para exercício de função pública e às normas específicas próprias a cada agência e ao seguimento que está a seu cargo regular. Pode ainda ser exigido, como pré-requisito à ocupação, a especialização técnica, aferida por meio

54. Em seu art. 37, § 8º, a Constituição Federal garante que órgãos ou entidades terão autonomia ampliada. Os órgãos, todavia, são despersonalizados, de modo que seria aplicável somente às entidades, que são pessoas jurídicas. Além disso, não seria possível a modificação da autonomia financeira e orçamentária por intermédio de simples contrato, uma vez que a peça orçamentária deve ser formalizada mediante lei específica. Finalmente, o contrato de gestão é uma espécie de contrato *consigo mesmo*. Desnecessário, haja vista o princípio hierárquico da administração.

55. Brasil, Exposição de motivos do Projeto de Lei n. 3.337/2004, *que dispõe sobre a gestão, a organização e o controle social das agências reguladoras, acresce e altera dispositivos das Leis n. 9.472, de 16 de julho de 1997, n. 9.478, de 6 de agosto de 1997, n. 9.782, de 26 de janeiro de 1999, n. 9.961, de 28 de janeiro de 2000, n. 9.984, de 17 de julho de 2000, n. 9.986, de 18 de julho de 2000, e n. 10.233, de 5 de junho de 2001, da MP n. 2.228-1, de 6 de setembro de 2001, e dá outras providências*.

56. A destituição, máxima punição aplicável a dirigentes de entes reguladores deve estar sempre relacionada com o descumprimento de sua função de bem servir a comunidade (*during good behavior*), após a aferição em procedimento administrativo, em conformidade com o art. 5º, LV, da CF. Nesse sentido: Arnoldo Wald e Luiza Rangel Moraes, art. cit., *Revista de Informação Legislativa* 141/148-149.

de antecedentes comprovados, ou seleção aberta para postulação.[57]

O texto apresentado uniformiza a duração dos mandatos em quatro anos, permitida uma única recondução, além da estabilidade dos presidentes ou diretores-gerais. Estabelece também que somente poderão perder o mandato em caso de renúncia, condenação judicial transitada em julgado ou de processo administrativo disciplinar.

Para que seja garantida a prerrogativa do Presidente da República escolher os dirigentes das agências reguladoras, a proposição estabelece que os mandatos dos presidentes e diretores-gerais deverão encerrar-se a partir do 13º e até o 18º mês do mandato do Chefe do Executivo. Dessa forma, os primeiros mandatos poderão, em caráter excepcional, ter mandados inferiores a quatro anos, permitindo-se a adequação deles ao princípio geral.

Assunto importante deixado de lado pela proposta de reforma é a questão da chamada quarentena. Sua principal finalidade é evitar a transferência imediata do dirigente da agência reguladora para o agente regulado, levando consigo informações privilegiadas às quais teve acesso durante seu mandato. Assim, seu afastamento de toda e qualquer atividade por um lapso temporal é uma garantia de que não fará uso indevido desse conhecimento.

Os dirigentes não podem manter, durante o mandato e na quarentena, qualquer vínculo com o concedente, concessionário ou associação de usuários. Devem ser licenciados ou ter seus trabalhos suspensos e não postos à disposição da agência, sob pena de restar mantido o vínculo e a potencialidade de interferência.[58]

Ainda de acordo com a proposta, todas as agências reguladoras contarão com um ouvidor com mandato fixo que exercerá suas atribuições sem subordinação hierárquica e sem acumulações com outras funções.

A audiência à sociedade é um mecanismo de apuração do acervo de esperanças, de anseios, de expectativas, de queixas, de reclamações, enfim, é a tentativa de ouvir o que germina, o que transita pelos desvãos da sociedade. Caso não se tome a devida cautela, o ouvidor poderá instituir-se num interventor permanente. Contrariaria, assim, a natureza intermediadora da ouvidoria de interligar comunidade e entidade.

Ao ouvidor cabe facilitar as relações existentes entre o usuário do serviço público e os órgãos da administração, viabilizando a resolução de eventual conflito que daí decorrerem, de forma equânime, independente e eficaz.

As discussões dentro do governo levaram à conclusão que a presença das agências reguladoras é indispensável: (a) para a atração dos investimentos privados; (b) para a redução do chamado risco de captura do processo regulatório por grupos de interesse; e (c) para a necessidade de fortalecer a economia nacional.

Elas atendem ao interesse da sociedade e, em especial, dos consumidores e usuários de serviços públicos em setores regulados. Diante disso, seus defensores no Congresso Nacional decidiram criar uma frente parlamentar de defesa das agências. Em função das objeções técnicas da equipe econômica e das críticas da oposição, em maio de 2004 o projeto já havia perdido a força. O governo retirou o regime de urgência que havia pedido na tramitação.

57. Um comentário ainda freqüente é o de que, ao se nomear para o corpo de dirigentes das agências reguladoras especialistas que, via de regra, atuam na iniciativa privada, se estaria colocando raposas para tomar conta dos galinheiros. A melhor resposta a essa metáfora é a de que não há ninguém mais entendido em galinhas que raposas (Marco Aurélio Gumieri Valério, *Antitruste em Setores Regulados*, no prelo).

58. Nesse sentido: Marcos Juruena Villela Souto, "Agências reguladoras", *Revista de Direito Administrativo* 216/140.

O projeto está no plenário da Câmara desde julho de 2004, mas não há um mínimo de consenso para prosseguir com a votação. Argumenta-se que o lado bom da espera é que, aos poucos, o projeto é melhorado. O ponto de vista do governo evoluiu muito nesses meses. Os especialistas no assunto respondem que a melhoria viria de qualquer jeito, bastaria que os deputados e senadores trabalhassem de forma mais intensa. De modo geral, desperdiça-se muito tempo sem que debates produzam resultado prático.

Sua aprovação final segue totalmente incerta. Foi o que mostrou a reação ao pedido do presidente da Câmara para que o tema voltasse a ser considerado prioridade, uma vez passada as eleições municipais. Nem os aliados se dispuseram a colaborar. O que resta é esperar.

5. Proposta de Emenda à Constituição n. 81/2003

O Projeto de Lei n. 3.337/2004, em tramitação na Câmara, é uma das prioridades legislativas do Palácio do Planalto. Porém, seu desenho pode ter que se adaptar ao que manda a Proposta de Emenda à Constituição n. 81/2003 do senador Tasso Jereissati do PSDB/CE.[59]

59. Brasil, *Proposta de Emenda à Constituição n. 81/2003, que acrescenta o art. 174-A à Constituição Federal, para fixar os princípios da atividade regulatória.* A proposta de Tasso Jereissati estabelece 14 princípios para a atividade regulatória: I — proteção do interesse público; II — defesa do consumidor e da concorrência; III — promoção da livre iniciativa; IV — prestação de contas; V — mínima intervenção na atividade empresarial; VI — universalização, continuidade e qualidade dos serviços; VII — imparcialidade, transparência e publicidade; VIII — autonomia funcional, decisória, administrativa e financeira; IX — decisão colegiada em agencias reguladoras; X — decisão monocrática recorrível a colegiado em agências executivas; XI — investidura a termo dos dirigentes e estabilidade durante os mandatos; XII — notória capacidade técnica e reputação ilibada para funções de direção em agencias reguladoras; XIII — estabilidade e previsibilidade das regras; XIV — vinculação aos regulamentos, contratos e pactos.

A PEC contempla vários dos princípios já presentes na legislação vigente das agências reguladoras. Ao elevar os princípios ao patamar constitucional, reconhece-se a importância da atividade reguladora para o Estado, além de estender os princípios a todas as entidades.

Apesar de não eliminar a necessidade de uma Lei Geral das Agências Reguladoras, a proposta fixa novos parâmetros a serem observados pela lei ordinária, como a determinação de que essas autarquias especiais gozarão de liberdade decisória, administrativa e financeira. Esse é um dos pontos de maior controvérsia do Projeto de Lei n. 3.337/2004, que é acusado de retirar autonomia das agências reguladoras e, dessa forma, deixar marcos regulatórios essenciais à estabilidade do mercado vulneráveis a decisões de governo, fator considerado negativo por especialistas no assunto.

A PEC determina ainda que a regulamentação do assunto será feita mediante lei complementar em vez de lei ordinária. Caso a proposta seja incluída no texto constitucional, a tramitação do projeto do governo, em exame na Câmara, teria que ser iniciada novamente.

Para se tornar emenda constitucional, a proposta que especifica os princípios das agências reguladoras precisa ser aprovada em primeiro e segundo turnos nas duas casas do Congresso Nacional. A matéria já está no Plenário do Senado, onde o senador Ney Suassuna do PMDB/PB incluiu novos dispositivos que ainda serão analisados na Comissão de Constituição, Justiça e Cidadania — CJC. Depois a proposta será submetida à votação em primeiro turno.

Para garantir que as agências não se desviem de suas finalidades como entidades estatais, a PEC prevê, ainda, que a imparcialidade, transparência e publicidade devem nortear suas ações.

A estabilidade do mercado é outra preocupação da proposta. Para isso, a PEC determina que as agências devem exercer mínima intervenção na atividade empresarial e a promoção da livre iniciativa. A previsibilidade dos marcos regulatórios para os setores da economia e a observância aos contratos também estão contempladas na proposição.

Conclusão

Evidentemente, o tema apresenta outras facetas que não foi possível estudar aqui. Ao reunir a opinião de vários autores renomados e estudiosos da matéria, tencionou-se contribuir para o desenvolvimento dos debates em torno do assunto. Não houve, em hipótese alguma, a preocupação em se esgotar a matéria, cingindo-se a buscar certa sistematização sem eliminar eventuais divergências de opiniões sobre problemas específicos.

Nesse sentido, procurou-se analisar dogmática e criticamente a regulação e a agência reguladora, sob a luz do ordenamento jurídico brasileiro e estrangeiro.

Para o desenvolvimento do presente trabalho, partiu-se do objetivo inicial de se enquadrar o tema dentro da reforma estrutural estatal, causa de todas as inovações no âmbito da administração pública.

Posteriormente, passou-se a tecer considerações a respeito da difícil tarefa de definir juridicamente a regulação, cujo conceito é fundamental para a delimitação da competência dos órgãos e entidades públicas que exercem essa função. Não se trata, como demonstrado, de preocupação meramente acadêmica.

Noutro momento, traçou-se a origem das agências administrativas dentro do direito norte-americano, modelo não apenas para a reforma brasileira, como para a de vários outros países embasados, anteriormente, numa maior presença do Estado na economia. Apontou-se, ainda, para as suas principais características como entidade de natureza autárquica.

Em derradeiro, analisou-se a proposta governamental concretizada no Projeto de Lei n. 3.337/2004, em tramitação na Câmara e a Proposta de Emenda à Constituição n. 81/2003 do senador Tasso Jereissati do PSDB/CE, apresentando-se suas vantagens e desvantagens.

O fim desse conjunto de medidas deve ser propiciar a tão desejada estabilidade jurídica vindo, assim, ao encontro das necessidades brasileiras de atrair e manter o capital produtivo, garantindo a expansão dos investimentos de longo prazo na infra-estrutura e nos serviços públicos essenciais, assim como o incremento do emprego e da renda.

Bibliografia

ARAGÃO, Alexandre Santos de. "O poder normativo das agências reguladoras independentes e o Estado Democrático de Direito", *Revista de Informação Legislativa* 148, Brasília, out.-dez. 2000.

______. "Conceito jurídico de regulamentação da economia", *Revista de Direito Mercantil*, São Paulo, abr.-jun. 2001.

BRASIL. Decreto-lei n. 73, de 21.11.1966. *Dispõe sobre o sistema nacional de seguros privados, regula as operações de seguros e resseguros e dá outras providências.* Disponível em <http://www.planalto.gov.br>, acesso em 12.7.2003.

______. Decreto n. 200, de 25.2.1967. *Dispõe sobre a organização da Administração Federal, estabelece diretrizes para a Reforma Administrativa e dá outras providências.* Disponível em <http://www.planalto.gov.br>, acesso em 12.7.2003.

______. Lei n. 4.595, de 31.12.1964. *Dispõe sobre a política e as instituições monetárias, bancárias e creditícias, cria o conselho monetário nacional e dá outras providências.* Disponível em <http://www.planalto.gov.br>, acesso em 12.7.2003.

______. Lei n. 6.385, de 7.12.1976. *Dispõe sobre o mercado de valores mobiliários e cria a comissão de valores mobiliários.* Disponível em <http://www.planalto.gov.br>, acesso em 12.7.2003.

______. Lei n. 8.854, de 10.2.1994. *Cria, com natureza civil, a Agência Espacial Brasileira e dá outras providências.* Disponível em <http://www.planalto.gov.br>, acesso em 12.7.2003.

______. Lei n. 9.427, de 26.12.1996. *Institui a Agência Nacional de Energia Elétrica, disciplina o regime das concessões de serviços públicos de energia elétrica e dá outras providências.* Disponível em <http://www.planalto.gov.br>, acesso em 12.7.2003.

______. Lei n. 9.472, de 16.7.1997. *Dispõe sobre a organização dos serviços de telecomunicações, a criação e funcionamento de um órgão regulador e outros aspectos institucionais, nos termos da Emenda Constitucional n. 8 de 1995.* Disponível em <http://www.planalto.gov.br>, acesso em 12.7.2003.

______. Lei n. 9.478, de 6.8.1997. *Dispõe sobre a política energética nacional, as atividades relativas ao monopólio do petróleo, institui o Conselho Nacional de Política Energética e a Agência Nacional do Petróleo e dá outras providências.* Disponível em <http://www.planalto.gov.br>, acesso em 12.7.2003.

______. Lei n. 9.649, de 27.5.1998. *Dispõe sobre a organização da Presidência da República e dos Ministérios, e dá outras providências.* Disponível em <http://www.planalto.gov.br>, acesso em 12.7.2003.

______. Lei n. 9.782, de 26.1.1999. *Define o sistema nacional de vigilância sanitária, cria a agência nacional de vigilância sanitária, e dá outras providências.* Disponível em <http://www.planalto.gov.br>, acesso em 12.7.2003.

______. Lei n. 9.883, de 7.12.1999. *Institui o Sistema Brasileiro de Inteligência, cria a Agência Brasileira de Inteligência, e dá outras providências.* Disponível em <http://www.planalto.gov.br>, acesso em 12.7.2003.

______. Exposição de motivos do Projeto de Lei n. 3.337/2004, *que dispõe sobre a gestão, a organização e o controle social das agências reguladoras, acresce e altera dispositivos das Leis n. 9.472, de 16 de julho de 1997, n. 9.478, de 6 de agosto de 1997, n. 9.782, de 26 de janeiro de 1999, n. 9.961, de 28 de janeiro de 2000, n. 9.984, de 17 de julho de 2000, n. 9.986, de 18 de julho de 2000, e n. 10.233, de 5 de junho de 2001, da MP n. 2.228-1, de 6 de setembro de 2001, e dá outras providências.* Disponível em <http://camara.gov.br>, acesso em 8.10.2004.

______. *Proposta de Emenda à Constituição n. 81/2003, que acrescenta o art. 174-A à Constituição Federal, para fixar os princípios da atividade regulatória.* Disponível em <http://camara.gov.br>, acesso em 28.2.2005.

CAMPOS, A. M. "*Accountability*: quando poderemos traduzi-la para o português?", *Revista de Administração Pública,* n. 20, v. 2, São Paulo, fev.-abr. 1990.

CARBONELL PORRAS, Eloísa. *Agencias y Procedimiento Administrativo en Estados Unidos de América.* Madri, Marcial Pons, 1996.

CAVALCANTI, Francisco de Queiroz Bezerra. "A independência da função reguladora e os entes reguladores independentes", *Revista de Direito Administrativo* 219, Rio de Janeiro, jan.-mar. 2000.

COMPARATO, Fábio Konder. *Aspectos Jurídicos da Macro-Empresa.* São Paulo, Ed. RT, 1970.

DI PIETRO, Maria Sylvia Zanella. *Parcerias na Administração Pública: Concessão, Permissão, Franquia, Terceirização e Outras Formas.* São Paulo, Atlas, 2002.

______. *Direito Administrativo.* São Paulo, Atlas, 1996.

FIANI, Ronaldo. "Teoria da regulação econômica: estado atual e perspectivas futuras", *Textos para Discussão* 423, Instituto de Economia/UFRJ, 1998.

GRAU, Eros Roberto. *Elementos de Direito Econômico.* São Paulo, Ed. RT, 1981.

MARQUES NETO, Floriano Azevedo. "A nova regulação estatal e as agências independentes", in SUNDFELD, Carlos Ari (coord.). *Direito Administrativo Econômico.* São Paulo, Malheiros Editores, 2002.

MATTOS, Mauro Roberto Gomes de. "Agências reguladoras e suas características",

Revista de Direito Administrativo 218, Rio de Janeiro, out.-dez. 1999.

MEIRELLES, Hely Lopes. *Direito Administrativo Brasileiro*. São Paulo, Ed. RT, 1987.

MELLO, Celso Antônio Bandeira de. *Curso de Direito Administrativo*. São Paulo, Malheiros Editores, 2002.

MENDES, Conrado Hübner. "Reforma do Estado e agências reguladoras: estabelecendo os parâmetros de discussão", in SUNDFELD, Carlos Ari (coord.). *Direito Administrativo Econômico*. São Paulo, Malheiros Editores, 2002.

MONCADA, Luis S. Cabral de. *Direito Econômico*. Coimbra, Coimbra Editora, 1988.

MOREIRA, Egon Bockmann. "Agências administrativas, poder regulamentar e o Sistema Financeiro Nacional", *Revista de Direito Administrativo* 218, Rio de Janeiro, out.-dez. 1999.

MOREIRA, Vital. *Auto-Regulação Profissional e Administração Pública*. Coimbra, Almedina, 1997.

ORGANIZATION FOR ECONOMIC CO-OPERATION AND DEVELOPMENT. *Relationship Between Regulators and Competition Authorities*. Disponível em <http://www.oecd.org>, acesso em 12.8.2002.

PEGRUM, Dudley F. *Public Regulation of Business*. Homewood Illinois, Richard D. Irwin Inc., 1965.

SALOMÃO FILHO, Calixto. *Regulação da Atividade Econômica: Princípios e Fundamentos Jurídicos*. São Paulo, Malheiros Editores, 2001.

______. *Direito Concorrencial — As Estruturas*. São Paulo, Malheiros Editores, 2002.

SOUTO, Marcos Juruena Villela. "Agências reguladoras", *Revista de Direito Administrativo* 216, Rio de Janeiro, abr.-jun. 1999.

SUNDFELD, Carlos Ari. "Introdução às agências reguladoras", in SUNDFELD, Carlos Ari (coord.). *Direito Administrativo Econômico*. São Paulo, Malheiros Editores, 2002.

SUNSTEIN, Cass R. *After of the Rights Revolution Reconceiving the Regulatory State*. Massachussets, Harvard University Press, 1990.

TÁCITO, Caio. "Reforma de Estado e a modernidade administrativa", *Revista de Direito Administrativo*, Rio de Janeiro, jan.-mar. 1999.

VALÉRIO, Marco Aurélio Gumieri. "Reforma regulatória e Sistema Financeiro Nacional", *RDM* 129/174-186, São Paulo, jan.-mar. 2003.

______. *Antitruste em Setores Regulados*. Franca, Lemos & Cruz, 2005, no prelo.

WALD, Arnoldo, e MORAES, Luiza Rangel. "Agências reguladoras", *Revista de Informação Legislativa* 141, Brasília, jan.-mar. 1999.

A ÍNTIMA RELAÇÃO ENTRE O DIREITO E ECONOMIA

SANDRA BARBON LEWIS

A dialética entre o Direito e a Economia. A globalização e convergência social. Ordem jurídica interna e política de protecionismo. A atuação do Estado na Economia como instrumento de proteção do Direito. Conclusões. Bibliografia.

O relacionamento entre Direito e Economia sempre foi um romance que fez tremer as bases do mundo civilizado, desde os primórdios da história do homem.[1]

As relações sociais através de suas inúmeras transformações, motivadas pelo advento de novas necessidades no seio social

1. "Dentre os fatores de evolução do Direito, há de se estabelecer uma distinção entre os fatores econômicos, políticos e culturais, colocando-se os fatores econômicos em dois planos. A) Em Roma, a estrutura econômica de uma sociedade traduz-se de maneira inelutável em seu direito. Isso é bem conhecido e não insistirei nesse ponto. Limitar-me-ei a dar dois exemplos, um extraído da Antigüidade, outro dos tempos modernos. Sabe-se que, no momento em que podemos conhecê-la por nossas fontes mais antigas, a sociedade romana compunha-se de camponeses, os quais, em sua maioria, se dedicavam à agricultura. Ora, seus costumes, na medida em que nos são acessíveis, soa exatamente os que convêm a agricultores. Caracterizam-se por forte concentração de poderes, por uma disciplina rígida no seio do grupo doméstico, que é a principal e até certo ponto a única organização social realmente estruturada. Todos os membros desse grupo estão submetidos à autoridade enérgica do chefe, o *pater familias*, único detentor da capacidade jurídica — os demais membros não têm nenhuma iniciativa, nenhuma autonomia, quaisquer que sejam sua idade e situação social. Esse regime de patriarcado levado ao extremo — não se conhece outro tão absoluto — não tinha maior inconveniente numa sociedade rural quase autárquica, onde as trocas são raras. Não há necessidade de muitos súditos de direito; ao contrário, ela exige uma disciplina estrita. Pode-se assinalar no mesmo sentido um conservantismo estreito, uma formalismo rígido, uma grande desconfiança em relação aos homens, coisas e idéias vindos de fora. O direito arcaico de Roma era, pois, ao que parece, perfeitamente adaptado a essa sociedade de pequenos agricultores. No século III a.C., os romanos, de agricultores, tornam-se comerciantes. Essa modificação em sua estrutura econômica vai repercutir em seu direito. A organização familiar, que doravante se encontra submetida ao controle da sociedade global, torna-se menos rígida; procura-se multiplicar o número dos súditos de direito em virtude da intensificação das relações sociais. Assim, encontra-se um meio indireto, a emancipação, para fazer o filho escapar à autoridade tirânica do pai, outro para libertar a mulher casada da de seu marido e multiplicam-se os modos de alforria dos escravos. O formalismo atenua-se, notadamente pela introdução no direito da noção de boa-fé. Inventam-se operações pelas quais o simples consentimento será capaz de criar obrigações entre as partes contratantes. Os estrangeiros deixam de ser tratados como inimigos. B) Nos tempos modernos, fatos desse gênero puderam ser constatados na época moderna, em decorrência da criação da grande indústria e do maquinismo, por volta do século XVIII. Ela determinou a constituição de uma nova classe, enriquecida pela posse dos capitais mobiliários e pelo enfraquecimento correlativo dos proprietários de terras. Daí o acesso da burguesia ao poder político, o que, por sua vez, acarretou profundas mudanças na ordem política especialmente a supressão dos privilégios e a proclamação da igualdade civil" (Henri Lévy-Bruhl, *Sociologia do Direito*, 2ª ed., pp. 79-81).

foram aprimoradas, principalmente após o século XVI.

Duas facetas da atividade humana começaram mais adredemente a se desenvolver e relacionar, como componentes de universos distintos, mas ao mesmo tempo complementares.

Por um lado, as relações econômicas evoluíram de simples modelo de trocas[2] de excedentes agrícolas nas praças das aldeias européias da idade média[3] para a criação de conceitos elaborados, como mercado consumidor, exportação, produção industrial, etc. O comércio desenvolveu-se com o advento das Cruzadas,[4] pela necessidade de transporte de mercadorias e bens para os Cruzados.

Posteriormente, os Estados Nacionais começaram a se formar e erigiram modelos de gestão econômica, buscando estabelecer e estreitar relações com os rincões mais distantes do mundo, lançando as bases do mercantilismo, trazendo como conseqüência imediata o colonialismo, eminentemente predatório e escravista, voltado para a obtenção de recursos para as metrópoles.

Neste modelo, interessante dicotomia se estabeleceu, de um lado os países colonialistas como a Espanha e Portugal[5] e de outro os países provedores de bens de consumo e comércio, como Inglaterra e as Repúblicas Italianas de então.[6]

2. "Mas não se necessitava diariamente de dinheiro para adquirir coisas? Não, porque quase nada era comprado. Um pouco de sal, talvez, e algum ferro. Quanto ao resto, praticamente toda a alimentação e o vestuário de que o povo precisava eram obtidos no feudo. Nos primórdios da sociedade feudal, a vida econômica decorria sem muita utilização de capital. Havia uma economia de consumo, em que cada aldeia feudal era praticamente auto-suficiente. Se alguém perguntar quanto pagamos por um casaco novo, a proporção é de 100 para 1 como você responderá em termos de dinheiro. Mas se essa mesma pergunta fosse feita no início do período feudal, a resposta provavelmente seria: eu mesmo fiz. O servo e sua família cultivavam seu alimento e com as próprias mãos fabricavam qualquer mobiliário de que necessitassem. O senhor do feudo logo atraía à sua casa os servos que se demonstravam bons artífices, a fim de fazer os objetos de que precisava. Assim, o estado feudal era praticamente completo em si — fabricava o que necessitava e consumia seus produtos" (Leo Huberman, *História da Riqueza do Homem*, 21ª ed., p. 17).

3. "Hoje em dia, terras, fábricas, usinas, minas, rodovias, barcos e maquinaria de todo o tipo são necessários à produção de mercadorias que utilizamos, e chamamos um homem de rico pelos bens desse tipo que possui. Mas no período feudal, a terra produzia praticamente todas as mercadorias de que se necessitava e, assim, a terra e apenas a terra era a chave da fortuna de um homem. A medida de riqueza era determinada por um [*único*] fator — a quantidade de terra. Esta era, portanto, disputada continuamente, não sendo por isso de surpreender que o período feudal tenha sido um período de guerras. Para vencer as guerras era preciso aliciar tanta gente quanto possível, e a forma de fazê-lo era contratar guerreiros, concedendo-lhes terra em troca de certos pagamentos e promessa de auxílio, quando necessário" (Leo Huberman, *História da Riqueza do Homem*, 21ª ed., p. 10).

4. "As cruzadas levaram novo ímpeto ao comércio. Dezenas de milhares de europeus atravessaram o continente por terra e mar para arrebatar a terra prometida aos mulçumanos. Necessitavam de provisões durante todo o caminho e os mercadores os acompanhavam a fim de fornecer-lhes os que precisassem" (Leo Huberman, *História da Riqueza do Homem*, 21ª ed., p. 118).

5. "As grandes navegações, o saque e a pilhagem do oriente, foram o motor da concentração de capital e do desenvolvimento capitalista na Europa. Vasco da Gama chegou às Índias cortando o mar Tenebroso pelo caminho do Cabo das Tormentas desbravado por Bartolomeu Dias. Colombo e Cabral ligaram as Américas ao Velho Mundo. Fernão de Magalhães comprovando que a terra é uma esfera amarrou as pontas da expansão dos povos europeus e o capital. E por um bom tempo Portugal viveu do saque e da pilhagem de civilizações extraordinárias. Enquanto isso os ingleses e outros desenvolviam a manufatura, a produção. Não que não tenham praticado barbaridades. Fizeram, também, mas junto fizeram outras coisas. Da pilhagem, do comércio, edificaram a indústria. Portugal esqueceu-se disto" (Pierre Size, *Dicionário da Globalização — A Economia de "A" A "Z"*, p. 13).

6. "Os primeiros impérios mundiais da Era dos Descobrimentos, os dois reinos ibéricos, revelaram-se, a despeito de imensos domínios coloniais, propriamente marginais (Portugal) do ponto de vista da política mundial ou não lograram manter-se como atores relevantes (Espanha) do sistema internacional, por lhes faltarem ou não terem sabido criar recursos humanos, materiais, tecnológicos, militares e financeiros suscetíveis de influenciar o jogo das gran-

O crescimento da atividade mercantil trouxe o surgimento de grandes centros urbanos que se transformaram em elementos aglutinadores dos negócios e referência para várias relações sociais que daí decorriam, erigindo as primeiras universidades, trazendo o modelo das corporações de ofício existentes na Idade Média, nascendo então todo um modelo social que impôs a elaboração de elementos normativos para regular as interações decorrentes.

Deve-se lembrar que na Idade Média, o modelo jurídico existente era baseado no pluralismo jurídico, ou seja, cada pequeno reino, feudo existente regia-se por leis próprias, que eram escritas ou não, tendo uma certa preponderância sobre todos o Direito Canônico.

As relações entre o Direito e a Economia evoluíram de modo peculiar, havendo grandes transformações deste relacionamento na Inglaterra com a Carta de João Sem Terra de 1215, uma vez que o poder do rei absolutista passou a ser limitado em vários aspectos, principalmente os relativos ao poder de tributar e ao direito de propriedade.

des potências no teatro europeu ou fora dele. A Holanda, importante ator econômico nos séculos XVI-XVIII, se vê diminuída por conflitos sucessivos com a França e a Grã-Bretanha. A China, outra grande potência (pelo menos regional) até o início da Era Moderna, isolou-se política e economicamente do resto do mundo, condenando-se dessa forma à defasagem militar e tecnológica, e veio a perder sua própria soberania quando os principais Estados europeus lançaram-se à conquista do mundo, entre os séculos XVI e XIX. Outros atores relevantes no plano regional ou internacional emergem no curso da primeira e da segunda revoluções industriais do capitalismo, como os Estados Unidos e o Japão, o primeiro restrito inicialmente ao cenário do Caribe, o segundo à sua própria orla asiática. Outros desaparecem no início do século XX, como a Áustria-Hungria dos Habsburgos, e apenas a Grã-Bretanha mantém intacto seu sistema político, em face de importantes alterações dos regimes constitucionais a partir do século XVIII, com o advento do princípio democrático e a afirmação dos partidos como principais atores políticos nos regimes modernos" (Paulo Roberto de Almeida, *Os Primeiros Anos do Século XXI: o Brasil e as Relações Internacionais Contemporâneas*, pp. 18-19).

Mais tarde, John Locke em seu *Segundo Tratado de Governo* colocou uma noção clara dos limites do poder do soberano em relação às liberdades do indivíduo, que teve especial destaque no campo econômico, estabelecendo que o poder monárquico deveria seguir uma estrita legalidade e que o súdito não estaria obrigado a obedecer quando houvesse um manifesto extravasamento deste poder, atribuindo importância maior ao exercício do poder legislativo. Em seu texto atribuiu grande relevância ao direito de propriedade,[7] alçado como um genuíno direito natural.[8]

7. "Embora a terra e todos os seus frutos sejam propriedade comum a todos os homens, cada homem tem uma propriedade particular em sua própria pessoa; a esta ninguém tem qualquer direito senão ele mesmo. O trabalho de seus braços e a obra de suas mãos pode-se afirmar, são propriamente dele. Seja o que for que ele retire da natureza no estado em que lho forneceu e no qual o deixou, mistura-se e superpõe-se ao próprio trabalho, acrescentando-lhe algo que pertence ao homem e, por isso mesmo, tornando-o propriedade dele. Retirando-o do estado comum em que a natureza o colocou, agregou-lhe com seu trabalho um valor que o exclui do direito comum de outros homens. Uma vez que esse trabalho é propriedade exclusiva do trabalhador, nenhum outro homem tem direito ao que foi agregado, pelo menos quando houver bastante e também de boa qualidade em comum em comum para os demais" (John Locke, *Segundo Tratado sobre o Governo*, p. 38).

8. "O direito natural é aquele que tem em toda a parte (*pantachou*) a mesma eficácia (o filósofo emprega o exemplo do fogo que queima em qualquer parte), enquanto o direito positivo tem eficácia apenas nas comunidades políticas singulares em que é posto. O direito natural prescreve ações cujo valor não depende do juízo que sobre eles tenha o sujeito, mas existe independentemente do fato de parecerem boas a alguns e más a outros. Prescreve, pois, ações cuja bondade é objetiva (ações que são boas em si mesmas, diriam os escolásticos medievais). O direito positivo, ao contrário, é aquele que estabelece ações que, antes de serem reguladas, podem ser cumpridas indiferentemente de um modo ou de outro mas, uma vez reguladas, podem ser cumpridas indiferentemente de um modo ou de outro, mas uma vez reguladas pela lei, importa (isto é: é correto e necessário) que sejam desempenhadas do modo prescrito pela lei" (Norberto Bobbio, *O Positivismo Jurídico — Lições de Filosofia do Direito*, p. 17).

Interessante denotar que o desenvolvimento do "direito" em detrimento do poder monárquico ganhou contornos na Inglaterra, adquirindo o particular cada vez mais prerrogativas em contraposição ao poder do Parlamento e da Monarquia.[9]

Com a Revolução Americana e depois a Revolução Francesa, a burguesia, classe composta de comerciantes e dos primeiros industriais, põe em cheque o poder monárquico, derruba e decapita o rei, buscando uma série de novos direitos, os chamados de primeira geração, liberdade e igualdade, de caráter formal, o que no campo econômico significava primordialmente liberdade de mercado em detrimento do poder estatal.

Essas liberdades e a noção de igualdade eram meramente formais, no sentido que rapidamente houve o crescimento de uma classe burguesa abastada, possuidora e concentradora de capital, que explorava o trabalho, em um primeiro momento servil e depois assalariado, lançando bases para a revolução industrial que viria logo após a este período.[10]

Para o Direito, a Revolução Francesa trouxe algumas mudanças.

Em primeiro momento, o grande descrédito da sociedade em relação ao sistema jurídico, uma vez que os juízes eram membros das classes sociais tidas como detentoras do poder, nutrindo um clima de grande desconfiança da sociedade com o judiciário, propiciando as bases da Escola da Exegese, pela qual era estritamente proibido ao magistrado interpretar a lei, devendo manter-se estritamente na aplicação da lei, considerando-se qualquer posicionamento hermenêutico como usurpação da atividade legislativa.

Surgem o iluminismo e o positivismo, tudo se explica por meio da ciência e da razão. As sociedades industriais crescem vertiginosamente, lançando uma nova etapa do desenvolvimento econômico. No campo social, o abismo[11] cresce com o mo-

9. "O desenvolvimento das relações entre estes dois direitos é diferente daquele que houve na Europa continental entre *jus commune* e *jus proprium*. Enquanto, realmente, entre nós o segundo toma a primazia sobre o primeiro, se não o incorpora, isto não ocorre (ou ocorre muito mais lentamente em medida muito inferior) na Inglaterra, onde permanece o primado do direito comum mesmo quando a monarquia se reforça e se transforma de monarquia medieval em monarquia moderna. Na Inglaterra permaneceu sempre nominalmente em vigor o princípio segundo o qual o direito estatutário vale enquanto não contrariar o direito comum. O poder do Rei e do Parlamento devia ser limitado pela *common law*. Conforme uma distinção constitucional da Inglaterra medieval, o poder do soberano se distingue, de fato, em *gubernaculum* (poder de governo) e *jurisdictio* (poder de aplicação das leis). Ora, o Rei, ao exercer o *jurisdictio* (através de seus juízes) era obrigado a aplicar a *common law*; esta última portanto limitava o poder do soberano. Isto explica por que a monarquia inglesa nunca detinha um poder ilimitado (diferentemente das monarquias absolutas continentais), porque na Inglaterra foi desenvolvida a separação dos poderes (transferida depois na Europa graças à teorização executada por Montesquieu) e porque tal país é a pátria do liberalismo (entendido como a doutrina dos limites jurídicos do poder do Estado)" (Norberto Bobbio, *O Positivismo Jurídico — Lições de Filosofia do Direito*, p. 33).

10. "A corrente liberal foi inspirada pelos trabalhos dos economistas clássicos ingleses do século XIX, Adam Smith, David Ricardo e Thomas Malthus. Alguns aspectos destes trabalhos seriam retomados por correntes como os neoclássicos (ou marginalistas) e pelos ditos neoliberais, que deixaram de lado a análise social e a teoria do valor desenvolvida pelos clássicos. Apoiada sobre considerações psicológicas, sobre o comportamento de agentes individuais (a luta de classes antagônicas não existindo), o liberalismo prega o livre jogo da lei de mercado (apresentada como lei natural) única capaz de regular a economia. Todo entrave a esta lei deve ser banido. A produção não é mais o centro da análise. O Estado deve simplesmente intervir para proteger o funcionamento do mercado e não para entravá-lo, canalizá-lo ou lhe dar um impulso (daí a oposição ao keynesianismo). Assim, o liberalismo pede o reforço do Estado em proveito de interesses capitalistas e o Estado-Providência, a 'assistência institucionalizada', estão irremediavelmente condenados. Assim como os sindicatos, a proteção social, as conquistas as convenções coletivas, e quaisquer outros entraves ao funcionamento dos mercados" (Pierre Size, *Dicionário da Globalização — A Economia de "A" A "Z"*, p. 18).

11. "A economia política não conhece o trabalhador desocupado, o homem que trabalha, à me-

delo liberal de Estado, sem interferência no campo econômico. Surgem as primeiras agremiações de trabalhadores, que iniciam a luta por melhores direitos e condições de trabalho.[12]

Desponta a noção do Estado Social, aquele que protege a população proporcionando o bem-estar social, impulsionado pela luta pelos direitos de segunda geração, de cunho prestacional, capitaneados por aqueles considerados básicos: saúde e educação.

Requer-se agora a intervenção do Estado na economia, seja para garantir os direitos sociais emergentes ou para moldar a soberania que estava nascendo.

O positivismo jurídico, diferenciado do positivismo filosófico de Comte, começa a firmar-se no horizonte jurídico-filosófico, em muitos aspectos como instrumento legitimador das elites, que buscaram atribuir *status* jurídico privilegiado para a propriedade e para a livre iniciativa.

Karl Marx lança as bases do pensamento socialista, elegendo como motor das transformações sociais a luta de classes que agora se assoma nos grandes centros industriais da Europa e do novo mundo.

Em contraposição, Max Weber escreve *A Ética Protestante e o Espírito do Capitalismo* em 1904 e 1905, colocando importantes considerações acerca do capitalismo, colocando este na qualidade de componente essencial da vida moderna, desmistificando o sistema como um dos grandes vilões da história, buscando demonstrar que o capitalismo faz parte de todas as culturas humanas, desde as mais antigas.[13]

dida que ele se encontra fora da relação de trabalho. O trapaceiro, o ladrão, o mendigo, o desempregado, o esfomeado, o miserável e o delinqüente são figuras de homem que não existem para a economia política, mas só para outros olhos, para os do médico, do juiz, do coveiro, do burocrata, etc. São fantasmas que se situam fora do seu domínio. As necessidades do trabalhador reduzem-se assim à necessidade de o manter durante o trabalho e de maneira a que a categoria dos trabalhadores não se extinga. Por conseqüência, o salário possui exatamente o mesmo significado que a manutenção de qualquer outro instrumento produtivo e que o consumo do capital em geral, de modo a poder reproduzir-se com juros. Assemelha-se ao óleo que se aplica a uma roda para mantê-la em movimento. O salário pertence, assim, aos imperiosos custos do capital e do capitalista, e não deve ultrapassar a soma necessária. Portanto, era absolutamente lógico para os donos ingleses de fábricas, antes do *Amendment Bill* de 1824, abater dos salários as esmolas públicas que os trabalhadores recebiam por meio das leis de assistência, e considerá-las como parte integrante do salário total" (Karl Marx, *Manuscritos Econômico-Filosóficos*, p. 124).

12. "Um levantamento dos trabalhos realizado para a indústria de metal pré-fabricado (...). Os produtos incluem ganchos, colchetes, alfinetes de segurança, alfinetes de cabeça e botões de metal. A colocação de cordões ou arames às etiquetas é a outra operação realizada por alguns dos trabalhadores domésticos pesquisados. A família média trabalha, portanto, um total de 35 homens-hora por semana, pelo que recebe U$ 1,75 (...). Casas superlotadas, sujas e em mau estado, roupas esfarrapadas, e reclamações freqüentes sobre a comida insatisfatória, tanto na quantidade como na qualidade, caracterizam os lares pesquisados. Crianças de menos de 16 anos trabalhavam em 96 das 129 famílias estudadas. Metade delas tinha idade inferior a 12 anos. Trinta e quatro tinham 8 anos e menos, e doze tinham menos de 5 anos" (Leo Huberman, *História da Riqueza do Homem*, 21ª ed., pp. 116-117).

13. "E o mesmo é a verdade também para o ganho, a persecução do lucro, do dinheiro, da maior quantidade possível de dinheiro, não tem em si nada a ver com o capitalismo. Tal impulso existe e sempre existiu entre garçons, médicos, cocheiros, artistas, prostituas, funcionários desonestos, soldados, nobres, cruzados, apostadores, mendigos, etc. Pode-se dizer que tem sido comum a toda sorte e condições humana em todos os tempos e em todos os países da Terra, sempre que se tenha apresentado a possibilidade objetiva para tanto. É coisa do jardim de infância da história cultural a noção que essa idéia ingênua de capitalismo deva ser eliminada definitivamente. A ganância ilimitada de ganho não se identifica nem de longe, com o capitalismo, e menos ainda com seu 'espírito'. O capitalismo pode eventualmente se identificar com a restrição ou pelo menos com uma moderação racional desse impulso irracional. O capitalismo, porém, identifica-se com a busca do lucro, do lucro sempre renovado por meio da empresa permanente, capitalista e racional. Pois assim deve ser: numa ordem completamente capitalista da sociedade, uma empresa individual que não tirasse vantagem das oportunidades de obter lucros estaria condenada à extinção" (Max Weber, *A Ética Protestante e o Espírito do Capitalismo*, p. 26).

Este posicionamento valoriza-se, uma vez que legitima a constituição de mecanismos e garantias jurídicas para o acúmulo da propriedade privada e da atividade comercial em detrimento de fórmulas jurídicas que combatessem as desigualdades sociais, com a elaboração de uma burocracia estatal capaz de amparar os anseios da sociedade.

Em 1891, o Papa Leão XIII edita a encíclica *Rerum Novarum*, que surpreendentemente tem um conteúdo socializante, pregador da conquista dos direitos sociais pelos trabalhadores.[14]

A sociedade civil busca novos horizontes. Os conflitos sociais tornam-se mais intestinos, em vários países as tensões acumulam-se, os antigos impérios coloniais principiam a sucumbir, de forma a trazer no bojo dos conflitos, inúmeras transformações sociais.

Grandes paradigmas constitucionais transformaram-se, onde os direitos fundamentais ganharam nova relevância na luta contra o processo de dominação e controle econômico.

A unificação da Alemanha e da Itália trouxe novos atores de peso para ordem econômica mundial, tendo como momento posterior de ruptura a I Guerra Mundial, que antes de seu término, viu duas grandes revoluções que influenciaram o mundo economicamente e ideologicamente.

A primeira foi a Revolução Russa de outubro de 1917, com a deposição sangrenta do Czar Nicolau II, pela primeira vez o mundo viu assombrado o proletariado assumir o poder de uma potência adormecida e agrária que era a Rússia de então, para transformar-se em um gigante industrial e militar que influenciaria cotidianamente as relações de poder no plano geopolítico pelos próximos 70 anos.

A segunda, igualmente em 1917, foi a revolução mexicana que, no plano do Direito, foi de extrema importância, uma vez que a Constituição Mexicana passou em sua formação a privilegiar os direitos do cidadão, em uma perspectiva socialista, com implementação da reforma agrária e o controle de setores da economia nacional, colocando um novo paradigma político-ideológico.[15]

14. "Entre estes deveres, eis aqueles que dizem respeito ao pobre e ao operário: deve fornecer integralmente e fielmente todo o trabalho a que se comprometeu por contrato livre e conforme à eqüidade; não deve lesar o seu patrão, nem nos seus bens, nem na sua pessoa; as suas reivindicações devem ser isentas de violências, e nunca revestirem a forma de sedições; deve fugir dos homens perversos que, nos seus discursos artificiosos, lhes sugerem esperanças exageradas e lhes fazem grandes promessas, as quais só conduzem a estéreis pesares e à ruína das fortunas. Quanto aos ricos e aos patrões, não devem tratar o operário como escravo, mas respeitar nele a dignidade do homem, realçada ainda pela do cristão. O trabalho do corpo, pelo testemunho comum da razão e da filosofia cristã, longe de ser um objeto de vergonha, faz honra ao homem, porque lhe fornece um nobre meio de sustentar a sua vida. O que é vergonhoso e desumano e usar dos homens como de vis instrumentos de lucro, e não os estimar senão na proporção do vigor dos seus braços. O cristianismo, além disso, prescreve que se tenham em consideração os interesses espirituais do operário e o bem da sua alma. Aos patrões compete velar para que a isto seja dada plena satisfação, que o operário, não seja entregue à sedução e às solicitações corruptoras, que nada venha enfraquecer o espírito de família, nem os hábitos de economia. Proíbe também aos patrões que imponham aos seus subordinados um trabalho superior às suas forças ou em desarmonia com a sua idade ou o seu sexo" (Papa Leão XIII, "Obrigações dos Operários e dos Patrões", *Encíclica Rerum Novarum*).

15. "O artigo mais extenso da Constituição do México, o artigo 27, que contém 2.840 palavras, é também o de maior repercussão social, política e econômica. Nele repousa a transformação operada no regime da propriedade e nas relações decorrentes desse regime. A publicização da propriedade é amplíssima, com sacrifício de sua privatização. A propriedade passa a ser destinatária de regras de limitação, que afirmam a prevalência do interesse público, para justificar o seu uso com fins de distribuição de riqueza. As associações religiosas, as igrejas, os seminários, os colégios, os conventos, os bispados, as casa paroquiais, foram privados da capacidade de adquirir, possuir ou administrar bens de raízes, e seus bens foram nacionalizados (art. 17, II). As normas da reforma agrária e sua execução, a fixação da extensão da pequena e da grande propriedade dilatam o campo material da Constituição pela

As classes trabalhadoras, munidas do ideário socialista, passam a exigir uma gama maior de direitos para si, de forma a causarem no interregno entre a I e a II Guerras Mundiais diversas convulsões sociais, que tiveram maior impacto em 1929 com a quebra da Bolsa de Nova York, causando um abalo econômico que tem seus efeitos até os dias de hoje em diversos pontos do globo.[16]

A crise de 1929 trouxe uma série de efeitos interessantes tanto no plano econômico como no social. Em um primeiro momento, verifica-se um monstruoso aprofundamento da pobreza e da desigualdade social em todos os países, sendo especialmente dramática nos países industrializados.[17]

Convém destacar que sempre que há movimentos sociais de importância no seio de uma determinada sociedade, a possibilidade de mudanças significativas no sistema jurídico é maior.

Isto se verifica quando se experimentou a reação de diversos governos, tanto nos países capitalistas como nos países governados por regimes fascistas e socialistas, no sentido de estabelecer modelos de intervenção estatal na economia nacional, buscando-se meios de combater a penúria pela qual passava a humanidade naquele momento.

Fórmulas de centralização e controle estatal da economia foram implantadas, havendo alguns modelos de sucesso, como a política do *New Deal* implantada nos Estados Unidos pelo governo Roosevelt[18] e

inclusão de temas insuspeitados e até proibidos nos textos que condensaram a formulação individualista dos direitos individuais, naturais e imprescritíveis" (Raul Machado Horta, *Direito Constitucional*, 4ª ed., p. 219).

16. "O capitalismo globalizado e liberal da *belle époque* seria transformado a partir dos eventos e processos deslanchados com a Primeira Guerra: intervenção dos governos na economia, desafio socialista ao capitalismo, crise de 1929 e depressão dos anos 30, protecionismo comercial, suspensão da conversibilidade das moedas, desvalorização cambiais maciças, para não falar da própria destruição física trazida por dois conflitos de proporções gigantescas. A 'Segunda Guerra de Trinta Anos' vivida pela Europa entre 1914 e 1945 transformou a natureza das relações internacionais tanto quanto a estrutura da economia internacional: ela não apenas retirou a Europa do comando da política mundial — ao precipitar a hegemonia dos dois gigantes planetários, como antecipado por Tocqueville — mas também modificou as bases de funcionamento do capitalismo" (Paulo Roberto de Almeida, *Os Primeiros Anos do Século XXI: o Brasil e as Relações Internacionais Contemporâneas*, p. 47).

17. "A Primeira Guerra Mundial devastou apenas partes do Velho Mundo, sobretudo na Europa. A revolução mundial, o aspecto mais dramático do colapso da civilização burguesa do século XIX, espalhou-se mais amplamente: do México a China e, em forma de movimentos de libertação coloniais, do Magreb à Indonésia. Contudo, seria fácil encontrar partes do globo cujos cidadãos tivessem ficado distantes de ambos, notadamente os Estados Unidos da América, assim como grandes regiões da África Colonial central e setentrional. Mas a Primeira Guerra Mundial foi seguida por um tipo de colapso verdadeiramente mundial, sentido pelo menos em todos os lugares em que homens e mulheres se envolviam ou faziam uso de transações impessoais de mercado. Na verdade, mesmo os orgulhosos EUA, longe de serem um porto seguro das convulsões de continentes menos afortunados, se tornaram o epicentro deste que foi o maior terremoto global medido na escala Richter dos historiadores econômicos: a Grande Depressão do entreguerras. Em suma: entre as guerras, a economia mundial capitalista pareceu desmoronar. Ninguém sabia exatamente como se poderia recuperá-la" (Eric Hobsbawn, *A Era dos Extremos — O Breve Século XX — 1914-1991*, p. 91).

18. "In 1924, walking on crutches, he appeared at the Democratic National Convention to nominate Al Smith for president. Smith was defeated, but he persuaded Roosevelt to run for governor of New York in 1928. Roosevelt was elected. He was in office when the Great Depression of the 1930 began. All over the country businesses began to fail. Millions of people were out of work. With no jobs they could not buy the new houses or automobiles. So more businesses failed, and more people were put out of work. Banks failed and families lost their savings. As governor of New York, Roosevelt used the power of the state to help businesses and people who were out of work. He talked to the people over the radio. He called these talks fireside chats, and in them he told the people what he tryng to do. Partly because of these talks, the Democrats nominated Roosevelt for president in 1932. Herbert Hoover, the Republican President, was running for a second term. Many people blamed Hoover for the depression. This was not fair, but it helped Roosevelt to win. (...) In the election of 1936, Franklin Roosevelt carried every state in the Union, except two. He kept on with his social reforms. Gradually times got better. Teddy

alguns de fracasso, como a coletivização agrária implantada na então União Soviética, levada a efeito por Stalin nos anos 1930, o que causou a morte de 29 milhões de pessoas de fome em regiões de notória fertilidade.

Com a II Guerra Mundial, a planificação da economia alcançou seus níveis máximos, com o controle por parte dos governos de todos os setores econômicos de importância estratégica, como parte do esforço de guerra.

Paradoxalmente, com a evolução tecnológica e científica, a atividade militar proporcionou, no século XX, uma evolução da atividade de extermínio, uma vez que a mortalidade de civis tornou-se esmagadoramente maior do que a dos militares envolvidos.

No pós-guerra, ocorreu a chamada época dourada, compreendida entre 1948 até 1974, onde a reconstrução da Europa devastada, a elaboração da economia de mercado, destinada a aproveitar o potencial de produção desenvolvido para atender a demanda da indústria de guerra trouxe uma nova era de oferta de produtos duráveis e acessíveis para toda a população, que cresceu acentuadamente no pós-guerra.

O plano Marshall[19] propiciou a reconstrução da Europa, transformando com isso o quadro econômico mundial, por ser necessário uma Europa economicamente forte para fazer frente às investidas do bloco socialista europeu, uma vez que a guerra fria iniciava-se.

Juridicamente houve uma grande mudança de paradigma, da construção das garantias formais do direito pensadas por Hans Kelsen, erigidas nas constituições do México e de Weimar,[20] principalmente a última que testemunhou a ascensão e a derrota do regime nacional-socialista alemão em pleno vigor de sua vigência, regime este que buscou o extermínio de cidadãos tidos como não desejáveis em um clima de legalidade formal.

Este paradigma surpreendente trouxe inúmeras questões aos pensadores do Direito, colocando as supostas conquistas havidas em situação incômoda, a ponto de até questionar-se sua existência.

O modelo garantista formal mostrou-se insuficiente para proporcionar a segurança jurídica almejada por todos, principalmente por parcelas mais frágeis da população, suscetíveis de discriminações e perseguições.

Em análise da mecânica da solução final nazista, verificou-se que o processo de extermínio dos judeus, homossexuais, ciganos, deficientes mentais e qualquer ou-

Roosevelt had called his administration the New Deal. He believed in using the full power of the government to help what he called the forgotten man. By this he meant the small businessman, the worker, the wage earner. And it was these people who came to love him most deeply. They felt that they knew him personally" (Wyatt Blassingame, *The Look-it-up Book of Presidents*, pp. 108-110).

19. "Das Wirtschaftswachstum fördert den gesellschaftlichen und wirtschaftlichen Wandel. Die Landwirtschaft verliert fast zwei Drittel ihrer Beschäftigten, kann jedoch dank moderner Technik ihre Erträge steigern. Der Staat betreibt eine aktive Agrarpolitik, un die Einkommen der Landwirte zu sichern. Trotz aller Warnungen vor den negativen Folgen für das Familienleben steigt die Erwerbsquote verheirateter Frauen und Mütter. Häufig arbeiten sie als Hilfsarbeiterinnen für geringen Lohn und müssen die Doppelbelastung in Familie und Beruf tragen. Die Rolle der Frau als Hausfrau und Mutter wird weiterhin verklärt, ihre rechtliche Benachteiligung schrittweise abgebaut" (Ludwig Erhard, *Wohlstand Für Alle*, p. 20).

20. "Na Constituição alemã de 1919, os Direitos e Deveres Fundamentais se agrupam, tecnicamente, sob títulos distintos, reformulando os modelos tradicionais. Os direitos individuais clássicos — a liberdade pessoal (art. 124), a inviolabilidade do domicílio, (art. 115), o sigilo da correspondência (art. 117), a liberdade de pensamento e a liberdade de imprensa (art. 118), o direito de reunião (art. 123), a liberdade de associação (art. 124), o direito de petição (art. 126) e a liberdade religiosa (art. 135) — figuravam nas três seções iniciais do capítulo, enquanto os novos direitos individuais ocupavam as duas últimas partes dedicadas à Educação (seção IV) e à vida econômica (seção V)" (Raul Machado Horta, *Direito Constitucional*, 4ª ed., p. 220).

tro indivíduo que pudesse tornar-se uma ameaça ao ideal estatal ocorreu não pura e simplesmente pelo arbítrio, mas por uma estratégia jurídica sofisticada, que buscou em primeiro lugar excluir o indivíduo alvo da abrangência de determinadas prerrogativas legais, reconhecidas até então a todos, para que simplesmente deixasse de ser sujeito de direitos e passasse a ser objeto de uma política de *profilaxia* social.[21]

Com efeito, verificou-se que todos os que foram exterminados nos campos da morte, forma privados de seus direitos de forma juridicamente legítima, sob o manto protetor da famosa Constituição de Weimar.

No período imediatamente posterior, cunhou-se um novo conceito de garantia, onde se buscava não trazer a segurança formal, mas substancial, para impossibilitar efetivamente que o Estado, pelas razões que fosse, pudesse avançar sobre o direito do cidadão, privando-o de sua cidadania.[22]

O conceito de cidadania ganha outros contornos, mais nítidos, robustos, onde o cidadão adquiria direitos subjetivos contra o poder estatal, tendo meios jurídicos eficazes para fazer valer seus direitos.

Nasce o conceito de força normativa da Constituição, onde se busca realizar o programa constitucional não em seu plano meramente formal, mas em seu aspecto material, ou seja, efetivamente realizar o pensamento que norteia a norma fundamental.

Esta mudança de paradigma mostrou-se interessante, somando-se a ela outros fatores importantes, como a luta pelos direitos civis nos Estados Unidos, ocorrida principalmente nos anos 1950, e posteriormente os protestos contra a guerra do Vietnã e as revoltas estudantis ocorridas na França em 1968.

Todos estes acontecimentos tiveram repercussões fundamentais em vários conceitos legais tradicionais, transmudando-se as noções de direitos fundamentais, direitos coletivos, cidadania, entre outros para novos modelos, buscando-se atender con-

21. "A partir da Primeira Guerra Mundial, na verdade, o nexo nascimento-nação não é mais capaz de desempenhar sua função legitimadora no interior do Estado-nação, e os dois termos começam a mostrar seu próprio insuturável deslocamento. Junto com o transbordar, no cenário europeu, de refugiados e apátridas (em um breve período de tempo deslocam-se de seu país de origem 1.500.000 russos brancos, 700.000 armênios, 500.000 búlgaros, 1.000.000 de gregos e centenas de milhares de alemães, húngaros e romenos), o fenômeno mais significativo, nesta perspectiva, é a contemporânea introdução, na ordem jurídica de muitos Estados europeus, de normas que permitem a desnaturalização e a desnacionalização em massa de seus próprios cidadãos. A primeira foi, em 1915, a França, com relação a cidadãos naturalizados de origem inimiga; em 1922, o exemplo foi seguido pela Bélgica, que revogou a naturalização de cidadãos que haviam cometido atos antinaturais durante a guerra; em 1926 o regime fascista expediu uma lei análoga que dizia respeito aos cidadãos que se haviam mostrado 'indignos da cidadania italiana'; em 1933, foi a vez da Áustria, e assim por diante, até que as leis de Nuremberg sobre a cidadania do Reich e sobre a proteção do sangue e da honra alemães impeliram ao extremo este processo, dividindo os cidadãos alemães em cidadãos a título pleno e cidadãos de segundo escalão, e introduzindo o princípio segundo o qual a cidadania era algo de que é preciso mostrar-se digno e que podia, portanto, ser sempre colocada em questionamento. É uma das poucas regras às quais os nazistas se ativeram constantemente no curso da solução final, era a de que somente depois de terem sido completamente desnacionalizados (até da cidadania residual que lhes cabia após as leis de Nuremberg), os hebreus podiam ser enviados aos campos de extermínio" (Giorgio Agamben, *Homo Sacer — O Poder Soberano e a Vida Nua I*, pp. 138-139).

22. "A Constituição da Itália, de 22 de dezembro de 1947, e a Lei Fundamental da República Federal da Alemanha, de 23 de maio de 1949, refletindo a preocupação comum de proteger os direitos individuais, que se perderam e foram negados na experiência totalitária anterior, envolveram esses direitos com a enérgica cláusula constitucional de sua inviolabilidade. A Lei Fundamental da Alemanha, que inicia o texto com a especificação dos Direitos Fundamentais, afirma solenemente no seu artigo 1º: 1) A dignidade do homem é inviolável. Constitui obrigação de todas as autoridades do Estado o seu respeito e sua proteção. 2) O povo alemão reconhece, em conseqüência, os direitos invioláveis e inalienáveis do homem como fundamento de toda a comunidade humana da paz e da justiça do mundo" (Raul Machado Horta, *Direito Constitucional*, 4ª ed., p. 224).

tingentes cada vez maiores da população, que passou mais adredemente a exigir sua participação no processo político e econômico.

A dialética entre o Direito e a Economia

Com a evolução do fator financeiro, novos desafios vieram, descobrindo-se que a exclusão outrora somente jurídica passou a ser econômica, ou seja, os excluídos não clamavam somente por acesso ao sistema jurídico e suas benesses, mas também aos bens de consumo e a economia de mercado.

No desenvolvimento do pensamento neoliberal econômico, a dialética entre Direito e Economia ganhou relevância, em virtude de muitas das lutas ocorridas entre a busca das garantias estatais e a liberdade de mercado, travadas nos plenários dos parlamentos e nas barras dos tribunais, principalmente quando a distinção entre o âmbito público e o privado modificou-se, apesar de ser uma das bases da sociedade moderna.

Observaram-se de um lado os atores do mercado, notadamente as instituições financeiras e os grandes conglomerados industriais clamarem pela queda das barreiras econômicas, redução de impostos, diminuição da atuação do Estado no âmbito da economia, desestatização, desregulamentação, desburocratização, etc., mas ao mesmo tempo surgiram setores da população que buscavam maior proteção e bem-estar, na legítima procura pelo *welfare state*, principalmente por um melhor sistema de previdência social, proteção contra o desemprego, educação e saúde.

O Direito sofisticava-se cada vez mais, deixando simplesmente de ser um instrumento de proteção da propriedade privada, para conferir aos cidadãos uma gama diferenciada de prerrogativas e responsabilidades, concluindo-se que o próprio conceito de cidadania transmudou-se, tornando-se mais abrangente que em sua concepção original, dos tempos da Revolução de 1789.

Desenvolve-se o direito de participar do Estado e os direitos garantidos através ou por meio do Estado. Esta conformação ganhou maior relevância quando muitos grupos empresariais tornaram-se multinacionais que se expandiram pelo mundo, dispondo de orçamentos muito maiores que muitos países, de forma a adquirirem um relevante poder econômico e político, que transcende inclusive a noção de Estado soberano.

O princípio da igualdade ganha novo significado.

Além do sentido de autonomia do exercício da personalidade, há também a afirmação da proteção social do cidadão perante o mercado, como se verificará adiante.

A globalização e convergência social

Neste corpo, a globalização explode, como um fator preponderantemente econômico, proporcionado pela busca constante de novos mercados consumidores pelos agentes econômicos, colocando em segundo plano a convergência social.

O processo proporcionou o surgimento de legislações protecionistas, buscando reequilibrar as relações jurídicas existentes no seio do processo econômico, firmando-se a legislação trabalhista, as leis de proteção ao consumidor e as leis de proteção da economia popular, entre outras.

Talvez a mudança mais radical tenha ocorrido no campo do direito civil, com a constitucionalização que sofreu no decorrer do século passado, de forma que as relações jurídicas, privadas, com respeito à autonomia dos atores, de intangíveis passaram a serem permeadas de normas jurídicas de características públicas, pois se havia superado a ficção de que os entes privados estavam em posição igual na relação jurídica.

Esta tendência mostrou-se presente nos sistemas jurídicos de inúmeros países, mostrando que a globalização igualmente alcançava todos os cantos do mundo no sentido da conquista de direitos, ou seja, obviamente chega-se a conclusão de que este fenômeno[23] possui muitas facetas, benéficas e maléficas, cabendo-se questionar onde e como cada ator inseriu-se no processo.[24]

Ressalta-se que no processo de globalização, capitaneado pelo sistema econômico, não existe simplesmente a opção "não participar", pois não encontramos simplesmente um novo estágio de desenvolvimento da humanidade, na qual cada nação, mesmo buscando não interagir com este processo, sofre suas influências.

Para tanto, há exemplos de países que ainda resistem a uma abertura política e econômica, mas que sofrem influências positivas ou negativas do resto do mundo, pela exclusão do sistema econômico mundial, como no caso de Cuba, que é um exemplo em termos, uma vez que em vários aspectos está integrando-se ao mundo, principalmente pelo turismo.[25]

Atualmente, a discussão em torno do capitalismo e do neoliberalismo econômico e suas implicações com o Direito ganha relevância em virtude das frentes de combate contra esta linha de pensamento econômico igualmente terem se globalizado, a exemplo dos constantes protestos violentos que ocorrem cada vez que há reunião do Fórum Econômico Mundial, demonstrando que a militância política contra o atual estado de coisas continua presente e ativa pelos quatro cantos do mundo, de forma coordenada e igualmente globalizada.

Em relação ao Direito, há inquietação, passando pela discussão do significado do termo "cidadania" em um mundo transformado profundamente nas relações interpessoais, pelo direito à educação básica, inclusive com acesso à informática, condição *sine qua non* para o progresso pessoal de qualquer um nos dias de hoje, pelo direito à locomoção de um país a outro, entre outros.

Do ponto de vista filosófico, os questionamentos são mais interessantes, com correntes filosóficas baseadas no reconhecimento da intersubjetividade e da inclusão do outro, ou seja, do mais desfavorecidos no processo econômico e social, o que ganha especial relevância na América Latina.[26]

23. "Impõe-se distinguir globalização de liberalização econômica, instrumento de política do qual se serve mas que não coincide sempre com ela. Convém distingui-la também do liberalismo, velho ou novo, doutrina, corrente ou ideologia político-econômica" (Rubens Ricupero, *O Brasil e o Dilema da Globalização*, 2ª ed., p. 29).

24. "Do passado que nos fez ser o que somos, é possível extrair algumas conclusões iniciais, pistas para ajudar a balizar o caminho. A primeira é que o Brasil jamais foi nação marginalizada em relação ao sistema comercial e econômico envolvente, ao contrário de tantas outras. Do início de sua colonização sistemática em 1537 até a abolição da escravidão em 1888 e mesmo bem além dessa data, o país exportava a quase totalidade de sua produção de açúcar e café, sem mencionar os outros produtos do período, inclusive o ouro e os diamantes. As exportações e o comércio exterior em geral representavam proporção altíssima da produção brasileira de bens e serviços. Por esses critérios, a economia nacional encontrava-se perfeitamente integrada na economia-mundo, da qual constituía a engrenagem secundária e dependente. Essa perfeita inserção fazia-se, contudo, por meio de processo perverso que, se de um lado nos integrava ao mundo de fora, por outro nos 'desintegrava' em relação ao mundo de dentro, pois se apoiava na simbiose escravidão mais latifúndio" (Rubens Ricupero, *O Brasil e o Dilema da Globalização*, 2ª ed., p. 17).

25. "Mais dramaticamente, há a Coréia do Norte, um regime comunista linha-dura que respira ainda os seus últimos momentos sob um regime repressor, mas que inenarravelmente em algum momento não muito distante, estes exemplos deixarão de existir e se integrarão ao sistema econômico mundial". Nota dos autores.

26. "Ainda que seus primórdios sejam encontrados nos países do Terceiro Mundo, ao longo dos anos 50 e 60 do século XX, ganhou força na América Latina, entre os cientistas sociais, como proposta econômica que respondia aos paradigmas externos que tentavam solucionar os problemas das sociedades e regiões dependentes. Trata-se de apresentar uma formulação analítico-interpretativa da especificidade dos processos e estruturas que marcavam a periferia latino-americana. A real compreensão e as alternativas apontadas para erradicar o subdesenvolvimento levou o dependentismo a obter êxito, na década de 70, passando, depois, por crise e quase desapareci-

Neste aspecto, os principais pensadores concluem que o processo de globalização trouxe uma faceta perversa: a concentração de riqueza no hemisfério norte, fazendo-se necessário uma correção no processo que ora se desenvolve, sob pena de aprofundar as iniqüidades já existentes na América Latina.

Busca-se atualmente a construção de um processo de inclusão socioeconômica em face dos efeitos perversos do neoliberalismo excludente, a conquista dos novos desdobramentos da cidadania, que hoje além de seu significado político, contém um profundo significado econômico, que implica no direito de participação no processo econômico, seja na obtenção de postos de trabalho, seja no direito de acesso ao mercado consumidor, de estar integrado a um bloco econômico e não simplesmente ocupar o singelo papel de fornecedor de mão-de-obra barata.

Contudo, neste último aspecto, tem-se assistido a constante migração de grandes *Konzerns* econômicos para países em desenvolvimento em busca de trabalhadores razoavelmente qualificados, mas de custo extremamente baixo, principalmente se comparados aos custos de um trabalhador europeu ou norte-americano.

O processo ganha maior dramaticidade, quando examinadas as condições de trabalho em algumas regiões do interior da China, da Índia[27] e de muitos países da América Latina, o que remete a mente de quem vê para as lembranças das condições de trabalho existentes nos primórdios da revolução industrial.

Essa conclusão admite que globalização não significa desenvolvimento econômico ou social, mas simplesmente circulação de capital para o ambiente que se mostra mais propício a este no momento, relegando a pessoa humana a mero objeto de interesses puramente econômicos.[28]

mento. Na década de 90, a teoria da dependência reaparece redefinida e com mais força para se contrapor aos modelos econômicos convencionais que não conseguem dar saídas aos novos rumos do capitalismo globalizado, à concentração da riqueza no Primeiro Mundo e à hegemonia do neoliberalismo como pensamento único. Naturalmente, a cooperação de dependência, como referencial teórico, busca demonstrar a relação entre o subdesenvolvimento econômico e a organização sociopolítica das sociedades ditas periféricas, com os processos de dominação dos países centrais desenvolvidos" (Antonio Carlos Wolkmer (org.), *Direitos Humanos e Filosofia Jurídica na América Latina*, p. 10).

27. "Mis sur pied en Inde par Jawaharlal Nehru dans les années 1950, le modèle de développement par substitution aux importations reposait sur quatre piliers principaux: une planification centralisée favorisant l'industrie, un large secteur public, de solides barrières douanières et un système d'autorisations administratives (le licence raj) par lequel l'État régulait l'augmentation et la diversification de la capacité de production des entreprises privées. Ce dispositif a permis la formation d'une base économique à l'abri de la concurrence internationale. Il a également contribué à créer une large classe moyenne de fonctionnaires et à contenir les inégalités régionales grâce à une vraie politique d'aménagement du territoire. Mais ce modèle souffrait de la faible productivité d'un secteur public très bureaucratique et tenu à bout de bras par l'Etat pour contenir le chômage. Il a entretenu la faible compétitivité des entreprises, non exposées à la concurrence, qu'on a empêché de faire des économies d'échelle en bridant leur stratégie d'investissement. Du coup, la part des exportations indiennes dans le commerce mondial est passée de 1,9% en 1950 à 0,6% en 1973. Or, l'Inde avait besoin de vendre à l'étranger, car elle ne pouvait se passer d'importations (de pétrole notamment). Une ouverture laborieuse a été amorcée par Rajiv Gandhi dans les années 1980, mais ses préventions par rapport aux multinationales toujours perçues comme les symboles de l'impérialisme occidental l'ont amené à financer cette modernisation par l'emprunt. Résultat: la dette extérieure s'élève à 72 milliards de dollars en 1991. La crise de la balance des paiements est telle que le pays n'a plus que l'équivalent de quatre semaines d'importations en devises dans ses caisses en juin 1991. Il est contraint d'accepter un plan d'ajustement structurel du Fonds Monétaire International (FMI) et l'une des conditions du prêt obtenu: la libéralisation de l'économie. D'où le démantèlement du licence raj, l'ouverture des entreprises nationales aux joint ventures à 51%, la baisse des barrières douanières et la disparition des quotes d'importation" (Christophe Jaffrelot, *L'Inde Rétive au Libéralisme Total*, p. 24).

28. "Vive-se, pois, na época da exclusão generalizada. Um mundo onde 4/5 dos habitantes sobrevivem no umbral da miséria; onde, segundo o informe do Banco Mundial, de 1998, à pobreza so-

Diariamente no noticiário testemunha-se o movimento das grandes bolsas de valores, relatos de enormes quantidades de recursos que migram sem lenço nem documento para os mais diversos lugares do mundo, trazendo, no entanto, com seu movimento, constantes reflexos nas economias locais, significando para muitos a diferença de ter ou não um prato de comida diante de si no dia seguinte.

Admite-se que em tal quadro, o poder estatal sofre profunda crise, que suas prerrogativas de controle da economia são colocadas em segundo plano pela capacidade de circulação do capital econômico pelo mundo, fugindo ao controle das políticas governamentais.

Esta configuração tem levado diversas nações a alinharem-se com outras em blocos econômicos, seja por seus laços geográficos ou por suas características culturais e sociais, buscando proteger-se contra a agressividade do mercado financeiro internacional, que não hesita e colocar em crise qualquer economia nacional em função de fatores muitas vezes desconhecidos.

Ordem jurídica interna e política de protecionismo

O quadro de agressividade externa do mercado econômico mundial tem trazido grandes conseqüências para os ordenamentos jurídicos internos, fazendo que países ansiosos por receber investimentos externos modifiquem diversos tópicos de suas legislações, principalmente no campo previdenciário, trabalhista, civil e comercial.

Na contramão, verifica-se que países tradicionalmente liberais estão adotando perfis não liberais, perdendo sua posição de economias tradicionalmente abertas para uma política de protecionismo de seu sistema, o que revela um novo paradigma de atuação no campo das políticas públicas internas e no mercado internacional.[29]

mam-se 400 milhões de pessoas por ano, significando que, atualmente, 30% da população mundial vive (sobrevive) com menos de um dólar por dia — afetando de modo especial às mulheres — e 20% da população mais pobre recebe menos de 2% da riqueza, ao passo que os 20% mais ricos reservam 80% da riqueza mundial. Um mundo, onde em razão dos planos de (dês) ajuste estrutural, impõe-se o desaparecimento das mínimas garantias sociais: mais de 1 milhão de trabalhadoras e trabalhadores morrem de acidente de trabalho, 840 milhões de pessoas passam fome, 1 bilhão de seres humanos não têm acesso a água potável e são analfabetos (PNUD, 1996). Um mundo onde as mortes devido à fome e às doenças evitáveis chegam, por ano, a cifras iguais às mortes ocorridas nas Torres Gêmeas, multiplicadas por 6.000. Resta evidente que não importam as pessoas, mas, unicamente, a rentabilidade" (Antonio Carlos Wolkmer (org.), *Direitos Humanos e Filosofia Jurídica na América Latina*, p. 360).

29. "O índice de Liberdade Econômica 2005, elaborado pela *The Heritage Foundation*, e divulgado anteontem em Washington, estabeleceu um *ranking* entre 155 países a partir de indicadores que relacionam graus de liberdade econômica com potencial de prosperidade. O Brasil ocupa o 90º lugar, duas posições atrás da Colômbia, com o México ocupando a 64ª. Como o ano de 2005 promete ser 'especial' quanto a negociações para a liberalização do comércio entre as nações, esse tipo de *ranking* ganha relevância. Principalmente para o Brasil, que espera ter papel de destaque nessas negociações — seja pelas definições da Rodada Doha, Organização Mundial do Comércio (OMC), seja pelos acordos comerciais de bloco, tanto os que envolvem a União Européia, como os referentes ao Acordo de Livre Comércio das Américas (ALCA). O *ranking* das nações mais liberais contém algumas surpresas. Os Estados Unidos, por exemplo, perderam seu lugar entre as dez economias mais liberalizadas do mundo (está em 13º) atrás do Chile — que ocupa a 11ª, destaque absoluto na América Latina. O Japão está em 39º, enquanto a Alemanha ocupa o 18º (duas posições a frente do Bahrein) e a França o 44º. Lições de liberalismo portanto, parecem estar restritas ao eterno faça o que falo e não o que faço. Há anos, Hong Kong e Cingapura lideram esse levantamento. A série histórica mostra que conquistar pontuações nesse índice é coincidente com a conquista de renda *per capita* maior e melhor qualidade de vida. Nesse aspecto, o mundo melhorou: a quantidade de pessoas que vivem em economias livres cresceu 32% nesses anos, de 361 milhões para 478 milhões. E, o mais importante: os que vivem nas chamadas economias reprimidas diminuiu em 38%, de 391 milhões para 242 milhões. Esses dados, cruzados com análise de diferentes organismos internacionais sobre o desenvolvimento humano em regiões determinadas, demonstram que a pobreza nesses lugares diminuiu" (*Gazeta Mercantil*, Editorial de 6.1.2005).

Essa tendência traz a impressão que a trilha entre a economia de mercado e o bem-estar social é indistintamente trilhada por todos, ao sabor das pressões sociais que surgem no ventre de suas sociedades.

Este fenômeno é verificado quando se observa as tendências eleitorais de vários países do mundo, principalmente na Europa, que nos últimos anos tem sido governada por partidos de tendência socialista, em uma nítida busca de segurança social por parte da população.

Estas populações, politicamente engajadas e comprometidas com a manutenção e ampliação dos direitos sociais conquistados no passado, têm como ponte as novas linhas do pensamento filosófico, que buscam atacar as iniqüidades sociais trazidas pela atividade econômica desenfreada.

Mais do que nunca, o mundo precisa arregimentar-se em torno de valores sociais relevantes, que possibilitem o desenvolvimento dos direitos de personalidade e seus desdobramentos universalmente, ou seja, a possibilidade do indivíduo exercer sua personalidade em todas as suas nuances, atribuindo uma nova dimensão do ideário de liberdade e sua inserção no mundo atual.

A liberdade não é mais simplesmente a livre movimentação física, pessoal, mas liberdade das necessidades, a possibilidade do indivíduo desenvolver-se economicamente no mundo, em uma perspectiva que a liberdade amplia-se com a evolução social do homem, de exercer suas potencialidades livremente, de acordo com uma perspectiva de liberdade normal e consentida, ou seja, exercer liberdade de acordo com os limites legais, conforme Montesquieu já havia colocado anteriormente, o que no universo econômico tem enormes implicações, a de realizar tudo o que necessariamente não vá prejudicar outrem.

Neste espectro, cabe ao Estado intervir socialmente para possibilitar a evolução do homem, ou seja, a democracia ganha uma nova dimensão, baseada na expansão da personalidade em seus valores, a coordenação do indivíduo e a sociedade, em uma dimensão não somente política, mas de igualdade de oportunidades.

A atuação do Estado na Economia como instrumento de proteção do Direito

Nos tempos modernos, o escopo constitucional transmudou-se de contenção do poder estatal que atacava as liberdades pessoais para uma posição de garantia ao poder estatal para que este — o mesmo poder estatal outrora repressor — possibilitasse maior eficácia aos direitos individuais, face às mudanças ocorridas na dinâmica dos fenômenos sociais, que ganharam nova dimensão.[30]

O Estado atua como um novo elemento no ambiente social, o de disciplinar e reequilibrar as relações privadas e mais profundamente, de regular o mercado econômico, que nos últimos anos, com a evolução tecnológica e sua volatilidade, tem se mostrado cada vez mais independente das ingerências estatais.

Neste contexto divisa-se ao horizonte que a Constituição adota o papel de elemento divisor entre o Direito e as ações políticas, principalmente quando têm repercussão no campo econômico, servindo para refrear algumas condutas ou incentivar e legitimar a adoção de outras.[31]

30. "A insustentabilidade do reducionismo econômico resulta acima de tudo do fato de, à medida que avançamos na transição paradigmática, ser cada vez mais difícil distinguir entre o econômico, o político e o cultural. Cada vez mais, os fenômenos mais importantes são simultaneamente econômicos, políticos e culturais, sem que seja fácil ou adequado tentar destrinçar estas diferentes dimensões. Estas são produtos das ciências sociais oitocentistas e revelam-se hoje muito pouco adequadas, sendo tarefa urgente dos cientistas e revelam-se hoje muito pouco adequadas, sendo tarefa urgente dos cientistas sociais descobrir outras categorias que as substituam" (Boaventura de Sousa Santos, *Pela Mão de Alice: o Social e o Político na Pós-Modernidade*, 9ª ed., p. 38).

31. "La Constitución es de alguna manera el límite entre en derecho y la pura argumentación po-

Assim, a administração pública assume o papel de garantidora do acesso do cidadão comum às possibilidades e oportunidades que o mundo em sua atual configuração oferece, democratizando o acesso aos bens da vida, pautada sempre pela agenda constitucional.

Esta doutrina possibilitou o surgimento do conceito de ordem econômica, hoje amplamente regulado pela Constituição, erigindo-se a ordem econômica constitucional no conjunto de mecanismos jurídicos que possibilitam o poder estatal de regular e disciplinar o comportamento econômico da sociedade e daqueles que com ela possuem relações comerciais.[32]

Este conceito abre uma nova frente de atuação do poder público, uma vez que pode-se dizer que há uma inovação do exercício das funções tradicionais do Estado, diferenciando-se dos fins propostos em sua concepção original dos tempos do Iluminismo.

Kant coloca em sua obra que nenhum Estado pode contemplar em sua Constituição e governo a possibilidade de dominar outra nação pela força,[33] significando que Estado é uma entidade moral e como tanto deve zelar pela paz universal.

No entanto, tal colocação, transportada para os dias atuais comporta uma nova dimensão, a que o Estado frente as injunções econômicas advindas do mercado de capitais em nível mundial, o qual tem se mostrado especialmente agressivo, tem o dever, para conquistar o princípio da paz e da harmonia universais, de intervir no domínio econômico, não nos moldes da concepção original de ingerência, mas de guardião da sanidade econômica da nação, de modo a coibir que determinados grupos econômicos assumam condutas abertamente nocivas aos interesses da coletividade.

Em nosso sistema político tradicionalmente já se regulamentava o mercado no sentido de coibir as diversas formas de abuso econômico, no entanto, deve-se prevenir que fora as hipóteses previstas constitucionalmente, não deve o Estado intervir na atividade econômica pura e simplesmente, mas regulamentá-la de forma preservar a liberdade de mercado, que exercida nos devidos contornos é extremamente salutar.[34]

lítica y económica, aunque debido a la generalidad de los textos constitucionales, argumentos históricos, filosóficos, religiosos, políticos, sociológicos y económicos son utilizados para describir o completar una norma constitucional" (Juan Vicente Sola, *Constitución y Economía*, p. 10).

32. "O conceito de ordem econômica, de natureza ambígua, como objeto de tutela jurídica, costuma ser expresso de forma estrita e ampla. Na primeira, entende-se por ordem econômica a regulação jurídica da intervenção do Estado na economia; na segunda, mais abarcante, a ordem econômica é conceituada como a regulação jurídica da produção, distribuição e consumo de bens e serviços" (Luiz Regis Prado, *Direito Penal Econômico*, p. 27).

33. "Sie sind nachzulesen in Kants politisch wichtigstem Werk 'Zum Ewigen Frieden. Ein philosophischer Entwurf' (1795). Klipp und klar heisst es dort etwa: 'Kein Staat soll sich in die Verfassung und Regierung eines anderen Staats gewalttätig einmischen'. Selbst dann nicht wenn es sich beim Ziel des Angriffs un das Land eines 'Mit seiner inneren Krankheit rigenden Volks' handelt. Denn auch eins Staat ist 'ein moralische Person', und es ist Unrecht wird nicht vergessen und irgendwann zum 'Stoff' eines 'Künftigen Kriegs' sodass selbst nach einem ersten Sieg des Angreifers kein echter Fried möglich ist, bloss 'ein Waffenstillstand' der nicht das Ende, sondern den 'Aufschub der Feindseligkeinten' bringt. Wer einen anderen Staat, aus welchen Gründen auch immer, überfällt, gefährdet damit 'die Autonomie aller Staaten' und dieses Rechtsgut ist allemal höher stehend als das mögliche Teil-Recht zum Überfall" (Der Spiegel, *Das Reine Gold des Denkens*, pp. 117-118, jan. 2004).

34. "A Constituição de 1937 dispôs no artigo 135 sobre a intervenção do Estado no domínio econômico, estabelecendo como e quando ela deveria ocorrer. Isso se deve ao fato de que o surgimento do Estado Novo proclamou o intervencionismo do poder público, para conciliar o bem coletivo com os direitos individuais. A Constituição de 1946, no artigo 148, inserido no titulo relativo à Ordem Econômica e Social, prescreveu que: "A lei reprimirá toda e qualquer forma de abuso do poder econômico, inclusive as uniões ou agrupamentos de empresas individuais e sociais, seja qual for a sua natureza, que tenham por fim dominar os mercados nacionais, eliminar a concorrência e aumentar arbitrariamente os lucros" (Luiz Regis Prado, *Direito Penal Econômico*, p. 29).

O que se busca conquistar é uma atuação estatal que visa a organizar e racionalizar a vida econômica e social da nação, impondo alguns condicionamentos à atividade econômica, escolhidos pela comunidade como bens jurídicos relevantes e passíveis de proteção especial pelo texto constitucional, figurando entre estes bens inclusive, o próprio mercado, que não pode ter um comportamento antropofágico-pantagruélico no sentido de tudo desvirtuar, tudo destruir, acarretando a própria destruição.

Neste escopo, com objetivo de proporcionar à população meios de combater iniqüidades, surgem pelo mundo afora formas simplificadas de administração judicial, em uma tentativa de ampliar e democratizar o acesso à justiça, havendo, no entanto, em alguns setores aspectos negativos,[35] principalmente no plano da segurança jurídica.

O Direito atira-se a uma racionalidade prática, buscando uma verdade provisória, plausível.

Crescem novas possibilidades de participação social, onde não mais a sociedade age por meio da ação estatal, mas toma para si a responsabilidade por vários setores tipicamente de atuação pública, complementando o papel do governo ou mesmo suprindo nos âmbitos de ausência, ocorrendo a tentativa de reduzir as deficiências e inserir parcelas excluídas no sistema socioeconômico.

O crescimento deste tipo de atividade social deve-se principalmente pela crescente crítica ao modelo social existente e a crescente necessidade de erradicar deficiências, responsáveis por fatores de instabilidade social como a violência e a explosão populacional dos grandes centros.

Na derrubada das utopias típicas da modernidade, exsurge uma base crítica que visualiza a falta de condições para o desenvolvimento do indivíduo, trazida pela conclusão de que o progresso científico e jurídico não alterou o desenho social dos países em desenvolvimento de forma efetiva.

A dialética questionadora reside sobre a razão do não desenvolvimento e sua opressão pelas supostas conquistas da era moderna, motivadas principalmente pela discriminação às minorias, dos desiguais.

Surge a transmodernidade, que intrinsecamente aceita os benefícios da modernidade, principalmente em seus aspectos de emancipação.

A emancipação significa o desenvolvimento uniforme em todos os âmbitos da existência humana, preservando diversos direitos negados no decorrer do processo de desenvolvimento ocorrido no seio da modernidade.

Na atual realidade, as interações entre o Direito e a Economia ganham nova di-

35. "No entanto, é certo que muitas das reformas recentes da administração da justiça visam reduzir a sua marginalidade ou residualidade. Estão nestes casos as reformas de informalização da justiça a que fiz referência. As alternativas informais são uma criação jurídica complexa cujas relações com o poder de Estado devem ser analisadas, uma análise que fiz noutro lugar e que não repetirei aqui (Santos, 1982). Bastará dizer que nas experiências em curso o controle ou supervisão do Estado vara muito e que nelas a questão do acesso não tem a ver com a assistência judiciária mas antes com a capacitação das partes em função das posições estruturais que ocupam. Nos casos em que os litígios ocorrem entre cidadãos ou grupos de poder sócio-econômico parificável (litígios entre vizinhos, entre operários, entre camponeses, entre estudantes, etc.) a informalização da justiça pode ser um genuíno factor de democratização. Ao contrário, nos litígios entre cidadãos ou grupos com posições de poder estruturalmente desiguais (litígios entre patrões e operários, entre consumidores e produtores, entre inquilinos e senhorios) é bem possível que a informalização acarrete consigo a deterioração da posição jurídica da parte mais fraca, decorrente da perda das garantias processuais, e contribua assim para a consolidação das desigualdades sociais; a menos que os amplos poderes do juiz profissional ou leigo possam ser utilizados para compensar a perda das garantias, o que será sempre difícil uma vez quês estes tribunais informais tendem a estar desprovidos de meios sancionatórios eficazes" (Boaventura de Sousa Santos, *Pela Mão de Alice: o Social e o Político na Pós-Modernidade*, 9ª ed., pp. 179-180).

mensão em vista do desenvolvimento ocorrido, as potencialidades ganham novas dimensões, alterando de forma irreversível os paradigmas utilizados até então.[36]

Esta alteração é patrocinada pela multiplicidade de pensamentos, de racionalidades que hoje operam os sistemas jurídico e econômico.

Com efeito, esta pluralidade impõe a colocação de um Direito de caráter emancipatório do indivíduo, ou seja, é instrumento efetivo de justiça e nivelamento social, libertando o ser humano, respeitando principalmente suas peculiaridades e diferenças.

O indivíduo, independente de sua posição social passa a participar de várias formas do processo social, seja no processo político, no papel tradicional de cidadão, seja no processo econômico, buscando conquistar o acesso aos bens de consumo.

Tradicionalmente, na mecânica da econômica não havia muitas possibilidades de participação do indivíduo desprovido de capital nas decisões e nos fenômenos relevantes, ficando relegado ao processo de produção, dentro do posicionamento clássico colocado por Marx.

Atualmente, a despeito do modelo de exploração ainda estar presente em muitos âmbitos da economia, verifica-se o advento de fórmulas possibilitadoras de participação maior da sociedade no processo econômico, com a inclusão de pessoas advindas das classes sociais menos favorecidas no mercado, concluindo-se que o acesso ao mercado igualmente faz parte do patrimônio jurídico subjetivo do homem moderno.

O crescimento da atividade social não estatal, patrocinada principalmente por entidades ligadas ao chamado terceiro setor tem oferecido um novo conjunto de possibilidades de progresso social em rincões populacionais outrora esquecidos pelos governos e pela iniciativa privada, proporcionando uma mudança no perfil de participação da sociedade na erradicação das iniqüidades sociais que sangram as veias de muitas nações.

A colocação feita significa que o terceiro setor, em sua atividade, deslocou-se do modelo tradicional da filantropia de captação de recursos unicamente, capitaneada pelo Estado, para assumir o *modus operandi* da transformação social, com a fundação de cooperativas, associações, institutos, pessoas jurídicas de caráter privado, entidades que têm demonstrado que no cumprimento de suas finalidades contribuem de forma ímpar para a transformação de setores da sociedade relegados ao esquecimento, por não serem capazes de contribuir para a espiral de consumo alimentada pelo atual modelo de economia globalizada.

Conclui-se que o modelo trazido pela atividade do terceiro veio para ficar. Observa-se que inúmeras distorções ocorrem neste âmbito de atividade social, mas ao mesmo tempo assevera-se que há evolução e a aplicação de elementos possibilitadores da correção dos erros havidos, de forma a tornar a atividade privada cada vez mais benéfica para a sociedade como um todo.

Conclusões

I — O processo de desenvolvimento sociocultural da humanidade ocorreu primordialmente em torno da Economia e do Direito, havendo na dialética desse progresso, tormentosas críticas, desafios ácidos, principalmente no âmbito de embate entre o capital e o trabalho.

II — No processo de evolução tecnológica, estes paradigmas mudaram radicalmente, alterando o desenvolvimento social, uma vez que as mediações entre a Econo-

36. "As imperfeições do liberalismo, no entanto, associadas à incapacidade de auto-regulação dos mercados, conduziram à atribuição de nova função ao Estado. À idealização de liberdade, igualdade e fraternidade se contrapôs a realidade do poder econômico" (Eros Roberto Grau, *A Ordem Econômica na Constituição de 1988*, 8ª ed., p. 15).

mia e o Direito assumiram outro papel, seja pela relevância do fenômeno econômico na formação e evolução dos Direitos Fundamentais ou pela busca do Direito empiricamente efetivo.

III — Esse novo momento, aliado à conclusão de que o modernismo não trouxe todas as conquistas sociais que prometeu, traz a tentativa de avançar no progresso social, pela adoção de novas dimensões para o conceito de cidadania, principalmente em relação à participação do indivíduo nos processo econômicos, pautado pela ética constitucional.

IV — Filosoficamente, tem-se a construção de pensamentos voltados para inclusão de atores outrora relegados ao segundo plano na prioridade de acesso ao capital, erigindo-se formas democráticas de participação, havendo inclusive pensamentos independentes da linha eurocêntrica tradicional.

V — Hodiernamente, Economia e Direito estão irremediavelmente ligados, cada vez mais, pela necessidade da economia conquistar novos mercados, de obter segurança em sua atividade, onde o Direito por sua vez, tem o papel de garantir a possibilidade do exercício das potencialidades da personalidade de cada um, sem que haja obstaculização em razão de um processo econômico deletério.

VI – O Estado tem seu papel repensado, devendo proporcionar condições para que o indivíduo não seja mero objeto no universo financeiro, mas sujeito, dando condições para que o processo econômico seja benéfico a todos, principalmente por meio da atividade regulatória e fiscal, diminuindo a visão intervencionista direta na economia que havia anteriormente.

VII – Por fim, observa-se que o conceito de cidadania ganha novos moldes, abandonando a configuração passiva do passado para assumir um posicionamento progressista em relação à superação dos problemas sociais crônicos, assumindo o cidadão o papel ativo de elemento transformador da realidade, através da atuação de entidades oriundas do terceiro setor.

Bibliografia

AGAMBEN, Giorgio. *Homo Sacer — O Poder Soberano e a Vida Nua I*. Trad. Henrique Burigo. Belo Horizonte, Editora UFMG.

ALMEIDA, Paulo Roberto de. *Os Primeiros Anos do Século XXI: o Brasil e as Relações Internacionais Contemporâneas*. São Paulo, Paz e Terra.

BLASSINGAME, Wyatt. *The Look-it-up Book of Presidents*. Nova York, Random House Inc., 1996.

BOBBIO, Norberto. *O Positivismo Jurídico — Lições de Filosofia do Direito*. São Paulo, Ícone Editora.

ERHARD, Ludwig. *Wohlstand Für Alle*. Munique, Econ TB Verlag, 1990.

HOBSBAWN, Eric. *A Era dos Extremos — O Breve Século XX — 1914-1991*. Trad. Marcos Santarrita, São Paulo, Cia. das Letras, 1995.

HORTA, Raul Machado. *Direito Constitucional*. 4ª ed. Belo Horizonte, Del Rey, 2003.

HUBERMAN, Leo. *História da Riqueza do Homem*. 21ª ed. Aparecida/SP, Revistas, Livros Técnicos e Científicos Editora.

Gazeta Mercantil, Editorial de 6.1.2005.

GRAU, Eros Roberto. *A Ordem Econômica na Constituição de 1988*. 8ª ed. São Paulo, Malheiros Editores, 2003.

JAFFRELOT, Christophe. *L'Inde Rétive au Libéralisme Total*. Paris, Le Monde Diplomatique, jan. 2004.

LÉVY-BRUHL, Henri. *Sociologia do Direito*. Trad. Antonio de Pádua Danesi. 2ª ed. São Paulo, Martins Fontes, 1997.

LOCKE, John. *Segundo Tratado sobre o Governo*. São Paulo, Editora Martin Claret.

MARX, Karl. *Manuscritos Econômico-Filosóficos*. São Paulo, Editora Martin Claret.

PRADO, Luiz Regis. *Direito Penal Econômico*. São Paulo, Ed. RT, 2004.

RICUPERO, Rubens. *O Brasil e o Dilema da Globalização*. 2ª ed. São Paulo, Editora Senac, 2001.

SANTOS, Boaventura de Sousa. *Pela Mão de Alice: o Social e o Político na Pós-Modernidade*. 9ª ed. São Paulo, Cortez, 2003.

SIZE, Pierre. *Dicionário da Globalização — A Economia de "A" a "Z"*. Curitiba, Obra Jurídica Editora.

SOLA, Juan Vicente. *Constitución y Economia*. Buenos Aires, Lexis Nexis Abeledo-Perrot, 2004.

SPIEGEL, Der. *Das Reine Gold des Denkens*. Alemanha, Spiegel Verlag Rudolf Augstein GMBH.

WEBER, Max. *A Ética Protestante e o Espírito do Capitalismo*. São Paulo, Editora Martin Claret.

WOLKMER, Antonio Carlos (org.). *Direitos Humanos e Filosofia Jurídica na América Latina*. São Paulo, Lumen Juris, 2004.

Direito e Economia

REFLEXÕES SOBRE EMPRESA E ECONOMIA: O CONTEÚDO JURÍDICO DA EMPRESA SOB UMA ANÁLISE ECONÔMICA DO DIREITO

CÁSSIO MACHADO CAVALLI

Introdução. 1. Empresa e economia. 2. Critérios para a aproximação entre os conceitos econômico e jurídico de empresa. 3. Transposição das características econômicas da empresa para o direito. 4. Empresa enquanto poder de gestão. 5. Elementos que compõem o estabelecimento empresarial. Conclusão: significado jurídico da empresa.

Introdução

Um dos temas mais desafiantes enfrentados pelos juristas ao longo do século XX e que volta à tona nos albores do século XXI consiste justamente no tema da empresa. O vocábulo *empresa*, por sua significação polissêmica, serviu às mais diversas teorias que buscavam afirmar o conteúdo jurídico da empresa. Em direito, *empresa* pode significar pelo menos *empresário*, *atividade* e *estabelecimento*. Desse modo, ao falar-se sobre empresa, está-se a falar sobre diversos aspectos do *direito de empresa*. Pode-se recorrer à empresa, p. ex., na busca da resposta para a questão da autonomia do direito comercial em face ao direito civil e da unificação do direito privado. Pode-se, também, recorrer à empresa para afirmar-se quem é empresário e, portanto, quem está sujeito ao estatuto do empresário. Por outro lado, a empresa também pode ser utilizada para que se estude o estabelecimento empresarial. O tema da empresa perpassa também o direito concorrencial e o direito do consumidor, e relaciona-se, também, com o direito do trabalho. Enfim, a empresa, no direito contemporâneo, assumiu tamanha importância socioeconômica que foi chamada por Comparato de *instituição-chave da sociedade*.[1]

Ante essa pluralidade de abordagens possíveis, os juristas disputaram qual a categoria jurídica em que melhor se inseriria o conceito de empresa: se na categoria de pessoa ou na de coisa. Assim, a empresa seria um sujeito, o empresário, ou uma coisa, o estabelecimento, pois, conforme o ângulo pelo qual se a observasse, a empresa assumiria ora as matizes de um sujeito, ora as de um objeto.[2] Essa ambivalência do conceito de empresa para o direito decorria do fato de que o conceito econômico de empresa se prestava tanto a uma como a outra interpretação.

Com efeito, empresa, para a economia, "é uma unidade econômica que produz e

1. Fábio Konder Comparato, "A reforma da empresa", in *Direito Empresarial*, São Paulo, Saraiva, 1995, p. 4.

2. Sobre a dificuldade de apropriação do conceito de empresa pelo direito, v. meu ensaio "Transformações gerais no Direito Comercial — O Direito da Empresa no novo Código Civil", in *Direito de Empresa e Contratos*, Porto Alegre, IOB, 2004, pp. 71 e ss.

emprega resultados destinados à cobertura de necessidades alheias, respeitando a economicidade e o equilíbrio financeiro".[3] Esta unidade econômica é conformada pela reunião dos fatores de produção, pois, empresa, em economia, seria "toda organização de trabalho e de capital tendo como fim a produção de bens ou serviços para troca".[4]

Em 1943, foi publicado o artigo "Perfis da empresa",[5] de autoria de Alberto Asquini, que serviu como um divisor de águas para a questão do conceito jurídico de empresa. Para referido autor, o "conceito econômico de empresa é o conceito de um fenômeno poliédrico, o qual tem sob o aspecto jurídico, não um, mas diversos perfis em relação aos diversos elementos que o integram".[6] Assim, "defronte ao direito o fenômeno econômico de empresa se apresenta como um fenômeno possuidor de diversos aspectos, em relação a diversos elementos que para ele concorrem, o intérprete não deve agir com o preconceito de que o fenômeno econômico de empresa deva, forçosamente, entrar num esquema jurídico unitário".[7]

Desse modo, esvaziou-se a questão do conceito jurídico da empresa, pois afirmou-se que, em direito, o *vocábulo* empresa ora seria utilizado para significar *empresário*, aquele que exerce atividade econômica organizada, e ora para significar *estabelecimento*, o complexo de bens organizados pelo empresário para o exercício da atividade, e ora significando a própria *atividade* econômica desenvolvida.[8] "Afirmar, porém, que a noção de empresa entrou no novo Código Civil com um determinado significado econômico, não quer dizer que a noção econômica de empresa seja imediatamente utilizável como noção jurídica."[9] Em outras palavras, o conceito econômico de empresa é utilizado apenas como um conceito metajurídico para precisar-se os conceitos jurídicos de *empresário*, *atividade* e *estabelecimento*, os quais possuem como sinônimo o vocábulo *empresa*. Ademais, atualmente, a empresa é pensada, sobretudo, a partir de seu aspecto subjetivo,

3. Verbete "Empresa", *Dicionário de Ética Econômica*, editado por Georges Enderle *et al.*, traduzido por Benno Dischinger *et al.*, São Leopoldo, Ed. Unisinos, 1997, p. 242.

4. Alberto Asquini, "Perfis da empresa", *RDM* 104/110, tradução de Fábio Konder Comparato, do original "Profili dell'impresa", in *Rivista del Diritto Commerciale*, 1943, v. 41, I.

5. Idem, pp. 109-126.

6. Idem, p. 109.

7. Idem, p. 112.

8. Acerca dos significados da expressão *empresa* no novo CC, tive a oportunidade de escrever que "O Código brasileiro, contudo, não adotou terminologia uniforme para referir-se a cada um dos perfis da empresa. A empresa, em seu perfil subjetivo, é o *empresário individual*, pessoa natural, ou a *sociedade empresária*, pessoa jurídica, que exerce atividade econômica organizada própria de empresário. No entanto, para referir-se à *pessoa natural* que individualmente exerce atividade empresarial, o Código utiliza três expressões distintas: (a) *empresário* (cf. arts. 226, 967, 968, e § 1º, 969, 970, 971, 972, 973, 975, 978, 979, 980, 1.142, 1.144, 1.150, 1.152, § 1º, 1.156, 1.163, e par. único, 1.166, 1.179, e § 2º, 1.181, par. único, 1.184, § 2º, 1.185, 1.187, par. único, inc. III, 1.190, 1.191, § 1º, 1.194, 1.195, 2.031 e 2.037); (b) *empresário individual* (cf. art. 931); e (c) *empresa* (cf. arts. 1.178 e 1.188). Para referir-se à *pessoa jurídica* que exerce atividade empresarial, o Código utiliza as expressões (a) *sociedade empresária* (cf. arts. 983, 984, 1.142, 1.144, 1.150, 1.179, 1.181, par. único, 1.184, § 2º, 1.185, 1.190, 1.191, § 1º, 1.194 e 2.037); (b) *sociedade* (cf. arts. 226, 1.187, par. único, III, e 1.195); e (c) *empresa* (cf. arts. 931, 1.178, 1.187, II, 1.188 e 1.504). Na terminologia do Código, então, a expressão *empresa* é utilizada para designar ora o *empresário individual* e ora a *sociedade empresária*. Ao referir-se à *atividade empresária*, o Código utiliza a expressão (a) *empresa* (cf. arts. 974, e §§ 1º e 2º, 1.185, 1.142, 1.155, 1.172 e 1.184). Utiliza, também, as expressões (b) *atividade* (cf. arts. 966, 967, 972, 973, 975, 982, 1.136, 1.168, 1.187 e 1.194), ou (c) *atividade negocial* (cf. art. 628). E no que respeita ao perfil objetivo da empresa, o estabelecimento, o Código utiliza somente a expressão *estabelecimento* (cf. arts. 75, § 1º, 164, 969, par. único, 1.134, 1.142, 1.143, 1.144, 1.145, 1.146, 1.147, e par. único, 1.148, 1.149, 1.164, par. único, 1.178, e par. único, 1.184, § 1º, 1.187, par. único, III, 1.268, 1.467, I)" (Cássio M. Cavalli, "Transformações gerais no Direito Comercial — O Direito da Empresa no novo Código Civil", in *Direito de Empresa e Contratos*, cit., p. 75).

9. Alberto Asquini, "Perfis da empresa", *RDM* 104/113, cit.

ou seja, do empresário. "Empresários são propulsores da atividade econômica, são os agentes que organizam a produção."[10] Por essa razão diz-se que o direito comercial, ao adotar a teoria da empresa, ingressou na denominada *fase subjetiva moderna*.[11]

Com efeito, a doutrina dos perfis da empresa professada por Asquini, conquanto tenha posto fim à antiga controvérsia sobre a classificação jurídica da empresa, mediante a clara demonstração de que há em direito o conceito de empresário, de atividade e de estabelecimento, acabou por criar uma cisão entre o direito e a economia justamente num dos pontos mais importantes da economia globalizada: a *empresa*. É que a busca pelo conceito jurídico de empresa, desde a publicação do célebre artigo, foi superada pela noção de que o conceito de empresa é um conceito metajurídico que somente deve interessar ao intérprete na construção de conceitos propriamente jurídicos de empresário, atividade e estabelecimento.

Para Raquel Sztajn, a falta de comunicação entre o direito e a economia "nos sistemas jurídicos de base romano-germânica foi causa de pouca produtividade nas investigações que, se levadas a cabo em conjunto, poderiam ter alcançado soluções mais interessantes e promissoras no sentido de entender e, portanto, avaliar e disciplinar muitas das ações dos operadores econômicos".[12]

Assim, no presente ensaio, preservando as conquistas obtidas pela ciência do direito no que respeita à empresa, como, p. ex., a relevante doutrina dos perfis da empresa, e lançando mão de uma interpretação econômica do direito, pela qual se busca compreender institutos jurídicos a partir de uma perspectiva ou lógica própria da ciência econômica, buscarei estabelecer novos critérios pelos quais se possa realizar uma aproximação qualificada entre as ciências do direito e da economia para que, enfim, se possa afirmar o *conteúdo jurídico próprio da empresa*, ou seja, não concluirei que empresa é o empresário (sujeito) ou o estabelecimento (objeto) ou a atividade exercida pelo sujeito, concluirei que há em direito uma categoria jurídica própria para a empresa. Em outras palavras, em direito, com o perdão do pleonasmo, empresa é empresa.

1. Empresa e economia

A teoria econômica clássica ensina que o mercado consiste em um sistema econômico que funciona de forma independente atendendo apenas aos mecanismos de oferta e procura que atuam na formação do preço.[13] Coase, no entanto, observando a atuação econômica de empresas (*firms*), percebe que os agentes econômicos não atuam diretamente no mercado, pois organizam empresas (*firms*) pelas quais atuam visando sobretudo escapar dos mecanismos de formação dos preços. A partir daí edifica-se a teoria econômica da empresa (*theory of the firm*).

Assim, indaga Coase acerca da empresa: "But in view of the fact that it is usually argued that co-ordination will be done by the price mechanism, why is such organization necessary? Why are there these 'islands of conscious power'? Outside the firm, price movements direct production, which is coordinated through a series of

10. Raquel Sztajn, *Teoria Jurídica da Empresa: Atividade Empresária e Mercados*, São Paulo, Atlas, 2004, p. 13.

11. Acerca da fase subjetiva moderna, por todos, v. Rubens Requião, *Curso de Direito Comercial*, v. 1, 25ª ed., São Paulo, Saraiva, 2003, pp. 14-15.

12. *Teoria Jurídica ...*, cit., p. 27.

13. "The economic system works itself. This does not mean that there is no planning by individuals. These exercise foresight and choose between alternatives. This is necessarily so if there is to be order in the system. But this theory assumes that the direction of resources is dependent directly on the price mechanism. Indeed, it is often considered to be an objection to economic planning that it merely tries to do what is already done by the price mechanism" (Ronald H. Coase, *The Nature of the Firm*, 1937, <http://people.bu.edu/vaguirre/courses/bu332/nature_firm.pdf>, acesso em 7.3.2005).

exchange transactions on the market. Within a firm, these markets transactions are eliminated and in place of the complicated market structure with exchange transactions is substituted the entrepreneurco-ordinator, who directs production. It is clear that these are alternative methods of co-ordinating production. Yet, having regard to the fact that if production is regulated by price movements, production could be carried on without any organization at all, well might we ask, why is there any organization?".[14]

Assim, Coase formula crítica no sentido de que a teoria clássica do mercado independente não atende a dois postulados fundamentais acerca das premissas de teorias econômicas, consistentes em dever ser (a) controláveis (*tractable or manageable*), no sentido de serem controláveis por instrumentos de análise econômica, e (b) realistas (*realistic*), no sentido de corresponderem àquilo que, no que concerne ao presente ensaio, é chamado de empresa no mundo real.

Conforme percebeu Coase, os agentes econômicos organizam empresas para diminuir os *custos de transação*, que são os custos de utilização dos mecanismos de formação do preço.[15]

Isso porque, conforme ensina Sztajn, depender "de mercados para produzir gera riscos que podem não convir aos particulares que, por isso, organizam os fatores de produção como meio de dar maior estabilidade a suas operações. Mercados dão ensejo a operações especulativas, algumas das quais contagiam, de forma negativa, a formação dos preços, provocam crises de confiança na ação dos operadores econômicos".[16]

Assim, pela empresa, adquire-se o poder de gestão sobre fatores de produção, possibilitando-se fugir-se do esquema de formação de preços em mercados e, portanto, diminuindo custos de transação. Em síntese, a organização econômica em empresa serve para atuar em mercados com a finalidade de diminuir os custos de transação no exercício de uma determinada atividade econômica.[17]

Desse modo, em economia, a empresa se apresenta como um método de organização da produção pelo qual o empresário *adquire o poder de gestão ou controle sobre os fatores de produção*[18] com a finalidade de diminuir os custos de transação para a obtenção de um resultado destinado à satisfação de necessidades alheias. Coase, p. ex., fala da figura do empreendedor-coordenador (*entrepreneurco-ordinator*), que, ao assumir o controle da produção, consegue fugir dos mecanismos de formação dos preços. É justamente por isso que Posner afirma que a empresa, por um lado,

14. Coase, *The Nature of the Firm*, cit.

15. "The main reason why it is profitable to establish a firm would seem to be that there is a cost of using the price mechanism. The most obvious cost of 'organizing' production through the price mechanism is that of discovering what the relevant prices are. This cost may be reduced but it will not be eliminated by the emergence of specialists who will sell this information. The costs of negotiating and concluding a separate contract for each Exchange transaction which takes place on a market must also be taken into account. Again, in certain markets, *e.g.*, produce ex-changes, a technique is devised for minimizing these contract costs; but they are not eliminated. It is true that contracts are not eliminated when there is a firm but they are greatly reduced. A factor of production (or the owner thereof) does not have to make a series of contracts with the factors with whom he is co-operating within the firm, as would be necessary, of course, if this co-operation were as a direct result of the working of the price mechanism. For this series of contracts is substituted one. At this stage, it is important to note the character of the contract into which a factor enters that is employed within a firm. The contract is one whereby the factor, for a certain remuneration (which may be fixed or fluctuating), agrees to obey the directions of an entrepreneur *within certain limits*. The essence of the contract is that it should only state the limits to the powers of the entrepreneur; within these limits, he can therefore direct the other factors of production" (*The Nature of the Firm*, cit.).

16. Sztajn, *Teoria Jurídica ...*, cit., p. 73.

17. Richard A. Posner, *El Análisis Económico del Derecho*, México, DF, Fondo de Cultura Económica, 1998, p. 371.

18. Idem, ibidem.

diminui os custos de transação, mas por outro, "o método de organizar a atividade econômica através da empresa enfrenta o problema da perda de controle".[19]

Conforme afirma Sztajn, administrar "riscos de forma que a atividade econômica sirva ao propósito de garantir satisfação social requer outra forma de organizar a produção, outra estrutura que facilite as relações de produção de bens e serviços para os mercados".[20]

Entendida como uma organização econômica dos fatores de produção, capital e trabalho, voltada à diminuição dos custos de transação inerentes aos mercados mediante a atribuição a um sujeito, o empresário, de um poder de gestão, a empresa é, sem dúvida, uma "instituição social".[21]

E é esta conclusão que nos permite se estabeleça no âmbito deste ensaio a comunicação entre a Ciência Econômica e a Ciência do Direito, pois ambas cuidam, sob aspectos distintos, de um mesmo substrato:[22] as relações sociais organizadas sob a forma de empresa.

2. Critérios para a aproximação entre os conceitos econômico e jurídico de empresa

É comum observarmos em obras jurídicas a utilização de conceitos econômicos na tentativa de aclarar-se o significado de conceitos jurídicos. Assim, p. ex., para determinar-se quem é empresário para o direito, é comum que se verifique quem é a pessoa que organiza e explora os *fatores de produção*, ou seja, *capital* e *trabalho*, conceitos metajurídicos provenientes da economia.

Ou seja, busca-se na substância dos fenômenos socioeconômicos a explicação dos fenômenos jurídicos. Contudo, há a necessidade de aperfeiçoar-se este método de investigação mediante a construção de um arcabouço conceitual apto a permitir sejam captadas pelo direito aquelas realidades sociais evidenciadas pela economia.

Conforme ensina Nicolò,[23] não "se pode negar que a figura do empresário, a noção de empresa, a noção de estabelecimento, a dinâmica dos títulos de crédito, a autonomia patrimonial e a personalidade jurídica das sociedades, a atividade econômica do Estado e dos entes públicos, a vida e a organização dos grandes complexos associativos, os problemas da produção em massa e aqueles da economia de mercado, da concorrência, da tutela contra o monopólio, do trabalho, todos fenômenos que nossos comercialistas têm, de seu ponto de vista, estudado atentamente, são fenômenos de tal porte que reclamam instrumentos idôneos e categorias adequadas para a sua elaboração no plano conceitual de uma moderna doutrina geral do direito. Esta tarefa, parece-me, pode e deve constituir o objeto da moderna ciência civilista, a qual, estudando estes fenômenos sob o aspecto formal, em lugar daquele substancial, caro aos nossos comercialistas, poderá rever as suas categorias conceituais gerais, do sujeito, do objeto, da situação jurídica, do ato jurídico, os quais não podem ser válidos em

19. Idem, p. 372.

20. *Teoria Jurídica ...*, cit., p. 66.

21. Idem, p. 67.

22. Conforme ensina Mário Júlio de Almeida Costa, o "direito e a economia constituem, assim, dois ângulos de encarar a mesma realidade, duas disciplinas complementares, não obstante as peculiaridades do escopo e da técnica de cada uma delas. Tanto a ciência económica como a ciência jurídica tem por objecto comportamentos humanos e relações sociais: a economia, preocupando-se directamente com os fenómenos económicos em si mesmos, aponta para a solução que conduza ao máximo de utilidade; a ciência jurídica, contemplando esses fenómenos económicos através dos direitos e obrigações que o seu desenvolvimento implica, procura a solução mais justa. De um equilibrado entrelace de ambas perspectivas é que há-de resultar em cada caso a disciplina conveniente aos interesses individuais e colectivos. As duas técnicas apontadas nunca devem, portanto, desconhecer-se" (*Direito das Obrigações*, 9ª ed., Coimbra, Almedina, 2003, p. 121).

23. Rosario Nicolò, "Riflessioni sul tema dell'impresa", in *Il Diritto Privato nella Società Moderna*, Bolonha, Il Mulino, 1971, p. 409.

termos modernos se não logram exprimir completamente também a realidade daqueles fenômenos e daquelas situações que constituem as marcas características desta época".

Assim, deve-se compreender o que o conceito econômico significa para o direito: p. ex., compreender os termos econômicos *capital* e *trabalho* significam para o direito. Isto porque não há como transporse imediatamente da economia para o direito referidos conceitos. Há a necessidade de uma transposição analítica dos conceitos de uma ciência para outra. Desse modo, o conceito econômico de *fatores de produção*, em direito deve ser compreendido sob o manto de categorias jurídicas, sob pena de perder sentido.

3. Transposição das características econômicas da empresa para o direito

Com efeito, capital e trabalho em direito devem ser enquadrados na categoria jurídica de *bens*, ou seja, são tudo aquilo que, sendo suscetível de apreciação econômica, está apto a integrar o patrimônio de determinado *sujeito*.

Estes *bens* que são o capital e trabalho, contudo, formam uma categoria especial, a dos *bens de produção*, espécie contraposta a de *bens de consumo*.

Conforme ensina Comparato, "a classificação dos bens em produtivos ou de consumo não se funda em sua natureza ou consistência, mas na destinação que se lhes dê. A função que as coisas exercem na vida social é independente da sua estrutura interna".[24]

Assim, serão *bens de produção* aqueles que forem organizados e administrados pelo empresário para a produção de um *bem* (produto ou serviço) destinado à satisfação de necessidades alheias.

4. Empresa enquanto poder de gestão

Para que o empresário possa utilizar um *bem* em uma atividade produtiva, com a finalidade econômica de diminuir os custos de transação, ele deve adquirir *o poder de gestão e controle* sobre esse *bem*, *rectius*, sobre o conjunto de *bens* necessários ao exercício da atividade econômica, que em economia são denominados de *fatores de produção*.

Assim, é empresário quem exerce o poder de gestão e controle sobre os bens de produção, e o conjunto de *bens de produção* — logo, utilizados pelo empresário para o exercício organizado da atividade econômica — é o *estabelecimento empresarial*. Estas definições põem em relevo justamente os conceitos de empresário — previsto legislativamente no art. 966 do CC e que se insere na categoria de sujeito de direito — e de estabelecimento — previsto legislativamente no art. 1.142 do CC e que se insere na categoria de *objeto*.

Contudo, como afirmado acima, em economia há empresa sempre que alguém, buscando diminuir custos de transação, adquire um poder de controle e gestão sobre os fatores de produção dentro de certos limites (*within certain limits*), mas, "dentro destes limites, o empresário pode consequentemente dirigir os outros fatores de produção".[25]

5. Elementos que compõem o estabelecimento empresarial

Grande parte da doutrina comercialista, p. ex., entende que o estabelecimento empresarial é conformado por bens móveis e imóveis — ou seja, bens no sentido estrito do termo, significando *coisas* —, pois se percebe com maior facilidade as relações jurídicas de direito real em que o empresá-

24. F. K. Comparato, "Função social da propriedade dos bens de produção", in *Direito Empresarial*, 1ª ed., 2ª tir., São Paulo, Saraiva, 1995, p. 29.

25. "Within these limits, he can therefore direct the other factors of production" (Ronald H. Coase, *The Nature of the Firm*, cit.).

rio figura como titular, como, p. ex., a propriedade sobre maquinário, ou o imóvel em que se estabelece.

Contudo, são comuns os exemplos de empresários que exercem atividade econômica sem serem titulares de relação jurídica de direito real alguma. Tome-se como referência o seguinte exemplo, abundante na sociedade brasileira.

Para o exercício de atividade econômica, um empresário celebra um contrato de locação de determinado imóvel (em razão deste contrato, o empresário figura num dos pólos de uma relação jurídica obrigacional). Neste imóvel, o empresário organiza e exerce a atividade de venda de gêneros alimentícios, com base em bens materiais e imateriais cujo uso lhe é permitido em razão da celebração de um contrato de franquia de marca e *know-how* e outro de *leasing* de equipamentos (e em razão destes contratos, o empresário figura num pólo de outra relação jurídica obrigacional). Para o exercício da atividade, o empresário necessita da força de trabalho humano, de tal forma que contrata empregados (e mais uma vez figura o empresário em relações jurídicas obrigacionais).

O que pretendi demonstrar com o singelo exemplo acima exposto é justamente o fato de que é comum que empresários exerçam atividade empresarial sem que se faça necessário que ele figure em relação jurídica de direito real alguma, com o que, acredito ter fundamentado a seguinte conclusão: o estabelecimento empresarial, considerado como o complexo de bens organizado pelo empresário para o exercício da empresa, é formado por *bens* no sentido lato do termo, e não apenas por *coisas*. "Tomada no sentido mais claro, a palavra *bem* confunde-se com o objeto dos direitos; designa as coisas e ações humanas (*comportamento* que as pessoas podem exigir umas das outras)."[26]

26. Orlando Gomes, *Introdução ao Direito Civil*, 15ª ed., Rio de Janeiro, Forense, 2000, p. 199.

Assim, o empresário que organiza um conjunto de *bens* para o exercício de atividade econômica, adquire o poder de gestão e controle sobre esses bens que são orientados justamente para o exercício da atividade econômica com a finalidade de serem evitados custos de transação.

Conclusão: significado jurídico da empresa

Este *poder de gestão e controle* sobre os *bens de produção* é, para o direito, a empresa, que se enquadra na categoria jurídica de *situação jurídica complexa*. Diz-se *situação jurídica complexa* porque ela é formada por relações jurídicas obrigacionais, relações jurídicas de direito real, por direitos potestativos e estados de sujeição, e por ônus jurídicos. Isto porque, o empresário, ao organizar os *bens de produção* passa a ser titular de uma série de relações jurídicas e situações jurídicas que assumem as mais diversas matizes, mas que, em comum, possuem a pertinência ao mesmo sujeito (o empresário) que lhes dá destinação unitária.

Há, no direito, uma situação jurídica análoga à empresa, que é a propriedade. Para Nicolò, o "paralelismo assim entre propriedade e empresa é perfeito: por um lado, proprietário, propriedade, bem; por outro, empresário, empresa, estabelecimento. Assim a figura do empresário não se confunde com aquela posição subjetiva que chamamos *status* ou *condição profissional*, mas se coloca como a qualidade correlata à titularidade do direito de empresa".[27]

A empresa enquanto o poder de gestão de um plexo de relações patrimoniais inserida na categoria da *situação jurídica complexa*. Nesse sentido, pode-se realizar uma maior aproximação entre empresa em direito e empresa em economia, com o que se obtém uma maior comunicação entre estes dos ramos do saber.

27. Rosario Nicolò, "Riflessioni ..., cit., p. 420.

Espaço Discente

ENTENDENDO O DUMPING E O DIREITO ANTIDUMPING

Gustavo Fávaro Arruda

1. Introdução. 2. Conceito de dumping: 2.1 Definição econômica; 2.2 Definição jurídica; 2.3 Tipos de dumping. 3. Outras práticas de comércio distintas do dumping: 3.1 Exceções ao livre comércio; 3.2 Dumping e Direito Concorrencial. 4. Os fundamentos da legislação antidumping: 4.1 O fundamento econômico; 4.2 Fundamento jurídico. 5. Conclusão. 6. Índice das fontes: 6.1 Fontes primárias; 6.2 Bibliografia.

1. Introdução

O dumping é uma prática comercial regulamentada por normas de direito nacional e internacional. Trata-se de instituto que foi estudado inicialmente pela economia, mas que ganhou disciplina jurídica complexa, cujo desenvolvimento é possível creditar, inicialmente, aos Estados da *common law*.

Por isso, a adoção da regulamentação antidumping no Brasil, a partir do final da década de oitenta, gerou perplexidades. A acomodação de um instituto jurídico com essas origens suscita uma série de dúvidas e inquietudes em países de tradição jurídica romano-germânica.

Grande parte dessas incertezas refere-se à aplicabilidade de disposições específicas da regulamentação antidumping em face de normas constitucionais e de princípios de direito que balizam o sistema jurídico nacional. Relacionam-se, na maior parte das vezes, à essência do instituto e à forma de sua recepção pelo ordenamento jurídico nacional.

Por isso, os objetivos principais desse trabalho são: (i) examinar o fundamento da disciplina do dumping (direito antidumping); e (ii) colaborar para uma melhor compreensão do instituto, conforme sua disciplina nacional e internacional.

O estudo do sistema multilateral em que se insere a Organização Mundial de Comércio (OMC) e a demonstração da aplicabilidade da regulamentação antidumping são aspectos tratados apenas incidentalmente, não constituíram objeto de preocupação central desta dissertação.

A regulamentação antidumping gerava pouco ou nenhum interesse no período que se estendeu até o final dos anos oitenta, época marcada pela pequena abertura comercial brasileira. A partir de então, as intensas transformações econômicas por que passou o Brasil passaram a evidenciar a importância do tema.

Com as reformas de cunho liberal implantadas, sobretudo a partir do governo Collor, a indústria nacional passou a sofrer intensa concorrência com produtos importados e a regulamentação antidumping, assim como as demais medidas de defesa comercial, ganhou relevância.

Contudo, as autoridades brasileiras tinham pequena familiaridade com o instituto. A falta de compreensão de sua finalidade, aliada a problemas macroeconômicos — principalmente o longo período de baixas taxas de crescimento —, é um dos fatores que tornaram a inserção do Brasil no comércio internacional um processo traumático para certos setores da economia.

Por isso, é necessário, primeiramente, compreender de que trata o instituto, tarefa que é iniciada no item segundo abaixo. Nele, o dumping será conceituado, serão tratadas as suas definições econômica e jurídica e apresentadas as suas formas próprias e impróprias.

O item três é dedicado à distinção entre o dumping e outras práticas de comércio comumente com ele confundidas, como as salvaguardas, os subsídios, o preço predatório e a concorrência desleal.

Traçado este caminho é possível chegar, por fim, ao item quatro, que é dedicado aos fundamentos da legislação antidumping. A sua compreensão é fundamental, pois é ela que fornece as bases que justificam a aplicação das medidas. Essa parte demonstrará que muito do que se fala sobre dumping é fruto de confusão ou retórica para justificar a aplicação das medidas.

2. *Conceito de dumping*

O termo dumping é utilizado de forma ampla hodiernamente. Seu conceito é compreendido diversamente pela economia, pelo direito e, principalmente, pelo senso vulgar leigo, que o emprega em situações que não constituem tecnicamente dumping. Estas diversas e irregulares utilizações do termo se devem, em grande parte, a divergências epistemológicas e axiológicas, que matizam a abordagem jurídica, política e econômica do mesmo.

Em qualquer delas, no entanto, há sempre três idéias, que estão presentes: (i) a de prática desleal de comércio internacional; (ii) a carga semântica pejorativa, incutindo a sensação de comportamento ilícito ou reprovável; e (iii) o emprego do vocábulo em inglês, sem a utilização de qualquer tradução.[1] Este entendimento tem raízes na própria evolução da aplicação do instituto, que se deu primordialmente como se disse nos Estados da *common law*.[2]

A origem do termo, no entanto, não fornece base que corrobore essa compreensão. Estudos etimológicos especulam que ele tenha surgido do irlandês arcaico, "*thumpa*", que significa "atingir alguém" ou, posteriormente, "depósito de munições".[3]

No inglês moderno, pode-se encontrar um verbo correlato: *to dump*, que significa "*to put or throw down with more or less of violence; to unload; to drop down; to deposit something in a heap or unshaped mass*",[4] ou seja, "despejar, descarregar; desembaraçar-se de, jogar fora".[5] Em âmbito comercial, portanto, o termo significaria o ato de "inundar o mercado",[6] ou, mais precisamente, o ato de "colocar mercadorias no mercado em grande quantidade e a preços muito baixos".[7]

1. Nem mesmo a legislação brasileira utiliza o termo traduzido. Por isso, ele é grafado em letras "redondas" (sem itálico) neste artigo. Por outro lado, com relação ao termo "antidumping", considera-se mais correta a grafia sem o hífen, segundo orientação de A. B. H. Ferreira (*Novo Dicionário da Língua Portuguesa*, 2ª ed., pp. XII-XIII), uma vez que o vocábulo principal não se inicia com "h", "r" ou "s". No mesmo sentido, D. P. Cegalla (*Novíssima Gramática da Língua Portuguesa*, p. 80).

2. Conforme proposição de W. Barral, *Dumping e Comércio Internacional: a Regulamentação Antidumping após a Rodada do Uruguai*, p. 8.

3. G. Marceau, *Anti-Dumping and Antitrust Issues in Free-Trade Areas*, Nova York, Oxford University, 1994, p. 7, *apud* W. Barral, *Dumping e Comércio Internacional: ...*, cit., p. 8.

4. H. C. Black, *Black's Law Dictionary*, p. 247.

5. A. Houaiss e I. Cardim (eds.), *Novo Dicionário Folha Webster's — Inglês/Português Português/Inglês*, p. 94.

6. Idem, ibidem.

7. L. O. Baptista, "Dumping e anti-dumping no Brasil", in A. Amaral Júnior (coord.), *OMC e o Comércio Internacional*, p. 29.

Já na doutrina, atribui-se a autores norte-americanos a construção teórica do instituto, embora ele tenha sido primeiramente tratado pelos economistas. Assim, a primeira utilização do termo teria sido feita por Adam Smith, mas em um contexto diverso, para designar situações que atualmente mais se aproximariam da figura dos subsídios.[8] Em sua acepção contemporânea, teria sido o economista J. Viner quem o empregou pela primeira vez.

2.1 Definição econômica

Os economistas identificam a prática do dumping como sendo a discriminação de preços entre dois mercados nacionais, ou nas palavras de J. Viner "*The one essential characteristic of dumping, I contend, is price-discrimination between purchases in different national markets*".[9]

Essa discriminação compreende aquela realizada entre diferentes mercados de exportação e não se refere, como se verá na definição jurídica, a uma comparação feita entre o mercado importador e o mercado exportador.

Contudo, não há consenso entre os economistas acerca das causas e das conseqüências do dumping, como se verá mais a fundo no item 4. Trata-se de problema grave, uma vez que a discórdia atinge os fundamentos e a efetividade que justificam a aplicação das medidas antidumping, o que pode causar efeitos adversos ou imprevistos sobre o mercado. Há casos, como se verá, em que a prática de dumping pode ter efeitos benéficos para a indústria nacional, como o dumping de insumos, sendo até desejada a sua ocorrência.[10]

O argumento econômico utilizado com maior freqüência para justificar a aplicação das medidas antidumping é a desqualificação da concorrência realizada pelos produtos importados. Estes, além de serem vendidos com discriminação de preços entre mercados nacionais, implicariam a prática de preços predatórios, o que afastaria investimentos e agravaria problemas sociais.

2.2 Definição jurídica

A definição jurídica de dumping, ainda que seja o fruto da influência de diversas legislações nacionais, é dada pelo direito internacional e pode ser encontrada no artigo VI do GATT 1947 nos seguintes termos: "*The contracting parties recognize that dumping, by which products of one country are introduced into the commerce of another country at less than the normal value of the products, is to be condemned if it causes or threatens material injury to an established industry in the territory of a contracting party or materially retards the establishment of a domestic industry* (...)".

Além do mencionado artigo, também disciplina a matéria um acordo específico da OMC, celebrado com o intuito precípuo de interpretar os termos vagos citados acima. Trata-se do Acordo sobre a Implementação do Artigo VI do Acordo Geral sobre Tarifas e Comércio 1994 (ou *Agreement on the Implementation of Article VI of the General Agreement on Tariffs and Trade 1994*), conhecido e daqui em diante mencionado apenas como "Acordo Antidumping". O artigo 2.1 deste Acordo também

8. J. H. Jackson, "Dumping in International Trade: its meaning and context", in J. Jackson e E. Vermulst, *Antidumping Law and Practice*, p. 4, *apud* W. Barral, *Dumping e Comércio Internacional: ...*, cit., p. 10, nota 11.

9. *Dumping: a Problem in International Trade*, Chigago, University of Chicago, 1923, reimpressão (Fairfield NJ, Kelley Pyblishers, 1991), pp. 4-5, *apud* W. Barral, *Dumping e Comércio Internacional: ...*, cit., p. 10.

10. O dumping de insumos é também conhecido como *downstream dumping*, e beneficiará a indústria nacional que utilize os produtos objeto de dumping como matéria prima em sua cadeia produtiva. Um exemplo brasileiro a respeito foi a reprovação, pelos produtores de auto-falantes, da imposição de medidas antidumping contra a importação de ímãs da China (caso MICT/SAA/CGSG 52100-000383/96-34).

traz uma definição desta prática: "*For the purpose of this Agreement, a product is to be considered as being dumped, i.e. introduced into the commerce of another country at less than its normal value, if the export price of the product exported from one country to another is less than the comparable price, in the ordinary course of trade, for the like product when destined for consumption in the exporting country*".

No Brasil, a prática do dumping é definida pelo art. 4º do Decreto 1.602, de 23 de agosto de 1995, que regulamenta as normas e os procedimentos relativos à implementação do artigo VI do GATT, da seguinte forma: "Para os efeitos deste Decreto, considera-se prática de dumping a introdução de um bem no mercado doméstico, inclusive sob as modalidades de drawback, a preço de exportação inferior ao valor normal". Em seguida, o art. 5º define o valor normal como sendo "o preço efetivamente praticado para o produto similar nas operações mercantis normais, que o destinem a consumo interno no país exportador".

Para o direito, portanto, a definição de dumping também é baseada na diferenciação de preços entre dois mercados. Porém, a sua ocorrência restringe-se aos casos em que os produtos de um país são introduzidos no comércio de outro por valor abaixo daquele praticado no mercado do país exportador. Note-se que a definição jurídica não coincide com a definição econômica de dumping. Por ora, é necessário registrar apenas que esta — a definição econômica — é mais ampla que aquela — a definição jurídica — e, à medida que este trabalho for se desenvolvendo, novos aspectos que as distinguem serão mencionados.

2.3 Tipos de dumping

É de J. Viner, também, a primeira tentativa de classificar as diversas formas de dumping. Baseou-se o economista em três situações em que identificou a manifestação dessa prática, classificando-o como: (i) esporádico; (ii) de curto prazo; ou (iii) permanente. Contudo, somente para o de curto prazo é que atribuiu caráter negativo.[11]

Outro tipo de dumping mencionado com freqüência é o "dumping predatório". Trata-se, no caso, da associação da prática do dumping a uma figura delituosa de direito concorrencial, a prática de preços predatórios. Caracteriza-se pela prática da discriminação de preços entre mercados nacionais, qualificada pela venda, no mercado importador, a um preço infracompetitivo ou abaixo do preço de custo (essas práticas, contudo, nem sempre estão associadas, conforme se verá no item 3.2.1).

"O 'dumping' eivado de predatoriedade no mercado interno, limita-se à venda sem margem de lucro, abaixo do preço de mercado, e não no sentido lato, utilizado no comércio exterior, de redução de preços inferiores aos vigentes no mercado; pois a redução de preços é objetivo da concorrência empresarial, e por si só não configura abuso de poder econômico e forma de concorrência desleal."[12]

Assim, conforme esclarece J. R. P. Rodrigues, "[o] *dumping* predatório (...) exterioriza-se pela prática de comércio em situação na qual inexiste lucro por parte do praticante do *dumping*. Duas razões justificariam essa postura: (I) afastamento dos competidores do mercado; (II) impedir que novos competidores atuem no mesmo mercado. Essa prática, contudo, só pode ser justificada no curto prazo, pois a longo prazo ela pode conduzir o seu próprio praticante à ruína" (grifos no original).[13]

Apesar da utilidade econômica das distinções mencionadas, a regulamentação antidumping não acolhe estas classifica-

11. W. Barral, *Dumping e Comércio Internacional: ...*, cit., p. 11.

12. E. M. O. Martins, "Da concorrência desleal: o 'dumping' predatório no contexto internacional e no mercado interno brasileiro", in *Revista de Direito do Mercosul*, v. 2, n. 3, p. 126.

13. "Os efeitos do dumping sobre a competição", in *Revista de Direito Econômico*, n. 22, p. 35.

ções, que, portanto, têm interesse meramente didático. No sistema GATT/OMC, é possível identificar apenas dois tipos de dumping, o condenável e o não condenável, sendo o último aquele que causa dano à indústria doméstica.[14]

Por isso, é necessário salientar que, ao contrário do que sustenta o senso comum e a esmagadora parcela da doutrina, o dumping não é por si só uma prática ilícita ou violadora das boas regras de mercado.[15] Para ser considerado reprovável tem que causar dano à indústria doméstica. Ou seja, o dumping, *per se*, não é uma prática desleal de comércio internacional.

2.3.1 Formas impróprias de dumping

Freqüentemente, ao se falar em negociações comerciais internacionais, outros tipos de dumping são mencionados, como o "dumping social", o "dumping ambiental" ou até o "dumping cambial". Trata-se, na verdade, de uma tentativa de caracterização pejorativa de situações que envolvem diferenças estruturais — ou vantagens comparativas — entre Estados, geralmente entre Países Desenvolvidos (PDs) e Países em Desenvolvimento (PEDs). Partem, na maior parte das vezes, de movimentos sociais daqueles para estereotipar de maneira negativa os produtos competitivos destes.

O dumping social, por exemplo, estaria relacionado a menores garantias — principalmente de direitos trabalhistas e salários — conquistadas ao longo do processo democrático e do desenvolvimento econômico e social dos PDs.[16] O dumping ambiental estaria relacionado à procura pelas indústrias poluentes de locais em que as normas de proteção ambiental fossem menos rígidas, inexistentes ou ineficazes. Já o dumping cambial seria a expressão utilizada para designar a manutenção de baixas taxas de câmbio, ou seja, de uma desvalo-

14. O termo "dano" aqui é empregado em seu sentido jurídico e designa as situações em que há "dano material ou ameaça de dano material à indústria doméstica já estabelecida ou retardamento sensível na implantação de tal indústria". Ver Acordo Antidumping art. 3 e Dec. 1.602/1995, art. 14.

15. Já foi mencionado anteriormente, inclusive, que os seus efeitos econômicos podem ser positivos e até desejados pela indústria nacional, como no caso dos ímãs da China.

16. A utilização da expressão "dumping social", embora já tenha sido relatada em meados da década de sessenta, entrou em voga apenas após o final da Rodada Uruguai. Conforme relata C. Lafer, isso foi conseqüência da ampliação de objeto que sofreram os acordos de comércio internacional, que passaram a admitir, a partir da assinatura dos tratados de Maastricht e do NAFTA, discussões sobre cláusulas sociais.

No final da década de noventa, então, passou-se a cogitar, com maior intensidade, sobre as relações entre comércio e investimento internacionais, de um lado, e as profundas diferenças entre os custos de mão-de-obra, de outro. Assim, os PDs passaram a acusar os PEDs da prática de dumping social, segundo o qual estes estariam auferindo lucros excessivos através da super-exploração da mão de obra em seus territórios. Alegava-se, em suma, que seria necessário uma forma de harmonizar os custos sociais, para que os locais em que eles fossem mais caros não restassem prejudicados por uma espécie de concorrência desleal de produtos oriundos dos países em que eles fossem mais baratos.

Contudo, não obstante todo o esforço no sentido da livre circulação de mercadorias e serviços, o trânsito de pessoas — em função da preocupação com os fluxos migratórios — continua absolutamente restrito no mundo globalizado. Isso gera reservas de mercado e inflação no custo da mão-de-obra nos PDs, uma vez que o valor do fator trabalho está diretamente relacionado ao grau de desenvolvimento econômico de determinado país, região ou estado.

Mas não é apenas nas disparidades do mercado mundial que reside a incongruência do raciocínio sobre a prática de dumping social. Muitos, senão a maioria dos PEDs, conjugam de forma harmônica a relação entre mercado, democracia e direitos humanos. Reconhecem, ademais, os *standards* sociais estipulados nas convenções da OIT e em outros tratados de direito internacional como aqueles celebrados no âmbito da ONU.

Por isso, na verdade, a alegação da prática de dumping social nada mais é que a expressão de uma forma de protecionismo. Agentes governamentais e não governamentais dos PDs pretendem, desta foram, apenas a imposição de um ônus aos PMDs e PEDs, com o qual eles não têm condição de arcar. Ver, sobre o assunto, C. Lafer, "Dumping social", in L. O. Baptista, H. M. Huck e P. B. Casella (coords.), *Direito e Comércio Internacional: Tendências e Perspectivas — Estudos em Homenagem ao Prof. Irineu Strenger*, pp. 161-164.

rização de uma moeda nacional frente a uma cesta de moedas para estimular as exportações e inibir as importações.

Na atual conjuntura, esta tentativa dos PDs de ampliação do conceito de dumping é vista pelos PEDs como mais uma forma de se criarem barreiras protecionistas à exportação dos seus produtos e, portanto, barrar a sua crescente participação no comércio internacional.

3. *Outras práticas de comércio distintas do dumping*

Freqüentemente, o dumping é confundido com outras práticas de comércio nacional ou internacional. Em muitas destas vezes, a impropriedade é tamanha que outros institutos são utilizados para fundamentar a aplicação dos direitos antidumping, como é o caso dos subsídios ou do preço predatório. Por isso, não há como se falar de dumping, sem que sejam dispensadas algumas palavras para o esclarecimento de termos que lhe são conexos.

O corpo de normas do comércio internacional tem como princípio fundamental a não-discriminação e a liberalização comercial. Há, no entanto, situações em que esses princípios não se aplicam, das quais se destaca neste estudo a imposição de medidas antidumping. O primeiro ponto de confusão de parte da doutrina, sobre o qual se falará abaixo, é representado, pois, por práticas que estão na contramão da liberalização comercial e representam exceções ao princípio da não-discriminação. O segundo ponto de confusão da doutrina está no direito concorrencial e será tratado no item seguinte.

3.1 Exceções ao livre comércio

As medidas de proteção contra importações constituem exceções ao princípio do livre comércio e, por isso, são regulamentadas pelo GATT/OMC. Entre elas pode-se citar: (i) as exceções permanentes; (ii) as exceções contingenciais; e (iii) as medidas de defesa comercial.[17]

As exceções permanentes, grosso modo, são aquelas que podem ser invocadas pelos Estados-partes a qualquer tempo para restringir as importações. São exemplos de exceções permanentes o *waiver*,[18] a segurança nacional e a renegociação de concessões.

As exceções contingenciais referem-se à possibilidade de excepcionar o princípio do livre comércio em função de situações econômicas peculiares. Permite-se, assim, a restrição de importações para o fim de equilibrar-se a balança de pagamentos ou, no caso de PEDs, medidas temporárias para proteção da indústria nascente.

3.1.1 Medidas de defesa comercial

As medidas de defesa comercial são uma proteção permitida e excepcional à concorrência realizada por produtos importados, que pode ser utilizada nos temos dos acordos específicos da OMC que as regulamentam. São medidas de defesa comercial as salvaguardas, as medidas compensatórias contra importações subsidiadas e as medidas antidumping.

3.1.1.1 Medidas de salvaguarda — As medidas de salvaguarda são um mecanismo existente para defender a indústria nacional contra surtos de importação que possam ocorrer em função de um aumento súbito ou iminente nas importações de um produto similar, em função das progressivas reduções tarifárias negociadas.

Através deste mecanismo concede-se à indústria nacional um período extra de

17. Cf. classificação adotada por W. Barral in *Dumping e Comércio Internacional: ...*, cit., p. 130.

18. *Waiver* é a dispensa, pela maioria qualificada de dois terços dos Estados-partes da OMC, da necessidade de cumprimento de uma das obrigações que foram impostas pelo Acordo. A previsão legal encontra-se no artigo XXV do GATT e insere-se no contexto da possibilidade de ação conjunta dos Membros para consecução de seus objetivos.

proteção tarifária, para que essa possa se adaptar à concorrência do produto importado. Trata-se, portanto, de uma forma de contornar uma situação emergencial e que, por isso, não terá caráter definitivo.

É justamente na defesa contra surtos importadores oriundos da retirada de barreiras tarifárias que está a diferença entre as medidas de salvaguarda e as medidas antidumping. Enquanto estas se destinam a combater uma importação que causa dano e que é havida com diferenciação de preços entre mercados nacionais, aquelas são aplicadas contra importações legítimas, realizadas no curso normal do comércio, mas que apresentam um surto de aumento em função da progressiva liberalização comercial.

É natural, desta forma, que as medidas antidumping sejam aplicadas de maneira discriminada em relação aos países e aos produtores, uma vez que se referem a uma atitude privada. As medidas de salvaguarda, por outro lado, são aplicadas de maneira não-seletiva, ou seja, impõem-se contra importações de um produto determinado, qualquer que seja a sua origem ou o seu fabricante.

Na prática, as medidas de salvaguarda refletem-se na majoração da alíquota *ad valorem* do produto importado ou na imposição de quotas de importação. Contudo, ao contrário das medidas antidumping, a imposição de medidas de salvaguarda exige a negociação de novas concessões aos Estados prejudicados, de modo a compensar o gravame gerado. Daí, como se pode supor, a utilização bem mais restrita do instituto.

3.1.1.2 Medidas compensatórias contra importações subsidiadas — As medidas compensatórias são um tipo de exceção ao princípio do livre comércio aplicável quando a indústria nacional de um Estado é prejudicada pelas importações de produtos subsidiados, direta ou indiretamente, pelo Estado exportador.

Como bem esclarece L. M. Costa, "[a] definição de subsídio no Acordo sobre Subsídios e Medidas Compensatórias pode ser entendida como a de um benefício acordado através de uma contribuição financeira governamental, envolvendo a transferência de fundos, de mercadorias ou de serviços, feita pelo próprio governo ou em seu nome. Nessa categoria estão, também, os benefícios fiscais e os apoios ao preço do produto".[19]

Na terminologia empregada pelo Acordo sobre Subsídios e Medidas Compensatórias, os subsídios podem ser de três tipos: (i) proibidos; (ii) recorríveis; ou (iii) irrecorríveis. Essa distinção é feita em função do nível de distorção que causam ao comércio internacional. No jargão diplomático da OMC, estas três categorias são identificadas por caixas, às quais foram dados nomes de cores, como nos semáforos: vermelho para os proibidos, amarelo (ou âmbar) para os recorríveis e verde para os irrecorríveis.[20]

Os primeiros — os subsídios proibidos ou da caixa vermelha — são aqueles conferidos em função da exportação ou da substituição da importação e são, como o nome faz presumir, aqueles que, pela própria natureza e finalidade, mais distorcem o comércio internacional. Segundo o Acor-

19. "Subsídios e salvaguardas", in A. Amaral Júnior (coord.), *OMC e o Comércio Internacional*, p. 64.

20. Quando se trata de bens agrícolas, contudo, a questão é um pouco mais complexa. Isso quer dizer que, não obstante as disposições do Acordo sobre Subsídios e medidas compensatórias: (i) os subsídios agrícolas à exportação (e demais subsídios da caixa vermelha) não estão proibidos, embora continuem sujeitos a medidas compensatórias; (ii) as medidas de apoio interno que estivessem em total conformidade com o Acordo sobre Agricultura da OMC não eram acionáveis multilateralmente, embora pudessem estar sujeitas a medidas compensatórias, em função da cláusula de paz (expirada em 1.1.2004). Assim, de acordo com o *Agriculture Agreement* não há caixa vermelha para subsídios agrícolas. Além disso, existe uma caixa azul, para os subsídios e apoios domésticos que, embora sejam altamente distorcivos do comércio internacional, estejam ligados a programas de redução da produção. Sobre subsídios agrícolas ver M. G. Desta, *The Law of International Trade in Agricultural Products*, s.l.

do esses subsídios deverão ser totalmente banidos pelos Estados-Membros.[21]

Os segundos — os subsídios recorríveis ou da caixa âmbar — são aqueles que podem distorcer o comércio internacional e que, portanto, podem causar danos a outros Estados. "Esse tipo de subsídio não é, em princípio, prejudicial ao comércio, mas em algumas circunstâncias ele pode vir a ser. Um subsídio será considerado dentro dessa categoria quando sua utilização por um País-Membro venha a comprometer os interesses de um outro Membro, isto é, prejudicar a indústria doméstica desse país ou causar-lhe um sério prejuízo".[22]

Por fim, os subsídios irrecorríveis ou da caixa verde, que são também chamados de permitidos, fazem parte de uma categoria de subsídios que não restringem, criam obstáculos ou distorcem o comércio internacional.[23] Trata-se dos subsídios não específicos ou os destinados a atividades de pesquisa, ao combate a disparidades regionais e à adaptação a novas regulamentações ambientais.

Note-se que a ilegalidade do subsídio, em âmbito internacional, pressupõe a existência de dano que cause à indústria do país importador.[24] Neste caso, poder-se-ão aplicar medidas no exato valor do benefício conferido, daí a especial atenção que merece a forma se calcular a existência e valor do subsídio.

Não é de se espantar, portanto, que os subsídios sejam condenados já há muito tempo em matéria de comércio internacional, principalmente aqueles que foram aqui classificados como proibidos e recorríveis, pelos efeitos distorcivos que provocam. A sua prática emite sinais falsos ao mercado, prejudicando uma alocação de recursos mais eficiente. Em última análise, esses tipos de subsídios promovem a competição injusta, favorecendo o mais débil em detrimento do mais eficiente.

A distinção entre dumping e subsídios, portanto, deve ter restado bem clara. Enquanto estes são uma prática estatal, que envolve a transferência de recursos públicos, direta ou indiretamente, o que pode implicar preços privados mais competitivos, aquele — o dumping — é uma prática essencialmente privada, que ocorre através da fixação de preços pelo empresário.

3.2 Dumping e Direito Concorrencial

O segundo ponto que gera confusão quando se pretende conceituar o dumping é a sua interoponibilidade com o direito concorrencial. Com certa freqüência, parte da doutrina e, sobretudo, os leigos confundem ou ao menos ligam a existência do dumping a outros três fenômenos concorrenciais de conhecimento mais difundido.

O primeiro é a prática de preço predatório, ou seja, o preço que é artificialmente baixo, chegando a ser inferior ao custo, e é praticado com o objetivo de eliminar a concorrência. Sobre este tema maior atenção será dispensada no próximo subitem.

21. Porém, como essa prática pode ter efeitos importantes em programas de desenvolvimento econômico, o Acordo excetua, através de um tratamento especial e diferenciado conferido aos países de menor desenvolvimento relativo e aos países em vias de desenvolvimento com renda *per capita* anual inferior a US$ 1000, essa proibição, sendo lícito a eles conferir esse tipo de subsídio. Ver a este respeito os artigos 27.2 e 27.3 do Acordo sobre subsídios e Medidas Compensatórias.

22. L. M. Costa, "Subsídios e salvaguardas", in A. Amaral Júnior (coord.), *OMC e o Comércio Internacional*, p. 66.

23. Os efeitos adversos, se existirem, ocorrem apenas de forma esporádica e reduzida.

24. O Acordo sobre subsídios e Medidas Compensatórias estipula, em seu artigo 5º que: "*No Member should cause, through the use of any subsidy referred to in paragraphs 1 and 2 of Article 1, adverse effects to the interests of other Members, i.e.: (a) injury to the domestic industry of another Member; (b) nullification or impairment of benefits accruing directly or indirectly to other Members under GATT 1994 in particular the benefits of concessions bound under Article II of GATT 199*". No caso dos subsídios, assim como no dumping, o dano também é entendido como dano material, ameaça de dano ou retardamento no estabelecimento da indústria doméstica.

O segundo fenômeno é o abuso de poder econômico, que pode ser conceituado como "o exercício, por parte de titular de posição dominante, de atividade empresarial contrariamente a sua função social, de forma a proporcionar-lhe, mediante restrição à liberdade de iniciativa e à livre concorrência, apropriação (efetiva ou potencial) de parcela da renda social superior àquela que legitimamente lhe caberia em regime de normalidade concorrencial".[25]

O terceiro fenômeno concorrencial mais confundido com o dumping é a prática de ato tendente à dominação dos mercados. O ato tendente à dominação dos mercados é aquele que tem por objetivo precípuo da atividade econômica a eliminação do concorrente e a possibilidade de determinar o preço no mercado. É evidenciado quando "uma empresa ou um grupo de empresas controla em tal grau a produção, distribuição, prestação ou venda de determinado bem ou serviço, que passa a exercer influência preponderante sobre os respectivos preços".[26]

Esta idéia que se faz do dumping, ligando-o a conceitos de direito concorrencial, advém, provavelmente, da sua utilização indiscriminada e, com certeza, da carga pejorativa que se lhe imputa, com o fim de justificar a sua utilização.

Por isso, se justifica a explicação, *ad nauseam*, de que o dumping diferencia-se dessas outras práticas privadas tanto conceitual como juridicamente. O que caracteriza o instituo em tela, pois, é única e exclusivamente a discriminação de preços entre dois mercados nacionais, sendo que no mercado importador, o preço praticado é inferior àquele do mercado exportador. Por vezes, como se verá, a prática de dumping poderá implicar uma atitude anticoncorrencial, mas os elementos dos institutos mencionados acima não são nem suficientes nem necessários para a caracterização do dumping.

Note-se que, nos Estados Unidos, a legislação antidumping surgiu como uma extensão da legislação antitruste. Contudo, já "[o] primeiro estatuto *antidumping* norte-americano (*Antidumping Act*, de 1916) eliminou a necessidade de se configurar a conspiração ou combinação entre vendedores organizados para atingir um fim em comum — descaracterizando assim a analogia utilizada em casos de *antidumping* com disposições Antitruste". A separação entre os institutos se completa em 1921, com a eliminação da necessidade de provar a intenção de causar dano.[27]

Mesmo assim, a confusão entre o dumping e outros institutos de direito concorrencial persiste e é tamanha, que o próprio CADE, apoiado por parte da doutrina,[28] chega a utilizar o conceito de dumping para definir práticas tipicamente tuteladas pelo direito antitruste.[29]

25. S. V. Bruna, *O Poder Econômico e a Conceituação do Abuso em seu exercício*, p. 117.

26. Art. 5º da Lei 4.137/1962.

27. G. C. G. Johannpeter, *Antidumping — Prática Desleal no Comércio Internacional*, p. 61.

28. Ver, nesse sentido, L. G. P. B. Leães, para quem "[à] semelhança do que ocorre no Direito Comparado, o *dumping* se caracteriza como a redução do preço vigente no mercado ou abaixo do custo *qualificada* pela intenção de eliminar os concorrentes e dominar o mercado" (grifos no original). Mais adiante o mesmo autor conclui que "para se falar em 'dumping' força é que o fato indiciariamente delituoso venha integrado, *no campo normativo*, pela *redução* do preço, seguida de elevação, com vista ao exercício de uma especulação *abusiva*, e, *no campo subjetivo*, pelo intuito de eliminar a concorrência e provocar condições monopolísticas" (grifos no original). In "O "dumping" como forma de abuso do poder econômico", *RDM*, v. 32, n. 91, pp. 12 e 14. No mesmo sentido, J. I. G. Franceschini e J. L. V. A. Franceschini, *Poder Econômico: Exercício e Abuso*, pp. 149-153.

29. Segundo nos informa W. Barral, "[o] CADE já asseverou em suas decisões que: (i) 'O dumping se caracteriza pela venda abaixo do preço do mercado, isto é, abaixo do preço dos concorrentes. Configura-se o dumping na exportação de mercadoria por preço inferior ao vigente no país exportador ou por preço abaixo do custo de produção'; (ii) 'Dumping é a temporária e artificial redução de preços para oferta de bens ou serviços por preços abaixo daqueles vigentes no mercado, provocando

Perante a legislação brasileira, que reconhece esses imperativos de ordem técnica, estes institutos são tratados de maneira absolutamente distinta. O dumping é tutelado pela legislação antidumping, reflexo da internalização dos acordos sobre a matéria no GATT e na OMC. A investigação sobre defesa comercial dispõe de processo administrativo autônomo, que é conduzido pelo DECOM, órgão do Ministério do Desenvolvimento, Indústria e Comércio (MDIC). Já as práticas anticoncorrenciais são tuteladas pela Lei 8.884, de 11 de junho de 1994, e são investigadas pelo CADE, que pertence à estrutura administrativa do Ministério da Justiça.

3.2.1 Predação

Ante o exposto nas linhas anteriores, já deve ter restado clara a diferença entre a predação e o dumping. Ainda assim, contudo, o tema merece ser aprofundado, para que não reste dúvida onde dúvida não pode haver.

Segundo C. Salomão Filho, "[o] termo predação é denominação generalizada para vários tipos de condutas de uma prática muito simples. Segundo a definição corrente, trata-se do ato pelo qual o agente econômico incorre em prejuízos na expectativa de eliminar o concorrente do mercado, esperando recuperar posteriormente, através de diversas formas, o montante perdido".[30]

O predador, assim, pratica um preço infracompetitivo, com o objetivo específico de eliminar a concorrência, ainda que a recuperação dos prejuízos não se revista de caráter exclusivamente econômico.[31]

Note-se que as práticas de preço predatório e de dumping podem se sobrepor, embora uma não implique a outra necessariamente. Ou seja, é possível que o preço de dumping, inferior no mercado importador se comparado ao mercado exportador, seja também predatório, mas é possível que o preço de dumping não o seja. E mais, é possível que o preço predatório não seja objeto de dumping.

Isso ocorre, pois pode haver prática de dumping sem que o agente econômico incorra em prejuízos, uma vez que a venda abaixo do preço de custo não é requisito necessário para caracterização do mesmo. Por outro lado, é possível praticar a predação dentro de um único mercado ou ainda que em dois mercados distintos, sem que haja discriminação de preços entre ambos.

Por isso, a única real conclusão a que se pode chegar em caso de discriminação de preços é que o local onde o preço é maior é aquele em que há elevado poder no mercado. Como bem explica C. Salomão Filho, "[e]xiste apenas um tipo de comportamento que permite inferir com um razoável grau de segurança a existência de poder sobre o mercado. Trata-se da discriminação de preços. Com efeito, se uma empresa é capaz de discriminar entre consumidores localizados em mercados geográficos diferentes e se não existem motivos (...) a justificar essa discriminação, isso significa que no mercado em que cobra pre-

oscilação em detrimento de concorrente, e subseqüente elevação, exercício de especulação abusiva'; (iii) 'Dumping — Venda de produto final importado a preço abaixo do custo de fabricação com vistas à dominação do mercado nacional'; (iv)'Configura dumping a prática de preços irrealmente baixos, com prejuízos ou utilização de meios ilícitos, com o objetivo de eliminar a concorrência'; (v) A atividade denominada dumping se caracteriza pela venda de produtos a preços abaixo do custo real, inclusive com prejuízo, com a finalidade de eliminar a concorrência e em seguida possibilitar a fixação de preços com lucratividade exagerada'", in *Dumping e Comércio Internacional: ...*, cit., pp. 158-159.

30. *Direito Concorrencial — As Condutas*, p. 159.

31. Cite-se, por exemplo, a reputação de agressividade ou de *crazy firm*, empresa que "está disposta a arriscar a própria sobrevivência para ganhar fatias de mercado ou induzir um comportamento cooperativo e não agressivo dos outros concorrentes". Cf. M. Burns, "Predatory pricing and the acquisition cost of competitors", in *Journal of Political Economy*, 94/266, *apud* C. Salomão, *Direito Concorrencial — As Condutas*, p. 182.

ços superiores a empresa é dotada de certo grau de poder".[32]

Preço predatório e dumping, pois, são condutas que não podem ser identificadas, uma vez que nem sempre coincidem. Portanto, seja qual for a causa, se revestida de abuso ou de deslealdade, configurar-se-á o dumping predatório, que fere o princípio da livre concorrência. Por outro lado, ainda que o dumping seja praticado por outros motivos, alheiros a intenções escusas, mesmo assim é facultado ao país importador aplicar direito antidumping como forma de resguardar sua indústria nacional. Sem adentrar o campo da concorrência desleal, coloca-se que o fenômeno do dumping no mercado internacional pode ocorrer em razão de várias causas, nem sempre eivadas de intenção desonesta.[33]

4. Os fundamentos da legislação antidumping

A abordagem do tema realizada até o presente momento explicitou algumas dificuldades que se relacionam à justificação da aplicação das medidas antidumping. Já se pode antever, tanto sob a ótica econômica quanto sob a jurídica, que se pretende aprofundar a seguir, que há uma enorme carga de retórica utilizada no embasamento da legislação antidumping.

4.1 O fundamento econômico

Conforme exposto anteriormente, é usual que se recorram a argumentos econômicos para fundamentar a aplicação de medidas antidumping. Por isso, foi primeiramente necessário delimitar alguns conceitos conexos a ele, para que parte dos equívocos fosse, de plano, afastada. Agora, serão tecidos alguns comentários sobre os fundamentos econômicos utilizados com maior freqüência para justificar a aplicação de medidas antidumping, verificando-se a adequação ou não dos mesmos.

As acusações mais freqüentes, desta forma, são as de que o produto objeto de dumping é: (i) vendido a preços predatórios, (ii) com discriminação de preços entre mercados nacionais, o que (iii) afastaria investimentos.

4.1.1 Dumping predatório

Já foi visto acima (itens 2.3 e 3.2.1) que a alusão à prática de preços predatórios na exportação constitui um lugar comum na argumentação e fundamentação da aplicação das medidas antidumping. Por esta visão, o dumping constituiria uma estratégia mercadológica do exportador voltada à eliminação dos concorrentes no mercado importador. Derrotados os produtores nacionais, o exportador conseguiria elevar de forma monopolística os preços para reaver os prejuízos anteriormente suportados.

É comum argumentar, assim, que, embora o consumidor se beneficie inicialmente dos preços baixos, é ele o maior prejudicado quando os preços forem elevados arbitrariamente em um segundo momento.

A existência do intuito predatório, contudo, é de difícil caracterização, principalmente porque depende da conjunção de uma série de fatores para que se manifeste de maneira economicamente viável para o exportador.

Para que se apresente de maneira ideal, é necessário que o mercado importador: (i) seja um mercado fechado ou com altas barreiras à entrada,[34] para não atrair

32. Ver a respeito V. P. Areeda, J. Solow e H. Hovenkamp, *Antitrust Law — An Analysis of Antitrust Principles and their Application*, v. II A, Boston/ Nova York/Toronto/Londres, Little, Brown and Company, 1995, p. 93, *apud* C. Salomão Filho, *Direito Concorrencial — As Estruturas*, 2ª ed., p. 93.

33. E. M. O. Martins, "Da concorrência desleal: o "dumping" predatório no contexto internacional e no mercado interno brasileiro, *Revista de Direito do Mercosul*, v. 2, n. 3, p. 126.

34. As barreiras à entrada estabelecem os limites internos à entrada de novos concorrentes no mercado, permitindo verificar os efeitos futuros que

outros competidores quando o preço for elevado para que o exportador possa reaver os prejuízos em que incorreu; (ii) tenha um alto custo de saída, o que impediria uma rápida alocação de recursos; (iii) tenha pequena vantagem comparativa, ou seja, tenha custos de produção da *res* elevados, que compensem os custos do produto importado com transporte e distribuição; e que (iv) não possua legislação antitruste capaz de coibir formas de abuso de poder econômico.

Concomitantemente, o mercado exportador deveria: (i) ser altamente concentrado, de forma a permitir a cobrança de preços monopolísticos, que compensassem os déficits na exportação; (ii) ser altamente fechado, para impedir a entrada de produtos importados que derrubassem a cotação da mercadoria no mercado interno; (iii) não contar com uma legislação antitruste eficaz; e (iv) ter custos de entrada elevados, que impedissem uma melhor alocação dos recursos.

Somente a conjugação de todos esses fatores, ou ao menos da maioria deles, poderia levar à presunção de que a estratégia de prática de predação por um exportador é economicamente viável. Por isso, como se vê, os inúmeros fatores necessários tornam o dumping predatório algo de difícil materialização, uma vez que formas distintas de inserção no mercado seriam mais factíveis.

A experiência americana demonstra, inclusive, que a necessidade de demonstração do intuito predatório pode até inviabilizar a aplicação e medidas antidumping. Esse seria, entre outros motivos, o fator que levou à substituição da primeira lei americana de combate ao dumping, o *Revenue Act* de 1916, pelo *Antidumping Act* de 1921, apenas cinco anos após a sua promulgação.[35]

4.1.2 Discriminação de preços

É comum encontrar na doutrina a posição de que a prática de dumping seria reprovável simplesmente porque representa a discriminação entre dois mercados geográficos.[36]

A discriminação de preços ocorre quando um determinado produtor demanda preços distintos para o mesmo produto em locais diferentes. Esta prática seria recriminável, do ponto de vista econômico, por ser um distanciamento artificial do modelo de concorrência perfeita, segundo o qual os produtores seriam capazes de cobrar sempre um único e mesmo preço por uma determinada mercadoria, o melhor preço que alcancem.

Isto porque o preço é formado pela contraposição de duas pretensões: a do vendedor, de cobrar sempre mais; e a do comprador, de pagar sempre menos.[37] Por isso

uma situação de concentração nos mercados trará para os consumidores. Isso porque estabelecem limitações à liberdade de iniciativa, mais que à liberdade de concorrência. Na definição de C. Salomão Filho, "[a]s barreiras à entrada são, assim, um dos principais elementos catalisadores do poder no mercado, que permite transformá-lo em verdadeira dominação dos mercados". Ainda segundo o autor, há dois tipos de barreiras à entrada: as naturais que "decorrem da conformação do mercado e do tamanho relativo de seus participantes" (p. ex. as economias de escala ou o montante de capital inicial necessário) e as artificiais, que são "aquelas criadas por comportamentos ou omissões dos agentes" (p. ex. integração vertical e a publicidade). In *Direito Concorrencial — As Estruturas*, 2ª ed., pp. 162-170.

35. G. C. G. Johannpeter, *Antidumping — Prática Desleal no Comércio Internacional*, p. 61. Ver item 4.1 e nota 38.

36. Cf. W. R. Faria, para quem "[o]s direitos *antidumping* não pertencem à classe das medidas punitivas. Aplicam-se para compensar os efeitos danosos da discriminação de preços sobre a atividade econômica do país importador". In *Constituição Econômica — Liberdade de Iniciativa e de Concorrência*, Porto Alegre, Fabris, 1990, p. 51, *apud* A. T. Tavolaro, "A natureza jurídica dos direitos antidumping", in *Cadernos de Direito Tributário e Finanças Públicas*, v. 5, n. 18, p. 246.

37. J. T. De Chiara, apoiando-se no ensinamento de Jehring explica que: "O móvel egoísta determina que as partes busquem da melhor forma a satisfação de suas necessidades em condições vantajosas. Aquele que oferece o bem ou serviço pretende adquirir a mais expressiva soma de moeda, enquanto o adquirente, em sentido oposto, objetiva

é que ele é resultante das tensões entre a oferta e a procura, estabelecendo-se em um nível determinado de equilíbrio. Desta forma, o preço é fixado em um patamar relativamente menor no local onde a competição — atual ou potencial — for maior. Foi por esse motivo que se disse anteriormente que da discriminação de preços só se pode tirar uma conclusão: a de que há maior poder no mercado onde o preço for mais elevado.[38]

Nestas condições, o mercado que estiver sendo objeto da prática de dumping será aquele que, ao menos em tese, estará se demonstrando mais competitivo e que, conseqüentemente, tem o poder de mercado mais diluído. Não há como se ver qualquer problema, pois, na discriminação de preços, se o preço inferior não representar a venda abaixo do preço de custo ou demonstrar o intuito de dominação dos mercados. Saliente-se que, neste último caso, caberia única e exclusivamente ao direito antitruste sancionar a prática.

Como se pode ver, fundamentar a aplicação das medidas antidumping atribuindo uma carga pejorativa abstrata à discriminação de preços distorce o problema, que estaria, na realidade, no mercado exportador, mais concentrado, menos competitivo e, por vezes, até com deficiências de informação.[39]

É necessário ressaltar, contudo, que a discriminação de preços pode decorrer do próprio embate entre produtores, inserindo-se em estratégias lícitas dos próprios agentes econômicos. A primeira, e mais importante delas, é a de baixar os preços para forçar um aumento na participação no mercado. A segunda seria a prática do dumping para manter o nível de vendas ante flutuações negativas do mercado, como em épocas de recessão. A terceira seria para superar os altos custos iniciais em um ciclo produtivo que tende a baratear com a maturação do investimento e o aumento da utilização da capacidade instalada.

Note-se que, nestes casos, a discriminação de preços seria temporária e voltada à superação de barreiras do mercado. Traria, pois, benefícios aos consumidores e não poderia ser reputada negativa.

4.1.3 Redirecionamento de investimentos

Esta fundamentação para a aplicação de direitos antidumping também se tornou muito freqüente na doutrina.[40] Refere-se ao desestímulo que representa o dumping para investimentos, que seriam redirecionados

despender a menor quantia possível. O encontro de 'egoísmos' completa a noção de equivalência, pois o nível de preços ajustado em cada relação de troca é limitado pela concorrência nos mercados, na medida em que condicionam os limites máximo e mínimo que cada parte respectiva poderá atingir no seu móvel egoísta definindo-se, destarte, o ponto de equilíbrio considerado satisfatório na busca do máximo de vantagens pelas partes". In *Moeda e Ordem Jurídica*, Tese de Doutoramento defendida na Faculdade de Direito da USP, p. 113.

38. Os economistas também se referem a este fato de outra forma, postulando que entre o mercado exportador e o mercado importador haveria uma diferença na elasticidade da demanda. O termo elasticidade na demanda é usado para designar o grau em que a quantidade demandada varia em resposta às oscilações de preço no mercado ou, nas palavras de F. Nusdeo "[n]ão interessa ao cientista ter apenas uma vaga idéia do que acontece quando os preços baixam ou sobem. Ele precisa saber como e quanto variam as quantidades em função dos preços, para medir a sensibilidade da procura a uma variação dos preços. Essa medida da sensibilidade chama-se *elasticidade* (...)" (grifo no original). In *Curso de Economia — Introdução ao Direito Econômico*, 2ª ed., p. 230.

39. J. M. Finger, dissertando sobre a reação das "*Korean Consumer Electonics Industry*" às medidas antidumping aplicadas pelos EUA conclui que: "*[t]he major finding of Bark's study is that Korean companies reacted to antidumping actions by lowering the prices they charge in Korea rather than by raising their export prices. Korean companies took this route because they have significant market power in Korea, but in export markets they are at the mercy of market forces*". In *Antidumping — How it Works and Who Gets Hurt*, p. 41.

40. Veja, por exemplo, as palavras de G. C. G. Johannpeter: "Esta prática desleal atua como fator inibitório de investimentos no mercado vítima de *dumping*" (grifo no original). *Antidumping - Prática Desleal no Comércio Internacional*, p. 65.

do mercado importador para o mercado exportador.

A aplicação dos diretos antidumping, neste caso, seria a negação da lógica de livre mercado, conforme idealizada por Adam Smith. Ora, os direitos cobrados sobre os produtos importados, ao elevarem o preço do produto no mercado nacional, inibiriam a "mão invisível" responsável pela realocação dos recursos para os setores em que são necessários e que seriam responsáveis pela própria eliminação da diferenciação de preços.

A imposição de direitos antidumping, assim, representaria uma forma de manutenção da má alocação de recursos responsável pela existência dos requisitos que possibilitam de prática de dumping.

4.2 Fundamento jurídico

De forma geral e preconceituosa, a doutrina jurídica reproduz os mitos econômicos de que o dumping seria sempre praticado em função de um intuito predatório ou de dominação do mercado importador.[41] Como conseqüência, o fundamento jurídico comumente invocado para sustentar a aplicação de medidas antidumping é confundido com o fundamento da legislação antitruste: a livre concorrência.[42]

Contudo, frise-se ainda uma vez, o ramo do direito dedicado a coibir práticas anticoncorrenciais é o direito antitruste, distinto e autônomo do direito antidumping. De fato, o direito concorrencial protege a livre concorrência de forma preventiva, através de um controle de estrutura — fiscalização e autorização de atos de concentração — e de forma repressiva, sancionando condutas anticoncorrenciais.

Já a legislação antidumping atinge práticas comerciais que em nada ameaçam a estrutura concorrencial do mercado. Na verdade, esta regulamentação chega a coibir práticas concorrenciais — estereotipadas e travestidas de desleais — desde que estejam presentes alguns requisitos, como o dano à indústria doméstica. Medidas antidumping, portanto, restringem a concorrência pela redução da capacidade competitiva do produto importado, que é onerado com a soma do adicional cobrado quando da importação, ou, como diria M. J. Finger, "[a]*ntidumping is anticompetition policy, no procompetition*".[43]

Ainda nesta mesma linha de raciocínio, também é invocado com freqüência para justificar a aplicação de medidas antidumping a proteção ao consumidor.[44] De

41. "Os países hoje signatários da OMC enfrentam *dumping* como um problema real que distorce os mecanismos da livre concorrência, entendendo que a única solução imediata para este problema é a aplicação da legislação *antidumping*" (grifos no original). G. C. G. Johannpeter, *Antidumping - Prática Desleal no Comércio Internacional*.

42. A livre concorrência, conforme explica T. S. Ferraz Júnior, é garantia de oportunidades iguais a todos os agentes, forma de desconcentração do poder econômico, de tutela do consumidor, enfim, garantia de uma sociedade mais equilibrada. "A livre concorrência de que fala a atual Constituição como um dos princípios da ordem econômica (art. 170, IV) não é a do mercado concorrencial oitocentista de estrutura atomística e fluida, isto é, exigência estrita de pluralidade de agentes e influência isolada e dominadora de um ou uns sobre outros. Trata-se, modernamente, de um processo comportamental competitivo que admite gradações tanto de pluralidade quanto de fluidez. É este elemento comportamental — a competitividade — que define a livre concorrência. A competitividade exige, por sua vez, descentralização de coordenação como base da formação dos preços, o que supõe livre iniciativa e apropriação privada dos bens de produção". "A economia e o controle do Estado", in *O Estado de São Paulo*, ed. 4.6.1989, *apud* E. R. Grau, *A Ordem Econômica na Constituição de 1988 — Interpretação e Crítica*, 8ª ed., p. 190.

43. *Antidumping — How it Works and Who Gets Hurt*, p. 53.

44. Além de existir legislação específica para tutelar os interesses do consumidor — vide o Código de Defesa do Consumidor —, pode-se citar, mais uma vez, o direito concorrencial como forma de protegê-lo. C. Salomão Filho, contestando o paradoxo de Bork, ensina que a legislação antitruste brasileira claramente reconhece uma pluralidade de interesses protegidos pela legislação antitruste, entre eles a proteção da existência da concorrência e a proteção do consumidor. In, *Direito Concorrencial — As Estruturas*, 2ª ed., pp. 28-39.

acordo com este argumento, embora o consumidor tenha que pagar mais inicialmente, ele seria beneficiado ao fim, quando se torna inviável que os preços subam em função da dominação de mercado pelos produtos importados.

O fundamento econômico da posterior elevação monopolística dos preços já foi desmistificado anteriormente, quando se explicitou que, embora possível, é de difícil ocorrência pela multiplicidade de fatores que envolve. Juridicamente, pode-se argumentar ainda que os direitos antidumping não deixam de ser aplicados se os benefícios ao consumidor superarem os prejuízos da indústria doméstica, o que pode ocorrer com freqüência em casos de *downstream* dumping. Este fato não é sequer sopesado durante as investigações. Tampouco a impossibilidade de dominação de mercado pelo produto importado.

Pode-se observar, como conseqüência, que os argumentos utilizados para justificar a aplicação dos direitos antidumping são desmentidos pela própria legislação pertinente ou pela contradição que gera a sua aplicação prática. Implicitamente, contudo, remanesce uma retórica axiológica baseada na defesa do preço justo.[45]

45. A idéia de que as medidas antidumping se justificam para impedir a venda de um produto abaixo do preço justo não pode ser aceita. Em uma economia concorrencial, como foi explicado, o preço é determinado pela correlação de forças de mercado, regidas pelas leis da oferta e da procura. A única justiça que se poderia aferir, pois, é a que se relaciona à adequação do preço às regras de livre mercado e não com um *standard* predeterminado. Ao basear-se no dogma de que existiria um preço justo para cada produto, o jurista desloca a racionalidade do mercado para o legislador, sobrepondo-o a qualquer necessidade de confirmação prática. A justiça na determinação do preço carece de critérios que assegurem a sua determinação econômico-científica. Logo, a sua verificação fica sujeita a aspectos histórico-valorativos da sociedade. Sobre a impossibilidade prática de aferição de poder no mercado baseada no cálculo do sobrepreço monopolista, ver C. Salomão Filho, *Direito Concorrencial — As Estruturas*, 2ª ed., pp. 90-97.

4.2.1 Eficiência produtiva nacional e concorrência internacional

Ante todo o exposto, parece ter sobrado uma última justificativa para a aplicação de medidas antidumping: a proteção da indústria nacional contra a concorrência realizada por produtos importados.

Nos itens 4.1 e 4.2 supra, foi visto que os argumentos econômicos e jurídicos tradicionalmente evocados pela doutrina não fornecem bases sólidas para fundamentar a existência e a aplicação de medidas antidumping. Isso ocorre em função do tratamento que é dispensado à matéria, pois, uma vez que a prática do dumping é regulamentada em âmbito internacional, também em âmbito econômico e jurídico internacional tradicionalmente se busca a sua justificativa.

Assim, foram combatidas as alegações genéricas de predação, discriminação de preços e redirecionamento de investimentos, bem como foram refutados os argumentos relativos à defesa da livre concorrência e do consumidor. Como se viu, a aplicação acrítica desses institutos pode levar, como diria C. Salomão Filho, a resultados economicamente indesejáveis e juridicamente insatisfatórios.

É importante salientar, contudo, que, para os Estados aceitarem entrar nesse processo contínuo e progressivo de abertura comercial em prol da expansão do comércio internacional, é necessária a previsão e a regulamentação de mecanismos de proteção para suas economias, que podem se tornar extremamente vulneráveis à concorrência internacional.

V. Di Chiara captou bem este aspecto e distinguiu duas situações: (i) a busca do desenvolvimento da comunidade internacional como um todo, através da ampliação e liberalização do comércio internacional; e (ii) a busca do desenvolvimento por cada Estado individualmente considerado, pela maior apropriação das vantagens geradas pela liberalização do comércio internacional com a proteção de sua indústria doméstica. "*Si possono dunque distinguere le giustificazioni al protezionismo tra quelle che si fondano sulle imperfezioni del free trade nazionale ed internazionale da quelle che si fondano su altri valori, nei limiti operativi di ogni singolo Stato, per la tutela di interessi nazionali. In ogni caso il protezionismo non prescinde dall'interdipendenza tra i vari paesi, ma mentre il free trade si riferisce al benessere del mondo come un tutt'uno, il protezionismo si riferisce al benessere dei singoli paesi definito agli stessi tenendo conto della loro diversità la quale, come è noto, influenza la distribuzione dei vantaggi del commercio internazionale*".[46] Estes mecanismos protetores — mas não protecionistas, porque não são arbitrários — são exatamente as exceções tratadas no item 3.1, das quais se destacam, no que se refere à proteção contra a concorrência, os institutos de defesa comercial: antidumping, anti-subsídios e salvaguardas.

Todos eles têm a função de evitar a competição realizada pelos produtos importados com a indústria nacional, desde que presentes os requisitos estipulados em cada um dos acordos que os regulamenta na OMC. Em última análise, esses institutos possibilitam a sobrevivência e o desenvolvimento de setores específicos da indústria nacional dos Membros, em detrimento do comércio internacional, ainda que assim seja mais oneroso para o consumidor e para outros setores da economia.

Frise-se que agora o ponto de vista é o nacional, de cada um dos Estados-partes, que pode encontrar nos acordos de defesa comercial as situações em que lhes é lícito obstaculizar a importação de produtos com vistas a criar uma reserva de mercado para as empresas que formam de seu produto interno bruto.

No caso específico do dumping, um país poderá proteger a sua indústria da concorrência realizada pelo produto importado, vendido com diferenciação de preços, se houver dano, ameaça de dano ou retardamento na instalação da indústria nacional, independente de qualquer juízo de valor sobre a ilicitude ou a deslealdade da conduta.

Por isso, o bem jurídico que se pretende tutelar com a regulamentação antidumping é eficiência produtiva da indústria doméstica, através do afastamento da concorrência realizada pelas importações. Essa proteção, e tão-somente ela, constitui o fundamento da legislação antidumping.

Mas não ficaria fácil contrapor, por exemplo, que se é a eficiência produtiva que se deseja proteger, então as medidas antidumping não deveriam proteger a indústria nacional arcaica, ultrapassada e de baixa competitividade? Haveria na legislação antidumping, desta forma, um contra-senso intrínseco de difícil resolução?

Acredita-se que não, pois o conceito jurídico de eficiência aqui mencionado está sendo utilizado de forma mais ampla que o conceito econômico fornecido pela Escola Neoclássica, ou seja, não diz respeito única e exclusivamente à produção da maior quantidade de bens ao menor custo.[47]

A eficiência produtiva de uma indústria nacional envolve muito mais que os preços permitem exprimir. Relaciona-se com a realização de outros valores sociais, eleitos pela sociedade como merecedores de prestígio. Cite-se, por exemplo, a defesa dos empregos, a participação na formação da renda, a conservação de um setor

46. V. Di Chiara, *L'Antidumping nella Política Commerciale della CEE*, p. 119.

47. "Para os economistas neoclássicos, eficiência é a habilidade de produzir a custos menores e *consequentemente*, reduzir os preços para o consumidor" (grifo no original). "A teoria neoclássica distingue entre dois tipos e eficiência: a eficiência alocativa e a eficiência produtiva. A eficiência alocativa relaciona-se com a distribuição dos recursos na sociedade (...). Ao contrário da eficiência alocativa, que vê a questão do ponto de vista de mercado, a eficiência produtiva expressa o efetivo uso dos recursos pela empresas (...) representando o nível de dispêndio necessário para produzir um determinado bem". C. Salomão Filho, *Direito Concorrencial — As Estruturas*, 2ª ed., pp. 23 e 176-177.

estratégico para a economia — ainda que improdutivo e obsoleto — e até a auto-estima da população.

Não se pretende refutar aqui que as medidas de salvaguarda também sejam um instrumento apropriado para defender este conceito lato de eficiência da indústria nacional. Apenas que, conforme visto oportunamente (item 3.1.1.1), esta figura de defesa comercial possui características e aplicabilidade diversas, embora pertencente a um gênero comum.

A existência de um outro sem-número de valores sociais a serem tutelados, como a livre concorrência, em nada elide o fundamento aqui defendido. Apenas que consiste grande equívoco tentar atribuir às medidas antidumping a função de concertar os descompassos concorrenciais, quando praticados através do comércio exterior. Esses outros valores sociais, como medida de boa técnica jurídica, têm que ser objeto de instituições jurídicas próprias, como de fato são, mais aptas a atingir as finalidades a que se propõem.

Aliás, a grande vantagem que a legislação antidumping demonstra é a de atribuir um caráter mais objetivo às situações a que se aplica. Engloba, sem a necessidade diabólica de demonstração de qualquer elemento subjetivo, práticas de direito concorrencial, neutralizando-as. Porém, e acima de tudo, se aplica a situações que nada têm que ver com direito antitruste, exclusivamente em nome do fortalecimento da indústria nacional.

Portanto, ainda que desprovida de uma justificação econômica clara e cientificamente comprovada em nível internacional, a legislação antidumping se fundamenta econômica e juridicamente, sob a ótica interna dos Membros, na defesa da eficiência produtiva nacional, através do afastamento da concorrência realizada por produtos importados.

5. *Conclusão*

O Brasil é um país que se demonstrou historicamente fechado em suas relações comerciais com o exterior. A década de 1990, contudo, representou uma mudança drástica nesse padrão comportamental e o país passou a promover reformas no sentido da abertura e da liberalização comercial, buscando uma nova forma de inserção do Estado no mundo globalizado.

Esse processo, ainda não concluído, não se demonstrou simples e pacífico. Revelou uma série de descompassos estruturais da economia, nos quais a ciência jurídica pode e deve demonstrar cada vez mais a sua importância.

O direito econômico internacional e o direito do comércio internacional, nesse sentido, fornecem o arcabouço teórico que o Estado tem para se prevenir contras as flutuações econômicas e para fomentar seu próprio progresso de forma sustentada. A compreensão aprofundada do instituto do dumping, bem como dos demais mecanismos de defesa comercial, insere-se exatamente nessa perspectiva e é imprescindível para uma abertura mais harmônica e menos frágil do país ao comércio internacional.

Ao conceituar o dumping foi possível demonstrar que se trata de um instituto que é compreendido de forma diversa pelo direito e pela economia, mas que ambas as ciências se tocam e fornecem bases para sua compreensão. Atualmente, porém, o termo tem tido utilização ampla e irrestrita, designando situações que não constituem tecnicamente dumping. Muitas delas, como se viu no caso de dumping social e ambiental, revelam formas pejorativas de estereotipar vantagens estruturais e comparativas das economias em desenvolvimento.

Por isso, tornou-se necessário delimitar o tema, conceituando-se termos que lhe são conexos e que, muitas vezes, são utilizados para justificar a adoção das medidas antidumping. Assim foi possível separar o dumping, por exemplo, dos subsídios, figura gêmea do instituto em tela, mas que com ele não se confunde, principalmente, pela atuação governamental que o embasa. Outro passo importante que foi dado para a compreensão do dumping foi a sua separação e distinção de outros institutos de direito concorrencial. O dumping, como se pôde ver, não é necessariamente uma prática desleal de comércio internacional.

Acontece que o instituto já nasceu rotulado negativamente e o combate a essa prática tornou-se uma unanimidade entre o empresariado nacional dos países com maior inserção e abertura comerciais. Daí as preocupações com a utilização indiscriminada do instituto, que acabou tendo o seu âmbito de aplicação restringido sucessivamente desde a sua primeira previsão em um tratado internacional em 1947.

Apesar do sucesso e difusão alcançados pelo instituto em um século de utilização, o fundamento para sua existência e para sua aplicação continua um tema controverso tanto no mundo do direito quanto no mundo da economia. Parte dessa confusão esbarra, inicialmente, na elevada carga de retórica utilizada para fundamentar a sua aplicação, uma vez que a adoção das medidas pode ser politicamente onerosa para as relações diplomáticas internacionais. Assim, são freqüentemente colocadas em um mesmo plano as medidas antidumping e outras figuras repressivas de direito antitruste.

A segunda parte da confusão é decorrência da perspectiva de análise. A legislação antidumping não tem fundamento no desenvolvimento da economia global ou em aumentos nos níveis de comércio internacional, assim como outros temas que são objeto de acordo na OMC. As medidas antidumping existem exatamente na contramão deste progressivo processo de liberalização comercial e funcionam como uma espécie de contrapeso para que os Estados admitam entrar nessa espiral de abertura econômica.

Para fundamentar a existência e a aplicação de medidas antidumping, pois, a perspectiva tem que ser a economia interna dos Estados. Assim como as demais medidas de defesa comercial, o direito antidumping está fundamentado em um conceito amplo de eficiência produtiva da indústria nacional que fica protegida da competição realizada pelos produtos importados. Trata-se de uma forma de proteção e não de protecionismo, uma vez que, cumpridos os requisitos, a adoção de medidas deixa de ser arbitrária. Afinal, "*[i]n the end, dumping has no meaning other than the cumulation of circumstances in which the politics of the immediate problem had exploited the flexibility of the underlying structure to rationalize action against imports*". Isso explica porque a medida antidumping "*is a harnessing of state power to serve a private interest: a means by which one competitor can use the power of the state to gain an edge over another competitor*".[48]

É exatamente por isso que os principais elementos do acordo têm que ter um tratamento harmônico entre o maior número possível de Estados. E foi isso o que se conseguiu na prática com a adoção do Acordo Antidumping da Rodada Uruguai. Vistos os elementos-chave conforme conceituados pelo direito internacional, as principais peculiaridades de cada regulamentação antidumping restarão nas estruturas administrativas de cada país.

O estudo aprofundado do direito econômico internacional e do direito do comércio internacional amplia as perspectivas do direito como ciência transformadora da sociedade globalizada. Permite a compreensão dos objetivos de institutos, com os quais a doutrina guarda pouca familiaridade, e demonstra os meios de atingi-los. Pois, como diria C. Salomão Filho, "[o] direito, como ciência de prescrição de comportamentos, é necessariamente finalístico. Fins confusos geram meios imperfeitos e meios perfeitos, não utilizados para consecução e fins, são perfeitamente inúteis".[49]

48. J. M. Finger, *Antidumping — How it Works and Who Gets Hurt*, pp. 27 e 34.

49. *Direito Concorrencial — As Estruturas*, 2ª ed., p. 278.

6. *Índice das fontes*

6.1 Fontes primárias

BRASIL. Legislação Antidumping, Circular SECEX 21, de 2 de abril de 1996.

______. Legislação Antidumping, Decreto 1.355, de 30 de dezembro de 1994.

______. Legislação Antidumping, Decreto 1.602, de 23 de agosto de 1995.

______. Legislação Antidumping, Decreto 4.732, de 10 de junho de 2003.

______. Legislação Antidumping, Lei 9.019, de 30 de março de 1995.

______. Legislação Antidumping, Resolução do Ministério da Fazenda 1.227, de 14 de maio de 1987 (revogada).

______. Legislação Antitruste, Lei 4.137, de 10 de setembro de 1962 (revogada).

______. Legislação Antitruste, Lei 8.884, de 11 de junho de 1994.

______. Constituição Federal de 1988.

EUA. *Sherman Act of 1890.*

______. *US Antidumping Act of 1921.*

______. *Revenue Act of 1916.*

GATT. *General Agreement on Tariffs and Trade*, de 30 de outubro de 1947.

UE. Legislação Antidumping, Regulamento do Conselho 384/96, de 22 de dezembro de 1995.

______. Tratado de Roma, de 25 de março de 1957.

WORLD TRADE ORGANIZATION. *Agreement on Implementation of Article VI of the General Agreement on Tariffs and Trade 1994*, de 15 de abril de 1994.

6.2 Bibliografia

AMARAL JÚNIOR, Alberto do. *OMC e o Comércio Internacional.* São Paulo, Aduaneiras, 2002.

ASSIS, Francisco Arnoldo de. "Direito antidumping e compensatório — Retroatividade", in *Tributação em Revista*, v. 7, n. 30, Brasília, out.-dez. 1999, pp. 16-22.

AZEVEDO, Álvaro Villaça. *Curso de Direito Civil — Teoria Geral das Obrigações.* 9ª ed. Ed. RT, 2001.

BAPTISTA, Luiz Olavo. "Dumping e antidumping no Brasil", in AMARAL JÚNIOR, Alberto do (coord.). *OMC e o Comércio Internacional.* São Paulo, Aduaneiras, 2002.

BAPTISTA, Luiz Olavo; RODAS, João Grandino; SOARES, Guido Fernando Silva. *Normas de Direito Internacional.* ts. I, II, III (vs. 1 e 2). São Paulo, LTr, 2000.

BARRAL, Welber. *Dumping e Comércio Internacional: a Regulamentação Antidumping após a Rodada do Uruguai.* Rio de Janeiro, Forense, 2000.

BLACK, Henry Campbell. *Black's Law Dictionary.* St. Paul, West Publishing Co., 1991.

BRUNA, Sérgio Varella. *O Poder Econômico e a Conceituação do Abuso em seu exercício.* São Paulo, Ed. RT, 1997.

CABANELLAS, Guillermo. *El Dumping — Legislación Argentina y Derecho Comparado.* Buenos Aires, Editorial Heliasta, 1981.

CARVALHO, Paulo de Barros. *Curso de Direito Tributário.* São Paulo, Saraiva, 2003.

CEGALLA, Domingos Paschoal. *Novíssima Gramática da Língua Portuguesa.* São Paulo, Companhia Editora Nacional, 2002.

COSTA, Lígia Maura. "Subsídios e salvaguardas", in AMARAL JÚNIOR, Alberto do (coord.). *OMC e o Comércio Internacional.* São Paulo, Aduaneiras, 2002.

CUNHA, Ricardo Thomazinho da. "A aplicação do Acordo Antidumping no Brasil", in *Revista do IBRAC*, v. 7, n. 5, São Paulo, pp. 27-39.

CZAKO, Judith; HUMAN, Johann; MIRANDA, Jorge. *A Handbook on Anti-Dumping Investigations.* Cambridge, Cambridge University Press, 2003.

DE CHIARA, José Tadeu. *Moeda e Ordem Jurídica.* Tese de Doutoramento defendida na Faculdade de Direito da Universidade de São Paulo. São Paulo, 1986.

DEL CHIARO, José; SILVEIRA, João Marcos; LEMES, Selma Maria Ferreira. "Fundamentos e objetivos da legislação antidumping", in *Revista de Direito Econômico*, n. 25, jun. 1998, pp. 61-70.

DESTA, Melaku Geboye. *The Law of International Trade in Agricultural Products*. s.l. Kluwer Law International, 2002.

DI CHIARA, Valério. *L'Antidumping nella Política Commerciale della CEE*. Pádua, Cedam, 1989.

DI PIETRO, Maria Sylvia Zanella. *Direito Administrativo*. São Paulo, Atlas, 2001.

DURLING, James P.; NICELY, Matthew R. *Understanding the WTO Anti-Dumping Agreement: Negotiating History and Subsequent Interpretation*. Londres, Camaron May, 2002.

FARIA, Werter R. *Constituição Econômica — Liberdade de Iniciativa e de Concorrência*. Porto Alegre, Sergio Antonio Fabris, 1990.

FERRAZ JÚNIOR, Tércio Sampaio; DA ROSA, José Del Chiaro; GRINBERG, Mauro. "Direitos anti-'dumping' e compensatórios: sua natureza jurídica e conseqüências de tal caracterização, in *Revista de Direito Mercantil, Industrial, Econômico e Financeiro*, v. 33, n. 96, out.-dez. 1994, pp. 87-96.

FERRAZ JÚNIOR, Tércio Sampaio. *Introdução ao Estudo do Direito — Técnica, Decisão, Dominação*. 2ª ed. Atlas, 1994.

FERREIRA, Aurélio Buarque de Holanda. *Novo Dicionário da Língua Portuguesa*. 2ª ed. Rio de Janeiro, Nova Fronteira, 1986.

FINGER, J. Michael. *Antidumping — How it Works and Who Gets Hurt*. Ann Arbor, University of Michigan, 1993.

FRANCESCHINI, José Inácio Gonzaga; FRANCESCHINI, José Luiz Vicente de Azevedo. *Poder Econômico: Exercício e Abuso*. São Paulo, Ed. RT, 1985.

GALLAGHER, Peter. *Guide to Dispute Settlement*. s.l. Kluwer Law International, 2002.

GOYOS JÚNIOR, Durval de Noronha. *Noronha's Legal Dictionary = Noronha Dicionário Jurídico — English/Portuguese, Português/Inglês*. São Paulo, Observador Legal, 1998.

GRAU, Eros Roberto. *A Ordem Econômica na Constituição de 1988 — Interpretação e Crítica*. 8ª ed. São Paulo, Malheiros Editores, 2003.

GUEDES, Josefina Maria M. M.; PINHEIRO, Silvia M. *Antidumping, Subsídios e Medidas Compensatórias*. São Paulo, Aduaneiras, 2002.

HOUAISS, Antônio; CARDIM, Ismael (eds.). *Novo Dicionário Folha Webster's — Inglês/Português Português/Inglês*. São Paulo, Grupo Folha, 1996.

JACKSON, John H. *The World Trade Organization — Constitution and Jurisprudence*. Londres, The Royal Institute of International Affairs, 1999.

JOHANNPETER, Guilherme Chagas Gerdau. *Antidumping — Prática Desleal no Comércio Internacional*. Porto Alegre, Livraria do Advogado, 1996.

JOHN, Croome. *Guide to the Uruguay Agreements*. Geneva, Kluwer Law International, 1999.

KELSEN, Hans. *Teoria Pura do Direito*. Trad. João Baptista Machado. 6ª ed. São Paulo, Martins Fontes, 1998.

LAFER, Celso. "Dumping social", in BAPTISTA, Luiz Olavo; HUCK, Hermes Marcelo; CASELLA, Paulo Borba (coords.). *Direito e Comércio Internacional: Tendências e Perspectivas — Estudos em Homenagem ao Prof. Irineu Strenger*. São Paulo, LTr, 1994, pp. 161-164.

LEÃES, Luiz Gastão Paes de Barros. "O 'dumping' como forma de abuso do poder econômico", in *Revista de Direito Mercantil, Industrial, Econômico e Financeiro*, v. 32, n. 91, São Paulo, 1993.

LIMA, José Alfredo Graça. "O Brasil e o comércio exterior", in AMARAL JÚNIOR, Alberto do (coord.). *OMC e o Comércio Internacional*. São Paulo, Aduaneiras, 2002.

MARQUES, Frederico do Vale Magalhães. "O dumping na Organização Mundial do Comércio", in CASELLA, Paulo Borba; MERCADANTE, Araminta de Azevedo (coords.). *Guerra Comercial ou Integração Mundial pelo Comércio?*. São Paulo, LTr, 1998

MARTINS, Eliane Maria Octaviano. "Da concorrência desleal: o "dumping" predatório no contexto internacional e no mercado interno brasileiro", in *Revista de Direito do Mercosul*, v. 2, n. 3, Buenos Aires, jun. 1998, pp. 125-128.

NUSDEO, Fábio. *Curso de Economia — Introdução ao Direito Econômico.* 2ª ed. São Paulo, Ed. RT, 2000.

PALMETER, David. "A commentary on the WTO Anti-dumping Code", in *Journal of World Trade: Law, Economics, Public Policy*, v. 30, n. 4, Geneva, pp. 43-69.

RODRIGUES, José Roberto Pernomian. "Os efeitos do dumping sobre a competição", in *Revista de Direito Econômico*, n. 22, Brasília, jan.-mar. 1996.

SALOMÃO FILHO, Calixto. *Direito Concorrencial — As Condutas.* São Paulo, Malheiros Editores, 2003.

______. *Direito Concorrencial — As Estruturas.* 2ª ed. São Paulo, Malheiros Editores, 2002.

SOARES, Guido Fernando Silva. *Curso de Direito Internacional Público.* v. 1. São Paulo, Atlas, 2002.

TADDEI, Marcelo Gazzi. "O dumping e a defesa comercial no Brasil", in *Revista de Direito Mercantil, Industrial, Econômico e Financeiro*, v. 39, n. 120, São Paulo, out.-dez. 2000, pp. 95-99.

TAVOLARO, Agostinho Toffoli. "A natureza jurídica dos direitos antidumping", in *Cadernos de Direito Tributário e Finanças Públicas*, v. 5, n. 18, São Paulo, jan.-mar. 1997, pp. 238-249.

VARANDA, Aquiles Augusto. *A Disciplina do "Dumping" no Acordo Geral de Tarifas Aduaneiras e Comércio: Tipificação de um Delito num Tratado Internacional?*. Tese de Doutoramento defendida na Faculdade de Direito da Universidade de São Paulo. São Paulo, 1987, p. 136.

VENTURINI, Gabriella. *L'Acordo Generale sulle Tariffe Doganali e il Commercio (GATT) — Testi e Casi.* Milão, Giufrè, 1988.

VERMULST, Edwin; WAER, Paul. "The calculation of injury margins in EC Anti-dumping Proceedings", in *Journal of World Trade: Law, Economics, Public Policy*, v. 25, n. 6, Geneva, dez. 1991, pp. 5-42.

Nota Bibliográfica

BANCOS CENTRAIS NO DIREITO COMPARADO
O Sistema Financeiro Nacional e o Banco Central do Brasil (e o regime vigente e as propostas de reformulação),[1] de Haroldo Malheiros Duclerc Verçosa

MARCOS PAULO DE ALMEIDA SALLES

Ao primeiro momento surpreende-nos a denominação "banco central" aplicada a uma entidade que não se presta àquelas atividades desenvolvidas pelos banqueiros da Idade Média e trazidas até nós, nos dias presentes.

A intermediação financeira, a começar do câmbio de moedas, trajetício no seu sentido dinâmico, permitindo aos comerciantes nas feiras daquela época retornar aos seus territórios de origem com a certeza de que já estariam de posse da moeda de sua convivência. Ao mesmo tempo se praticavam, usurariamente ou não, operações com empréstimos de dinheiro, baseadas na figura de crédito.

Assim a "banca" que se especializasse na circulação das moedas, tendo-as como objeto de seu comércio, estaria dando ensejo a operações bancárias, indispensáveis à atividade mercantil.

Ao se aglutinarem as operações bancárias, tal como elas vieram se desenvolvendo no século XX, foi-se dando conta da necessidade de um melhor aparato que se colocasse como agente regulador da moeda e do crédito, de modo a serem acompanhadas as condições de emissão de moeda e a circulação do crédito, regulando-se conseqüentemente as atribuições inerentes ao tesouro nacional e ao redesconto bancário.

Como nos lembra o ilustre Professor Haroldo Verçosa na obra sob apreciação "os bancos centrais por conseguinte, ocuparam um lugar especial entre outros bancos de emissão, porque foram encarregados de assumir as funções de banqueiro de Estado"[2] valendo dizer que à medida que aos Estados se foi atribuindo o monopólio de emissão da moeda, antes com lastro em fatos de valor intrínseco, posteriormente como medida derivada do produto interno, essas organizações teriam que tratar da moeda com a delicadeza dos atos sensíveis.

Assim, a esse banco dos bancos, deu-se o nome de banco central, eixo em torno do qual gravitam os bancos comerciais e seus derivados, modelados sob a proteção de um sistema, ou melhor, de um microssistema jurídico especialmente concebido para normatizar a prática da intermediação financeira.

Esta idéia, no entanto, conduzindo a relação entre moeda e crédito a uma prestação de ordem pública, pela responsa-

1. São Paulo, Malheiros Editores, 2005.

2. Op. sub. comentário, p. 28.

bilidade do Estado por assegurar a manutenção do poder aquisitivo de sua moeda, assim como por aquilatar das conseqüências atribuíveis à utilização indiscriminada do crédito, veio sendo aprimorada com o passar do tempo, desde a passagem do século XIX para o século XX. Relembre-se no Brasil o episódio do encilhamento, movimento especulativo generalizado no mercado financeiro e de capitais que ocorreu no início da República.

A gestação do sistema financeiro no Brasil levou 20 anos, de 1945 com a criação da SUMOC — Superintendência da Moeda e do Crédito à promulgação da Lei 4.595/1964, para fazer entrar em vigor a 1º de janeiro de 1965, o Sistema Financeiro Nacional, tendo como agente o então Banco Central da República do Brasil.

Aderiu assim o Brasil à onda da criação de Bancos Centrais ou Sistema de Reservas, cuja leitura da obra do Professor Verçosa virá a esclarecer, em paralelo com outras situações semelhantes, ou mesmo contraditórias, no direito comparado, como se chega da livre instalação de casas bancárias, à organicidade sistemática hoje vigente.

É nosso desejo trazer ao conhecimento dos leitores os valores contidos no livro do Professor Verçosa, vendo conveniência em alertar-los para pontos essenciais da obra, como, por exemplo, a meditação sobre os fatos consumados na União Européia com o Banco Central Europeu, que se fez necessário para a unificação da moeda na zona do Euro, em comparação com o Sistema das Reservas Federais norte-americanos, levando-nos a pensar sobre as relações entre as soberanias e suas moedas, e conseqüentemente, nas aberturas de crédito, assim como na relação entre o poder monopolista das emissões, e os eventuais arrefecimentos da soberania, no mister de assegurar capacidade aquisitiva ao bem intermediário de troca, que os Estados oferecem aos seus cidadãos, ou quiçá súditos.

No Capítulo sobre a organização dos bancos centrais, sob várias modalidades, podemos ver da importância das decisões políticas que interferem, em maior ou menor grau, na controvertida "autonomia do banco central" e no exercício do poder executivo do Estado, em convivência com essa autonomia.[3]

Dentre essas questões dizendo respeito ao comportamento dos bancos centrais, há aquelas resultantes da política do crédito e das carteiras diversificadas das instituições financeiras, que deixam de ser de autonomia plena do banqueiro, para passarem a ser uma minimização de riscos entre as operações passivas e ativas que as envolvem inclusive no mercado de câmbio.

No Capítulo II da parte segunda do trabalho, são analisados estes temas, presentes no cotidiano dos que lidam com as instituições do Sistema Financeiro Nacional. Afloram as questões ligadas ao número maior ou menor de componentes do Conselho Monetário Nacional, assim como a criação do "Conselhinho", a que se delegaram as funções de órgão de 2ª instância administrativa que competem ao CMN.

Ao Autor sobram qualidades de experiência e didática para retratar os meandros da parte do Direito Administrativo em que se revelam os pormenores sobre os recursos humanos e as "agências reguladoras", ante o caráter autônomo de que tanto se fala outorgar ao Banco Central de Brasil.

Dentre as matérias, trazidas pelo Autor ao cadinho do pensamento de cada um de nós, está a busca do conceito de risco sistêmico no ambiente do Sistema Financeiro Nacional, que nos obriga a um alerta permanente na forma de sua utilização,

3. Neste aspecto ouso colocar aos nossos alunos, como método mnemônico sobre esta faceta do problema, que na arquitetura de Brasília, centro dos poderes da República, o edifício do Banco Central, embora distante da Praça dos Três Poderes, sobressai-se em relação a ela pelas suas linhas e pelo volume de sua construção, dando-lhe assim uma autonomia plástica dentro do contexto dos três poderes lembrados por Montesquieu, que por várias vezes se desarmonizam por força da política da moeda e do crédito, do câmbio e da taxa de juros.

como fato justificador de atitudes imediatas, liminares mesmo, que se podem desdobrar em intervenção ou liquidação extrajudicial do operador autorizado.

Excelente para estudantes, complementar para professores, a obra do Professor Haroldo Malheiros Duclerc Verçosa vem de preencher uma importante lacuna na análise dos problemas inerentes à adoção da regulação que se pretende dar ao art. 192 da Constituição de 1988, e que decorre do micro-sistema jurídico implantado no Brasil em 1965 com a "Lei de Reforma Bancária" (Lei 4.595/1964). Ou em muitas passagens, por autoridades de outros países, fazendo assim do direito comparado um conveniente e necessário apóio *de lege ferenda.*

Jurisprudência Comentada

EXECUÇÃO FISCAL
— DÉBITOS PARA COM A SEGURIDADE SOCIAL
— RESPONSABILIDADE SOLIDÁRIA DOS SÓCIOS

Comentários de
HAROLDO MALHEIROS DUCLERC VERÇOSA
ao REsp 627.806-RS, 1ª Turma do STJ

Recurso especial 627.806-RS (2003/0236001-9)

Rel.: Ministro Francisco Falcão

Recte.: Instituto Nacional do Seguro Social — INSS

Procurador: Siegfried Antônio Ghilardi Ritta e Outros

Recdo.: Edite Kovalski

Adv.: Juarez Castilho e Outros

Ementa: Processual Civil e Tributário. Recurso Especial. Execução fiscal. Débitos para com a Seguridade Social. Responsabilidade solidária dos sócios. Redirecionamento. Possibilidade.

I — Nos casos de débitos para com a Seguridade Social, decorrentes do inadimplemento das obrigações previdenciárias, a Lei n. 8.620/1993 estabeleceu em seu art. 13 a responsabilidade solidária dos sócios-cotistas. Assim, não há que se cogitar da necessidade de comprovação, pelo credor exeqüente, de que o não-recolhimento da exação decorreu de ato abusivo, praticado com violação à lei ou de que o sócio deteve a qualidade de dirigente da sociedade devedora.

II — O dispositivo citado tem respaldo no art. 124, inciso II, do Código Tributário Nacional, que estabelece a responsabilidade solidária das pessoas expressamente designadas por lei.

III — Em se tratando de débitos da sociedade para com a Seguridade Social, decorrentes do descumprimento das obrigações previdenciárias, não pode ser afastada lei específica, que estabelece a responsabilidade solidária dos sócios pelos débitos previdenciários.

IV — Recurso especial provido.

ACÓRDÃO

Vistos e relatados os autos em que são partes as acima indicadas, prosseguindo no julgamento, decide a 1ª Turma do Superior Tribunal de Justiça, por maioria, vencido o Sr. Ministro José Delgado (voto-vista), dar provimento ao recurso especial, na forma do relatório e notas taquigráficas constantes dos autos, que ficam fazendo parte integrante do presente julgado. Os Srs. Ministros Luiz Fux, Teori Albino Zavascki e Denise Arruda votaram com o Sr. Ministro Relator. Custas, como de lei.

Brasília(DF), 1º de junho de 2004 (data do julgamento).

Ministro Francisco Falcão (Relator).

RELATÓRIO

O Exmo. Sr. Ministro Francisco Falcão: Trata-se de recurso especial interposto pelo Instituto Nacional do Seguro Social — INSS, com fulcro no art. 105, inciso III, alíneas *a* e *c*, da Constituição Federal, contra acórdão do Tribunal Regional Federal da 4ª Região, que restou assim ementado, *verbis*:

Agravo de instrumento. Redirecionamento da execução contra o sócio-gerente. Necessidade de prova da atuação dolosa ou culposa. CTN, art. 135, III.

1. A legislação comercial afasta a responsabilidade objetiva do sócio ou administrador, merecendo interpretação sistemática o art. 135, III, do CTN, que trata da responsabilidade tributária subsidiária.

2. Para que a execução seja redirecionada contra o sócio-gerente ou diretor, com fulcro no art. 135, III, do CTN, deve o exeqüente comprovar que o não-recolhimento do tributo resultou da atuação dolosa ou culposa destas pessoas, que, com o seu procedimento, causaram violação à lei, ao contrato ou ao estatuto (fls. 57).

Naquela oportunidade, o Tribunal *a quo* entendeu que a responsabilização pessoal do sócio-gerente somente tem lugar com a comprovação de que o sócio agiu com excesso de mandato ou infringência à lei ou estatuto, não decorrendo da simples inadimplência no recolhimento de tributos.

Sustenta o recorrente violação aos arts. 135 do Código Tributário Nacional, 2º, § 5º, I e IV e 3º da Lei n. 6.830/1980 e 202 do CTN, bem como divergência jurisprudencial, aduzindo que é desnecessária a comprovação da responsabilidade do sócio cujo nome figura na Certidão de Dívida Ativa. Alega que a CDA goza da presunção de certeza e liquidez de todos os seus elementos, constituindo documento hábil e suficiente para provar a vinculação dos nomes dos sócios-gerentes apontados para com a empresa devedora.

É o relatório.

VOTO

O Exmo. Sr. Ministro Francisco Falcão (Relator): Tenho que o recurso especial merece ser conhecido pela alínea *a*, eis que a matéria apontada nos artigos tidos por violados foi enfrentada pelo acórdão recorrido.

A questão em comento trata da responsabilidade solidária dos sócios-cotistas, em se tratando de débitos da sociedade para com a Seguridade Social, decorrentes do descumprimento das obrigações previdenciárias.

No REsp n. 410.080-PR, Relator Ministro Teori Albino Zavascki, julgado na sessão do dia 4.3.2004, esta Turma, entendeu, por maioria, que nos casos de débitos para com a Seguridade Social, decorrentes do inadimplemento das obrigações previdenciárias, a Lei n. 8.620/1993 estabeleceu em seu art. 13 a responsabilidade solidária dos sócios-cotistas. Assim, não há que se cogitar da necessidade de comprovação, pelo credor exeqüente, de que o não-recolhimento da exação decorreu de ato abusivo, praticado com violação à lei ou de que o sócio deteve a qualidade de dirigente da sociedade devedora.

De fato, a Lei n. 8.620/1993 dispõe em seu art. 13 que o titular da firma individual e os sócios das empresas por cotas de responsabilidade limitada respondem solidariamente, com seus bens pessoais, pelos débitos junto à Seguridade Social.

O dispositivo citado tem respaldo no art. 124, inciso II, do Código Tributário Nacional, que estabelece a responsabilidade solidária das pessoas expressamente designadas por lei.

Existem vários julgados desta colenda Corte no sentido de que o sócio de sociedade, ainda que exerça gerência, só pode ser responsabilizado pelo não-pagamento de tributo, respondendo com o seu patrimônio, se comprovado, pelo Fisco, ter aquele praticado, no comando da sociedade, ato com excesso de poder ou infração a lei, contrato social, estatuto, ou, ainda, que redunde na dissolução irregular da sociedade.

Não obstante, há que se reconhecer que, em se tratando de débitos da sociedade para com a Seguridade Social, decorrentes do descumprimento das obrigações previdenciárias, não pode ser afastada lei específica, que estabelece a responsabilidade solidária dos sócios pelos débitos previdenciários.

Tais as razões expendidas, acompanhando o entendimento majoritário desta Egrégia Turma, dou provimento ao recurso especial.

É o meu voto.

Recurso especial 627.806-RS (2003/0236001-9)

Tributário. Execução fiscal. Responsabilidade. Sócio-gerente. Limites. Art. 135, III, do CTN. Necessidade de comprovação do Fisco de violação à lei. Reexame de prova. Incidência da Súmula n. 07/STJ. Precedentes.

1. Os bens do sócio de uma pessoa jurídica comercial não respondem, em caráter solidário, por dívidas fiscais assumidas pela sociedade. A responsabilidade tributária imposta por sócio-gerente, administrador, diretor ou equivalente só se caracteriza quando há dissolução irregular da sociedade ou se comprova infração à lei praticada pelo dirigente.

2. A jurisprudência do Superior Tribunal de Justiça pacificou entendimento no sentido de que o simples inadimplemento não caracteriza infração legal. Inexistindo prova de que se tenha agido com excesso de poderes, ou infração de contrato social ou estatutos, não há falar-se em responsabilidade tributária do ex-sócio a esse título ou a título de infração legal.

3. "A responsabilidade tributária substituta prevista no art. 135, III, do CTN, imposta ao sócio-gerente, ao administrador ou ao diretor de empresa comercial depende da prova, a cargo da Fazenda Estadual, da prática de atos de abuso de gestão ou de violação da lei ou do contrato e da incapacidade da sociedade de solver o débito fiscal" (AgReg no AG n. 246.475-DF, 2ª T., Rel. Min. Nancy Andrighi, *DJ* 1.8.2000).

4. Demonstrado, de modo evidente, que a procedência do pedido está rigorosamente vinculada ao exame das provas depositadas nos autos. Na via Especial não há campo para se revisar entendimento de 2º grau assentado em prova, visto que a missão de tal recurso é, apenas, unificar a aplicação do direito federal, nos termos da Súmula n. 07/STJ.

5. Precedentes das egrégias 1ª Seção e 1ª e 2ª Turmas desta Corte Superior.

6. Recurso especial não provido.

VOTO-VISTA

O Sr. Ministro José Delgado: Cuida-se de recurso especial interposto pelo INSS contra acórdão que asseverou, em síntese, ser descabido o redirecionamento da execução contra o sócio-gerente da empresa executada, na qualidade de responsável tributário, tendo em vista inexistência de prova de que agiu com excesso de mandato, infringência à lei ou ao contrato social.

O eminente Ministro Relator deu provimento ao apelo extremo. Pedi vista dos autos.

Busca-se a definição acerca da possibilidade de se cobrar integralmente de ex-sócio de uma empresa tributo por ela não recolhido. A responsabilidade de direção é mais ampla. Os diretores não respondem pessoalmente pelas obrigações contraídas em nome da sociedade, mas para com esta e para com terceiros, solidária e ilimitadamente, pelo excesso de mandato e pelos atos praticados com violação do estatuto ou da lei (art. 158, I e II, da Lei n. 6.404/1976).

A lei, portanto, que regula a constituição das S/A condicionou a responsabilidade do diretor à prática de atos com violação do estatuto ou da lei. Torna-se claro que tal responsabilidade limita-se apenas ao período do seu exercício gerencial.

A solidariedade do sócio pela dívida da sociedade só se manifesta, todavia, quando comprovado que, no exercício de sua administração, praticou os atos elencados na forma do art. 135, *caput*, do CTN. Há impossibilidade, pois, de se cogitar na atribuição de tal responsabilidade substitutiva quando sequer estava o sócio investido das funções diretivas da sociedade.

A execução abrange período anterior à época de responsabilidade do recorrido, e as dívidas anteriores (ou posteriores) à permanência do sócio na empresa não podem, via de regra, atingi-lo, até mesmo porque ausente qualquer prova de liame entre o recorrente e os fatos geradores dos períodos restantes. Assim, realmente é o recorrido irresponsável.

O debate instaurado sobre a questão em comento, na verdade, encontra-se, hodiernamente, pacificado no âmbito das egrégias 1ª e 2ª Turmas e 1ª Seção desta Casa, conforme se verifica dos julgados abaixo, sendo desnecessário, pois, proceder-se à unificação de entendimento sobre a matéria.

Tributário e Processual Civil. Execução fiscal. Responsabilidade de sócio-gerente. Limites. Art. 135, III, do CTN. Precedentes.

1. Os bens do sócio de uma pessoa jurídica comercial não respondem, em caráter solidário, por dívidas fiscais assumidas pela sociedade. A responsabilidade tributária imposta por sócio-gerente, administrador, diretor ou equivalente só se caracteriza quando há dissolução irregular da sociedade ou se comprova infração à lei praticada pelo dirigente.

2. Em qualquer espécie de sociedade comercial, é o patrimônio social que responde sempre e integralmente pelas dívidas sociais. Os diretores não respondem pessoalmente pelas obrigações contraídas em nome da sociedade, mas respondem para com esta e para com terceiros solidária e ilimitadamente pelo excesso de mandato e pelos atos praticados com violação do estatuto ou lei (art. 158, I e II, da Lei n. 6.404/1976).

3. De acordo com o nosso ordenamento jurídico-tributário, os sócios (diretores, gerentes ou representantes da pessoa jurídica) são responsáveis, por substituição, pelos créditos correspondentes a obrigações tributárias resultantes da prática de ato ou fato eivado de excesso de poderes ou com infração de lei, contrato social ou estatutos, nos termos do art. 135, III, do CTN.

4. O simples inadimplemento não caracteriza infração legal. Inexistindo prova de que se tenha agido com excesso de poderes, ou infração de contrato social ou estatutos, não há falar-se em responsabilidade tributária do ex-sócio a esse título ou a título de infração legal. Inexistência de responsabilidade tributária do ex-sócio.

5. Precedentes desta Corte Superior.

6. Embargos de Divergência rejeitados (EREsp n. 174.532-PR, 1ª Seção, deste Relator, *DJ* 20.8.2001).

Tributário e Processual Civil. ICMS. Aproveitamento irregular de créditos extemporâneos. Execução fiscal dirigida contra ex-diretor de sociedade de responsabilidade limitada. Responsabilidade tributária. Art. 135, III, CTN. Ausência de prova de infração à lei ou estatuto ou da incapacidade da empresa para solver o débito fiscal.

1. A responsabilidade tributária substituta prevista no art. 135, III, do CTN, imposta ao sócio-gerente, ao administrador ou ao diretor de empresa comercial depende da prova, a cargo da Fazenda Estadual, da prática de atos de abuso de gestão ou de violação da lei ou do contrato e da incapacidade da sociedade de solver o débito fiscal.

2. O ex-diretor de sociedade de responsabilidade por cotas não responde objetivamente pela dívida fiscal apurada em período contemporâneo a sua gestão, pelo simples fato da sociedade não recolher a contento o tributo devido, visto que, o não cumprimento da obrigação principal, sem dolo ou fraude, apenas representa mora da empresa contribuinte e não "infração legal" deflagradora da responsabilidade pessoal e direta do sócio retirante.

3. Agravo a que se nega provimento (AgReg no AG n. 246.475-DF, 2ª T., Rel. Min. Nancy Andrighi, *DJ* 1.8.2000).

Processo civil. Execução fiscal. Embargos do devedor. Responsabilidade do sócio. Art. 135, CTN. Matéria probatória. Súmula 07/STJ.

1. Os bens particulares do sócio só respondem pela dívida fiscal da executada quando provado o excesso de poder a violação de Lei ou de disposição do contrato social. Precedentes do STF.

2. Inadmissível o reexame da prova, em sede de recurso especial, em que se fundou o acórdão recorrido. Incidência de entendimento sumulado do STJ.

3. Recurso especial não conhecido (REsp n. 182.430-CE, 2ª T., Rel. Min. Francisco Peçanha Martins, *DJ* 1.8.2000).

Tributário. Responsabilidade tributária. Sócio-gerente. Cessão de quotas.

– A identificação da responsabilidade tributária do sócio-gerente que transfere suas quotas sociais segue o princípio geral adotado no art. 135, III, do Código Tributário Nacional; a solidariedade pela dívida da sociedade, também nesse caso, só se manifesta quando comprovado que, no exercício da gerência, ele praticou atos com excesso de poderes ou infração de lei ou o contrato social.

– Recurso não conhecido (REsp n. 108.827-RS, Rel. Min. Ari Pargendler, *DJ* 17.2.1999).

Tributário. Dívida ativa inscrita. Certidão negativa de débito. Pessoa física. Sócios. CTN, art. 135, III.

– A pessoa jurídica, com personalidade própria, não se confunde com a pessoa de seus sócios. Constitui, pois, delírio fiscal, à matroca de substituição tributária, atribuir-se a responsabilidade substitutiva (art. 135, *caput*, CTN) para sócios diretores ou gerentes antes de apurado o ato ilícito.

– Recurso improvido (REsp n. 139.872-CE, Rel. Min. Milton Luiz Pereira, *DJ* 10.8.1998).

Processual Civil. Tributário. Agravo regimental. Recurso especial. Matéria de fato. Não admissibilidade.

1. A Súmula 7 do STJ informa que não se admite, em sede de recurso especial, o reexame de matéria de fato decidida pela Instância *a quo* e que serviu de base para a decisão.

2. O gerente ou diretor de empresa, não sócio, que, na época do fato gerador do tributo e da constituição do crédito tributário, não se encontrava exercendo tais funções, não responde, com os seus bens particulares, pela dívida da sociedade que comandou.

3. Recurso especial inadmitido na origem, com decisão prestigiada em sede de agravo de instrumento e que se confirma via agravo regimental.

4. Agravo regimental improvido (AgReg no AG n. 131.957-SP, deste Relator, *DJ* 17.11.1997).

Processo civil. Redirecionamento da execução fiscal.

– Responsabilidade sócio-gerente. Ajuizada Execução Fiscal contra sociedade por quotas de responsabilidade limitada, e não localizados bens desta suficientes para o adimplemento da obrigação, pode ser redirecionado contra o sócio-gerente, hipótese em que este deve ser preliminarmente citado em nome próprio para se defender da responsabilidade imputada, cuja causa o credor deve traduzir em petição clara e precisa. Recurso especial conhecido e provido (REsp n. 7.397-MT, 2ª T., Rel. Min. Ari Pargendler, DJ de 30.10.1995).

A dívida fiscal é da sociedade. O sócio-gerente só responde por ela se ficar provado que agiu com excesso de mandato ou infringência à lei ou ao contrato social. Essa prova há de ser feita pelo Fisco. Não ficou demonstrado que o recorrido, embora sócio-administrador em conjunto com os demais sócios, tenha sido o responsável pelo não-pagamento do tributo no vencimento.

Esse é o posicionamento que continuo a seguir, por entender ser o mais coerente com a legislação e a jurisprudência vigentes.

Por tais razões, com a devida vênia ao eminente Relator, nego provimento ao recurso especial.

É como voto.

Comentários de

HAROLDO MALHEIROS DUCLERC VERÇOSA

No acórdão de que se trata, foi decidido por maioria de votos que, "nos casos de débitos para com a Seguridade Social, decorrentes do inadimplemento das obrigações previdenciárias, a Lei n. 8.620/1993 estabeleceu em seu art. 13 a responsabilidade solidária dos sócios-cotistas".

Desta maneira, conforme também expresso na ementa do acórdão sob comentário, "não há que se cogitar da necessidade de comprovação, pelo credor exeqüente, de que o não-recolhimento da exação decorreu de ato abusivo, praticado com violação à lei ou de que o sócio deteve a qualidade de dirigente da sociedade devedora".

Por sua vez, observou a decisão sob análise que não pode ser afastada no caso a lei específica estabelecedora da responsabilidade solidária dos sócios por débitos previdenciários, uma vez que o art. 13 da Lei 8.620/1993 teria respaldo no art. 124, inciso II, do Código Tributário Nacional.

O exame da questão em tela faz merecer a reprodução textual dos dois artigos acima mencionados:

Lei 8.620/1993:

> Art. 13. O titular da firma individual e os sócios das empresas por cotas de responsabilidade limitada respondem solidariamente, com seus bens pessoais, pelos débitos junto à Seguridade Social.

Observe-se que a referência ao titular de firma individual no dispositivo supra, representa o óbvio ululante, totalmente desnecessária, porque faz parte da natureza do exercício do comércio pelo antigamente chamado comerciante individual (hoje simplesmente *empresário*) a responsabilidade ilimitada pelas obrigações decorrentes de sua atividade. Nem o Conselheiro Acácio conseguiria ser tão redundante.

Código Tributário Nacional:

> Art. 124. São solidariamente obrigadas:
>
> (...).
>
> II — As pessoas expressamente designadas por lei.

Havendo, portanto, uma lei especial em relação ao CTN, na qual fica estabelecida a solidariedade dos sócios cotistas perante as obrigações da Seguridade Social, tal previsão estaria efetivamente resguardada no CTN, de forma bastante clara. Este foi o entendimento majoritário da 1ª Turma do STJ.

Da maioria discordou o Ministro José Delgado, para quem, recorrendo ao art. 158, I e II, da Lei das Sociedades anônimas "os diretores não respondem pessoalmente pelas obrigações contraídas em nome da sociedade, mas para com esta e para com terceiros, solidária e ilimitadamente, pelo excesso de mandato e pelos atos praticados com violação do estatuto ou da lei".

Tal responsabilidade, portanto, ao ver do voto-vencido, somente poderia ser configurada em relação aos administradores e não aos sócios como tais, porque dependeria de ato de gestão, resultante na violação do estatuto ou da lei.

A par do argumento vertente, foram trazidos à colação precedentes das egrégias 1ª e 2ª turmas e da 1ª Seção do próprio STJ, no sentido de que, esquematicamente, aplicando-se os arts. 135, II e III, do CTN e 158 da Lei de S/A:

a) os bens dos sócios de uma pessoa jurídica comercial não respondem, em caráter solidário, por dívidas fiscais assumidas pela sociedade;

b) a responsabilidade tributária imposta ao sócio-gerente, administrador, diretor ou equivalente só se caracteriza quanto há dissolução irregular da sociedade ou se comprovada infração à lei praticada pelo dirigente;

c) em qualquer espécie de sociedade comercial, é o patrimônio social que responde sempre e integralmente pelas dívidas sociais;

d) os diretores não respondem pessoalmente pelas obrigações contraídas em nome da sociedade, mas respondem para com esta e para com terceiros solidária e ilimitadamente pelo excesso de mandato e pelos atos praticados com violação do estatuto ou lei;

e) os sócios são responsáveis por substituição, pelos créditos correspondentes a obrigações tributárias resultantes da prática de ato ou fato eivado de excesso de poderes ou com infração da lei, contrato social ou estatutos.

f) o simples inadimplemento não caracteriza infração legal;

g) o ex-diretor de sociedade de responsabilidade por cotas (*sic*) não responde objetivamente pela dívida fiscal apurada em período contemporâneo a sua gestão, pelo simples fato de a sociedade não recolher a contento o tributo devido, visto que o não cumprimento da obrigação principal, sem dolo ou fraude, apenas representa mora da empresa contribuinte e não "infração legal" deflagradora da responsabilidade pessoal e direta do sócio retirante;

h) "A pessoa jurídica, com personalidade própria, não se confunde com a pessoa de seus sócios. Constitui, pois, delírio fiscal, à matroca de substituição tributária, atribuir-se a responsabilidade substitutiva (art. 135, *caput*, CTN) para sócios-diretores ou gerentes antes de apurado o ato ilícito."

E assim por diante.

Os argumentos do voto-vencido, por mais respeitáveis que tenham sido, não conseguem superar a pura e simples letra do art. 13 da Lei 8.620/1993, claro e direto em atribuir responsabilidade solidária por dívidas perante a Seguridade Social, dos sócios da antiga sociedade por cotas de responsabilidade limitada, substituída pelo NCC pela sociedade limitada.

Não está aí o seu defeito.

Veja-se que a defesa do voto-vencido está quase que totalmente fundamentada na Lei das S/A, quanto a textos voltados para os atos dos administradores. Mesmo quando se fez referência aos sócios, ela se deu no plano da prática de atos ou fatos correspondentes a excesso de poderes ou à prática de atos contrários ao contrato social, ao estatuto ou à lei.

O caso do acórdão ora comentado diz respeito de forma clara e direta a uma situação de solidariedade entre a sociedade por cotas de responsabilidade limitada (hoje tão-somente limitada) e o patrimônio dos sócios, toda vez que houver obrigação não adimplida no campo da Seguridade Social.

Neste caso, o legislador desfigurou mais uma vez e de forma casuística a estrutura daquela sociedade e tão-somente dela. Não se estendeu a regra às demais sociedades do ordenamento jurídico brasileiro, com um tratamento, portanto, não isonômico.

Dessa forma, quanto às obrigações da sociedade limitada no campo da Seguridade Social (e exclusivamente nesta quanto à Lei 8.620/1993), os sócios cotistas ficaram na mesma situação dos sócios das sociedades em nome coletivo.

Mas, embora na vida prática a situação a seguir descrita seja quase que tão-somente teórica, imagine-se o caso de uma sociedade em comandita simples, na qual há sócios solidariamente responsáveis pelas obrigações sociais (sócios comanditados) e sócios que têm responsabilidade tão-somente pelo capital aportado (comanditários). Estes últimos, por não terem sido referidos no aludido art. 13, não poderiam ser responsabilizadas pelas obrigações da sociedade junto à Seguridade Social.

De outro lado, também não serão responsáveis por obrigações da natureza aqui tratada os sócios das sociedades em comandita por ações e da sociedade anônima.

Ou seja, estamos diante de uma quebra casuística (intensamente casuística, pode-se dizer) do sistema legal das sociedades limitadas.

Do ponto de vista macroeconômico, esta regra traz em seu bojo uma externalidade negativa, na medida em que representa um pesado desestímulo à adoção da sociedade limitada como forma de organização empresarial. E, como é notório, esta sociedade tem uma estrutura menos complexa e menos onerosa do que a sociedade anônima, embora, sob estes aspectos, o Decreto 3.708, de 1919, tenha deixado muitas saudades, tendo em conta o intervencionismo intenso e inteiramente desnecessário do legislador na limitada.

De outro lado, representa um favorecimento aos grandes grupos econômicos, que podem optar pela forma de sociedade anônima, de maneira a que não possa ser atingida por essa obrigação, a qual pode dar-se tão-somente pela simples quebra da empresa, sem a prática de qualquer ato ilícito ou de gestão temerária por parte dos administradores e, evidentemente, dos sócios que não sejam ao mesmo tempo administradores.

Por tais motivos erraram os julgadores tanto no voto vencedor quanto no voto-vencido.

O art. 13 da Lei 8.620/1993 é inconstitucional por quebra do princípio da isonomia. Simplesmente isto.

RDM 138

DOUTRINA: DO *ESTADO DE FALIDO*: SUA CONFIGURAÇÃO – INOVAÇÕES DA NOVA LEI DE RECUPERAÇÃO E FALÊNCIA – PAULO SALVADOR FRONTINI • ***ATUALIDADES***: LOS NUEVOS JUZGADOS DE LO MERCANTIL EN ESPAÑA – MARIA ISABEL CANDELARIO MACÍAS • A PROTEÇÃO JUDICIAL AOS INVESTIDORES NO MERCADO DE VALORES MOBILIÁRIOS – WILGES BRUSCATO • NOTAS SOBRE AS ASSEMBLÉIAS DE CREDORES NA LEI DE RECUPERAÇÃO DE EMPRESAS – RACHEL SZTAJN • A ASSEMBLÉIA-GERAL DE CREDORES NA NOVA LEI FALIMENTAR – ERASMO VALLADÃO A. E N. FRANÇA • A NOVA LEI DE FALÊNCIAS E O INSTITUTO DA RECUPERAÇÃO EXTRAJUDICIAL – HUMBERTO LUCENA PEREIRA DA FONSECA e MARCOS ANTÔNIO KÖHLER • REFLEXÕES SOBRE A VIABILIDADE ECONÔMICA DA EMPRESA NO NOVO REGIME CONCURSAL BRASILEIRO – FREDERICO VIANA RODRIGUES • BREVES CONSIDERAÇÕES ACERCA DO PRINCÍPIO DA ESPECIALIDADE NO DIREITO DE MARCAS – ENZO BAIOCCHI • A EXPORTAÇÃO DA MARCA BRASIL E O *MARKETING* INTERNACIONAL – CLÁUDIO LUIZ GONÇALVES DE SOUZA • O ANTITRUSTE E AS EMPRESAS ESTATAIS – MARIO ENGLER PINTO JUNIOR • A QUALIFICAÇÃO JURÍDICA DO IRB – BRASIL RESSEGUROS S/A E A TRIBUTAÇÃO PELA CSLL – FERNANDO NETTO BOITEUX • REGIME JURÍDICO DO CONSÓRCIO. O Código Civil e a Lei de Sociedades por Ações – JOSÉ ALEXANDRE TAVARES GUERREIRO • APONTAMENTOS SOBRE A FUNÇÃO SOCIAL DA EMPRESA E O MODERNO DIREITO PRIVADO – CÁSSIO CAVALLI • AINDA SOBRE REGULAÇÃO E AGÊNCIA REGULADORA – MARCO AURÉLIO GUMIERI VALÉRIO • ***DIREITO E ECONOMIA***: A ÍNTIMA RELAÇÃO ENTRE O DIREITO E ECONOMIA – SANDRA BARBON LEWIS • REFLEXÕES SOBRE EMPRESA E ECONOMIA: O CONTEÚDO JURÍDICO DA EMPRESA SOB UMA ANÁLISE ECONÔMICA DO DIREITO – CÁSSIO MACHADO CAVALLI • ***ESPAÇO DISCENTE***: ENTENDENDO O DUMPING E O DIREITO ANTIDUMPING – GUSTAVO FÁVARO ARRUDA • ***NOTA BIBLIOGRÁFICA***: *BANCOS CENTRAIS NO DIREITO COMPARADO. O Sistema Financeiro Nacional e o Banco Central do Brasil (e o regime vigente e as propostas de reformulação)*, de Haroldo Malheiros Duclerc Verçosa – MARCOS PAULO DE ALMEIDA SALLES • ***JURISPRUDÊNCIA COMENTADA***: EXECUÇÃO FISCAL – DÉBITOS PARA COM A SEGURIDADE SOCIAL – RESPONSABILIDADE DOS SÓCIOS – HAROLDO MALHEIROS DUCLERC VERÇOSA

MALHEIROS EDITORES